Ein ausführliches Verzeichniß der

Guttentag'schen Sammlung

Deutscher Reichs- und Preußischer Gesetze

Text-Ausgaben mit Anmerkungen — Taschenformat,

welches alle wichtigeren Gesetze in absolut zuverlässigen Gesetzestexten und in mustergültiger Weise erläutert enthält, befindet sich hinter dem Sachregister.

Guttentag'sche Sammlung
Nr. 47. Deutscher Reichsgesetze. Nr. 47.
Text-Ausgaben mit Anmerkungen.

Das deutsche Vormundschaftsrecht

und

das preußische Gesetz über die Fürsorgeerziehung Minderjähriger vom 2. Juli 1900

nebst den dazu gehörigen preußischen Nebengesetzen und allgemeinen Verfügungen.

Text-Ausgabe mit Erläuterungen und Sachregister

von

Dr. Max Schultzenstein, und Dr. Paul Köhne,
Oberverwaltungsgerichtsrath Amtsgerichtsrath.

Zweite Auflage.

Berlin 1901.
J. Guttentag, Verlagsbuchhandlung,
G. m. b. H.

Vorwort zur ersten Auflage.

Des Mitverfassers Schultzenstein Text-Ausgabe der preußischen Vormundschaftsordnung vom 5. Juli 1875, des Gesetzes, betreffend die Geschäftsfähigkeit Minderjähriger und die Aufhebung der Wiedereinsetzung in den vorigen Stand wegen Minderjährigkeit, vom 12. Juli 1875 und des Gesetzes, betreffend die Unterbringung verwahrloster Kinder, vom 13. März 1878 nebst den dazu erlassenen Nebengesetzen und Allgemeinen Verfügungen hat in drei starken, 1886, 1892 und 1895 erschienenen Auflagen eine weite Verbreitung gefunden, sich mithin als brauchbar erwiesen. Dies legte nahe, in gleicher Weise das deutsche Vormundschaftsrecht zu bearbeiten. Hierzu haben sich die beiden Verfasser in der Weise verbunden, daß sie durchweg gemeinschaftlich gearbeitet haben. Jeder von ihnen ist daher auch für den ganzen Inhalt des Buches verantwortlich. Dieses ist seinem Wesen nach eine Fortsetzung des früheren Werkes für das neue Recht. Namentlich sind Plan und Anlage dieselben, und es gilt auch jetzt wiederum entsprechend, was seiner Zeit hinsichtlich des früheren Werkes gesagt worden war:

„Das nachstehende Werkchen soll den Vormundschaftsrichtern das für die tägliche Praxis unentbehrliche Material bieten, die jüngeren Juristen im Studium der Vormundschaftsordnung und der übrigen besprochenen Gesetze unterstützen und den Mitgliedern der Familienräthe und den Waisenräthen, sowie den Vormündern, Pflegern und Gegenvormündern die Erfüllung ihrer Obliegenheiten erleichtern. Um diesen verschiedenen Zwecken zu dienen, durfte es vor allem keinen großen Umfang haben. Es sind daher die zu dem Texte der abgedruckten Gesetze gegebenen Erläuterungen auf das Nothwendigste beschränkt und so knapp, wie irgend zulässig, gehalten, andererseits aber doch auch auf alles Nothwendige ausgedehnt und insbesondere bei den Punkten, die für die Laien Interesse haben, möglichst so, daß sie zu leichtem Verständnisse des Gesetzes führen und selbst leicht verständlich sind, gefaßt worden. Letzteres gilt namentlich von der behufs besserer und schnellerer Gewinnung eines Ueberblicks gegebenen Einleitung. Die Litteratur ist selbstverständlich erschöpfend benutzt, Citate sind jedoch, abgesehen von den seitens des Kgl. Kammergerichts als obersten Beschwerdegerichts für Preußen, sowie von den seitens des Reichsgerichts und des preußischen Oberverwaltungsgerichts erlassenen Entscheidungen, die für die Praxis von maßgebender Bedeutung und deshalb vollständig mitgetheilt sind, vermieden. Nur ausnahmsweise ist auf einzelne sonstige gerichtliche Entscheidungen wegen ihrer besonderen Wichtigkeit und aus gleichem Grunde auf einige theoretische Erörterungen von Streitfragen hingewiesen worden. Es ist dies insbesondere insoweit geschehen, als die betreffenden Ausführungen leicht übersehen werden können. Von einer Verweisung auf die Kommentare zu den Gesetzen, auf die bekannten Lehrbücher, in denen diese Gesetze mitbehandelt sind, u. dgl. ist ganz abgesehen worden."

Im Einzelnen ist von den Erläuterungen zum bisherigen preußischen Rechte übernommen worden, was für das neue deutsche Recht noch benutzbar erschien. Es war dies, ungeachtet aller hierbei zu beobachtenden Vorsicht, bei der vielfachen sachlichen Uebereinstimmung der Vorschriften ziemlich viel. Die Bestimmungen über die Geschäftsfähigkeit sind nicht mehr in den Kreis der Erörterung gezogen weil ihnen die Selbständigkeit fehlt, die sie als Inhalt eines besonderen Gesetzes in Preußen hatten.

Das Buch erscheint schon jetzt, nachdem das im Bürgerlichen Gesetzbuch enthaltene materielle Recht seine Ergänzung durch das im Gesetz über die Angelegenheiten der freiwilligen Gerichtsbarkeit geordnete formelle Recht erhalten hat, damit es noch zur Vorbereitung auf das neue deutsche Recht benutzt werden kann. Es war dabei einerseits selbstverständlich davon, daß das neue Recht bereits gelte, andererseits davon auszugehen, daß an dem bestehenden Rechte sich nichts weiter ändern werde. Vorläufig sind grundsätzlich nur die Verhältnisse in Preußen berücksichtigt worden, jedoch bleibt vorbehalten, bei einer späteren Auflage den Besonderheiten anderer Bundesstaaten gleichfalls Rechnung zu tragen.

Auch in dieser seiner Beschränkung auf Preußen ist das Werk so wenig, wie es das frühere war, eine bloße Text-Ausgabe mit Erläuterungen. Dies dürfte indessen kein Nachtheil sein, zumal das neue Recht manche Schwierigkeiten bietet und deshalb einer eingehenderen Erörterung bedarf. Immerhin konnte aber mit Rücksicht darauf, daß nähere Ausführungen bei den einzelnen Streit- und Zweifelsfragen unterlassen worden sind, wieder die Bezeichnung als Text-Ausgabe beibehalten werden. In einigen Fällen ist, weil sonst eine längere Auseinandersetzung nothwendig gewesen wäre, sogar von Aeußerung einer bestimmten Ansicht Abstand genommen und bloß einem Zweifel Ausdruck gegeben.

Darüber, daß trotz der vereinten Kräfte ihrer Arbeit Mängel anhaften, selbst einzelne Fehler untergelaufen sein mögen, sind sich die beiden Verfasser nicht unklar. Die Neuheit des zu bearbeitenden deutschen Rechts macht dies unvermeidlich, entschuldigt es aber auch gleichzeitig.

Berlin, im Juni 1898.

Vorwort zur zweiten Auflage.

An Plan und Anlage des Buches ist nichts geändert. Insbesondere sind die Beschränkung auf Preußen und die der Citate beibehalten, letztere, obwohl selbstverständlich die Litteratur (Theorie und Praxis) wieder in umfassender Weise berücksichtigt worden ist, und zwar auch die während des Druckes erschienene, soweit es noch möglich war. In den Einzelheiten finden sich dagegen viele Besserungen und Zusätze. Die preußische Ausführungsgesetzgebung hat natürlich volle Berücksichtigung gefunden. Mit gütiger Erlaubniß des Herrn Justizministers sind mehrere bisher nicht veröffentlichte Ministerialerlasse mitgetheilt worden. An Stelle des bald außer Kraft tretenden Gesetzes, betreffend die Unterbringung verwahrloster Kinder, vom 13. März 1878 ist bereits ausschließlich das Gesetz über die Fürsorgeerziehung Minderjähriger vom 2. Juli 1900 gesetzt.

Berlin, im Februar 1901.

Inhaltsverzeichniß.

		Seite
I.	Einleitung	15--76
II.	Bürgerliches Gesetzbuch. Viertes Buch. Dritter Abschnitt: Vormundschaft .	77--316
	Erster Titel. Vormundschaft über Minderjährige	77--275
	I. Anordnung der Vormundschaft. §§. 1773--1792	77—111
	II. Führung der Vormundschaft. §§. 1793--1836	111—198
	III. Fürsorge und Aufsicht des Vormundschaftsgerichts. §§. 1837 bis 1848	198 222
	IV. Mitwirkung des Gemeindewaisenraths. §§. 1849—1851	222—231
	V. Befreite Vormundschaft. §§. 1852 bis 1857	231--237
	VI. Familienrath. §§. 1858—1881	237—257
	VII. Beendigung der Vormundschaft. §§. 1882—1895	257--275
	Zweiter Titel. Vormundschaft über Volljährige. §§. 1896—1908	275—291
	Dritter Titel. Pflegschaft. §§. 1909 bis 1921	291—316

		Seite
III.	Auszug aus dem Einführungsgesetze zum Bürgerlichen Gesetzbuche . . .	317—342
IV.	Auszug aus dem Gesetz über die Angelegenheiten der freiwilligen Gerichtsbarkeit vom 17. Mai 1898	343—401
V.	Preußisches Gesetz über die Fürsorgeerziehung Minderjähriger vom 2. Juli 1900	402—439
VI.	Auszug aus dem Preußischen Gerichtskostengesetze vom 25. Juni 1895 in der Fassung der Bekanntmachung vom 6. Oktober 1899	440—458
VII.	Tabellen zu dem Preußischen Gerichtskostengesetze	459—462
VIII.	Auszug aus der preußischen Geschäftsordnung für die Gerichtsschreibereien der Amtsgerichte vom 26. November 1899	463—477
IX.	Nachweisung derjenigen Stellen, an welchen die für das Vormundschaftsrecht erheblichen Artikel des preußischen Ausführungsgesetzes zum Bürgerlichen Gesetzbuche vom 20. September 1899 abgedruckt sind	478
X.	Nachweisung derjenigen Stellen, an welchen die für das Vormundschaftsrecht erheblichen Artikel des Preußischen Gesetzes über die freiwillige Gerichtsbarkeit vom 21. September 1899 abgedruckt sind	479
XI.	Sachregister	480—509

Abkürzungen.

A.G. = Preußisches Ausführungsgesetz zum Bürgerlichen Gesetzbuche vom 20. September 1899 (G.S. 1899 S. 177).

Archiv = Archiv für das Civil- und Kriminalrecht der Königlich Preußischen Rheinprovinz.

Beiträge = Beiträge zur Erläuterung des Deutschen Rechts.

B.G.Bl. = Bundes-Gesetzblatt.

Bl. f. R. = Blätter für Rechtspflege im Bezirk des Kammergerichts.

Bolze = Bolze, Die Praxis des Reichsgerichts in Civilsachen.

Centralblatt = Centralblatt für freiwillige Gerichtsbarkeit und Notariat.

C.P.O. = Civilprozeßordnung in der Fassung des Gesetzes vom 17. Mai 1898 (R.G.Bl. 1898 S. 256) und der Bekanntmachung des Reichskanzlers vom 20. Mai 1898 (R.G.Bl. 1898 S. 410).

Civ.R.G. = Entscheidungen des Reichsgerichts in Civilsachen.

E.G. = Einführungsgesetz zum Bürgerlichen Gesetzbuche.

Entsch. = Entscheidungen in Angelegenheiten der freiwilligen Gerichtsbarkeit und des Grundbuchrechts. Zusammengestellt im Reichs-Justizamte.

F.E.M.G. = Preußisches Gesetz über die Fürsorgeerziehung Minderjähriger vom 2. Juli 1900 (G.S. 1900 S. 264).

F.G.G. = Gesetz über die Angelegenheiten der freiwilligen Gerichtsbarkeit vom 17. Mai 1898 in der Fassung gemäß R.G.Bl. 1898 S. 771.

G.S. = Gesetz-Sammlung für die Königlichen Preußischen Staaten.

H.G.B. = Handelsgesetzbuch vom 10. Mai 1897 (R.G.Bl. 1897 S. 219).

Jahrbuch = Jahrbuch für Entscheidungen des Kammergerichts in Sachen der nichtstreitigen Gerichtsbarkeit und in Strafsachen.

Jahrbuch N. F. = Jahrbuch für Entscheidungen des Kammergerichts in Sachen der freiwilligen Gerichtsbarkeit, in Kosten-, Stempel- und Strafsachen. Neue Folge.

Jastrow = Jastrow, Rechtsgrundsätze der Entscheidungen des Kammergerichts in Sachen der nichtstreitigen Gerichtsbarkeit, 2. Aufl. 1895.

J.M.Bl. = Justiz-Ministerial-Blatt für die Preußische Gesetzgebung und Rechtspflege.

J.W. = Juristische Wochenschrift. Organ des deutschen Anwalt-Vereins.

Jur.Z. = Deutsche Juristenzeitung.

Kommiss.Prot. = Metallographirte Protokolle der Kommission für die zweite Lesung des Entwurfs des B.G.B. (die Zahlen in Klammern beziehen sich auf die Ausgabe von Achilles, Gebhardt, Spahn, und zwar ohne weiteren Zusatz beim B.G.B. auf Bd. IV. Familienrecht und beim E.G. auf Bd. VI).

M.Bl. f. d. i. V. = Ministerialblatt für die innere Verwaltung.

Müller = Müller, Preuß. Justizverwaltung, 4. Aufl. 1892.

O.V.G. = Entscheidungen des Königlichen Oberverwaltungsgerichts.

P.F.G.G. — Preußisches Gesetz über die freiwillige Gerichtsbarkeit vom 21. September 1899 (G.S. 1899 S. 249).

Pr. Verw.Bl. — Preußisches Verwaltungs-Blatt.

Recht — Das Recht, Rundschau für den deutschen Juristenstand.

Rechtspr. — Die Rechtsprechung der Oberlandesgerichte auf den Gebieten des Civilrechts.

R.G.Bl. — Reichs-Gesetzblatt.

Seuffert — Seuffert's Archiv für Entscheidungen der obersten Gerichte in den deutschen Staaten.

Straf.R.G. — Entscheidungen des Reichsgerichts in Strafsachen.

Zeitschrift — Zeitschrift für deutschen Civilprozeß und das Verfahren in Angelegenheiten der freiwilligen Gerichtsbarkeit.

Zeitschrift f. franz. Civ.R. — Zeitschrift für deutsches bürgerliches Recht und französisches Civilrecht.

Die Entwürfe und Motive sowie die dem Entwurfe eines Gesetzes über die Angelegenheiten der freiwilligen Gerichtsbarkeit beigegebene Denkschrift sind nach den amtlichen Ausgaben citirt, die Denkschrift zum Entwurf eines B.G.B. nach der Ausgabe von J. Guttentag, Verlagsbuchhandlung. Paragraphen oder Artikel ohne weiteren Zusatz sind solche desselben Gesetzes, bei dessen Besprechung oder Erläuterung sie angezogen sind.

I.

Einleitung.

Vorbemerkungen.

1. Während in älteren Zeiten die Sorge für solche Personen, die wegen ihres jugendlichen Alters oder aus sonstigen Gründen nicht selbst für sich sorgen können und in der väterlichen (elterlichen) Gewalt keinen oder keinen ausreichenden Schutz finden, meist der Familie und dem Geschlecht überlassen blieb, ist es später durchweg als Recht und Pflicht des Staates angesehen worden, diese Sorge zu übernehmen. So ist es insbesondere auch in Preußen gewesen. Im Laufe der Zeit bildete sich hier in Bezug auf die Art und Weise, wie die hülflosen Personen bevormundet wurden, ein dreifacher Rechtszustand heraus, indem dafür in der Rheinprovinz die Bestimmungen des code civil mit einigen Aenderungen, im Gebiete des Allgemeinen Landrechts dessen Vorschriften und im übrigen die im wesentlichen römisches Recht enthaltenden Sätze des ge-

meinen Rechts zur Anwendung kamen. Die hierdurch begründete, recht erhebliche Rechtsverschiedenheit bei einem Gegenstande, der seiner Natur nach ganz besonders eine einheitliche Ordnung innerhalb desselben Staates fordert, machte sich um so fühlbarer, als im Jahre 1866 mit Preußen wichtige Lande des gemeinen Rechts vereinigt wurden, in denen das gemeinrechtliche Vormundschaftsrecht durch mancherlei partikularrechtliche Anordnungen abgeändert war. Dazu kam, daß im Gebiete des Allgemeinen Landrechts bereits seit längerer Zeit lebhafte Klagen über die vormundschaftlichen Bestimmungen desselben, namentlich die übermäßige Unselbständigkeit der Vormünder und die hierdurch bewirkte Schädigung der Interessen der Bevormundeten, erhoben worden waren und mehrfache, jedoch immer ohne Ergebniß verlaufene Versuche einer Aenderung des bestehenden Rechts veranlaßt hatten, sowie daß die für ganz Deutschland beabsichtigte Umgestaltung der Gerichtsverfassung eine Aenderung des landrechtlichen Vormundschaftsrechts in wesentlichen Punkten unbedingt nothwendig machte. Es wurde daher im Jahre 1870 die Reform des Vormundschaftsrechts wieder aufgenommen, und sie führte zu der Vormundschaftsordnung vom 5. Juli 1875 (G.S. 1875 S. 431), welche am 1. Januar 1876 zugleich mit einem Gesetz, betreffend die Geschäftsfähigkeit Minderjähriger und die Aufhebung der Wiedereinsetzung in den vorigen Stand wegen Minderjährigkeit, vom

12. Juli 1875 (G.S. 1875 S. 518) in Kraft trat und demnächst als Vorbild für das deutsche Vormundschaftsrecht gedient hat.

Von diesem ist das materielle Vormundschaftsrecht nebst einem Theile des Verfahrens in Vormundschaftssachen im III. Abschnitte des IV. Buches des B.G.B. geordnet.

Eine grundsätzliche Abweichung des B.G.B. von der preußischen Vormundschaftsordnung ist dadurch veranlaßt worden, daß das B.G.B. die elterliche Gewalt der Mutter anerkannt hat. Weitere Abweichungen haben ihren Grund in den bei der Handhabung der preußischen Vormundschaftsordnung gemachten Erfahrungen, namentlich ist deshalb auf eine größere Sicherung des Mündelvermögens Bedacht genommen worden.

2. Seine Ergänzung findet das materielle Vormundschaftsrecht des B.G.B. in dem besonderen Gesetz über das Verfahren, welches schon im E.G. in Aussicht genommen war und demnächst als Gesetz über die Angelegenheiten der freiwilligen Gerichtsbarkeit vom 17. Mai 1898 (R.G.Bl. 1898 S. 189 und S. 771) erlassen ist. Der zweite Abschnitt desselben behandelt speziell die Vormundschaftssachen; doch sind für diese meist auch die allgemeinen Bestimmungen des ersten Abschnitts von Bedeutung. Wie auf anderen Rechtsgebieten, so enthält übrigens das F.G.G. auch für die Vormundschaftssachen eine

Reihe von materiellrechtlichen Vorschriften (vgl. z. B. §§. 51, 52, 53, 55, 61).

3. Neben dem B.G.B. und dem F.G.G. ist der Landesgesetzgebung durch einzelne Vorschriften des B.G.B. selbst, z. B. §. 1784, §. 1807 Abs. 2 und §. 1808, das E.G. und das F.G.G., namentlich dessen Schlußbestimmungen, in wenigen, nicht besonders wesentlichen Punkten Spielraum gelassen. Es sind dies insbesondere aus dem materiellen Rechte die Anlage von Mündelgeld, die Organisation des Gemeindewaisenraths und die gesetzliche Vormundschaft von Erziehungsanstalten und Beamten, aus dem Prozeßrechte die Zuständigkeit zur Entscheidung über das Rechtsmittel der weiteren Beschwerde, die Festsetzung und Beitreibung bezw. Einziehung von Kosten des Verfahrens und von Ordnungsstrafen und die Zwangsgewalt des Richters der freiwilligen Gerichtsbarkeit. Soweit hiernach die Landesgesetzgebung ergänzend thätig zu werden hatte, ist dies für Preußen durch das Ausführungsgesetz zum Bürgerlichen Gesetzbuche vom 20. September 1899 (G.S. 1899 S. 177) und das Gesetz über die freiwillige Gerichtsbarkeit vom 21. September 1899 (G.S. 1899 S. 249) geschehen.

4. Zwar kein Theil des Vormundschaftsrechts, aber eng mit ihm zusammenhängend sind die Vorschriften über die Fürsorgeerziehung Minderjähriger. Nach §. 56 des deutschen Strafgesetzbuchs ist ein

Angeschuldigter, welcher zu einer Zeit, als er das zwölfte aber nicht das achtzehnte Lebensjahr vollendet hatte, eine strafbare Handlung begangen hat, freizusprechen, wenn er bei Begehung derselben die zur Erkenntniß ihrer Strafbarkeit erforderliche Einsicht nicht besaß. In dem Urtheile ist zu bestimmen, ob der Angeschuldigte seiner Familie überwiesen oder in eine Erziehungs- oder Besserungsanstalt gebracht werden soll. In der Anstalt ist er so lange zu behalten, als die der Anstalt vorgesetzte Verwaltungsbehörde solches für erforderlich erachtet, jedoch nicht über das vollendete zwanzigste Lebensjahr.

Nach §. 55 daselbst kann, wer bei Begehung einer strafbaren Handlung das zwölfte Lebensjahr nicht vollendet hat, wegen derselben nicht strafrechtlich verfolgt werden. Das Reichsgesetz vom 26. Februar 1876 (R.G.Bl. 1876 S. 25) hat dies durch den Zusatz ergänzt: „Gegen denselben können jedoch nach Maßgabe der landesgesetzlichen Vorschriften die zur Besserung und Beaufsichtigung geeigneten Maßregeln getroffen werden. Insbesondere kann die Unterbringung in eine Erziehungs- oder Besserungsanstalt erfolgen, nachdem durch Beschluß der Vormundschaftsbehörde die Begehung der Handlung festgestellt und die Unterbringung für zulässig erklärt ist", und durch Art. 34 unter II. E.G. ist der letzte Satz dahin geändert worden: „Die Unterbringung in eine Familie, Erziehungsanstalt oder

Besserungsanstalt kann nur erfolgen, nachdem durch Beschluß des Vormundschaftsgerichts die Begehung der Handlung festgestellt und die Unterbringung für zulässig erklärt ist." Die vorbehaltenen landesgesetzlichen Vorschriften bleiben auch künftig in Geltung (Art. 135 E.G.). In Preußen waren sie durch das Gesetz, betreffend die Unterbringung verwahrloster Kinder, vom 13. März 1878 (G.S. 1878 S. 132) getroffen. Dieses Gesetz hat sich aber nicht als ausreichend erwiesen, um der stetig wachsenden Kriminalität, Verwahrlosung und Verrohung unter den Jugendlichen zu wehren. Es erschien erforderlich fürsorgend auch da einzugreifen, wo der Jugendliche zwar noch keine strafbare Handlung begangen hat, aber wegen fehlenden Geschicks oder mangelnden Pflichtbewußtseins seiner Erzieher oder aus anderen Gründen seine sittliche Verwahrlosung zu befürchten ist. Dazu kam, daß in den §§. 1666 und 1838 B.G.B. zwar dem Vormundschaftsgericht eine weitreichende Handhabe zum Einschreiten gegen pflichtvergessene Eltern, Vormünder sowie gegen die Minderjährigen selbst gegeben, aber keine Verpflichtung für die öffentlichen Verwaltungskörper ausgesprochen ist, auf ihre Kosten die vormundschaftsgerichtlichen Beschlüsse zur Ausführung zu bringen. Nach dem Vorgange der meisten anderen Bundesstaaten ist diese Lücke für Preußen durch das Gesetz über die Fürsorgeerziehung Minderjähriger vom 2. Juli 1900 (G.S. 1900 S. 264) ausgefüllt. Der

Entwurf dieses Gesetzes wurde in der Session 1900 zuerst dem Herrenhause vorgelegt, hier einer Kommission überwiesen und von dieser, welche einen schriftlichen Bericht erstattete, und demnächst vom Plenum mit nicht unwesentlichen Aenderungen angenommen. Er ging sodann an das Abgeordnetenhaus, wurde auch hier einer Kommission überwiesen und auf Grund deren Berichts mit einigen Aenderungen vom Plenum angenommen. Das Herrenhaus trat demnächst der vom Abgeordnetenhause beschlossenen Fassung bei. Die Allerhöchste Sanktion erfolgte am 2. Juli 1900 und die Verkündung in der am 26. Juli 1900 ausgegebenen Nr. 29 der Gesetz-Sammlung. Das Gesetz hat Gesetzeskraft vom 1. April 1901 ab. Zu ihm hat der Minister des Innern Ausführungsbestimmungen erlassen.

5. Bei der Verabschiedung des F.G.G. hat der Reichstag durch eine Resolution die verbündeten Regierungen ersucht, das Kostenwesen in den Angelegenheiten der freiwilligen Gerichtsbarkeit grundsätzlich einheitlich zu gestalten. Bis jetzt sind aber die landesgesetzlichen Bestimmungen über die Kosten in Vormundschaftssachen von der neuen einheitlichen Regelung des Vormundschaftsrechts für ganz Deutschland unberührt geblieben. In Preußen war neben der Vormundschaftsordnung vom 5. Juli 1875 das Gesetz, betreffend die Kosten, Stempel und Gebühren in Vormundschaftssachen, vom 21. Juli 1875 (G.S. 1875 S. 548) ergangen. Dieses Gesetz ist,

nachdem es schon durch das Ausführungsgesetz vom 10. März 1879 zum deutschen Gerichtskostengesetze u. s. w. (G.S. 1879 S. 145) mehrfach abgeändert worden war, durch das Preußische Gerichtskostengesetz vom 25. Juni 1895 (G.S. 1895 S. 203) formell ganz aufgehoben worden. Letzteres Gesetz ist durch Art. 86 §. 1 A.G. vielfach abgeändert und auf Grund der dem Justizminister in §. 2 daselbst ertheilten Ermächtigung unter dem 6. Oktober 1899 in der vom 1. Januar 1900 an geltenden Fassung neu bekannt gemacht worden (G.S. 1899 S. 326).

6. Für die geschäftliche Behandlung der Vormundschaftssachen und der Fürsorgeerziehungssachen bei den Vormundschaftsgerichten ist maßgebend der neunte Abschnitt der Geschäftsordnung für die Gerichtsschreibereien der Amtsgerichte vom 26. November 1899 (J.M.Bl. 1899 S. 394) nebst der abändernden Allgemeinen Verfügung vom 24. Oktober 1900 (J.M.Bl. 1900 S. 617) und der ergänzenden vom 6. September 1900 (J.M.Bl. 1900 S. 569). Für die Aufstellung der Geschäftsübersichten ordnet die Allgemeine Verfügung vom 19. Oktober 1900 (J.M.Bl. 1900 S. 611) den Gebrauch neuer Formulare an.

Hauptgrundsätze.

I. Das materielle Vormundschaftsrecht.

1. Im allgemeinen.

Es ist zu unterscheiden eine Vormundschaft im weiteren und im engeren Sinne.

Im weiteren Sinne ist Vormundschaft jede regelmäßig auf vormundschaftsgerichtlicher Anordnung für den einzelnen Fall beruhende, von dem Willen des Bedürftigen unabhängige Berechtigung und Verpflichtung zum Schutze und zur Vertretung einer natürlichen Person, welche sich nicht selbst gehörig vertreten kann und der elterlichen Gewalt nicht untersteht oder in ihr keinen ausreichenden Schutz findet. Ausnahmsweise kann sie aber auch kraft allgemeiner Vorschrift ohne besondere Anordnung eintreten (gesetzliche Vormundschaft, Art. 136 E.G., Art. 78 A.G.), hinsichtlich der Anordnung von der Einwilligung des Bedürftigen abhängen, jedoch auch hier nur so, daß der Mangel der erforderlichen Einwilligung die erfolgte Anordnung noch nicht nichtig macht (§. 1910 Abs. 3), und nicht zum Schutze und zur Vertretung einer natürlichen Person stattfinden, letzteres entweder von vornherein (§. 1914) oder in der Weise, daß es sich nachträglich herausstellt (§. 1913). Sie zerfällt in die Vormundschaft im engeren, gewöhnlichen Sinne und in die Pflegschaft,*)

*) Die Unterscheidung entspricht nicht derjenigen des römischen Rechts zwischen tutela und cura, sondern der:

welcher Scheidung dann die weitere zwischen Vormund und Pfleger, Mündel und Pflegebefohlenen entspricht.

Grundsätzlich ist eine Vormundschaft im engeren Sinne vorhanden, wenn die vormundschaftliche Sorge für die Person und das Vermögen Jemandes, der geschäftsunfähig oder in der Geschäftsfähigkeit beschränkt ist, allgemein eintritt, dagegen eine Pflegschaft, wenn die vormundschaftliche Sorge nur für einzelne Angelegenheiten nach dem Umfange des vorhandenen Bedürfnisses und ohne daß durch sie selbst die Geschäftsfähigkeit beschränkt wird, eintritt. Von diesem Grundsatze macht die Pflegschaft über körperlich gebrechliche Volljährige insofern eine Ausnahme, als sie allgemein für Person und Vermögen angeordnet werden kann (§. 1910 Abs. 1) und sich dann von der Vormundschaft nur dadurch unterscheidet, daß die Anordnung die Einwilligung des Gebrechlichen in der Regel voraussetzt und seine Geschäftsfähigkeit nicht vermindert. Im übrigen kann der Kreis der Angelegenheiten bei der Pflegschaft weiter oder enger sein. Auf der anderen Seite ist es mit der Vormundschaft nicht unvereinbar, daß neben dem Vormunde für einzelne Angelegenheiten aus besonderen Gründen ein Pfleger bestellt ist. Der charakteristische

---

jenigen des Allgemeinen Landrechts zwischen Vormundschaft und Kuratel, sowie der der preußischen Vormundschaftsordnung zwischen Vormundschaft und Pflegschaft, deckt sich aber auch mit diesen nicht vollständig.

Unterschied bleibt jedoch, abgesehen von der Verschiedenheit bezüglich der Geschäftsfähigkeit, noch immer, daß Schutz und Vertretung bei der Vormundschaft präsumtiv allgemein, bei der Pflegschaft nicht allgemein sind. Dagegen ist die Zeitdauer unwesentlich, indem die Pflegschaft dauernd, die Vormundschaft für eine kürzere Zeit angeordnet sein kann.

Die Vormundschaft über Volljährige und die Pflegschaft können auch bloß vorläufige sein (§§. 1906 bis 1908, 1915).

Die Fälle der Vormundschaft sind im Gesetze genau bezeichnet. Es wird dabei unterschieden die Vormundschaft über Minderjährige und die über Volljährige. Die Fälle der ersteren sind im §. 1773, die der letzteren in den §§. 1896 und 1906 B.G.B. erschöpfend aufgezählt. Die Fälle der Pflegschaft waren nach der preußischen Vormundschaftsordnung vom 5. Juli 1875 vom Gesetze theils ausdrücklich bezeichnet (§§. 86, 87, 88 und 89 V.O.), theils durch eine allgemeine Klausel der richterlichen Beurtheilung überlassen (§. 90 V.O.). Eine solche allgemeine Vorschrift hat das B.G.B. nicht. Dagegen ist der Kreis der einzelnen Fälle, in denen eine Pflegschaft zulässig ist, erweitert (§§. 1909—1914). Ganz aus dem Vormundschaftsrechte sind die Nachlaßpflegschaft und die Pflegschaft, die für das Auseinandersetzungsverfahren von dem Nachlaßgerichte zum Besten eines abwesenden Betheiligten, wenn die Voraussetzungen der Abwesenheitspflegschaft vorliegen und eine Pflegschaft über ihn nicht bereits anhängig ist, angeordnet werden kann, ausgeschieden; sie sind dem Erbrechte zugewiesen (§§. 1960, 1961, 1962, 1975, 2012, 2017 B.G.B., §§. 75, 88 F.G.G.). Neben den Fällen von Pflegschaften nach §§. 1909 bis 1914 B.G.B. bestehen noch zwei weitere: der der §§. 334 und 480 der deutschen Strafprozeßordnung und der bei der Versetzung eines Beamten in den Ruhestand vorgesehene (vgl. Anm. 1 zum B.G.B. 4. Buch 3. Abschn. 3. Tit. Pflegschaft).

Während die Vormundschaft wegen ihres allgemeinen Umfanges einen ein für alle Mal gesetzlich begrenzten Kreis von Rechten und Pflichten in sich schließt, erhält die Pflegschaft, außer wenn sie nach §. 1910 Abs. 1 B.G.B. allgemein für die Person und das Vermögen angeordnet worden ist, im einzelnen Falle ihren rechtlichen Inhalt erst durch die vom Vormundschaftsgerichte vorzunehmende Bestimmung der Angelegenheiten, für welche sie eintreten soll.

Das B.G.B. hat die wesentlichen Grundsätze zunächst für die Vormundschaft über Minderjährige als die bei weitem häufigere und die regelrechte ausgesprochen (§§. 1773—1895). Diese Grundsätze finden dann auf die Vormundschaft über Volljährige und auf die Pflegschaft entsprechende Anwendung (§§. 1897 und 1915).

Diejenigen, welche bei der Vormundschaft im weiteren Sinne mitzuwirken haben, sind das Vormundschaftsgericht, dem hierbei zwei Hülfsorgane, der Gemeindewaisenrath und der Gegenvormund, gegeben sind, und dessen Stelle durch einen Familienrath vertreten werden kann, die Familie und der Vormund oder Pfleger.

2. Das Vormundschaftsgericht.

Die vormundschaftliche Thätigkeit des Staates ist reichsgesetzlich den Gerichten übertragen. Sie bildet einen Theil der freiwilligen Gerichtsbarkeit. Vormundschaftsgerichte sind die Amtsgerichte, an denen, auch wenn sie mit mehreren Richtern besetzt sind, jeder Amtsrichter die ihm obliegenden Geschäfte, also auch die Vormundschaftssachen, als Einzelrichter erledigt.

Unberührt bleiben jedoch die landesgesetzlichen Vorschriften, nach welchen für die dem Vormundschaftsgericht obliegenden Verrichtungen andere als gerichtliche Behörden zuständig sind (Art. 147 Abs. 1 E.G.), und es sind die Bundesstaaten, welche die Geschäfte des Vormundschaftsgerichts anderen als gerichtlichen Behörden zugewiesen haben, auch befugt, insoweit noch jetzt Aenderungen vorzunehmen (Art. 218 E.G.). In Preußen verbleibt es deshalb für den Landesherrn und die Mitglieder der regierenden Familie und des hohen Adels bei der bisherigen, durch Landesgesetzgebung und Hausverfassung bewirkten Regelung (vgl. Art. 57, 58 a. a. O.).

Die Aufgaben des Vormundschaftsgerichts sind bei den Vormundschaften und entsprechend dann auch bei den Pflegschaften (§. 1915) hauptsächlich folgende:

a. Das Vormundschaftsgericht hat von Amtswegen festzustellen, ob eine Vormundschaft anzuordnen und es hierzu zuständig ist, im gegebenen Falle den Vormund, wenn nöthig oder zuläßig auch einen Gegenvormund, zu bestellen (§§. 1778, 1779, 1792), über etwaige Unfähigkeits-, Untauglichkeits- und Ablehnungsgründe des Berufenen zu entscheiden (§§. 1780—1787), den nicht gesetzlich Unfähigen, Untauglichen oder zur Ablehnung Berechtigten zur Uebernahme der Vormundschaft oder Gegenvormundschaft anzuhalten (§. 1788), seine Verpflichtung vorzunehmen (§§. 1789, 1792), ihm eine Bestallung zu ertheilen (§. 1791) und den Waisenrath mit der erforderlichen Nachricht zu versehen (§. 1851), ferner, wenn die Voraussetzungen für einen Familienrath vorliegen, einen solchen einzusetzen (§§. 1858, 1859), ihn einzuberufen (§. 1873), seine Beschlüsse vorzubereiten und auszuführen (§§. 1872—1877), ihn wieder aufzuheben und die Betheiligten hiervon in Kenntniß zu setzen (§§. 1879—1881).

Es hat ferner über die Entlassung des Vormunds und des Gegenvormunds zu entscheiden (§§. 1886 bis 1889).

b. Das Vormundschaftsgericht hat erforderlichenfalls die Unterbringung des Mündels zum Zwecke der Erziehung anzuordnen (§. 1838) und, wenn ein Vormund noch nicht bestellt oder der Vormund an der Erfüllung seiner Pflichten verhindert ist, die im Interesse des Mündels erforderlichen Maßregeln zu treffen (§. 1846). Im übrigen ist es nicht befugt, für den Mündel unmittelbar zu handeln und ihn nach außen hin zu vertreten oder sonst selbsthandelnd in die Verwaltung des Vormunds einzugreifen. Billigt es gemäß §. 1836 dem Vormund oder Gegenvormund eine Vergütung zu, so handelt es auch hierbei nicht als Vertreter des Mündels, sondern kraft seiner Amtsgewalt und gewährt in dieser Eigenschaft dem Vormund oder Gegenvormund ein Recht gegen den Mündel. Dagegen erleidet der Grundsatz, daß das Vormundschaftsgericht zu einem unmittelbaren Einschreiten für den Mündel nicht befugt ist, noch eine — also die dritte — Ausnahme bei der Sicherstellung (§. 1844 Abs. 2).

c. Das Vormundschaftsgericht hat über die gesammte Thätigkeit des Vormunds und des Gegenvormunds während der Dauer der Vormundschaft und Gegenvormundschaft die Aufsicht zu führen (§. 1837). Diese Aufsicht enthält aber nicht das Recht, in Zweckmäßigkeitsfragen dem Vormunde leitende Anweisungen zu ertheilen und die Ansicht des Vormundschaftsgerichts an die Stelle der Ansicht des Vormunds zu setzen. Behufs derselben ist ihm speziell das Recht und die Pflicht beigelegt, jederzeit Auskunft zu verlangen (§. 1839), gegen Pflichtwidrigkeiten durch Gebote und Verbote einzuschreiten (§. 1837 Abs. 1), zur Einreichung eines

Verzeichnisses des bei Einleitung der Vormundschaft vorhandenen oder später dem Mündel zugefallenen Vermögens sowie zu wiederkehrender Rechnungslegung oder wenigstens Einreichung einer Uebersicht des Vermögensbestandes anzuhalten und die Rechnung oder die Vermögensübersicht zu prüfen (§§. 1802, 1840, 1843, 1854), sowie unter Umständen die Hinterlegung von Werthpapieren und Kostbarkeiten anzuordnen (§. 1818) und Sicherheit vom Vormunde zu fordern (§. 1844).

Als Mittel, diese Aufsichtsgewalt zu verwirklichen, steht dem Gericht außer der Zwangsgewalt, die es nach Landesgesetz für die Angelegenheiten der freiwilligen Gerichtsbarkeit überhaupt hat (s. unten S. 34 f.), reichsgesetzlich das Recht zu, Ordnungsstrafen gegen den Vormund und den Gegenvormund zu verhängen (§. 1837 Abs. 2) und sie gegen ihren Willen zu entlassen. Die Entlassung kann auch erfolgen, ohne daß eine Pflichtwidrigkeit vorliegt, sofern nur das Interesse des Mündels gefährdet erscheint, also z. B. wegen eines unzweckmäßigen Verhaltens des Vormunds (§§. 1886, 1887).

d. Einzelne Handlungen des Vormunds bedürfen ihrer Wichtigkeit wegen zur Gültigkeit der Genehmigung des Vormundschaftsgerichts (§§. 1821, 1822) oder sind von dieser Genehmigung durch eine eigene Erklärung des Vormunds abhängig zu machen (§§. 1809, 1814, 1815, 1816). Es soll ferner der Vormund nicht ohne Genehmigung des Vormundschaftsgerichts ein neues Erwerbsgeschäft im Namen des Mündels beginnen oder ein bestehendes auflösen (§. 1823). Das Vormundschaftsgericht kann die zu gewissen Geschäften erforderliche Genehmigung des Gegenvormunds (§§. 1810, 1812 Abs. 2, vgl. auch die §§. 1304 und 1337), unter Umständen auch die Zustimmung eines Dritten (§§. 1803 Abs. 3, 1917 Abs. 3) und die Mitwirkung des Mündels (§. 1844 Abs. 2) ersetzen. Auf Antrag des Mündels kann es die Ermächtigung zu dessen Eintritt in Dienst oder in Arbeit (§. 113 Abs. 3), die Einwilligung zur Eingehung einer Ehe des Mündels (§. 1304 Abs. 2) und die Genehmigung einer anfechtbaren Ehe des Mündels (§. 1337 Abs. 1), wenn sie vom Vormunde verweigert werden, ersetzen und hat sie zu ersetzen, wenn es im Interesse des Mündels liegt. In weiterem Umfange vermag es dagegen die Zustimmung des Vormunds nicht zu ersetzen.*)

Es bedarf endlich seiner Genehmigung zu Abweichungen von Anordnungen des Erblassers oder dessen, der dem Mündel unter Lebenden etwas unentgeltlich zugewendet hat (§. 1803 Abs. 2).

c. Das Vormundschaftsgericht hat bei einer Meinungsverschiedenheit unter Mitvormündern zu

---

*) Wohl aber kann dies noch nach den §§. 108 und 118 der Reichsgewerbeordnung (R.G.Bl. 1900 S. 871) bei der Ausstellung eines Arbeitsbuchs und der Aushändigung des Beschäftigungszeugnisses die Gemeindebehörde thun.

entscheiden, sofern nicht bei der Bestellung ein Anderes bestimmt ist (§. 1797 Abs. 1); ebenso entscheidet es bei einer Meinungsverschiedenheit unter verschiedenen Vormündern mit getrennten Wirkungskreisen nach §. 1798.

f. Es kann Anordnungen des Vaters oder der Mutter, wenn ihre Befolgung das Interesse des Mündels gefährden würde (§. 1857), und die dem Vater als Vormund seines Kindes zustehenden Befreiungen, wenn sie das Interesse des Mündels efährden (§. 1903 Abs. 1), außer Kraft setzen.

g. Dasselbe hat Personen, die ihm ein Interesse zur Sache nachweisen und ohnedem an der Ausübung ihnen zustehender Rechte gehindert werden würden, Auskunft über einzelne Punkte einer Vormundschaft zu geben*) und kann, wenn für einen Mündel oder Pflegebefohlenen das Armenrecht**) im Prozeß nachgesucht werden soll, das hierzu erforderliche Armuthszeugniß ausstellen (§. 118 Abs. 2 C.P.O.).

---

*) Das Vormundschaftsgericht ist verpflichtet, demjenigen, welcher gegen die Mündel Klage erhoben hat, auf Verlangen eine Bescheinigung über die Person des Vormunds (Jahrbuch Bd. 2 S. 48), sowie dem Inhaber eines gegen den Erblasser der Mündel ergangenen Schuldtitels aus den Vormundschaftsakten Auskunft zu ertheilen, wer die Erben des Schuldners geworden sind (Bl. f. R. Bd. 9 S. 15).

**) Dieses kann auch dem Pfleger einer etwaigen Descendenz bewilligt werden (Beiträge Bd. 38 S. 1115).

b. Nach Beendigung der Vormundschaft überhaupt oder allein den Amtes des Vormunds hat das Vormundschaftsgericht die dann stattfindende Auseinandersetzung zwischen dem bisherigen Mündel oder dessen Rechtsnachfolger oder neuem Vertreter und dem bisherigen Vormund oder dessen Erben zu vermitteln (§. 1892) und die Bestallung zurückzufordern (§. 1893 Abs. 2).

Für die Erfüllung der ihm nach dem Vorstehenden obliegenden Pflichten haftet der Vormundschaftsrichter dem Mündel nach den allgemeinen Grundsätzen des §. 839 Abs. 1, 3, d. h. an erster Stelle, wenn er vorsätzlich, und in Ermangelung der Möglichkeit, auf andere Weise Ersatz zu erlangen, wenn er fahrlässig gehandelt hat; garnicht, wenn der Verletzte vorsätzlich oder fahrlässig unterlassen hat, den Schaden durch Gebrauch eines Rechtsmittels abzuwenden (§. 1848).

Die Geschäftsführung der Vormundschaftsgerichte unterliegt nach ihrer formellen Seite, insbesondere in Ansehung von Geschäftsverzögerungen und Unregelmäßigkeiten im Geschäftsbetriebe, den allgemeinen dienstpragmatischen Vorschriften, in Preußen dem gleichen Aufsichtsrechte, welches der Präsident des Amtsgerichts I in Berlin, die Präsidenten der Landgerichte und Oberlandesgerichte und der Justizminister über die Amtsgerichte im allgemeinen haben. Außerdem ist materiell gegen die Anordnungen der Vormundschaftsgerichte in weitem Umfange das Recht der — die Vollziehung regelmäßig nicht aufschiebenden — Beschwerde ohne Frist, in gewissen Fällen der sofortigen Beschwerde, d. i. nur binnen einer Frist von zwei Wochen, die von der Bekanntmachung ab läuft, und, wenn die darauf ergangene Entscheidung auf einer Verletzung des Gesetzes beruht, das Recht der weiteren Beschwerde gegeben (§§. 19—30, 57—64 F.G.G.). In beschränktem Umfange hat dieses Recht der Beschwerde auch der Mündel selbst (§. 59 F.G.G.).

Zwangsmittel zur Durchführung seiner Anordnungen hat das Vormundschaftsgericht nach Reichsrecht bloß gegenüber dem Vormunde, Gegenvormunde und Pfleger, und es hat als solche auch nur die Ordnungsstrafe und die Entlassung (oben S. 30).

In sehr ausgedehntem Maße ergänzend tritt aber das P.F.G.G. ein (vgl. wegen des früheren Rechtszustandes in Preußen besonders Jahrbuch Bd. 18 S. 52). Dasselbe giebt sowohl für die reichsgesetzlichen als auch für die landesgesetzlichen Angelegenheiten der freiwilligen Gerichtsbarkeit, also auch für die Vormundschaftssachen, dem Gericht in Art. 15 und 16 ein Recht zu Ordnungsstrafen, um die Vornahme einer ausschließlich von dem Willen abhängenden Handlung, die Unterlassung einer Handlung oder die Duldung der Vornahme einer Handlung zu erwirken, und in Art. 17 ein Recht zu unmittelbarem Zwange behufs Herausgabe einer

Person oder Sache oder Vorlegung einer Sache oder Durchführung einer ohne Gewalt nicht durchzusetzenden Anordnung, sowie das Recht, wenn die Sache oder die Person nicht vorgefunden wird, den Verpflichteten zur Leistung des Offenbarungseides anzuhalten.

Außer den Aufgaben, welche die Vormundschaftsgerichte bezüglich der Vormundschaften und Pflegschaften haben, sind ihnen als solchen noch verschiedene weitere Obliegenheiten übertragen. Es gehören hierher insbesondere die Anordnung einer Fürsorgeerziehung Minderjähriger nach dem Gesetze vom 2. Juli 1900 (G.S. 1900 S. 264), welche Anordnung keine vormundschaftliche ist, weil sie nicht bloß für bevormundete oder zu bevormundende Kinder stattfindet, die im §. 3 B.G.B. den Vormundschaftsgerichten übertragene Volljährigkeitserklärung, und die in den §§. 112, 113, 1304, 1308, 1314, 1336 Abs. 2, 1337 Abs. 1, 1357 Abs. 2, 1358, 1379, 1402, 1437 Abs. 2, 1447, 1448, 1451, 1484, 1491 Abs. 3, 1492, 1493 Abs. 2, 1519 Abs. 2, 1549, 1550, 1595 Abs. 2, 1612, 1629, 1630 Abs. 2, 1631 Abs. 2, 1635 Abs. 1, 1636, 1639, 1640 Abs. 2, 1642 Abs. 2, 1643 bis 1645, 1647 Abs. 2, 1653, 1662, 1665—1673, 1677, 1679 Abs. 2, 1685 Abs. 2, 1686, 1687—1690, 1693, 1695, 1714, 1727, 1728 Abs. 2, 1729, 1740, 1750 Abs. 1, 1751, 1752, 1760, 1761, 1770, 1999, 2275, 2282, 2290 Abs. 3, 2347 B.G.B., sowie in Art. 41 unter II des E.G. gedachten Entscheidungen u. s. w. des

Vormundschaftsgerichts, dessen Zuständigkeit sich dabei, soweit es sich um Angelegenheiten handelt, welche durch Reichsgesetz den Gerichten übertragen sind, nach §. 43 F.G.G., für die Anordnung der Fürsorgerziehung nach §. 7 F.E.M.G. bestimmt.

Für die Verhandlungen vor dem Vormundschaftsrichter, z. B. die Bestellung eines Vormunds, ist keine besondere Form vorgeschrieben, weder reichsrechtlich noch in Preußen landesgesetzlich. Es sind daher, selbst wenn Beweiserhebungen vorgenommen worden, bloße Aktenvermerke genügend, und die Aufnahme eines Protokolls hängt von dem Ermessen des Vormundschaftsrichters ab. Ebensowenig bestehen Vorschriften über Form und Inhalt der Protokolle, sodaß, wenn ein Protokoll aufgenommen wird, auch hierüber der Richter nach seinem Ermessen zu befinden hat. Eine Ausnahme tritt jedoch ein, sobald es sich um ein Rechtsgeschäft handelt; dann sind die für die Beurkundung eines solchen verordneten Formen zu beobachten, so bei einem Anerkenntnisse der gelegten Schlußrechnung als richtig durch den neuen Vormund oder den volljährig gewordenen Mündel.

Nach Art. 2 Abs. 2 P.F.G.G. kann stets die Zuziehung eines Gerichtsschreibers erfolgen, wenn sie zur sachgemäßen Erledigung des Geschäfts zweckmäßig ist.

3. Der Familienrath.

Der Familienrath, der sich von dem gleichnamigen

Institute des französischen Vormundschaftsrechts wesentlich unterscheidet, wird niemals von Amtswegen aus eigenem Entschlusse des Vormundschaftsgerichts, sondern nur auf letztwillige Anordnung der Eltern oder auf den Antrag Verwandter oder Verschwägerter des Mündels oder den des Vormunds oder des Gegenvormunds gebildet (§§. 1858, 1859). Er besteht aus dem Vormundschaftsrichter als Vorsitzenden, dem die Leitung der Geschäfte obliegt und der in der Weise stimmberechtigt ist, daß bei Stimmengleichheit seine Stimme entscheidet (§. 1872 Abs. 1, §. 1874 Abs. 2), und einer Anzahl von ständigen Mitgliedern als Beisitzern (§§. 1860—1868), welche ihr Amt persönlich auszuüben haben und in gleicher Weise verantwortlich sind, wie der Vormundschaftsrichter (§. 1872 Abs. 2). Fähig zur Mitgliedschaft sind auch weibliche Personen (§. 1866). Die Uebernahme der Mitgliedschaft ist Sache des freien Willens (§. 1869). Nach erfolgter Uebernahme aber können die Mitglieder ihr Amt nicht beliebig niederlegen, sondern zur Erfüllung ihrer Pflichten durch Ordnungsstrafen angehalten und nur aus denselben Gründen, wie Vormünder, ihres Amtes entlassen werden (§§. 1875, 1878). Der Familienrath hat alle Rechte und Pflichten des Vormundschaftsgerichts (§. 1872 Abs. 1). Gegen seine Beschlüsse findet Beschwerde wie gegen Verfügungen des Vormundschaftsgerichts statt. In dringenden Fällen ist der Vormundschaftsrichter befugt, allein die erforderlichen Anordnungen zu treffen, mit der Pflicht, den Familienrath einzuberufen, ihn von den getroffenen Anordnungen in Kenntniß zu setzen und einen Beschluß über die etwa weiter erforderlichen Maßregeln herbeizuführen (§. 1876).

Auch bei einer Pflegschaft kann ein Familienrath gebildet werden.

Besonderen Werth hat der Familienrath für solche Fälle, in denen es sich um die Verwaltung zum Vermögen des Mündels gehöriger landwirthschaftlicher oder gewerblicher Betriebe von größerem Umfange handelt und Verwandte oder Verschwägerte des Mündels vorhanden sind, die sich nach ihren Verhältnissen und Kenntnissen zur Ueberwachung dieser Verwaltung eignen (Denkschrift zum Entwurf eines B.G.B. S. 246).

4. Die Familie.

Auch wo ein Familienrath nicht gebildet ist, tritt eine Theilnahme und Mitwirkung der Familie bei der Vormundschaft und entsprechend auch bei der Pflegschaft ein.

a. Bei der Auswahl des Vormunds durch das Gericht sind Verwandte und Verschwägerte des Mündels zunächst zu berücksichtigen (§. 1779 Abs. 2).

b. In allen wichtigen Angelegenheiten — als solche sind einzelne bestimmt bezeichnet — soll das Vormundschaftsgericht von Amtswegen vor der von ihm zu treffenden Entscheidung Verwandte oder

Verschwägerte des Mündels hören (§. 1847 Abs. 1 Satz 2). Das Gleiche gilt bei der Auswahl der zur Beschlußfähigkeit des Familienraths erforderlichen Mitglieder durch das Vormundschaftsgericht (§. 1862 Abs. 1).

c. Allgemein soll das Vormundschaftsgericht vor einer jeden von ihm zu treffenden Entscheidung Verwandte oder Verschwägerte des Mündels, wenn es ohne erhebliche Verzögerung und ohne unverhältnißmäßige Kosten geschehen kann, hören, sobald der Vormund oder der Gegenvormund des Mündels dies beantragt (§. 1847 Abs. 1 Satz 1).

Auch ohne Antrag steht es stets dem Vormundschaftsgerichte frei, Verwandte oder Verschwägerte des Mündels zu hören.

d. Die Verwandten und Verschwägerten des Mündels haben als solche ein besonderes Beschwerderecht (§. 57 Nr. 1, 3 und 4 F.G.G.)

e. Wird eine Vormundschaft geführt, obwohl der Vater oder die Mutter oder beide Eltern leben, so steht unter gewissen Voraussetzungen dem Vater oder der Mutter die Sorge für die Person des Mündels neben dem Vormunde zu (§. 1800).

f. Der Gewalthaber hat dem Vormundschaftsgericht unverzüglich Anzeige zu machen, wenn das Bedürfniß einer Pflegschaft nach §. 1909 eintritt (§. 1909 Abs. 2).

In den Fällen unter a bis c ist indessen die Gültigkeit der Entscheidung des Gerichts niemals von der Anhörung abhängig. Auf Grund der Art. 15 und 17 P.F.G.G. können die Angehörigen des Mündels zwar dazu, sich nicht ganz unthätig zu verhalten, namentlich wenigstens an Gerichtsstelle zu erscheinen, gezwungen werden. Sich sachlich zu äußern sind sie aber nicht verpflichtet, und ein hierauf gerichteter Zwang ist unzulässig. Endlich ist die Anhörung überhaupt nur dem Vormundschaftsgerichte zur Pflicht gemacht; für den Vormund hängt es immer bloß von dem eigenen Belieben ab, ob und welche Verwandte oder Verschwägerte seines Mündels er über beabsichtigte Maßnahmen seiner Verwaltung hören will (s. unten S. 44).

Auch bei der Thätigkeit, welche das Vormundschaftsgericht außerhalb des Gebiets des Vormundschaftswesens zu leisten hat, kommt eine Anhörung von Verwandten und Verschwägerten des betheiligten Kindes vor (z. B. §. 1308 Abs. 2).

5. Der Gemeindewaisenrath.

Der Gemeindewaisenrath, welcher Ausdruck die Behörde als solche bezeichnet, während deren Mitglieder in Preußen Waisenräthe heißen, ist berufen, das Vormundschaftsgericht insoweit, als es sich um die persönlichen Verhältnisse des Mündels handelt, in beschränktem Maße auch bei den Vermögensangelegenheiten des Mündels zu unterstützen. Das Amt des Waisenraths ist ein Gemeindeamt. Seine Organisation regelt die Landesgesetzgebung. Für Preußen sind nur wenige Vorschriften im Art. 77. A.G. getroffen. Hiernach ist das Amt ein unentgeltliches, doch können die dem Gemeindewaisenrath obliegenden Verrichtungen auch besonderen Abtheilungen oder schon bestehenden Organen der Gemeindeverwaltung übertragen werden Zur Unterstützung des Gemeindewaisenraths können Waisenpflegerinnen widerruflich bestellt werden. Im übrigen bestimmt innerhalb der durch die Bestimmungen über Gemeindeämter überhaupt gezogenen Grenzen die Gemeinde selbst bezw. der Gutsvorstand seine Organisation. Er steht selbständig neben dem Gerichte, so daß dieses namentlich keine Aufsicht und kein Ordnungsstrafrecht gegenüber den Waisenräthen hat, sondern nur Beschwerde über deren Geschäftsführung erheben kann, und zwar bei dem Magistrat, in der Rheinprovinz bei dem Bürgermeister, und in den Landgemeinden bei dem Landrathe.

Die Aufgaben des Gemeindewaisenraths sind:

a. Anzeige, sobald er von einem Falle Kenntniß erlangt, in welchem ein Vormund, ein Gegenvormund oder ein Pfleger zu bestellen ist, und Vorschlag derjenigen Personen, welche sich im einzelnen Falle zum Vormunde, Gegenvormunde, Pfleger oder Mitglied eines Familienraths eignen (§. 1779 Abs. 1, §. 1849 B.G.B., §. 49 F.G.G.).

b. Aufsicht über das persönliche Wohl des Mündels, insbesondere seine Erziehung und körperliche Pflege (§. 1850 Abs. 1). Diese Aufsicht wird dem Vormund oder Pfleger und dem Gegenvormunde, dem auch die Obhut über die persönlichen Verhältnisse des Mündels zusteht, gegenüber geführt, giebt aber kein Recht zu Zwangsmitteln gegen sie, sondern nur zu Rathschlägen, Ermahnungen u. dgl. an sie, eventuell zu Anzeigen an das Vormundschaftsgericht. Die Waisenpflegerinnen haben unter der Leitung des Gemeindewaisenraths bei der Beaufsichtigung der im Kindesalter stehenden Mündel und bei der Ueberwachung weiblicher Mündel mitzuwirken (Art. 77 §. 2 A.G.).

c. Ertheilung von Auskunft über das persönliche Ergehen und Verhalten eines Mündels auf Erfordern des Gerichts (§. 1850 Abs. 1).

d. Anzeige an das Vormundschaftsgericht, sobald er von einer Gefährdung des Vermögens eines Mündels Kenntniß erlangt (§. 1850 Abs. 2).

e. Mittheilung von der Veränderung des Aufenthalts des Mündels an den Gemeindewaisenrath des neuen Aufenthaltsortes (§. 1851 Abs. 2).*)

Die Thätigkeit des Gemeindewaisenraths, insbesondere die Aufsicht, erstreckt sich auf alle Mündel,

*) Wegen Mittheilungen, die nicht wie nach a und e von dem, sondern an den Gemeindewaisenrath zu machen sind, s. §. 1851 Abs. 1 u. Abs. 2 a. A. sowie Anm. 5 zu §. 48 F.G.G. Dem Gemeindewaisenrath ist ferner durch die §§. 1675 und 1686 die Pflicht auferlegt, dem Vormundschaftsgericht Anzeige zu erstatten, wenn ein Fall zu seiner Kenntniß kommt, in welchem das Vormundschaftsgericht zum Einschreiten bei elterlicher Gewalt berufen ist.

welche sich in seinem Bezirke jeweilig aufhalten, ohne Rücksicht auf ihren gesetzlichen Wohnort und auf den Wohn- oder Aufenthaltsort des Vormunds, andererseits jedoch auch nur auf Mündel, welche in seinem Bezirk ihren regelmäßigen Aufenthalt haben. Ob die Mündel dem Vormundschaftsgerichte seines Bezirks unterstehen, ist gleichgültig, so daß er auch anderen Vormundschaftsgerichten dient, sofern sich diesen zugehörige Mündel in seinem Bezirk aufhalten.

Der Gemeindewaisenrath ist nach §. 57 Nr. 9 F.G.G. berechtigt, im Interesse des Mündels über die Sorge für die Person des Mündels betreffende Verfügungen des Vormundschaftsgerichts Beschwerde zu führen.

6. Der Vormund.

Nach dem allgemeinen Landrechte war der Vormund im wesentlichen bloß Organ des Vormundschaftsgerichts, so daß der Schwerpunkt der vormundschaftlichen Verwaltung bei dem letzteren lag. In Uebereinstimmung mit der Vormundschaftsordnung vom 5. Juli 1875 ist dagegen nach dem B.G.B. der Vormund und nur er derjenige, der grundsätzlich mit voller Selbständigkeit die Vormundschaft führt und den Schutz und die Vertretung des Mündels, die in dieser enthalten sind, ausübt. Alle übrigen Gewalten, die bei der Vormundschaft mitwirken, haben nur eine beaufsichtigende und ergänzende Thätigkeit ihm gegenüber. Sein Amt ist dabei regelmäßig — wegen Ausnahmen s. Art. 78 A.G. und §. 12 F.E.M.G. — ein Ehrenamt und als solches an sich unentgeltlich (§. 1836 Abs. 1 Satz 1). Nur ausnahmsweise erhält er eine Vergütung (§. 1836 Abs. 1). Jedoch sind ihm Auslagen und Dienste, die zu seinem Gewerbe oder Berufe gehören, aus dem Vermögen des Mündels zu erstatten bezw. zu bezahlen (§. 1835).

Die Thätigkeit des Vormunds erstreckt sich gleichmäßig auf die Person wie auf das Vermögen des Mündels (§. 1793), findet aber eine naturgemäße Grenze darin, daß bei höchstpersönlichen Rechten, d. i. Rechten, bei denen überhaupt eine Vertretung unstatthaft ist, wie bei der Errichtung letztwilliger Verfügungen einschließlich von Ehe- und Erbverträgen und Schenkungen von Todeswegen, soweit diese Dispositionen den Charakter von letztwilligen Verfügungen des Mündels haben, bei der Eingehung einer Ehe u. s. w., auch der Vormund den Mündel nicht vertreten kann. Bei seiner Thätigkeit hat er sich in Verbindung mit dem Mündel und dessen Verwandten (s. oben S. 40) sowie dem vorhandenen Gegenvormunde (s. unten S. 61) zu halten, namentlich den reiferen Mündel in geeigneten Fällen vor der Ausführung wichtigerer Verwaltungsmaßregeln, vor allem solcher, welche dessen Person, also den Beruf u. s. w. betreffen, zu hören und stets die im Verkehr erforderliche Sorgfalt zu beobachten (§. 276). Die Selbständigkeit des Vormunds ist deshalb nichts weniger, als gleichbedeutend mit Willkür. Weiter ist dieselbe auch keine unbeschränkte; nur bilden die Beschränkungen immer bloß die Ausnahme, und die Selbständigkeit bleibt die Regel. Die Beschränkungen sind, abgesehen davon, daß neben dem Vormunde für gewisse Angelegenheiten des Mündels ein Pfleger bestellt werden kann, der dann insoweit den Vormund ausschließt (§. 1794), entweder auf besonderer Privatanordnung beruhende oder allgemein gesetzliche. Zu den ersteren sind der Erblasser des Mündels hinsichtlich der zu seinem Nachlasse gehörigen Gegenstände und der Schenker hinsichtlich des von ihm Zugewendeten befugt (§. 1803). Die letzteren sind folgende:

a. Die Sorge des Vormunds für die Person des Mündels beschränkt sich gegenüber verheiratheten minderjährigen Frauen auf die Vertretung in den die Person betreffenden Angelegenheiten (§§. 1800, 1633), gegenüber Volljährigen geht sie nicht weiter, als der Zweck der Vormundschaft es erfordert, so weit aber auch gegenüber volljährigen Ehefrauen (§. 1901). Die Sorge für die religiöse Erziehung des Mündels kann dem Vormunde, welcher einem anderen Bekenntniß angehört als der Mündel, vom Vormundschaftsgericht entzogen werden (§. 1801). In gewissen Fällen ist wegen Widerstreites der Interessen des Vormunds und des Mündels die Vertretungsmacht des Vormunds kraft Gesetzes ausgeschlossen (§. 1795) oder doch dem Vormundschaftsgerichte die Befugniß beigelegt, dem Vormunde die Vertretung zu entziehen (§. 1796).

b. Für die Anlegung von Mündelgeld sind bestimmte Vorschriften getroffen, welche der Vormund genau beobachten muß (§§. 1806—1811).*)

c. Einzelne Handlungen sind unzulässig und dürfen vom Vormunde nicht vorgenommen werden, nämlich in der Regel alle Schenkungen (§. 1804), ferner stets die Verwendung von Vermögen des Mündels für sich (§. 1805).**)

d. Eine ganze Reihe anderer Handlungen, die theils die persönlichen, theils die vermögensrechtlichen Verhältnisse des Mündels betreffen, kann der Vormund zwar vornehmen, aber wegen ihrer Wichtigkeit nicht allein, sondern nur mit Genehmigung theils des Gegenvormunds, theils des Vormundschaftsgerichts (§§. 1812, 1819, 1820, 1821, 1822). Bei anderen wieder ist eine solche Genehmigung zwar nicht Voraussetzung ihrer Gültigkeit, aber Ordnungsvorschrift, deren Uebertretung den Vormund verantwortlich macht (§§. 1810, 1823).

---

*) Es kann den Vormündern nicht genug empfohlen werden, in dieser Beziehung mit der größten Vorsicht zu verfahren, um nicht durch eine unvorschriftsmäßige Anlegung sich verantwortlich zu machen und den Mündel zu schädigen.

**) Um in dieser Beziehung nicht zu fehlen, ist es am zweckmäßigsten, wenn der Vormund das Mündelvermögen als etwas ganz Fremdes behandelt und gesondert von dem eigenen Vermögen aufbewahrt.

e. Inhaberpapiere und mit Blankoindossament versehene Orderpapiere, auf Anordnung des Vormundschaftsgerichts auch andere Werthpapiere und Kostbarkeiten, hat der Vormund mit der Bestimmung zu hinterlegen, auf den Namen des Mündels umschreiben oder in Buchforderungen verwandeln zu lassen, daß die Verfügung darüber nur mit Genehmigung des Vormundschaftsgerichts zulässig ist. Bei sonstigen Buchforderungen des Mündels hat er einen entsprechenden Vermerk in das Schuldbuch eintragen zu lassen (§§. 1814—1818).

f. Der Vormund hat von dem bei Einleitung der Vormundschaft vorhandenen oder später dem Mündel zugefallenen Vermögen ein Verzeichniß aufzunehmen und dem Vormundschaftsgericht einzureichen (§. 1802).*)

---

*) Unterliegt das Vermögen der Erbschaftssteuer in Preußen, so hat der Vormund außerdem dem zuständigen Erbschaftssteueramte den Anfall in der Regel binnen drei Monaten, nachdem er davon Kenntniß erlangt hat, schriftlich anzumelden und innerhalb einer ferneren, regelmäßig zwei Monate betragenden Frist nach Ablauf der Anmeldungsfrist ein vollständiges und richtiges, zugleich die erforderlichen Werthangaben enthaltendes Verzeichniß (Inventarium) über die gesammte steuerpflichtige Masse und alle derselben zuzurechnenden oder davon in Abzug zu bringenden Gegenstände vorzulegen und hiermit eine schriftliche Deklaration der die Festsetzung der Erbschaftssteuer bedingenden Verhältnisse zu verbinden und einzureichen (Gesetz vom 30. Mai 1873, betr. die Erbschaftssteuer, — G.S. 1873 S. 329, 1891 S. 78 — §§. 32, 35, 37 Abs. 2).

g. Derselbe hat über die von ihm geführte Vermögensverwaltung während der Vormundschaft dem Vormundschaftsgerichte wiederkehrend Rechnung zu legen oder wenigstens eine Uebersicht über den Bestand des seiner Verwaltung unterliegenden Vermögens einzureichen und nach Beendigung seines Amtes Schlußrechnung zu legen (§§. 1840—1842, 1854, 1890).*)

h. Er ist, wenn er für den Mündel Vermögen zu verwalten hat, auf Verlangen des Vormundschaftsgerichts aus besonderen Gründen und so, daß er die Uebernahme der Vormundschaft ablehnen oder seine Entlassung fordern kann (§. 1786 Nr. 6, §. 1889), verpflichtet, für die Erfüllung seiner Obliegenheiten Sicherheit zu leisten (§. 1844).

Ein gesetzliches Pfandrecht am Vermögen des Vormunds oder einen gesetzlichen Titel auf Bestellung einer Hypothek hat der Mündel nicht.

i. Der Vormund unterliegt endlich allgemein einer Aufsicht, und zwar der des Gemeindewaisen-

---

*) Um diesen Pflichten genügen zu können, muß der Vormund von Anfang an und fortdauernd über seine Verwaltung des Mündelvermögens genau Buch führen, wenn auch bei einfachen Verhältnissen nur in Form eines gewöhnlichen Einnahme- und Ausgabebuchs, und zwar für jeden Mündel besonders, außer soweit gemeinsame Einnahmen zu gemeinsamen Ausgaben dienen, und ferner die zur Rechtfertigung der einzelnen Posten dienenden Belege, Quittungen u. s. w. sich beschaffen und aufbewahren.

raths hinsichtlich der persönlichen Angelegenheiten des Mündels (§. 1850 Abs. 1), hinsichtlich der Vermögensverhältnisse nur in der Art, daß der Gemeindewaisenrath dem Vormundschaftsgericht Anzeige zu machen hat, wenn er Kenntniß von einer Gefährdung des Vermögens des Mündels erlangt (§. 1850 Abs. 2), ferner der des Gegenvormunds (§. 1799) und der des Vormundschaftsgerichts (§. 1837) in beiden Beziehungen.

Einige von den vorstehenden Beschränkungen der Selbständigkeit des Vormunds gelten für gewisse Personen als Vormünder nach für diese getroffenen gesetzlichen Sonderbestimmungen nicht. Es sind nämlich frei der Vater und die Mutter als Vormund ihres unter Vormundschaft gestellten volljährigen Kindes von der Rechnungslegung, von der Nothwendigkeit der Genehmigung des Gegenvormunds oder des Vormundschaftsgerichts zu einzelnen von den Handlungen, zu denen an sich diese Genehmigung erforderlich ist, und von der Pflicht, Inhaber- und Orderpapiere zu hinterlegen, bei Buchforderungen den Vermerk in das Schuldbuch eintragen zu lassen, daß über die Forderungen nur mit Genehmigung des Vormundschaftsgerichts verfügt werden kann, und die Anlegung von Mündelgeldern nur mit Genehmigung des Gegenvormunds oder des Vormundschaftsgerichts bezw. mit der Bestimmung zu bewirken, daß zur Erhebung die Genehmigung des Gegenvormunds oder des Vormundschaftsgerichts erforderlich ist. Ein Gegenvormund braucht regelmäßig nicht bestellt zu werden (§§. 1903, 1904, 1852—1854). Wird ein Gegenvormund bestellt, so fallen einzelne der sonst der Mutter zustehenden Befreiungen von selbst fort (§. 1904 Satz 3). Die Befreiungen treten überhaupt nicht ein, wenn im Falle der Minderjährigkeit des Mündels kein Recht zur Vermögensverwaltung bestände (§. 1903 Abs. 2). Sie stehen andrerseits zum Theil stets auch zu den gesetzlichen Vormündern (Anstaltsvorstande, Beamten der Gemeindearmenverwaltung), neben welchen ein Gegenvormund niemals bestellt werden darf (Art. 78 §. 3, §. 4 Abs. 2 A.G.), und den nach §. 12 Abs. 1 und 2 F.E.M.G. bestellten Vormündern, neben denen gleichfalls ein Gegenvormund nicht zu bestellen ist (Abs. 3 des §. 12).

Außerdem kann der Vormund von einzelnen Beschränkungen durch besondere Privatanordnung befreit und ihm so eine höhere Selbständigkeit gegeben werden. Das Recht zu solchen Anordnungen steht zu als Ausfluß der elterlichen Gewalt und deshalb ohne Rücksicht darauf, von wem das durch den Vormund zu verwaltende Vermögen des Mündels herrührt, dem Vater, welcher zur Zeit seines Todes die elterliche Gewalt über den Mündel gehabt hat oder unter Voraussetzung der bereits erfolgten Geburt desselben gehabt haben würde, und in zweiter Linie der Mutter, wenn sie zur Zeit ihres Todes die elterliche Gewalt über das Kind hatte, ferner als begrifflich zulässiger Theil einer unentgeltlichen Zuwendung und deshalb bloß hinsichtlich des zugewendeten Vermögens dem Erblasser und dem Schenker des Mündels, und zwar können befreien:

a. der Vater und die Mutter den von ihnen benannten Vormund von den Beschränkungen, von denen sie selbst nach dem Vorstehenden bei der Vormundschaft über Volljährige frei sind. Ferner können sie die Bestellung eines Gegenvormunds ausschließen, womit zugleich die Befreiungen bei der Anlegung von Geld und von der Genehmigung gewisser Handlungen angeordnet sind (§§. 1852 bis 1854, 1855).

b. Was der Mündel von Todeswegen oder unter Lebenden unentgeltlich erwirbt, ist nach den Anordnungen des Zuwenders zu verwalten, so daß insoweit auch Befreiungen zulässig sind (§. 1803).

Alle von dem Vater, der Mutter oder dem Zuwender angeordneten Befreiungen können durch das Vormundschaftsgericht wegen Gefährdung des Interesses des Mündels außer Kraft gesetzt werden (§§. 1857, 1803). Zur Außerkraftsetzung von Befreiungen, die auf Anordnung eines noch lebenden Schenkers beruhen, ist dessen Zustimmung erforderlich und genügend; diese darf jedoch unter Umständen vom Vormundschaftsgericht ersetzt werden (§. 1803 Abs. 3).

Wenn der Vormund die ihm obliegenden allgemeinen und besonderen Pflichten verletzt, insbesondere auch, wenn er die seiner Selbständigkeit gezogenen Schranken nicht innehält, und so sich pflichtwidrig erweist, ist er vom Vormundschaftsgerichte zu entlassen (§. 1886). Außerdem haftet er dem Mündel auf Ersatz allen durch eine Pflichtverletzung entstandenen Schadens, wenn ihm ein Verschulden zur Last fällt (§. 1833). Neben dieser civilen Verantwortlichkeit tritt noch Bestrafung ein, falls der Thatbestand einer strafbaren Handlung, namentlich der einer Unterschlagung oder Untreue, gegeben ist.*)

Der Vormund überkommt sein Amt durch Bestellung seitens des Gerichts (§. 1789), ausnahmsweise — in dem der landesgesetzlichen Regelung (Art. 136 E.G., Art. 78 A.G.) überlassenen Falle der sog. gesetzlichen Vormundschaft — ohne richterliche Vermittelung unmittelbar durch gesetzliche Vorschrift, sodaß hier seine Verantwortlichkeit mit der Kenntniß von den die Vormundschaft begründenden Thatsachen beginnt.

Die gerichtliche Bestellung des Vormunds setzt dessen vorgängige Berufung voraus. Diese kann geschehen durch letztwillige Verfügung oder kraft

*) Ueber die Verurtheilung von Vormündern wegen Unterschlagung von Mündelgeldern oder wegen Untreue sind nach den Cirkular-Verfügungen des Justizministers vom 11. März 1881 und vom 30. Januar 1882 (Müller S. 1241) Zusammenstellungen einzureichen.

Familienrechts, andernfalls geschieht sie durch das Vormundschaftsgericht.

Die Befugniß der letztwilligen Berufung zur Vormundschaft steht zu dem Vater und der Mutter, sofern sie zur Zeit ihres Todes die elterliche Gewalt über den Mündel gehabt haben oder der Vater die elterliche Gewalt unter Voraussetzung der vor seinem Tode erfolgten Geburt des Kindes gehabt haben würde (§§. 1776, 1777). Kraft Familienrechts sind berufen der Großvater des Mündels von väterlicher Seite und der Großvater von mütterlicher Seite (§. 1776). Für eine Ehefrau darf der Mann, für die gemäß dem F.E.M.G. in einer Anstalt oder unter der Aufsicht des Vorstandes der Anstalt in einer von ihm ausgewählten Familie untergebrachten Zöglinge kann der Vorstand oder ein von dem verpflichteten Kommunalverbande bestellter Beamter vor allen nach §. 1776 Berufenen, für ein uneheliches Kind darf die Mutter vor dem Großvater zum Vormunde bestellt werden (§. 1778 Abs. 3, §. 12 F.E.M.G.). Vor den Großvätern ist der Vater und nach ihm die eheliche Mutter als Vormund eines entmündigten Volljährigen berufen (§. 1899). Die Berufenen haben grundsätzlich (Ausnahmen §. 1778 Abs. 1 u. 2) ein Recht auf die Bestellung, so daß das Vormundschaftsgericht nicht, wie da, wo ihm selbst die Berufung zusteht, außer der Bestellung auch die Auswahl des zu bestellenden Vormunds hat. Wegen Uebergehung des Berufenen hat dieser die sofortige Beschwerde (§. 60 Nr. 1 F.G.G.).

Für die vorläufige Vormundschaft gelten die Vorschriften über die Berufung nicht (§. 1907).

Einzelne Personen sind unfähig zur Vormundschaft derart, daß eine etwa dennoch erfolgte Bestellung nichtig ist oder, wenn die Unfähigkeit erst später eintritt, das Amt von selbst endigt, nämlich die geschäftsunfähigen oder wegen Geistesschwäche, Verschwendung oder Trunksucht entmündigten Personen (§. 1780). Andere sind nicht in dieser Weise unfähig, jedoch untauglich, d. h. nur zu entlassen, bis dahin aber haben sie die Rechte und Pflichten eines Vormunds (§§. 1781, 1782). Weibliche Personen sind als solche weder unfähig noch untauglich (§§. 1783, 1786 Nr. 1).

Gewisse Personen bedürfen ferner, um Vormund werden zu können, einer Genehmigung (§§. 1783, 1784, Art. 72 A.G.). Andere können die Vormundschaft ablehnen (§. 1786).

Jeder, der gesetzlich nicht unfähig oder untauglich ist, keinen Ablehnungsgrund hat und die etwa erforderliche Genehmigung erhält, muß die Vormundschaft übernehmen. Das vormundschaftliche Amt ist eine allgemeine öffentliche Last (§. 1785) und beginnt sofort mit der gerichtlichen Verpflichtung (§. 1789). Es endigt mit dem Wegfalle der für die Anordnung der Vormundschaft bestimmten Voraussetzungen (§. 1882), also namentlich mit dem Tode des Mündels und bei der Vormundschaft wegen Minderjährigkeit mit der Volljährigkeit oder Volljährigkeitserklärung, bei der vorläufigen Vormundschaft mit der Rücknahme oder rechtskräftigen Abweisung des Antrags auf Entmündigung und mit der Bestellung eines Vormunds auf Grund der erfolgten Entmündigung (§. 1908 Abs. 1, 2), endlich mit der Aufhebung der Vormundschaft gemäß §§. 1883, 1884, 1908 Abs. 3. Außerdem kann das Amt des Vormunds auch für sich allein enden, und zwar theils unmittelbar — besonders durch Tod, Todeserklärung und Entmündigung des Vormunds (§. 1885), ferner Eintritt des Mündels in die gesetzliche Vormundschaft des Vorstandes einer Anstalt oder eines Beamten der Gemeindearmenverwaltung (Art. 136 E.G., Art. 78 A.G.) — theils mittelbar in der Weise, daß die betreffenden Ereignisse nur zu einer Entlassung des Vormunds durch das Gericht führen. Die Entlassung hat nicht immer etwas Ehrenrühriges. Sie kann stattfinden ohne den Willen des Vormunds, nämlich bei eintretender Untauglichkeit desselben und wegen Pflichtwidrigkeit oder Gefährdung des Mündelinteresses (§. 1886), sowie bei Nichtertheilung oder Zurückziehung der erforderlichen Genehmigung (§§. 1887, 1888), oder mit dem Willen des Vormunds und auf dessen Antrag wegen eines wichtigen Grundes (§. 1889).

Nach jeder Beendigung seines Amtes hat der Vormund die ihm ertheilte Bestallung an das Gericht zurückzugeben (§. 1893) und dem Mündel, dem neuen Vertreter oder Rechtsnachfolger desselben sofort das von ihm verwaltete Mündelvermögen herauszugeben und über seine Verwaltung Schlußrechnung zu legen (§. 1890). Diese Schlußrechnung ist zunächst dem Gegenvormunde vorzulegen und sodann dem Vormundschaftsgericht einzureichen, welches nach rechnungsmäßiger und sachlicher Prüfung deren Abnahme durch Verhandlung mit den Betheiligten unter Zuziehung des Gegenvormunds zu vermitteln hat (§§. 1891, 1892). Die Pflicht zur Legung der Schlußrechnung geht auf die Erben des Vormunds, nicht aber auf den Konkursverwalter über.

Kraft Familienrechts ist stets nur eine Person als Vormund berufen. Dagegen können durch letztwillige Verfügung mehrere Personen zur Vormundschaft berufen werden. Auch das Vormundschaftsgericht kann, wenn ihm die Auswahl des Vormunds zusteht, zwar nicht als Regel, wohl aber aus besonderen Gründen für einen Mündel oder für mehrere Geschwister mehrere Vormünder bestellen (§. 1775); neben dem durch elterliche Anordnung oder kraft Gesetzes Berufenen darf jedoch nur mit dessen Zustimmung ein Mitvormund bestellt werden (§. 1778 Abs. 4). Die Befugnisse so vorhandener Mitvormünder regeln die §§. 1797, 1798. Die Jahres- und die Schlußrechnung sind von gemeinschaftlich verwaltenden Vormündern gemeinschaftlich, sonst von Jedem der Mitvormünder für den von ihm geführten Theil der Verwaltung zu legen. Jeder Mitvormund haftet an sich nur für das eigene Verschulden. Haben die Mitvormünder aber gemeinschaftlich gehandelt und trifft die Verschuldung in gleichem Maße jeden Einzelnen, so haften sie als Gesammtschuldner (§. 1833 Abs. 2).

7. Der Pfleger.

Abgesehen von der Pflegschaft über gebrechliche Volljährige (§. 1910) — oben S. 24 — kann wegen der Begrenztheit der Pflegschaft auf einzelne Angelegenheiten oder einen bestimmten Kreis von solchen der Pfleger nie, wie der Vormund, den Schutz und die Vertretung seines Pflegebefohlenen ganz allgemein, sondern immer nur hinsichtlich derjenigen Angelegenheiten haben, für welche die Pflegschaft angeordnet worden ist. Innerhalb des Umfanges der Pflegschaft aber hat er die Rechte und Pflichten eines Vormunds (§. 1915). Insbesondere hat er einerseits dieselbe Selbständigkeit, welche ein Vormund hat, andrerseits gelten deren Beschränkungen auch für ihn. Der Pfleger hat daher namentlich in gleicher Weise, wie der Vormund, zu einzelnen Handlungen die Genehmigung des vorhandenen Gegenvormunds oder des Vormundschaftsgerichts einzuholen, ein Vermögensverzeichniß einzureichen, die von ihm verwalteten Gelder lediglich in der vorgeschriebenen Weise anzulegen, wiederkehrend

Rechnung zu legen und nach beendeter Pflegschaft dem Berechtigten das verwaltete Vermögen herauszugeben und dem Vormundschaftsgerichte Schlußrechnung einzureichen; auch ist er der Aufsicht des Gegenvormunds, dessen Bestellung jedoch niemals erforderlich ist (§. 1915 Abs. 2), des Gemeindewaisenraths und des Vormundschaftsgerichts unterworfen. Die bei einem Vormunde möglichen Befreiungen sind bei einem Pfleger ebenfalls zulässig. Derjenige, der dem Pflegebefohlenen etwas zugewendet hat, kann bei der Zuwendung den von ihm benannten Pfleger in demselben Umfange befreien, wie der Vater und die Mutter den von ihnen benannten Vormund; das Vormundschaftsgericht ist aber auch hier befugt, die Anordnungen außer Kraft zu setzen, wenn sie das Interesse des Pflegebefohlenen gefährden (§. 1917 Abs. 2).

Auch die Haftung des Pflegers ist die gleiche, wie die des Vormunds. Ebenso gelten für den Pfleger die Bestimmungen über die Verpflichtung zur Uebernahme des Amtes und über dessen grundsätzliche Unentgeltlichkeit.

Die Bestellung des Pflegers geht stets von dem Vormundschaftsgericht aus; eine gesetzliche Pflegschaft giebt es nicht. Bei der Bestellung finden die für die Vormundschaft geltenden Vorschriften über die Berufung — mit Ausnahme der Pflegschaft wegen Verhinderung des Gewalthabers oder Vormunds (§. 1916), bei welcher nur berufen ist, wer von dem Erblasser oder bei Zuwendung unter Lebenden von dem Dritten als Pfleger benannt worden ist (§. 1917 Abs. 1), — sowie über die Unfähigkeit, die Untauglichkeit, die Nothwendigkeit einer Genehmigung und die Ablehnung entsprechende Anwendung.

Das Amt des Pflegers beginnt immer mit der gerichtlichen Verpflichtung und endigt ohne weiteres mit der Beendigung der elterlichen Gewalt oder Vormundschaft des unter elterlicher Gewalt oder Vormundschaft stehenden Pflegebefohlenen, ferner mit der Geburt des Kindes, wenn die Pflegschaft über eine Leibesfrucht angeordnet ist, mit Erledigung der Anlegenheit, zu deren Besorgung sie bestimmt war (§. 1918), und mit der Todeserklärung des Abwesenden (§. 1921 Abs. 3). Die Pflegschaft ist vom Vormundschaftsgericht aufzuheben, wenn der Grund für ihre Anordnung weggefallen ist (§. 1919), wenn ein Gebrechlicher die Aufhebung beantragt (§. 1920), und wenn ein Abwesender an Besorgung seiner Angelegenheiten nicht mehr verhindert oder gestorben ist (§. 1921 Abs. 1, 2).

8. Der Gegenvormund.

Der Gegenvormund soll für die gesammte Führung der Vormundschaft, nicht bloß, wie nach der preußischen Vormundschaftsordnung vom 5. Juli 1875, für die Vermögensangelegenheiten des Mündels, das Vormundschaftsgericht in der Kontrolle des Vormunds oder Pflegers unterstützen. Er ist jedoch nicht bei allen Vormundschaften und niemals in der Weise nothwendig, daß das Unterbleiben seiner Mitwirkung bei einem Geschäfte dessen unbedingte Nichtigkeit zur Folge hätte. Vielmehr hat das Unterbleiben nur die Wirkung, daß das Geschäft zu einem sogenannten hinkenden wird (§. 1832).

Die Bestellung eines Gegenvormunds kann allgemein oder nur vorübergehend behufs Mitwirkung bei einem einzelnen Geschäft erfolgen. Sie ist theils geboten und daher nothwendig, nämlich wenn mit der Vormundschaft eine nicht unerhebliche Vermögensverwaltung verbunden ist und nicht mehrere Vormünder zu ungetrennter Verwaltung bestellt sind (§. 1792), sowie wenn der Vater oder die Mutter des Mündels kraft des ihnen zustehenden Berufungsrechts Jemanden zum Gegenvormunde berufen haben (§. 1792 Abs. 4), theils verboten und daher ausgeschlossen, nämlich neben dem gesetzlichen Vormunde (Art. 136 Nr. 4 E.G., Art. 78 §§ 3 und 4 A.G.), neben den nach §. 12 Abs. 1 und 2 F.E.M.G. bestellten Vormündern (Abs. 3 des §. 12) und wenn der Vater oder die Mutter die Bestellung eines Gegenvormunds ausgeschlossen haben (§§. 1852, 1855), im übrigen nicht geboten aber gestattet, dieses insbesondere bei einer Vormundschaft ohne Vermögensverwaltung und bei einer Pflegschaft mit Vermögensverwaltung (§. 1915 Abs. 2).

Der Gegenvormund ist nicht Vertreter des Mündels, auch nicht im Falle einer Verhinderung des Vormunds. Ebensowenig ist er Vorgesetzter des Vormunds oder Pflegers. Er kann daher diesen keine Anweisungen ertheilen. Seine Rechte und Pflichten bei Vormundschaften und entsprechend auch bei den Pflegschaften (§. 1915 Abs. 1), wegen deren er in steter Verbindung mit dem Vormunde und dem reiferen Mündel (s. oben S. 44) bleiben muß, sind vielmehr folgende:

a. Er hat darauf zu achten, daß der Vormund die Vormundschaft pflichtmäßig führt, und von etwaigen Pflichtwidrigkeiten, von einer eintretenden Unfähigkeit oder Untauglichkeit des Vormunds sowie von dessen Tode oder sonstigen Umständen, durch welche das Amt des Vormunds beendigt oder durch welche die Entlassung des Vormunds erforderlich wird, dem Vormundschaftsgericht Anzeige zu machen (§. 1799).

b. Der Gegenvormund hat bei dem von dem Vormund aufzunehmenden und dem Vormundschaftsgericht einzureichenden Vermögensverzeichnisse die Versicherung der Richtigkeit und Vollständigkeit abzugeben (§. 1802 Abs. 1).

c. Die Jahresrechnungen und Uebersichten des Vermögensbestandes, sowie die Schlußrechnung sind ihm vor der Einreichung beim Gerichte, die beiden ersteren unter Nachweisung des Vermögensbestandes vorzulegen und von ihm mit seinen Bemerkungen zu versehen (§§. 1842, 1854 Abs. 3, 1891).*)

d. Zu einzelnen Handlungen des Vormunds bedarf es der Genehmigung des Gegenvormunds, die jedoch durch die Genehmigung des Vormundschaftsgerichts ersetzt werden kann (§§. 1812, 1813).

e. Die Anlegung von Mündelgeld soll nur mit der — gleichfalls durch das Vormundschaftsgericht ersetzbaren — Genehmigung des Gegenvormunds geschehen (§. 1810).

f. Der vorhandene Gegenvormund ist von dem Vormundschaftsgerichte zu hören vor der Entscheidung über die zu einer Handlung des Vormunds erforderliche Genehmigung, sofern die Anhörung thunlich ist (§. 1826).

g. Ohne diese Beschränkung und so, daß, wenn ein Gegenvormund nicht vorhanden, aber nach den hierüber geltenden Vorschriften zu bestellen ist, ein solcher zunächst bestellt werden muß, ist der Gegenvormund zu hören vor der Bewilligung einer Vergütung für den Vormund, deren Aenderung oder Entziehung (§. 1836 Abs. 2).

h. Er kann die Entscheidung eines Familien-

---

*) Wenngleich der Gegenvormund bei der ihm hierbei obliegenden Prüfung der Rechnungen u. s. w. nicht mit beleidigendem Mißtrauen gegen den Vormund verfahren soll, so darf er sich doch auch nicht zu sehr auf diesen verlassen, sondern muß sich von allem Wesentlichen selbst überzeugen.

raths und die Einberufung des gebildeten Familienraths, sowie die Anhörung von Verwandten oder Verschwägerten des Mündels beantragen (§§. 1847, 1859, 1873).

i. Er hat während der Dauer der Vormundschaft dem Vormundschaftsgerichte jederzeit über die Führung der Vormundschaft und über die persönlichen Verhältnisse des Mündels (§. 1839) und nach Beendigung des Amtes des Vormunds über das von diesem verwaltete Vermögen, soweit er dazu im Stande ist, und über die Führung der Gegenvormundschaft auf Verlangen Auskunft zu ertheilen (§. 1891 Abs. 2).

Bei seinen Obliegenheiten ist der Gegenvormund gleichfells selbständig, und diese Selbständigkeit hat keine weiteren Beschränkungen, als daß der Gegenvormund, wie der Vormund, für jeden aus einer Pflichtverletzung entstehenden Schaden haftet, wenn ihn ein Verschulden trifft, und zwar dem Mündel gegenüber als Gesammtschuldner mit dem etwa verantwortlichen Vormunde, diesem gegenüber aushülfsweise (§. 1833).

k. Der Gegenvormund hat ein eigenes Beschwerderecht, wenn sein Antrag, gegen den Vormund oder Pfleger wegen pflichtwidrigen Verhaltens einzuschreiten oder den Vormund oder Pfleger zu entlassen, vom Vormundschaftsgerichte zurückgewiesen und wenn dem Vormund oder Pfleger eine Vergütung bewilligt worden ist, sowie das Recht der Beschwerde in den die Sorge für die Person des Mündels betreffenden Angelegenheiten (§. 57 Nr. 6, 7 und 9 F.G.G.).

Der Gegenvormund steht unter Aufsicht des Vormundschaftsgerichts, welches insbesondere befugt ist, auch gegen ihn Ordnungsstrafen zu verhängen (§. 1837 Abs. 2). Eine Sicherheitsleistung kann von ihm nicht verlangt werden (§. 1844). Die Aufsicht, die der Gemeindewaisenrath hinsichtlich der persönlichen Verhältnisse des Mündels hat, wird auch ihm gegenüber geübt, da sein Wirkungskreis sich auf diese Verhältnisse erstreckt, und die Pflicht des Gemeindewaisenraths zur Anzeige von einer bekannt gewordenen Gefährdung des Mündelvermögens besteht auch ihm gegenüber; der Gegenvormund ist dem Gemeindewaisenrathe daher ebenfalls zu bezeichnen (§. 1851 Abs. 1).

Auch das Amt des Gegenvormunds ist ein Ehrenamt. Eine Vergütung bekommt er nur in noch beschränkterer Weise wie der Vormund (§. 1836 Abs. 1), dagegen erhält er Auslagen und besondere Dienste wie dieser erstattet bezw. bezahlt (§. 1835).

Die Bestellung des Gegenvormunds erfolgt stets durch das Vormundschaftsgericht; eine gesetzliche Gegenvormundschaft giebt es nicht. Die Bestellung hat zu geschehen, sobald das Bedürfniß zu ihr feststeht, also wenn dies, wie oft, schon bei der Anordnung der Vormundschaft der Fall ist, gleichzeitig mit der Bestellung des Vormunds. Auf die Bestellung sowie auf die Berufung des Gegenvormunds finden die für die Bestellung und Berufung des Vormunds geltenden Vorschriften Anwendung (§. 1792).

Das Amt des Gegenvormunds beginnt mit der gerichtlichen Verpflichtung. Die Beendigung des Amtes richtet sich nach den gleichen Grundsätzen, wie die Beendigung des Amtes des Vormunds. Insbesondere kann der Gegenvormund von dem Vormundschaftsgericht aus denselben Gründen wie der Vormund entlassen werden (§. 1895).

Nach Beendigung seines Amtes hat auch er seine Bestallung zurückzugeben.

II. Das Verfahren in Vormundschaftssachen.

Das Verfahren bei der richterlichen Verwaltung des Vormundschaftswesens ist im zweiten Abschnitte des Gesetzes über die Angelegenheiten der freiwilligen Gerichtsbarkeit vom 17. Mai 1898 (R.G.Bl. 1898 S. 189, anderweitige Bekanntmachung des Textes R.G.Bl. 1898 S. 771) geordnet. Es hat für Preußen seine weitere Ausbildung durch eine Reihe von Vorschriften erfahren, die in dem Preußischen Gesetze über die freiwillige Gerichtsbarkeit vom 21. September 1899 (G.S. 1899 S. 249) enthalten sind. Sachlich zuständig sind, sofern nicht landesgesetzlich andere als gerichtliche Behörden mit der Obervormundschaft betraut sind (Art. 147 E.G.), was für Preußen nicht der Fall ist, und von den Besonderheiten bei der Bevormundung des Landesherrn u. s. w. (Art. 57, 58 E.G.) sowie von der Zuständigkeit der Konsuln abgesehen, die Amtsgerichte (§. 35). Bezüglich der örtlichen Zuständigkeit enthalten die §§. 36—45 ausführliche Vorschriften, welche alle auf dem Grundsatze beruhen, möglichst das nächstliegende Gericht mit den betreffenden Verrichtungen zu betrauen. Aus praktischen Gründen kann übrigens das örtlich zuständige Gericht die Vormundschaft oder Pflegschaft auch an ein an sich örtlich nicht zuständiges abgeben (§. 46). Standesbeamte, Gemeindewaisenräthe, Gerichte sollen dem zuständigen Vormundschaftsgerichte Nachricht geben, sobald die Anordnung einer Vormundschaft oder Pflegschaft erforderlich wird (§§. 48—50). Gegen die Verfügungen des Vormundschaftsgerichts und die Beschlüsse des Familienraths ist theils die einfache, theils die sofortige Beschwerde, und zwar allgemein Jedem gegeben, dessen Recht dadurch beeinträchtigt ist; daneben ist für eine Reihe von Fällen das Beschwerderecht noch besonders geregelt (§§. 57, 58, 60). Auch der über 14 Jahre alte, nicht geschäftsunfähige Mündel kann in allen seine Person betreffenden Angelegenheiten selbständig die Beschwerde einlegen (§. 59). Gegen die Entscheidung des Beschwerdegerichts findet die weitere Beschwerde statt, wenn die Entscheidung auf einer Verletzung des Gesetzes beruht (§. 63). Für die Entscheidung über das Rechtsmittel der weiteren Beschwerde ist in Preußen das Kammergericht zuständig mit Ueber=

weisungsbefugniß an ein anderes Oberlandesgericht, falls die Entscheidung von der Auslegung eines in seinem Bezirke nicht geltenden Gesetzes abhängt (Art. 7 und 8 P.F.G.G.).

III. Das Gesetz über die Fürsorgeerziehung Minderjähriger vom 2. Juli 1900.

Die Zwangserziehung, welche durch Art. 135 E.G. landesgesetzlicher Regelung überlassen ist, und welche den Gegenstand des preußischen Gesetzes, betr. die Unterbringung verwahrloster Kinder, vom 13. März 1878 (G.S. 1878 S. 132) nebst den dazu ergangenen Ergänzungsgesetzen bildete und jetzt den des Gesetzes über die Fürsorgeerziehung Minderjähriger bildet, hat nicht die Natur einer Strafe, sondern einer sittenpolizeilichen Maßregel. Sie liegt daher im wesentlichen den Verwaltungsbehörden ob, und es findet nur eine beschränkte Thätigkeit der Gerichte dabei statt. Letztere ist als Theil der freiwilligen Gerichtsbarkeit zweckmäßig den Vormundschaftsgerichten übertragen. Auf das von diesen dabei zu beobachtende Verfahren finden, soweit nicht das F.E.M.G. besondere Vorschriften enthält, die allgemeinen Vorschriften über die durch Landesgesetz den ordentlichen Gerichten übertragenen Angelegenheiten der freiwilligen Gerichtsbarkeit Anwendung (§. 7). Die Voraussetzungen der Fürsorgeerziehung sind entweder, daß die Fälle des §. 1666 oder des §. 1838 B.G.B. vorliegen und die Fürsorgeerziehung erforderlich ist, um die Verwahrlosung des Minderjährigen zu hindern, oder daß der Minderjährige eine strafbare Handlung begangen, sich dabei im Alter unter 12 Jahren befunden hat und die Fürsorgeerziehung zur Verhütung weiterer sittlicher Verwahrlosung erforderlich ist, oder endlich, daß außer diesen Fällen die Fürsorgeerziehung zur Verhütung des völligen sittlichen Verderbens des Minderjährigen erforderlich ist (§. 1). Es findet danach eine Steigerung der einen Voraussetzung von der bloßen Verhütung von Verwahrlosung über die Verhütung weiterer sittlicher Verwahrlosung hinweg bis zur Verhütung des völligen sittlichen Verderbens statt.

Die Thätigkeit der Vormundschaftsgerichte bei der Fürsorgeerziehung umfaßt:

a. Die Feststellung des Vorhandenseins der Voraussetzungen für die Fürsorgeerziehung und die Anordnung der Unterbringung zur Fürsorgeerziehung (§. 3). Dies kann von Amtswegen oder auf Antrag bestimmter Behörden geschehen (§. 4). Für das Verfahren sind einzelne leitende, besonders das Familien- und öffentliche Interesse berücksichtigende Bestimmungen getroffen (§§. 4, 6, 8).

b. Die Anordnung einer vorläufigen Unterbringung des Minderjährigen bei Gefahr im Verzuge (§. 5).

c. Die Zustellung des über die Fürsorgeerziehung erlassenen Beschlusses an den verpflichteten Kommunalverband und die Entgegennahme der Mittheilungen des letzteren von der Unterbringung und von der Entlassung des Zöglings (§. 4 Abs. 3, §. 9).

d. Die Bestellung des Anstaltsvorstandes oder eines von dem verpflichteten Kommunalverbande bestellten Beamten, die vor den Eltern und den Großvätern des Zöglings berufen sind, zu dessen Vormunde (§ 12).

e. Die Entscheidung auf die Beschwerde der Eltern oder des gesetzlichen Vertreters des Minderjährigen wegen Ablehnung des auf frühere Aufhebung der Fürsorgeerziehung gerichteten Antrags durch den Kommunalverband (§. 13).

Gegen die zu a, b und c gedachten Entscheidungen findet die Beschwerde und die weitere Beschwerde, und zwar gegen die zu a als sofortige, gegen diese Entscheidungen in gewissen Fällen auch die Wiederaufnahme des Verfahrens statt (§. 4 Abs. 4, §§. 5, 7, 13, 6).

Gesetzesmaterialien und Litteratur.

I.

Materielles Vormundschaftsrecht.

Die Materialien zum B.G.B. sind der Entwurf eines Bürgerlichen Gesetzbuches für das Deutsche Reich, erste Lesung, mit den Motiven dazu; die metallographirten Protokolle der Kommission für die zweite Lesung des Entwurfs des B.G.B., dieselben im Auftrage des Reichs-Justizamts bearbeitet von Achilles, Gebhard und Spahn, der Entwurf eines Bürgerlichen Gesetzbuchs für das Deutsche Reich, zweite Lesung, die Reichtagsvorlage mit Denkschrift (Drucksachen des Reichstags Nr. 87), der Bericht der Reichstags-Kommission (Drucksachen Nr. 440b) und die stenographischen Berichte des Reichstags (S. 705—794, 2717—3038, 3039—3108).

Die Materialien zum E.G. sind der Entwurf eines Einführungsgesetzes zum Bürgerlichen Gesetzbuch für das Deutsche Reich, erste Lesung, mit den Motiven dazu, der amtlich nicht veröffentlichte Entwurf, zweite Lesung, die Reichstagsvorlage (Drucksachen des Reichstags Nr. 87a), der Bericht der Reichstags-Kommission (Drucksachen Nr. 440d) und die vorerwähnten stenographischen Berichte.

Die Materialien zum A.G. sind der dem Abgeordnetenhause vorgelegte Entwurf nebst Begründung (Drucksachen des Abgeordnetenhauses 1899 Nr. 34), der Bericht der XV. Kommission des Abgeordnetenhauses vom 21. Juni 1899 (Drucksachen desselben Nr. 227), der Bericht der verstärkten IV. Kommission des Herrenhauses vom 3. August 1899 (Drucksachen des Herrenhauses 1899 Nr. 136) und die stenographischen Berichte über die Sitzungen Nr. 21, 82, 83, 85, 98, 99 des Abgeordnetenhauses und die Sitzungen Nr. 14, 18, 21, 22 des Herrenhauses.

Die zahlreichen Kommentare, Lehrbücher, Handbücher u. s. w. des B.G.B. und die Bearbeitungen des E.G. und des A.G. beschäftigen sich theils mehr theils weniger eingehend auch mit den vormundschaftsrechtlichen Bestimmungen dieser Gesetze.

Speziell das Vormundschaftsrecht behandeln theils in systematischer Darstellung theils kommentirend Boehm, Das Vormundschaftsrecht des Bürgerlichen Gesetzbuchs (1897), Richter, Das Vormundschaftsrecht nach dem Bürgerlichen Gesetzbuch für das Deutsche Reich (1897), Göring, Das Recht der Minderjährigen und Entmündigten nach dem 1. Januar 1900 (1899), Schultetus, Handbuch des Vormundschaftsrechts unter Berücksichtigung der Ausführungsgesetze der deutschen Bundesstaaten (1899), von Schilgen, Deutsches Vormundschaftsrecht unter besonderer Berücksichtigung der Preußischen Ausführungsbestimmungen (1899), Fuchs, Das deutsche Vormundschaftsrecht unter Gegenüberstellung des preußischen Vormundschaftsrechts (1899), Hallbauer und Thieme-Garmann, Das neue Vormundschaftsrecht des deutschen Bürgerlichen Gesetzbuchs (1899), Weißweiler, Der Geschäftskreis des Vormundschaftsgerichts. Handbuch des gesammten Vormundschaftsrechtes (1900), Schultheis, Der deutsche Vormundschaftsrichter. Eine systematische Darstellung seines gesammten Wirkungskreises nach dem Rechte des B.G.B. und dessen Nebengesetzen (1900), Singer, Die Verrichtungen des Vormundschafts- und Nachlaßgerichts (1900), Philler, Das Vormundschaftsrecht des deutschen Bürgerlichen Gesetzbuchs nebst den verwandten Rechtsstoffen. Mit einem Kommentar unter Berücksichtigung der Preußischen Ausführungsgesetzgebung (1900), Hesse, Deutsches Vormundschaftsrecht unter besonderer Berücksichtigung der in den bedeutenderen Bundesstaaten ergangenen Ausführungsbestimmungen (1900), Schröder-Mugdan, Das deutsche Vormundschaftsrecht unter Berücksichtigung aller einschlägigen Reichsgesetze und der landesrechtlichen Bestimmungen in Preußen und Elsaß-Lothringen (1900), Boschan, Das Eltern- und Vormundschaftsrecht in der gerichtlichen Praxis (1900); vgl. ferner Schmidt, die Vormundschaft über uneheliche Kinder (1899) und den Abschnitt über Vormundschaftsrecht in Märcker, Die Nachlaßbehandlung, das Erbrecht, Familienrecht und Vormundschaftsrecht, 16. Aufl. von Köhne und Feist (1900).

Von Hülfsbüchern, Leitfäden u. dgl. sind zu nennen: Trost, Das Amt des Vormundes, Pflegers, Gegenvormundes, Beistandes, Waisenraths nach dem B.G.B., Kurtz, Das Verfahren der Vormundschaftsgerichte und ihrer Organe (Waisenräthe, Vormünder, Pfleger ꝛc.) bei der Ueberleitung der bisherigen Vormundschaften und Pflegschäften in den Rechtszustaud des B.G.B., v. Treskow, Der Gemeindewaisenrath, Maaßen, Grundriß zum Vormundschaftsrecht, Paul, Wie hat der Vormund im Deutschen Reiche sein Amt zu verwalten?, Baum, Der Vormund, Gegenvormund, Pfleger und Familienrath nach dem B.G.B., dem F.G.G. und dem A.G.,

Baum, Die Pflichten des Waisenrathes nach dem B.G.B. und dem F.G.G., Weißweiler, Leitfaden für preußische Gemeindewaisenräthe unter der Herrschaft des B.G.B., Fuhrmann, Die Geschäftsführung des Gemeindewaisenraths nach dem B.G.B. und den daneben in Preußen geltenden Gesetzen, Elsner von Gronow, Die Thätigkeit des Vormundschaftsgerichts in der Preußischen Monarchie nach Lage der vom 1. Januar 1900 an geltenden Gesetzgebung, Weißweiler, Leitfaden zur Führung der Vormundschaft, Gegenvormundschaft und Pflegschaft nach den Bestimmungen des B.G.B., des F.G.G. und der Ausführungsgesetze.

Als Sammlungen gerichtlicher Entscheidungen seien hervorgehoben: Entscheidungen in Angelegenheiten der freiwilligen Gerichtsbarkeit und des Grundbuchrechts, zusammengestellt im Reichs-Justizamt, Jahrbuch für Entscheidungen des Kammergerichts in Sachen der freiwilligen Gerichtsbarkeit, in Kosten-, Stempel- und Strafsachen, Neue Folge, die Rechtsprechung der Oberlandesgerichte auf dem Gebiete des Civilrechts, die Deutsche Juristen-Zeitung, Das Recht, Rundschau für den deutschen Juristenstand und das Centralblatt für freiwillige Gerichtsbarkeit und Notariat.

II.
Gesetze über die Angelegenheiten der freiwilligen Gerichtsbarkeit.

Die Materialien des Reichsgesetzes sind der im

Jahre 1897 veröffentlichte und der allgemeinen Kritik unterbreitete Entwurf, die, nachdem dieser Entwurf im Bundesrath einigen Aenderungen unterzogen war, dem Reichstage 1897/98 gemachte Regierungsvorlage mit erläuternder Denkschrift (Drucksachen des Reichstags Nr. 21), der Bericht der Reichstagskommission (Drucksachen Nr. 109) und die stenographischen Berichte des Reichstags (S. 14 --24, 1060 f., 1402—1407, 1442—1460).

Die Materialien des preußischen Gesetzes sind der Entwurf mit Begründung (Drucksachen des Abgeordnetenhauses 1899 Nr. 35), der Bericht der XV. Kommission des Abgeordnetenhauses vom 27. Juni 1899 (Drucksachen Nr. 273), der Bericht der verstärkten IV. Kommission des Herrenhauses vom 3. August 1899 (Drucksachen Nr. 137) und die stenographischen Berichte beider Häuser des Landtags.

Außer in den Bearbeitungen dieser beiden Gesetze sind deren das Vormundschaftsrecht betreffende Bestimmungen meist auch in den unter I aufgeführten Schriften mitberücksichtigt.

III.

Gesetz über die Fürsorgeerziehung Minderjähriger.

Die Materialien dieses Gesetzes bestehen aus der Regierungsvorlage (Drucksachen des Herrenhauses 1900 Nr. 8), dem Berichte der IX. Kommission des Herrenhauses vom 26. März 1900 (Drucksachen des Herrenhauses Nr. 31), den Verhandlungen des

Herrenhauses vom 11. Januar, 28. März, 11. Juni 1900, dem Berichte der XVIII. Kommission des Abgeordnetenhauses vom 17. Mai 1900 (Drucksachen des Abgeordnetenhauses Nr. 183) und den Verhandlungen des Abgeordnetenhauses vom 26. April, 21. Mai, 23. Mai 1900. Abgesehen von verschiedenen kritischen und referirenden Erörterungen über den Entwurf und das Gesetz ist an Litteratur bisher nur vorhanden: Schmitz, Die Fürsorgeerziehung Minderjähriger, Gesetz vom 2. Juli 1900 (1901).

IV.

Kostengesetz.

Die Materialien dieses Gesetzes sind die Regierungsvorlage (Drucksachen des Abgeordnetenhauses, 18. Legislaturperiode, II. Session 1895, Nr. 7), der Bericht der verstärkten Justizkommission vom 22. März 1895 (Drucksachen des Abgeordnetenhauses Nr. 94) und die Verhandlungen des Abgeordnetenhauses vom 25. Januar, 30. März, 2. und 25. April 1895, der Antrag der Kommission des Herrenhauses für Justiz-Angelegenheiten, dem Gesetzentwurf in der vom Hause der Abgeordneten beschlossenen Fassung unverändert die verfassungsmäßige Zustimmung zu ertheilen (Drucksachen des Herrenhauses, Session 1895, Nr. 80), und die Verhandlung des Herrenhauses vom 17. Mai 1895.

Bezüglich der durch Art. 86 A.G. herbeigeführten

Aenderungen sind die Materialien dieses Gesetzes zu vergleichen.

Von den zahlreichen Kommentaren zum Kostengesetze sind besonders zu erwähnen die von Liertz-Jerusalem, Mügel, Pietsch, Pfafferoth und Simeon.

II.

Bürgerliches Gesetzbuch.

Viertes Buch. Familienrecht.

Dritter Abschnitt.

Vormundschaft.

Mot. IV. Allgemeine Begründung S. 1008—1046.
Denkschrift S. 245—253.

Erster Titel.

Vormundschaft über Minderjährige.

I. Anordnung der Vormundschaft.

§. 1773.

Ein Minderjähriger[1][2]) erhält einen Vormund, wenn er nicht unter elterlicher[3]) Gewalt steht[4]) oder wenn die Eltern weder in den die Person noch in den das Vermögen betreffenden Angelegenheiten zur Vertretung des Minderjährigen berechtigt sind.[5])[6])

Ein Minderjähriger erhält einen Vormund auch dann, wenn sein Familienstand nicht zu ermitteln ist.[7])

I Entw. §. 1633; II Entw. §. 1655; Reichst. Vorl. §. 1749; Mot. IV zu §. 1633 S. 1046, 1047; Kommiss.-Prot. S. 6822, 6828 (742, 743).

1. D. i. eine noch nicht 21 Jahre alte Person (§. 2 B.G.B.), sofern sie nicht für volljährig erklärt ist (§. 3 B.G.B.). Die Geschäftsfähigkeit von Ausländern richtet sich nach den Gesetzen ihres Heimathsstaates. Erwirbt ein Ausländer, der volljährig ist oder die rechtliche Stellung eines Volljährigen hat, die Reichsangehörigkeit, so behält er die rechtliche Stellung eines Volljährigen, auch wenn er nach den deutschen Gesetzen nicht volljährig ist (Art. 7 Abs. 2 E.G.). Ebenso steht derjenige, der vor dem 1. Januar 1900 die rechtliche Stellung eines Volljährigen erlangt hat, von dieser Zeit an einem Volljährigen gleich (Art. 153 E.G.). Der König und die Mitglieder der Königlichen Familie sowie des Hohenzollernschen Fürstenhauses werden bereits mit dem vollendeten 18. Lebensjahre volljährig. Für die ehemaligen Reichsunmittelbaren bewendet es bei der Regel (Art. 57, 58 E.G., §. 2 des Reichsgesetzes, betreffend das Alter der Großjährigkeit, vom 17. Februar 1875, R.G.Bl. 1875 S. 71).

Wegen der Berechnung des Zeitpunktes der Volljährigkeit s. §. 187 Abs. 2 B.G.B. Verlängerung der Vormundschaft über die Volljährigkeit hinaus und freiwillige Stellung unter Vormundschaft sind nicht vorgesehen, also nicht zulässig (vgl. Anm. 3 zu §. 1896).

2. Eine aus Irrthum zum Vormund eines Volljährigen bestellte Person ist kein Vormund (Straf.R.G. Bd. 11 S. 201), und die wegen vermeintlicher Minderjährigkeit eingeleitete Vormundschaft übt keinen Einfluß auf die Geschäftsfähigkeit des Volljährigen aus (J.W. 1891 S. 485). Auch sonst wird eine Bevormundung für nichtig und ohne rechtliche Wirksamkeit zu erachten sein, wenn die gesetzlichen Voraussetzungen für die Anordnung einer Vormundschaft fehlen; ebenso, wenn bereits ein Vormund bestellt war und die Bestellung eines zweiten Vormunds nur in dem Irrthume geschehen ist, daß der Mündel noch nicht bevormundet sei. Die Be-

stellung eines Vormunds in einem Falle, wo eine Leibesfrucht vorhanden und die Möglichkeit der elterlichen Gewalt ausgeschlossen ist, ist jedoch nicht schon deshalb nichtig, weil sie im voraus vor der Geburt des Mündels erfolgte (vgl. J.W. 1899 S. 594). Nach Civ.R.G. Bd. 9 S. 188 kann ferner die Gültigkeit eines Rechtsgeschäfts, welches ein von der zuständigen Behörde innerhalb ihrer Zuständigkeit in gesetzlicher Form bestellter Kurator namens des Kuranden mit einem Dritten abgeschlossen hat, von dem Kuranden nicht mit dem Grunde angefochten werden, weil eine genügende Veranlassung zur Kuratelanordnung nicht vorhanden gewesen sei (vgl. Anm. 6 zu §. 1798).

3. Früher väterlicher Gewalt; die Fälle, in denen über einen Minderjährigen eine Vormundschaft anzuordnen ist, sind damit der Zahl nach erheblich vermindert.

4. Ein Verzicht auf die elterliche Gewalt kann nicht die Anordnung einer Vormundschaft unter dem Gesichtspunkt, daß das Kind in Folge des Verzichts nicht mehr unter elterlicher Gewalt stehe, begründen (Jahrbuch Bd. 12 S. 51).

In Folge der Unterbringung eines Kindes zur Fürsorgeerziehung ist keine Vormundschaft anzuordnen.

Ein Minderjähriger steht nicht unter elterlicher Gewalt:

1) wenn er unehelich geboren (§. 1707) und nicht legitimirt (§§. 1719, 1723, 1736, 1738) oder adoptirt (§§. 1757, 1749) ist;

2) wenn er aus einer nichtigen oder mit Erfolg angefochtenen Ehe stammt und beide Eltern den Mangel kannten (§§. 1699 ff.);

3) wenn beide Eltern, bei Annahme an Kindesstatt der Annehmende, todt oder für todt erklärt sind oder der Annahmevertrag aufgehoben ist (vgl.

§§. 1765, 1757, 1768, 1771), im letzteren Falle trotz des Lebens der leiblichen Eltern;

4) wenn der Vater die elterliche Gewalt verwirkt hat, ohne daß die Ehe mit der Mutter des Minderjährigen aufgelöst ist (§. 1684 Nr. 2). Verwirkungsgründe enthalten §. 1680 und §. 1771;

5) wenn die Mutter als Inhaberin der elterlichen Gewalt diese verwirkt hat oder zu einer neuen Ehe schreitet (§§. 1686, 1697).

Dem §. 1773 liegt das Prinzip zu Grunde, daß eine Vormundschaft dann eintritt, wenn das Bedürfniß einer allgemeinen Fürsorge für die Person und das Vermögen vorhanden ist. Kann dagegen die Fürsorge des Inhabers der elterlichen Gewalt für einzelne Angelegenheiten oder für einen gewissen Kreis von Angelegenheiten aus einem thatsächlichen oder rechtlichen Grunde nicht eintreten, so erhält der Minderjährige einen Pfleger (Mot.).

6. Die Eltern sind weder in den die Person noch das Vermögen betreffenden Angelegenheiten zur Vertretung des Minderjährigen berechtigt:

a) wenn die elterliche Gewalt des Vaters ruht und sie auf die Mutter wegen deren Minderjährigkeit bezw. sonstigen Unfähigkeit oder wegen Auflösung der Ehe nicht übergehen kann. Im letzteren Falle muß die elterliche Gewalt der Mutter aber vom Vormundschaftsgericht übertragen werden, wenn diese es beantragt und keine Aussicht besteht, daß der Grund des Ruhens wegfallen werde (§. 1685);

b) wenn den Eltern wegen schuldhaften Verhaltens die Sorge für Person und Vermögen des Kindes entzogen ist (§. 1666).

Die elterliche Gewalt ruht wegen Geschäftsunfähigkeit (§. 104 Nr. 2 und 3) des Vaters (§. 1676 Abs. 1), ferner wenn er in der Geschäftsfähigkeit beschränkt ist (§. 114) oder wegen körperlicher Gebrechen nach §. 1910 Abs. 1 einen Pfleger für Person und Vermögen erhalten hat (§. 1676 Abs. 2), und endlich, wenn er auf längere Zeit an der Ausübung der elterlichen Gewalt thatsächlich verhindert und dies von dem Vormundschaftsgerichte festgestellt worden ist (§. 1677). Ob auch dann, wenn das Ruhen bloß durch beschränkte Geschäftsfähigkeit des Vaters veranlaßt worden ist, dem Vater das Recht der Kindessorge nach jeder Richtung mangelt, ist jedoch bestritten (Opet, Verwandtschaftsrecht S. 291 Anm. 8).

Die Anordnung einer Vormundschaft wird nicht dadurch ausgeschlossen, daß die thatsächliche Sorge für die Person des Kindes dem Gewalthaber zusteht (Kommiss. Prot.).

6. Auch geisteskranke Minderjährige stehen unter Altersvormundschaft.

7. Abs. 2 bezieht sich auf den Fall, daß nicht festzustellen ist, ob der Minderjährige unter elterlicher Gewalt steht, wie dies z. B. bei Findelkindern der Fall ist. Bloßes Bestrittensein des Familienstandes genügt nicht, sondern kann nur zur Bestellung eines Pflegers führen (§. 1909).

§. 1774.

Das Vormundschaftsgericht hat die Vormundschaft von Amtswegen anzuordnen.[1])[2])

I Entw. §. 1684; II Entw. §. 1656; Reichst. Vorl. §. 1750; Mot. IV zu §. 1684 S. 1047; Kommiss. Prot. S. 6825 (748—745).

1. Also keine gesetzliche und keine testamentarische Vormundschaft, vielmehr gilt das reine Bestellungsprinzip (Mot.). Es muß daher die Anzeige eines Jeden, daß ein geeigneter Fall vorliegt, berücksichtigt werden (vgl. Anm. 8 zu §. 57 F.G.G.). Regelmäßig muß auch die

Vormundschaft über im Auslande lebende Deutsche angeordnet werden (vgl. jedoch §. 47 F.G.G.). Wegen der Ausländer vgl. Art. 23 E.G.

Die einzige Ausnahme von dem Bestellungsprinzip macht die landesgesetzlich bestehende gesetzliche Vormundschaft der Vorstände und Beamten von Erziehungs- und Verpflegungsanstalten und der Beamten der Gemeindearmenverwaltung (vgl. Art. 136 E.G., Art. 78 A.G.).

Darüber, ob die gesetzlichen Voraussetzungen für die Anordnung einer Vormundschaft vorliegen, entscheiden endgültig und mit Ausschluß der Prozeßgerichte die vormundschaftsgerichtlichen Instanzen (Civ.R.G. Bd. 38 S. 414).

2. Wegen Anzeigepflicht des Standesbeamten, des Gemeindewaisenraths und des Gerichts s. die §§. 48 bis 50 F.G.G.

§. 1775.

Das Vormundschaftsgericht soll, sofern nicht besondere Gründe[1]) für die Bestellung mehrerer[2]) Vormünder vorliegen, für den Mündel und, wenn mehrere Geschwister[3]) zu bevormunden sind, für alle Mündel nur einen Vormund bestellen.[4])

I Entw. §. 1688 Abs. 2; II Entw. §. 1660 Abs. 2; Reichst.Vorl. §. 1751; Mot. IV zu §. 1688 S. 1061, 1062; Kommiss.Prot. S. 6885, 6887 (749).

1. Solche sind namentlich größere und schwierigere Vermögensverwaltung, die Nothwendigkeit bestimmter Fachkenntnisse zur ordnungsmäßigen Führung gewisser Theile der Vormundschaft, letztwillige Anordnung eines dazu Berechtigten (§. 1776 Abs. 1).

2. Die Zahl der zulässigen Vormünder ist nach oben hin nicht begrenzt.

3. Vollbürtige und halbbürtige, eheliche und uneheliche,

letztere auch bei Verschiedenheit der Erzeuger (vgl. Anm. 9 zu §. 1786). Mehrere uneheliche Kinder desselben Erzeugers gelten jedoch nicht als Geschwister; auch sind sie nicht mit den ehelichen Kindern ihres Erzeugers verwandt (§. 1589 Abs. 2).

4. Neben dem durch elterliche Anordnung oder kraft Gesetzes (Anm. 1 Abs. 2 zu §. 1774) berufenen Vormunde darf nur mit dessen Zustimmung ein Mitvormund bestellt werden (§. 1778 Abs. 4).

§. 1776.

Als Vormünder sind in nachstehender Reihenfolge berufen:[1])

1. wer von dem Vater[2]) des Mündels als Vormund benannt ist;[3])
2. wer von der ehelichen Mutter[4]) des Mündels als Vormund benannt ist;[5])
3. der Großvater des Mündels von väterlicher Seite;[6])
4. der Großvater des Mündels von mütterlicher Seite.[7])

Die Großväter sind nicht berufen, wenn der Mündel von einem Anderen[8]) als dem Ehegatten seines Vaters oder seiner Mutter an Kindesstatt angenommen ist. Das Gleiche gilt, wenn derjenige, von welchem der Mündel abstammt, von einem Anderen, als dem Ehegatten seines Vaters oder seiner Mutter an Kindesstatt angenommen ist und die Wirkungen der Annahme sich auf den Mündel erstrecken.[9])

. I Entw. §. 1685; II Entw. §. 1657; Reichst. Vorl. §. 1752; Mot. IV zu §. 1685 S. 1047 bis 1053; Kommiss.Prot. S. 6329—6382 (745—747).

1. Sowohl bei der ersten Anordnung der Vormundschaft, als auch bei einer späteren Erledigung derselben durch Wegfall des früheren Vormunds. Bezüglich der Fälle, in denen vor den nach §. 1776 berufenen Personen ein anderer Vormund bestellt werden kann, s. §. 1778 Abs. 3 B.G.B. und §. 12 F.E.M.G.

Wer gesetzlich unfähig oder untauglich ist (§§. 1780, 1781 B.G.B.), gilt nicht als berufen. Eine Pflicht zur Uebernahme der Vormundschaft besteht für den Berufenen nicht (vgl. Anm. 2 zu §. 1785).

Nr. 1 und 2 sind Fälle von testamentarischer, Nr. 3 und 4 von gesetzlicher Berufung.

2. Der Vater, der berechtigt ist, seinem Kinde einen Vormund zu berufen, hat auch das Recht, die Befugnisse dieses Vormunds besonders zu regeln (Beiträge Bd. 27 S. 1051). Jedoch ist er nicht befugt, auch das Vormundschaftsgericht bindende Bestimmungen zu treffen. Vgl. §. 1808 Abs. 2 und Anm. 1 zu §. 1852.

3. Die Ueberlassung der Benennung oder die Ermächtigung zu dieser an einen Dritten genügen nicht, und der Vormund, der auf Grund einer solchen Ermächtigung benannt wird, ist nicht als ein im Sinne des Gesetzes berufener Vormund anzusehen (Jahrbuch Bd. 1 S. 83). Eine bedingte oder befristete Benennung ist zulässig und voll wirksam, wenn die Bedingung oder der Termin zu der Zeit der Anordnung der Vormundschaft bereits eingetreten ist, andernfalls kommt es darauf an, ob das die Bedingung oder Befristung bildende Hinderniß ein nur vorübergehendes ist. In diesem Falle gilt §. 1778 Abs. 2. Ist das Hinderniß nicht ein nur vorübergehendes, so wird der Berufene nicht berücksichtigt (§. 1778 Abs. 1). Eine auflösende Bedingung oder ein Endtermin endigt die Vormundschaft nicht ohne weiteres,

kann aber berücksichtigt werden (§§. 1882, 1888, 1889, 1790).

4. Die Mutter ist selbst nicht berufen, auch nicht, wenn ihre elterliche Gewalt dadurch beendet ist, daß sie eine neue Ehe geschlossen hat (§. 1697). Wegen der unehelichen Mutter vgl. §. 1778 Abs. 3.

5. Aus §. 1777 Abs. 1 ergiebt sich, daß das Recht der Vormundsbenennung ein Ausfluß der elterlichen Gewalt ist (Mot.). Es steht mithin auch den Adoptiveltern zu (§. 1757). Zweifelhaft kann es sein, welcher Anordnung bei einem Widerstreite zwischen einer Anordnung des Vaters und einer Anordnung der Mutter der Vorzug gegeben werden soll. Richtiger, insbesondere der natürlichen Stellung des Vaters entsprechender ist es, dem Vater wie bei seinen Lebzeiten, so auch für die Zeit nach seinem Tode einen überwiegenden und die Mutter bindenden Einfluß auf die vormundschaftliche Verwaltung in dieser wie in anderen Beziehungen einzuräumen (Mot.). Vgl. §. 1782 Abs. 1 Satz 2, Anm. 1 zu §. 1855, Anm. 6 zu §. 1859 und §. 1868 Abs. 2.

6. Bloß hinsichtlich ehelicher Enkel (Jahrbuch Bd. 6 S. 85), d. h. solcher, bei denen die Verwandtschaft durch zwei eheliche Geburten vermittelt wird. Der ehelichen Geburt steht die Legitimation durch nachfolgende Ehe gleich (§. 1722), die Ehelichkeitserklärung nur bezüglich der Enkel des Antragstellers. Der Vater des Vaters eines für ehelich erklärten Kindes ist nicht berufen (§. 1787). Bei an Kindesstatt angenommenen Kindern ist der Vater des Annehmenden nie berufen (§ 1768), der Annehmende selbst, wenn sich die Wirkungen der Annahme auf die Abkömmlinge des Kindes erstrecken (§. 1762).

7. Auch der Großvater des unehelichen Kindes (vgl. §. 1705), selbst wenn letzteres durch eine Verfügung der Staatsgewalt für ehelich erklärt oder an Kindesstatt angenommen ist und der Vater bezw. Annehmende später

stirbt (§§. 1728, 1767, 1762; vgl. Anm. 6 und die Ausnahme in Abs. 2.

8. Abs. 2 findet also keine Anwendung, wenn der leibliche Großvater seinen Enkel an Kindesstatt angenommen hat, aber er trifft dann wieder zu, wenn der Großvater nachher die durch die Annahme erworbene elterliche Gewalt verloren hat.

9. Vgl. §. 1762.

§. 1777.

Der Vater kann einen Vormund nur benennen, wenn ihm zur Zeit seines Todes die elterliche Gewalt über das Kind zusteht;[1]) er hat dieses Recht nicht, wenn er in den die Person oder in den das Vermögen betreffenden Angelegenheiten nicht zur Vertretung des Kindes berechtigt ist.[2]) Das Gleiche gilt für die Mutter.

Der Vater kann für ein Kind, das erst nach seinem Tode geboren wird, einen Vormund benennen, wenn er dazu berechtigt sein würde, falls das Kind vor seinem Tode geboren wäre.

Die Benennung des Vormundes erfolgt durch letztwillige Verfügung.[3])

I Entw. §. 1636; II Entw. §. 1658; Reichst. Vorl. §. 1758; Mot. IV zu §. 1636 S. 1058—1056; Kommiss.Prot. S. 6882—6884 (747—748).

1. Nicht erforderlich zur Wirksamkeit der Benennung ist es, daß dem Benennenden die elterliche Gewalt über das Kind schon zur Zeit der Verfügung zustand (Mot.). Ueber elterliche Gewalt vgl. Anm. 4 u. 5 zu §. 1773.

2. Die Sorge für die Person kann dem Elterntheile wegen Mißbrauchs vom Vormundschaftsgericht entzogen werden (§. 1666). Die Sorge für das Vermögen fällt

fort bei Heirath der Tochter mit Einwilligung des Elterntheils (§. 1688), bei Konkurseröffnung über das Vermögen des Inhabers der elterlichen Gewalt (§. 1647), bei Entziehung durch das Vormundschaftsgericht (§§. 1667, 1670).

Ein geschiedener Inhaber der elterlichen Gewalt hat das Benennungsrecht in gleicher Weise wie der nicht geschiedene.

3. Eine Vormundsbenennung durch Vertrag ist unzulässig, durch Erbvertrag zulässig, insofern sich dieser als eine letztwillige Verfügung darstellt (§§. 2278, 2299).

In Ermangelung einer besonderen Bestimmung ergiebt sich von selbst, daß auf eine solche letztwillige Verfügung, namentlich soviel die Voraussetzungen der Errichtung, der Anfechtbarkeit und der Aufhebung derselben betrifft, die allgemeinen erbrechtlichen Grundsätze Anwendung finden (Mot.). Die Gültigkeit der letztwilligen Verfügung hat das Vormundschaftsgericht zu prüfen vorbehaltlich der endgültigen Entscheidung durch den Prozeßrichter im Rechtsstreit unter den Betheiligten. Ein Testament kann errichten, wer das 16. Lebensjahr vollendet hat (§. 2229). Die Vormundsbenennung ist aber nur gültig, wenn der Benennende zur Zeit des Todes volljährig oder für volljährig erklärt war (vgl. §§. 1676 Abs. 1, 1686, 106, 3 Abs. 2).

§. 1778.

Wer nach §. 1776 als Vormund berufen ist, darf ohne seine Zustimmung nur übergangen werden,[1]) wenn er nach den §§. 1780 bis 1784 nicht zum Vormunde bestellt werden kann oder soll oder wenn er an der Uebernahme der Vormundschaft verhindert ist oder die Uebernahme verzögert[2]) oder wenn seine Bestellung das Interesse des Mündels gefährden würde.[3])[4])

Ist der Berufene nur vorübergehend verhindert,

so hat ihn das Vormundschaftsgericht nach dem Wegfalle des Hindernisses auf seinen Antrag[5]) an Stelle des bisherigen Vormundes zum Vormunde zu bestellen.

Für eine Ehefrau darf der Mann vor den nach §. 1776 Berufenen, für ein uneheliches Kind darf die Mutter vor dem Großvater[6]) zum Vormunde bestellt werden.[7])

Neben dem Berufenen darf nur mit dessen Zustimmung ein Mitvormund bestellt werden.[8])

I Entw. §. 1687; II Entw. §. 1659; Reichst. Vorl. §. 1754; Mot. IV zu §. 1687 S. 1056 bis 1060; Kommiss.Prot. S. 6334, 6335 (748, 749).

1. Nämlich durch Bestellung eines garnicht oder erst an späterer Stelle Berufenen oder durch Bestellung eines Mitvormunds neben dem allein Berufenen (Jahrbuch Bd. 5 S. 58, Schultzenstein in Zeitschrift Bd. 25 S. 198). Die Zustimmung ist formlos, kann also auch durch konkludente Handlungen erklärt werden; es empfiehlt sich jedoch, sie aktenkundig zu machen.

Ueber Rechtsmittel wegen der Uebergehung vergl. §. 60 Nr. 1 F.G.G. Ein unter Uebergehung einer berufenen Person bestellter Vormund kann ohne seine vorherige Anhörung vom Amte entbunden und dafür der berufene Vormund verpflichtet werden (Jahrbuch Bd. 8 S. 44). In allen Fällen, in denen ein bestellter Vormund auf Beschwerde oder ohne eine solche in Folge der eigenen Entschließung des Vormundschaftsgerichts entlassen wird, wirkt dies nur ex nunc.

2. Vgl. §. 819 Abs. 2.

3. Dies entspricht der Befugniß des Vormundschaftsgerichts zum Einschreiten gegen den Inhaber der elter-

lichen Gewalt nach den §§. 1666, 1667; vgl. auch §§. 1797 Abs. 3, 1808 Abs. 2, 1857, 1886, 1917 Abs. 3.

4. Zu einer Ausnahme von dem Prinzip des Abs. 1 führen Art. 136 E.G., Art. 78 A.G. und § 12 F.E.M.G.

5. Also nicht von Amtswegen.

6. D. h. dem ehelichen (§§. 1705, 1589 Abs. 2) oder einem solchen gleichstehenden Vater der unehelichen Mutter.

7. Nach freiem Ermessen, ohne ein Recht des Ehemannes bezw. der Mutter auf die Bestellung (Jahrbuch Bd. 4 S. 72). Vgl. §. 1900 Abs. 2 u. 3. Wegen eines weiteren Falles, in dem es zulässig ist, vor den nach §. 1776 berufenen Personen einen andern Vormund zu bestellen, s. §. 12 F.E.M.G.

8. Sonst könnte dem Berufenen sein Recht auf Führung der Vormundschaft durch das Vormundschaftsgericht im Wege der Bestellung eines Mitvormunds verkümmert werden, vgl. §. 1786 Abs. 1 Nr. 7.

§. 1779.

Ist die Vormundschaft nicht einem nach §. 1776 Berufenen zu übertragen, so hat das Vormundschaftsgericht nach Anhörung des Gemeindewaisenraths [1]) den Vormund auszuwählen. [2])

Das Vormundschaftsgericht soll eine Person auswählen, die nach ihren persönlichen Verhältnissen und ihrer Vermögenslage sowie nach den sonstigen Umständen zur Führung der Vormundschaft geeignet ist. Bei der Auswahl ist auf das religiöse Bekenntniß des Mündels Rücksicht zu nehmen. [3]) Verwandte und Verschwägerte [4]) des Mündels sind zunächst zu berücksichtigen. [5])

I Entw. §. 1688 Abs. 1; II Entw. §. 1660 Abs. 1; Reichst.Vorl. §. 1755; Mot. IV zu §. 1688 S. 1061, 1062; Kommiss.Prot. S. 6885—6887 (749, 750); Reichst.Komm.Ber. S 168.

1. D. i., entsprechend dem praktischen Bedürfnisse, des Gemeindewaisenraths des zeitigen Aufenthalts des Mündels, wenn dieser Aufenthalt nicht bekannt oder für mehrere an verschiedenen Orten sich aufhaltende Geschwister ein Vormund zu bestellen ist, des Waisenraths des Bezirks, in welchem der Inhaber der elterlichen Gewalt seinen letzten Wohnsitz hatte, beim Wechsel des Vormunds des Waisenraths des Bezirks, in welchem sich die Mehrzahl der Mündel aufhält oder aus welchem der Vormund am geeignetsten zu wählen sein möchte. Ueber den Gemeindewaisenrath vgl. §§. 1849 ff. und §. 49 F.G.G. Die Waisenpflegerinnen (Art. 77 §. 2 A.G.) sind nicht vorschlagsberechtigt.

2. Der Vorschlag des Gemeindewaisenraths ist nicht bindend. Die Vorschrift, daß das Vormundschaftsgericht vor der Auswahl des Vormunds den Waisenrath hören soll, hat nur den Sinn, daß dem letzteren die Gelegenheit, sich zu äußern, gegeben wird. Macht derselbe von seiner Befugniß keinen Gebrauch, obwohl ihm die Gelegenheit dazu geboten ist, so kann das Vormundschaftsgericht ohne Rücksicht auf ihn die Person des Vormunds bestimmen (Mot.). Bei Nichtanhörung des Waisenraths oder einer dem Mündelinteresse nachtheiligen Abweichung von seinem Vorschlag und bei Nichtberücksichtigung der Verwandten oder Verschwägerten ist die allgemeine und daher nicht befristete Beschwerde aus den §§. 19 ff. und 57 Nr. 9 F.G.G. gegeben, aber auch nur unter den Voraussetzungen dieser Vorschriften und nach Jahrbuch Bd. 8 S. 81 nicht mehr, sobald die Bestellung eines andern Vormunds in sonst ordnungsmäßiger Weise stattgefunden hat; es treten dann vielmehr lediglich die über die Be-

endigung des vormundschaftlichen Amtes getroffenen Bestimmungen ein.

3. Die Vorschrift, daß bei der Auswahl des Vormunds auf das religiöse Bekenntniß des Mündels Rücksicht zu nehmen ist, bezieht sich nicht auf die berufenen Vormünder (Jahrbuch Bd. 8 S. 44). Verschiedenheit der Konfession des Mündels und des Vormunds ist gegenüber dem letzteren kein gesetzlicher Unfähigkeits- oder Entlassungsgrund (Jahrbuch Bd. 6 S. 88, Archiv Bd. 86 Abth. 2 S. 7 und Zeitschrift f. franz. Civ.R. Bd. 25 S. 108). Vgl. auch ReichsT.Kom.Ber. S. 168.

Unter dem religiösen Bekenntnisse ist nicht bloß das der christlichen Konfessionen gemeint (vgl. Anm. 8 zu §. 1784).

4. Ohne Unterschied des Grades. Verwandte sind diejenigen Personen, welche gemeinschaftliche Vorfahren haben (§. 1589). Ein uneheliches Kind und dessen Vater sind nicht verwandt. Schwägerschaft ist die Verbindung, welche durch Heirath zwischen einem Ehegatten und den Blutsverwandten des andern entsteht. Auch Schwiegereltern und Schwiegerkinder sind verschwägert, ebenso fällt die Stiefverbindung unter die Schwägerschaft. Stiefgeschwister ist jedoch kein rechtlicher Begriff. Halbgeschwister sind Verwandte. Die Schwägerschaft wird durch Beendigung der sie begründenden Ehe nicht aufgehoben (§. 1590). Wegen der durch nachfolgende Ehe legitimirten, für ehelich erklärten und an Kindesstatt angenommenen Kinder vgl. §§. 1722, 1737, 1768, 1764.

5. Lediglich instruktionelle Vorschrift, die einer als Vormund zu bestellenden nicht verwandten und nicht verschwägerten Person kein Recht auf Ablehnung der Vormundschaft giebt (Archiv Bd. 89 Abth. 2 S. 27).

§. 1780.[1]

Zum Vormunde kann nicht bestellt werden,[2][3])

wer geschäftsunfähig[4]) oder wegen Geistesschwäche, Verschwendung oder Trunksucht entmündigt ist.[5])

I Entw. §. 1640 Nr. 1, §. 1646 Abs. 1; II Entw. §. 1661; ReichsT.Vorl. §. 1756; Mot. IV zu §. 1640 S. 1065—1066, zu §. 1646 S. 1081; Komm.Prot. S. 6838, 6839, 6842—6845, 6478, 6482, 6483 (751. 753. 754, 828—831, VI 119 bis 121).

1. Vgl. §. 1865.

2. Die irrthümliche Bestellung eines nach §. 1780 im Augenblicke der Bestellung Unfähigen ist nichtig; dessen Erklärungen binden den Mündel nicht. Gegen den irrthümlich Bestellten hat der Mündel kein Konkursvorrecht (§. 61 Nr. 5 Konkursordnung in der Fassung nach dem Gesetze vom 17. Mai 1898, R.G.Bl. 1898 S. 612). Dagegen stellen die §§. 1781 bis 1784 nicht Unfähigkeitsgründe, sondern nur Untauglichkeitsgründe auf, die ohne Einfluß auf die Gültigkeit der Bestellung sind (vgl. Anm. 1 zu §. 1781).

3. Die Unfähigkeitsgründe wirken auch, wenn sie erst nach Uebernahme der Vormundschaft eintreten oder bekannt werden. Weitere Unfähigkeitsgründe bestehen nicht; es sind also insbesondere fähig Hauskinder ohne Einwilligung des Vaters, Ausländer (entgegengesetzt: Zeitschrift f. franz. Civ.R. Bd. 27 S. 582; vgl. Anm. 1 zu §. 1785), der Stiefvater, der uneheliche Erzeuger, Gläubiger oder Schuldner des Mündels, sowie an sich auch Lesens- und Schreibensunkundige. Auch ein Vormundschaftsrichter und ein Gemeindewaisenrath sind fähig, sie können aber dann nicht gleichzeitig als solche für den Mündel fungiren. Ein für volljährig erklärter Minderjähriger ist fähig, Vormund zu werden (§. 3 Abs. 2). Vgl. ferner §. 1788. Die Ablegung des Klostergelübdes hebt nach dem B.G.B. nicht, wie nach §. 1199 II. 11 Allgem. Landrechts, die Rechtsfähigkeit auf und macht deshalb auch

nicht unfähig zur Bestellung als Vormund. Der §. 1199 und andere ähnliche Bestimmungen sind durch Art. 55 E.G. beseitigt.

4. Ueber Geschäftsunfähigkeit vgl. §. 104, über die der Ausländer Art. 7, 27, 29 E.G. und über die der Landesherren und Mitglieder der landesherrlichen Familien Art. 57 E.G.

5. Ueber Entmündigung und deren Folgen vgl. §§. 6, 114.

§. 1781.

Zum Vormunde soll nicht bestellt werden:[1]

1. **wer minderjährig**[2]) **oder nach §. 1906 unter vorläufige Vormundschaft gestellt ist;**[3])
2. **wer nach §. 1910 zur Besorgung seiner Vermögensangelegenheiten einen Pfleger erhalten hat;**[3])
3. **wer in Konkurs gerathen ist, während der Dauer des Konkurses;**[4])
4. **wer der bürgerlichen Ehrenrechte für verlustig erklärt ist, soweit sich nicht aus den Vorschriften des Strafgesetzbuchs ein Anderes ergiebt.**[5])

I Entw. §. 1640 Nr. 1—8, §. 1646 Abs. 2; II Entw. §. 1662; Reichst.Vorl. §. 1757; Mot. IV zu §. 1640 S. 1066—1067, 1069—1071, zu §. 1646 S. 1081; Kommiss.Prot. S. 6888, 6889, 6845, (751, 758, 754).

1. Die trotzdem erfolgte Bestellung besteht bis zur Entlassung zu Recht (Anm. 2 zu §. 1780). Wegen der Entlassung s. §. 1886. Vgl. auch §. 1866 Nr. 2.

2. Vgl. §§. 2, 8, 106. Ein dennoch zum Vormunde bestellter Minderjähriger würde zu Rechtshandlungen

für seinen Mündel in gleicher Weise, wie zu den Rechtshandlungen für sich, der Genehmigung seines Gewalthabers bedürfen (vgl. Zeitschrift f. franz. Civ.R. Bd. 28 S. 385).

3. Die nach §§. 1906 und 1910 unter Vormundschaft bezw. Pflegschaft Gestellten stehen den Minderjährigen in der Geschäftsfähigkeit gleich.

4. Vgl. §§. 108, 109, 163, 190, 202, 204 der Konkursordnung, §§. 51 und 52 des preuß. Ausführungsgesetzes vom 6. März 1879 dazu (G.S. 1879 S. 109) und §. 1647 B.G.B.

5. Maßgebend ist das jeweilige Strafgesetzbuch; eine Aenderung des gegenwärtigen Strafgesetzbuchs in den hier fraglichen Beziehungen macht mithin eine gleichzeitige Aenderung des B.G.B. nicht erforderlich (Mot.). Vgl. jetzt die §§. 34 und 36 des deutschen Strafgesetzbuchs und Art. 34 unter I E.G.

§. 1782.

Zum Vormunde soll nicht bestellt werden,[1]) wer durch Anordnung des Vaters oder der ehelichen Mutter des Mündels[2]) von der Vormundschaft ausgeschlossen ist.[3]) Die Mutter kann den von dem Vater als Vormund Benannten nicht ausschließen.[4])

Auf die Ausschließung finden die Vorschriften des §. 1777 Anwendung.[5])

I Entw. §. 1640 Nr. 5, §. 1646 Abs. 2; II Entw. §. 1663; Reichst.Vorl.§. 1758; Mot. IV zu §. 1640 S. 1068—1069, zu §. 1646 S. 1081; Kommiss. Prot. S. 6838, 6839, 6845 (751, 753, 754).

1. Die trotzdem erfolgte Bestellung ist nicht nichtig (Anm. 1 zu §. 1781); die Entlassung ist hier nicht vorgeschrieben. Vgl. auch §. 1866 Nr. 2.

2. In Gemäßheit der §§. 1776, 1777. Andere Personen haben also kein Ausschließungsrecht, insbesondere nicht der Großvater oder der Erblasser oder Schenker in Ansehung des zugewendeten Vermögens (vgl. aber § 1909 Abs. 1 Satz 2).

3. Der Vater kann auch die Mutter, welcher die elterliche Gewalt nicht zusteht, ausschließen.

4. Dies entspricht dem Prinzip der elterlichen Gewalt beider Eltern, andrerseits dem im §. 1776 Abs. 1, sowie in den §§. 1856, 1868 Abs. 2 zum Ausdrucke gelangten Gedanken, daß dem Vater ein überwiegender Einfluß gebührt, und beseitigt Konflikte zwischen einander widersprechenden Verfügungen des Vaters und der Mutter (Mot.). Vgl. Anm. 5 zu §. 1776.

5. Die Ausschließung kann also nur durch letztwillige Verfügung erfolgen und ist nur wirksam, wenn zur Zeit des Todes die elterliche Gewalt noch bestanden hat. Sie muß bestimmt bezeichnete Personen treffen; eine Anordnung, die ganze Klassen von Personen ausschließt, ist ungültig (Mot.).

§. 1783.

Eine Frau, die mit einem Anderen als dem Vater des Mündels verheirathet ist,[1]) soll nur mit Zustimmung ihres Mannes[2]) zum Vormunde bestellt werden.[3])

I Entw. §§. 1640 Nr. 4, 1641, 1646 Abs. 2; II Entw. §. 1664; Reichst.Vorl. §. 1759; Mot. IV zu §. 1640 S. 1067—1068, zu §. 1641 S. 1071, zu §. 1646 S. 1081; Kommiss.Prot. S. 6838, 6839, 6845 (751, 753, 754); Reichst.Kom.Ber. S. 167, 168; Reichst.Sitz.Prot. S. 8005, 8095.

1. Ist die eheliche Gemeinschaft aufgehoben, so gilt die Frau nicht als verheirathet (§. 1586).

2. Diese bedarf keiner besonderen Form; sie kann der Frau oder dem Vormundschaftsgerichte gegenüber erklärt werden. Eine Zurücknahme der Einwilligung nach der Ertheilung ist zulässig. Vgl. §. 1887 Abs. 2. Ist der Ehemann selbst bevormundet, so hat sein Vormund die Genehmigung zu ertheilen. Eine Zustimmung ist nicht erforderlich im Falle des §. 1900 Abs. 1.

3. Frauen sind also an sich zur Führung der Vormundschaft nicht unfähig oder untauglich (vgl. §. 1786 Nr. 1, anders nach dem I. und II. Entwurf), die Mutter und die Großmutter auch dann nicht, wenn sie bei etwaiger Trennung der Ehe für den schuldigen Theil erklärt sind. Vgl. Anm. 5 zu §. 1866. Frauen sind aber unbeschränkt ablehnungsberechtigt (§. 1786 Nr. 1).

Ueber den Fall, daß eine zur Vormünderin bestellte Frau heirathet, vgl. §. 1887.

§. 1784.[1]

Ein Beamter[2]) oder Religionsdiener,[3]) der nach den Landesgesetzen[4]) einer besonderen Erlaubniß zur Uebernahme einer Vormundschaft bedarf, soll nicht ohne die vorgeschriebene Erlaubniß[5])[6]) zum Vormunde[7]) bestellt[8]) werden.

I Entw. §§. 1642, 1646 Abs. 2; II Entw. §. 1665; Reichst.Vorl. §. 1760; Mot. IV zu §. 1642 S. 1071, 1078, zu §. 1646 S. 1081; Kommiss. Prot. S. 6888, 6889 (751).

1. Daneben gilt noch die Bestimmung des §. 41 des Reichs-Militärgesetzes vom 2. Mai 1874 (R.G.Bl. 1874 S. 45), wonach die Militärpersonen des Friedensstandes (also auch die Sanitätsoffiziere, ferner die zur Disposition gestellten Militärpersonen, aber nicht Reserve- und Landwehroffiziere) und die Civilbeamten der Militärverwaltung,

d. i. die für das Bedürfniß des Heeres und der Marine angestellten, nicht zum Soldatenstande gehörenden und unter dem Kriegsminister oder dem Chef der Admiralität als Verwaltungschef stehenden Beamten, welche einen Militärrang haben (also nicht auch die Civilbeamten der Militärverwaltung), zu der Uebernahme von Vormundschaften (nicht auch zur Fortführung bereits übernommener) nur mit Genehmigung ihrer Vorgesetzten berechtigt sind (vgl. Anm. 1 zu §. 1786). In Ansehung der der Reichs-Marine angehörenden Personen fehlt es an einer gleichen Bestimmung, sodaß diese einer Erlaubniß nicht bedürfen. Zu den Militärpersonen im Sinne des §. 41 sind auch die Gendarmen (V. vom 30. Dezember 1820, G.S. 1821 S. 1, §§. 2, 11) zu rechnen (bestritten).

2. Mittelbarer oder unmittelbarer.

Rücksichtlich der Reichs-Civilbeamten verweist §. 19 des Gesetzes vom 31. März 1873 (R.G.Bl. 1873 S. 61) auf die Landesgesetze. In Preußen gilt daher auch für sie der Art. 72 A.G. (Anm. 4).

Ein auf Wartegeld stehender Civilbeamter ist so lange zur Klasse der als aktiv zu betrachtenden Beamten zu rechnen, bis er definitiv ausgeschieden ist; er bedarf zur Uebernahme einer Vormundschaft mithin des vorgeschriebenen Konsenses der ihm vorgesetzten Behörde (Reskript vom 1. März 1822 in v. Kamptz, Jahrbücher für die Preuß. Gesetzgebung Bd. 19 S. 306).

3. Bei der weiten Fassung des Begriffs nicht bloß der christlichen Religion, sondern aller Religionen (vgl. Anm. 3 Abs. 2 zu §. 1779) und nicht bloß Geistliche, sondern auch Küster und ähnliche Hülfspersonen bei den nach der Lehre der betreffenden Religionsgesellschaft vorzunehmenden religiösen Verrichtungen.

4. Art. 72 A.G. bestimmt:

Wer ein Staatsamt oder ein besoldetes Amt in der Kommunal- oder Kirchenverwaltung bekleidet, bedarf zur Uebernahme einer Vormundschaft oder zur Fortführung einer vor dem Eintritt in das Amt übernommenen Vormundschaft der Erlaubniß der zunächst vorgesetzten Behörde. Das Gleiche gilt für die Uebernahme oder die Fortführung des Amtes eines Gegenvormundes, Pflegers oder Beistandes.

Die Erlaubniß kann zurückgenommen werden.

Notare bedürfen der Erlaubniß nicht.

Was als Staatsamt zu betrachten, ist nach dem preußischen öffentlichen Rechte zu entscheiden; Hofämter und Hofbedienstungen, z. B. in der königlichen Marstallverwaltung, sind nicht Staatsämter, dagegen fallen unbesoldete Universitätsprofessoren, Referendare u. s. w. unter den Art. 72. Dieser findet auch Anwendung auf besoldete Beamte in der Amts-, Kreis- und Provinzialverwaltung, sowie auf alle Lehrer außer den eigentlichen Privatlehrern (Art. 28 der Verfassungsurkunde); ob auf die besoldeten Beamten kommunallandständischer Verbände, ist streitig. Vgl. auch §. 1 des Gesetzes, betr. die Anstellung und Versorgung der Kommunalbeamten, vom 30. Juli 1899 (G.S. 1899 S. 141). Ob Art. 72 für die Religionsdiener aller zugelassenen Konfessionen oder bloß für die der evangelischen und katholischen Kirche gilt, ist zweifelhaft; überwiegende Gründe sprechen für das letztere, vgl. Schön, Das Landeskirchenthum in Preußen (Verwaltungsarchiv Bd. 6 S. 197—200), sodaß in Preußen für Religionsdiener die Erlaubniß in beschränkterer Weise nothwendig ist, als der §. 1784 an sich zuläßt (s. Anm. 8). Jüdische Religionsdiener bedürfen daher keinesfalls der Erlaubniß, da es eine jüdische Kirchenverwaltung nicht giebt.

5. Die Genehmigung zur Uebernahme einer Vormundschaft seitens eines Beamten oder einer Militär-

person ist stempelfrei (Nr. 15 des Stempeltarifs zum preuß. Stempelsteuergesetze vom 31. Juli 1895, G.S. 1895 S. 413) und kann jederzeit zurückgenommen werden (§. 1888, Art. 72 Abs. 2 A.G.).

Von denjenigen Generalen und Stabsoffizieren, welche sich in einer Immediatstellung befinden, ist die Genehmigung unmittelbar bei Seiner Majestät dem Kaiser, von den übrigen Generalen und Stabsoffizieren, sowie von allen anderen Militärpersonen bei der zunächst vorgesetzten Militärbehörde nachzusuchen und geeignetenfalls zu ertheilen (Kabinetsorder vom 8. August 1876 im Armee-Verordnungsblatt 1876 S. 189). Den Justizbeamten ertheilt ihre zunächst vorgesetzte Behörde (§§. 78 und 79 des Ausführungsgesetzes vom 24. April 1878 zum deutschen Gerichtsverfassungsgesetz, G.S. 1878 S. 230, Gesetz vom 10. April 1892, G.S. 1892 S. 77, und J.M.Bl. 1898 S. 5), Universitäts-Docenten und Professoren der Minister der geistlichen rc. Angelegenheiten, den evangelischen Geistlichen in den altländischen Provinzen der Superintendent (Verfügung vom 14. November 1871 im J.M.Bl. 1871 S. 260), den katholischen der Bischof die Genehmigung.

6. Der Umstand, daß dem Beamten von der vorgesetzten Behörde die Genehmigung zur Führung der Vormundschaft oder Gegenvormundschaft noch nicht ertheilt ist, gewährt ihm kein Ablehnungsrecht und hindert nicht seine Verpflichtung, führt vielmehr zur Entlassung, sobald feststeht, daß die Genehmigung nicht zu erlangen ist (§. 1888). Anders bei den Militärpersonen, vgl. Anm. 1 zu §. 1786.

7. Auch nicht, wenn er als solcher berufen ist.

8. Zur Fortführung einer bereits übernommenen Vormundschaft ist also nach dem §. 1784 eine Erlaubniß nicht erforderlich (vgl. Anm. 1 zu §. 1888), wohl aber nach Art. 72 A.G. Wegen der Folgen einer Versagung derselben s. §. 1888.

§. 1785.

Jeder Deutsche[1]) hat die Vormundschaft, für die er von dem Vormundschaftsgericht ausgewählt wird,[2]) zu übernehmen, sofern nicht seiner Bestellung zum Vormund einer der in den §§. 1780 bis 1784 bestimmten Gründe entgegensteht.[3])[4])

I Entw. §. 1689 Satz 1; II Entw. §. 1667 Abs. 1; Reichst.Vorl. §. 1761; Mot. IV zu §. 1639 S. 1062—1065; Kommiss.Prot. S. 6337, 6338 (750).

1. Die Staatsangehörigkeit in dem Bundesstaat, in welchem die Bevormundung einzutreten hat, ist also bedeutungslos. Ein Ausländer, auch wenn er in Deutschland wohnt, braucht keine Vormundschaft zu übernehmen. Hat er sie aber einmal übernommen, so muß er sie fortführen und ist nicht berechtigt, seine Entlassung wegen seiner Ausländer-Eigenschaft zu verlangen (Jahrbuch Bd. 4 S. 78); vgl. Anm. 3 zu §. 1780.

2. Die Verpflichtung zur Uebernahme einer Vormundschaft, die als Ausfluß der allgemeinen Staatsbürgerpflicht erscheint, besteht mithin nicht für denjenigen, welcher auf Grund des §. 1776 Abs. 1 als Vormund berufen ist. Sind mehrere nach einander berufene Personen vorhanden, so kann der zunächst Berufene, der die Vormundschaft nicht übernehmen will, wegen des nach ihm Berufenen nicht auf Grund des §. 1779 Abs. 1 zum Vormunde bestellt werden. Wegen eines Vermächtnisses an einen berufenen Vormund, der die Vormundschaft nicht übernimmt, s. §. 2075.

3. Widerstreit der Interessen des Mündels und des Vormunds gehört nicht zu diesen Gründen (Archiv Bd. 89 Abth. 2 S. 27).

4. Vgl. §. 1788.

§. 1786.[1])

Die Uebernahme[2]) der Vormundschaft kann ablehnen:[3])

1. eine Frau;[4])
2. wer das sechzigste Lebensjahr vollendet hat;
3. wer mehr als vier minderjährige eheliche Kinder hat; ein von einem Anderen an Kindesstatt angenommenes Kind wird nicht gerechnet;[5])
4. wer durch Krankheit oder durch Gebrechen verhindert ist, die Vormundschaft ordnungsmäßig zu führen;[6])
5. wer wegen Entfernung seines Wohnsitzes von dem Sitze des Vormundschaftsgerichts die Vormundschaft nicht ohne besondere Belästigung führen kann;[6])
6. wer nach §. 1844 zur Sicherheitsleistung angehalten wird;[7])
7. wer mit einem Anderen zur gemeinschaftlichen Führung der Vormundschaft bestellt werden soll;
8. wer mehr als eine Vormundschaft oder Pflegschaft führt;[8]) die Vormundschaft oder Pflegschaft über mehrere Geschwister gilt nur als eine;[9]) die Führung von zwei Gegenvormundschaften steht der Führung einer Vormundschaft gleich.[10])

Das Ablehnungsrecht erlischt, wenn es nicht vor der Bestellung bei dem Vormundschaftsgerichte geltend gemacht wird.[11])

I Entw. §§. 1643, 1644 Abs. 1; II Entw. §§. 1666, 1668 Abs. 1; Reichst.Vorl. §. 1762; Mot. IV zu §. 1643 S. 1073—1077, zu §. 1644 S. 1077; Kommiss.Prot. S. 6339—6841, 8679 (751, 752, VI 306).

1. Neben dem §. 1786 gilt noch die Bestimmung des §. 41 des Reichs-Militärgesetzes vom 2. Mai 1874 (R.G.Bl. 1874 S. 45), wonach die Militärpersonen des Friedensstandes und die Civilbeamten der Militärverwaltung die Uebernahme von Vormundschaften ablehnen können, s. Anm. 1 zu §. 1784. Wegen der Ausländer vgl. Anm. 1 zu §. 1785.

2. Nicht die Fortführung; vgl. jedoch bezüglich der unter Nr. 2—7 bezeichneten Fälle §. 1889.

3. Ohne daß das Vormundschaftsgericht unter besonderen Umständen, namentlich in Ermangelung anderer geeigneter Personen, zu einem Zwange behufs Uebernahme der Vormundschaft befugt wäre.

4. Gegensatz zur elterlichen Gewalt, die auch von der Mutter ausgeübt werden muß.

Offenbar sind auch unverheirathete weibliche Personen und Wittwen gemeint, vgl. §§. 1788, 1887. Die Mutter des Mündels, der die elterliche Gewalt nicht zusteht, ist ebenfalls ablehnungsberechtigt.

5. Ein noch im Mutterleibe befindliches sowie ein für volljährig erklärtes oder ein von einem Dritten an Kindesstatt angenommenes Kind rechnet nicht mit, dagegen zählt ein verheirathetes, ferner ein legitimirtes oder an Kindesstatt angenommenes minderjähriges Kind, vgl. §§. 1719, 1736, 1757 Abs. 1 (Mot).

6. Ob der Fall vorliegt, ist vom Vormundschaftsgerichte zu beurtheilen.

7. Wird die Sicherheitsleistung überhaupt erst nach der Bestellung gefordert oder wird eine Erhöhung verlangt, so kann der Vormund auf Grund des §. 1889 seine Entlassung verlangen.

8. Gleichviel, ob mit oder ohne Vermögensverwaltung.

9. Die Vormundschaft über mehrere uneheliche Kinder derselben Mutter gilt als eine Vormundschaft, auch wenn die Kinder nicht denselben Vater haben (Anm. 3 zu §. 1776).

10. Eine Gegenvormundschaft kommt also nicht in Betracht.

11. Ein Verzicht auf das Ablehnungsrecht gegenüber den Angehörigen, insbesondere dem Vater des Mündels, hat dessen Verlust nicht zur Folge, da es sich bei der Uebernahme der Vormundschaft um die Erfüllung einer öffentlichen Verpflichtung gegenüber der Staatsgewalt handelt. Derartige Erklärungen haben nur moralische Bedeutung (Mot.). Ist das Ablehnungsrecht nicht vor der Verpflichtung geltend gemacht, so bleibt nur das Entlassungsgesuch nach §. 1889.

§ 1787.

Wer die Uebernahme[1]) der Vormundschaft ohne Grund ablehnt, ist, wenn ihm ein Verschulden[2]) zur Last fällt, für den Schaden verantwortlich,[3]) der dem Mündel dadurch entsteht, daß sich die Bestellung des Vormundes verzögert.[4])

Erklärt das Vormundschaftsgericht die Ablehnung für unbegründet, so hat der Ablehnende, unbeschadet der ihm zustehenden Rechtsmittel,[5]) die Vormund-

schaft auf Erfordern des Vormundschaftsgerichts vorläufig zu übernehmen.

I Entw. §. 1639 Satz 2, §. 1644 Abs. 2; II Entw. §. 1667 Abs. 2, §. 1668 Abs. 2; Reichst. Vorl. §. 1768; Mot. IV zu §. 1639 S. 1068, 1065, zu §. 1644 S. 1077; Kommiss.Prot. S. 6837, 6838, 6841, 8680 (750, 752, VI 306).

1. Die Verpflichtung zur Uebernahme der Vormundschaft ist nicht bloß eine öffentlichrechtliche, sondern eine auch gegenüber dem Mündel begründete gesetzliche Verpflichtung, welche, wenn sie auch nicht im Rechtswege erzwingbar ist, doch im Falle ihrer Verletzung die Haftung zum Schadensersatze gegenüber dem Mündel mit sich bringt (Mot.).

2. Vorsatz und Fahrlässigkeit (§. 276 Abs. 1).

3. Ueber Schadensersatz vgl. §§. 249—255.

4. Nur für den Schaden also, der dadurch entsteht, daß der Mündel längere Zeit ohne Vormund ist, nicht etwa für den Schaden, der eine Folge der Untauglichkeit des an Stelle des Ablehnenden bestellten Vormunds ist (Kommiss.Prot.). Vgl. Anm. 4 a. E. zu §. 1788.

5. Vgl. §§. 60 Nr. 2, 68, 24 F.G.G.

§. 1788.

Das Vormundschaftsgericht kann[1]) den zum Vormund Ausgewählten[2]) durch Ordnungsstrafen zur Uebernahme der Vormundschaft anhalten.

Die einzelne Strafe darf den Betrag von dreihundert Mark nicht übersteigen.[3]) Die Strafen dürfen nur in Zwischenräumen von mindestens einer Woche verhängt werden. Mehr als drei Strafen dürfen nicht verhängt werden.[4])

I Entw. §. 1639 Satz 3, 4; II Entw. §. 1669;

Reichst.Vorl. §. 1764; Mot. IV zu §. 1689 S. 1064, 1065; Komm.Prot. S. 6887, 6888 (750).

1. Nicht muß.

2. Zu den Ausgewählten gehören auch die Berufenen, wenn sie die Berufung ablehnen und darauf das Vormundschaftsgericht sie kraft des ihm nach §. 1779 zustehenden Rechts auswählt (vgl. Anm. 2 zu §. 1785).

3. Vgl. §. 33 Satz 2 F.G.G. Kein Mindestsatz. Keine Umwandlung der nicht beizutreibenden Geldstrafe in Freiheitsstrafe (Mot.). In Preußen erfolgt nach Art. 16 Abs. 2 und 3 P.F.G.G. (s. Anm. 9 zu §. 1837) und Art. 8 des Ausführungsgesetzes zum Reichsgesetze vom 17. Mai 1898, betr. Aenderungen der Civilprozeßordnung, vom 22. September 1899 (G.S. 1899 S. 284) die zwangsweise Einziehung der Ordnungsstrafe auf Anordnung des Vormundschaftsgerichts im Wege des Verwaltungszwangsverfahrens, also jetzt gemäß der Verordnung vom 15. November 1899 (G.S. 1899 S. 545), und kann die Ordnungsstrafe nicht in den Nachlaß des Verurtheilten vollstreckt werden. Der Antrag auf Eintragung im Grundbuch ist vom Vormundschaftsrichter, nicht von der Gerichtskasse zu stellen; für die Eintragung ist §. 39 der Grundbuchordnung vom 24. März 1897 (R.G.Bl. 1898 S. 754) maßgebend.

4. Die Ordnungsstrafe kann bei jeder einzelnen Vormundschaft für sich verhängt werden; ihre dreimalige Wiederholung befreit nur von der Uebernahme der einzelnen Vormundschaft, nicht von der Vormundschaftslast allgemein.

Die Verhängung der Strafe ist nur gerechtfertigt, wenn die Weigerung unbegründet ist; die Androhung kann dagegen ohne vorherige Untersuchung geschehen. Der Festsetzung muß eine Androhung vorausgehen (§. 33 Satz 1 F.G.G.). Die Festsetzung kann mit der einfachen Beschwerde angegriffen (§§. 19, 20 F.G.G.), auch von dem festsetzenden Vormundschaftsgerichte selbst wieder aufgehoben werden

(§. 18 F.G.G.); die Beschwerde hat aufschiebende Wirkung (§. 24 Abs. 1 F.G.G.). Die durch eine grundlose Weigerung entstandenen Kosten, welche nicht bereits durch die allgemeinen, dem Mündelvermögen zur Last fallenden Kosten des Vormundschaftswesens gedeckt werden, hat der Weigernde zu tragen event. dem Mündel nach §. 1787 Abs. 1 zu ersetzen (Mot.).

Nach Art. 16 Abs. 1 P.F.G.G. (Anm. 3) ist bei der Festsetzung der Ordnungsstrafe der Betheiligte zugleich in die Kosten des Verfahrens zu verurtheilen.

§. 1789.

Der Vormund[1]) wird von dem Vormundschaftsgerichte durch Verpflichtung zu treuer und gewissenhafter Führung der Vormundschaft bestellt.[2]) Die Verpflichtung soll mittelst Handschlags an Eidesstatt erfolgen.[3])

I Entw. §. 1645 Abs. 1; II Entw. §. 1670; Reichst.Vorl. §. 1765; Mot. IV Allg. Begründung S. 1010, 1084, zu §. 1645 S. 1078—1079; Kommiss. Prot. S. 6341, 6342, 6481—6483 (752, 758).

1. Ebenso der Gegenvormund und der Pfleger. Vgl. §. 1870 wegen der Mitglieder des Familienraths.

2. Auch durch Ersuchen eines anderen Amtsgerichts, aber stets auf Seiten des Vormunds in Person, also Ausnahme von §. 18 Satz 2 F.G.G. Besondere strafrechtliche Folgen sind an die Verletzung des eidesstattlichen Gelöbnisses als solche nicht geknüpft. Keine Bestellung findet statt bei den gesetzlichen Vormündern (Anm. 1 Abs. 2 zu §. 1774).

3. Während die Vorschrift des Satzes 1 wesentlich ist und daher das vormundschaftliche Amt erst durch die Bestellung erlangt wird, ist also die des Satzes 2 nur eine Ordnungsvorschrift.

§. 1790.[1])

Bei der Bestellung des Vormundes kann die Entlassung für den Fall vorbehalten werden, daß ein bestimmtes Ereigniß eintritt oder nicht eintritt.[2])

I Entw. §. 1688 Abs. 3; II Entw. §. 1660 Abs. 3; Reichst.Vorl. §. 1766; Mot. IV zu §. 1688 S. 1062; Kommiss.Prot. S. 6335, 6337 (748, 749).

1. Vgl. §. 1871.

2. Tritt das Ereigniß ein oder nicht ein, so erlischt die Vormundschaft nicht ohne weiteres; der Vormund hat sein Amt bis zur Entlassung weiterzuführen, vgl. Anm. 1 zu §. 1886. Eine Bestellung auf Zeit ohne Zusammenhang mit einem bestimmten Ereigniß ist unzulässig (Mot).

§. 1791.

Der Vormund[1]) erhält eine Bestallung.[2])[3])

Die Bestallung soll enthalten[4]) den Namen und die Zeit der Geburt des Mündels, die Namen des Vormundes, des Gegenvormundes und der Mitvormünder sowie im Falle der Theilung der Vormundschaft die Art der Theilung. Ist ein Familienrath eingesetzt, so ist auch dies anzugeben.[5])

I Entw. §. 1645 Abs. 2; II Entw. §. 1671; Reichst.Vorl. §. 1767; Mot. IV zu §. 1645 S. 1079—1081; Kommiss.Prot. S. 6341, 6342 (752, 753).

1. Auch der Gegenvormund und der Pfleger erhalten, außer wenn sie nur ganz vorübergehend fungiren und sich nicht Dritten gegenüber zu legitimiren haben, eine entsprechende Bestallung. In der des Pflegers sind insbesondere die Funktionen, zu denen seine Verpflichtung

erfolgt ist, genau zum Ausdrucke zu bringen; ist dies versäumt, so können dem Pfleger auf Grund der Bestallung bestimmte Befugnisse überhaupt nicht beigemessen werden (Jahrbuch Bd. 4 S. 88, Bd. 6 S. 41 u. 44 und Bd. 7 S. 55). Vgl. §. 1792 Abs. 4, §. 1915 Abs. 1.

2. Ist die Verpflichtung erfolgt, so darf die Bestallung nicht deshalb versagt werden, weil sich nachträglich Bedenken gegen den Vormund ergeben haben; es greifen vielmehr lediglich die §§. 1886 ff. Platz.

Die Bestallung ist vom Richter zu unterzeichnen. Sie hat nur die Bedeutung eines gerichtlichen Zeugnisses, daß die Bestellung zum Vormunde nach Maßgabe des Inhalts der Bestallung erfolgt ist, nicht den Charakter einer Vollmacht oder eines sonstigen selbständigen Legitimationspapiers; es ist daher der gutgläubige Dritte, welcher auf Grund der Bestallung mit dem Vormunde verhandelt hat, gegen inzwischen eingetretene Aenderungen der Vertretungsbefugniß des letzteren nicht geschützt, und der Mündel hat die damit für den Dritten verbundenen Nachtheile nicht zu tragen (Mot.).

3. Neben der Bestallung kann das Vormundschaftsgericht dem Vormunde zur Legitimation für einen einzelnen Fall noch eine Bescheinigung über seine Eigenschaft als Vormund zu einer bestimmten Zeit ertheilen, namentlich in der Weise, daß der Vormund zum Zwecke der Vornahme eines bestimmten Geschäfts einem Anderen Vollmacht ertheilt und das Vormundschaftsgericht unter der Vollmachtsurkunde die Legitimation des Ausstellers als Vormund zur Zeit der Ausstellung der Vollmachtsurkunde bezeugt. Da eine solche Vollmacht nicht mit der Beendigung des vormundschaftlichen Amtes des Ausstellers erlischt, so genießt der Dritte, welcher sich in gutem Glauben mit einem solchen Bevollmächtigten einläßt, den Schutz, welchen die Vorschriften der §§. 170 ff. einem Dritten gewähren (Mot.).

Ein ferneres Mittel, sich zu vergewissern, daß das Amt des Vormunds noch fortdauert, bietet für den Dritten, der sich mit dem Vormund in Rechtsverkehr einläßt, der §. 34 F.G.G. Auch dürfte das Vormundschaftsgericht Betheiligten amtliche Auskunft über die Fortdauer der Vormundschaft nicht verweigern dürfen (nicht veröffentlichte Verfügung des Justizministers vom 6. Juli 1900, J.-Nr. I 8996).

Ueber die Legitimation der Vormünder und Pfleger bei der Erhebung von Pensionen, Wartegeldern, Wittwen- und Waisengeldern sowie Unterstützungen und Erziehungsbeihülfen aus preußischen Staatsfonds für ihre Mündel und Pflegebefohlenen siehe die Vorschriften der Kgl. Ober-Rechnungskammer vom 29. Oktober 1885 Nr. 8 (J.M.Bl. 1886 S. 47 und M.Bl. f. d. i. V. 1886 S. 85), welche Vorschriften auch bei der Erhebung von den Wittwen und Kindern verstorbener Justizbeamten aus der Justizoffizianten-Wittwenkasse bewilligten Pensionen, fortlaufenden Unterstützungen und Erziehungsgeldern Anwendung finden (J.M.Bl 1886 S. 292).

Nach Beendigung der Vormundschaft ist die Bestallung zurückzugeben (§. 1893 Abs. 2).

4. Daß die Befreiung von Beschränkungen der Selbständigkeit, Beschränkungen durch Anordnung des Erblassers oder Zuwenders (§. 1803) und bei Bestellung unter einer Bedingung (§. 1790) diese Beschränkung in der Bestallung angegeben werden, ist nicht vorgeschrieben, dürfte sich aber aus praktischen Gründen empfehlen. Vgl. ferner Anm. 4 zu §. 1797, Anm. 8 zu §. 1817, Anm. 2 zu §. 1825 und Anm. 2 zu §. 1857.

Bei einer Aenderung in den im Abs. 2 bezeichneten Dingen muß die Bestallung ergänzt bezw. berichtigt oder durch eine neue ersetzt werden. Vgl. §. 1881 Abs. 2 Satz 1.

5. Trotz der anderen Fassung („ist“ statt „soll“) bleibt auch diese Vorschrift bloß eine instruktionelle.

§. 1792.

Neben dem Vormunde[1]) kann ein[2]) Gegenvormund bestellt werden.

Ein Gegenvormund soll[3]) bestellt werden, wenn mit der Vormundschaft eine Vermögensverwaltung[4]) verbunden ist,[5]) es sei denn, daß die Verwaltung nicht erheblich[6]) oder daß die Vormundschaft von mehreren Vormündern gemeinschaftlich zu führen ist.[7]) [8])

Ist die Vormundschaft von mehreren Vormündern nicht gemeinschaftlich zu führen, so kann der eine Vormund zum Gegenvormunde des anderen bestellt werden.

Auf die Berufung und Bestellung des Gegenvormundes finden die für die Berufung und Bestellung des Vormundes geltenden Vorschriften Anwendung.[9])

I Entw. §. 1647; II Entw. §. 1672; Reichst. Vorl. §. 1768; Mot. IV zu §. 1647 S. 1029, 1032, 1082; Kommiss.Prot. S. 6845—6847 (754, 755).

1. Wegen der Gegenvormundschaft bei einer Pflegschaft vgl. §. 1915 Abs. 2.

2. Auch die Bestellung mehrerer Gegenvormünder ist zulässig, wird aber selten ein Bedürfniß sein.

3. Ob ein Gegenvormund zu bestellen ist, hat nur der Vormundschaftsrichter, nicht der Prozeßrichter zu entscheiden (Civ.R.G. Bd. 84 S. 415).

4. Nicht eine bloße Verwahrung und nicht ein einzelner Verwaltungsakt, der nicht Anfang einer wirklichen dauernden Vermögensverwaltung ist.

5. Also nicht, wenn das vorhandene Vermögen nicht vom Vormunde, sondern von anderen Personen verwaltet wird.

6. Die Größe des zu verwaltenden Vermögens ist an sich gleichgültig; regelmäßig wird jedoch bei einem kleinen Vermögen die Verwaltung für nicht erheblich im Sinne der ersten der beiden Beschränkungen für die Nothwendigkeit einer Gegenvormundschaft zu erachten sein. Dies gilt namentlich von der zinsbaren Anlage einer geringen Summe in einer Sparkasse.

7. §. 1797 Abs. 1.

8. Oder daß der Vater oder die Mutter bei Benennung eines Vormunds die Bestellung eines Gegenvormunds ausgeschlossen haben (§. 1852 Abs. 1, §§. 1855, 1856), ohne daß §. 1857 Platz greift. Ferner ist ein Gegenvormund nicht zu bestellen in den Fällen der gesetzlichen Vormundschaft nach Art. 136 E.G., Art. 78 A.G. und des §. 12 Abs. 1 u. 2 F.F.M.G.

Die Entlassung des bereits bestellten Gegenvormunds kann in Folge einer Anordnung nach §. 1852 nicht stattfinden (Jahrbuch Bd. 11 S. 72).

9. Also die §§. 1776–1791. Haben Vater oder Mutter einen Gegenvormund berufen, so muß dieser bestellt werden, auch wenn sonst kein Grund zur Bestellung vorliegt. Ist die Bestellung eines Gegenvormunds trotz eines gültigen letztwilligen Verbots erfolgt, so ist sie wirksam und nur im Beschwerdewege anfechtbar.

II. Führung der Vormundschaft.

§. 1793.[1]

Der Vormund hat das Recht und die Pflicht,[2] für die Person[3] und das Vermögen[4] des Mündels zu sorgen,[5] insbesondere den Mündel zu vertreten.[6][7]

I Entw. §§. 1648, 1649; II Entw. §. 1678;

Reichst.Vorl. §. 1769; Mot. IV Allg. Begründung S. 1010, 1022, zu §. 1648 S. 1082—1088, zu §. 1649 S. 1088—1087; Kommiss.Prot. S. 6847, 8680 (755, 756, VI 306).

1. Der Paragraph entspricht den für die elterliche Gewalt geltenden §§. 1627, 1630 Abs. 1 (vgl. §. 1800). Daneben gelten für einzelne Verhältnisse noch besondere Bestimmungen, insbesondere die §§. 64 und 65 des deutschen Strafgesetzbuchs in der Fassung des Art. 34 E.G., §§. 137, 140, 149 Abs. 2 in der Fassung des Art. 35 II E.G., 268, 340 und 414 der deutschen Strafprozeßordnung, §§. 51, 52, 58, 54, 171, 426 Abs. 3, 473, 474, 476 und 477 Abs. 1, 612, 646, 663, 664, 666 Abs. 2 u. 3, 675, 679 Abs. 2, 680 Abs. 3, 683, 685, 686 Abs. 2 C.P.O., § 72 der deutschen Konkursordnung in der Fassung nach dem Gesetze vom 17. Mai 1898 (R.G.Bl. 1898 S. 612), §. 14a des Gesetzes über die Erwerbung und den Verlust der Bundes- und Staatsangehörigkeit vom 1. Juni 1870 in der Fassung des Art. 41 E.G., die §§. 12 und 14 des Reichs-Impfgesetzes vom 8. April 1874 (R.G.Bl. 1874 S. 31), §§. 31—33 des Reichs-Militärgesetzes vom 2. Mai 1874 (R.G.Bl. 1874 S. 45), §. 28 Nr. 5 der deutschen Wehrordnung vom 28. September 1875, §§. 107, 108, 110, 113, 119a, 126 ff., 134 ff. der Reichsgewerbeordnung in der Fassung vom 26. Juli 1900 (R.G.Bl. 1900 S. 871), §§. 5 und 6 der Seemannsordnung vom 27. Dezember 1872 (R.G.Bl. 1872 S. 409), §. 2 des Freizügigkeitsgesetzes vom 1. November 1867 (B.G.Bl. 1867 S. 55) in der Fassung des Art. 37 E.G., §. 58 des Börsengesetzes vom 22. Juni 1896 (R.G.Bl. 1896 S. 157), §. 181 Abs. 2 des Gesetzes über die Zwangsversteigerung und Zwangsverwaltung vom 24. März 1897 (R.G.Bl. 1897 S. 97, 1898 S. 713), §. 29 des Einkommensteuergesetzes vom 24. Juni 1891 (G.S. 1891 S. 175), §. 56 des Gewerbesteuergesetzes vom 24. Juni 1891 (G.S. 1891

S. 205), §§. 81 Abs. 4 und 97 Nr. 7 der Kreisordnung vom 13. Dezember 1872 (G.S. 1881 S. 180), §§. 46, 47, 128 der Landgemeindeordnung für die sieben östlichen Provinzen vom 3. Juli 1891 (G.S. 1891 S. 233), §. 17 der Landgemeindeordnung für die Provinz Hessen-Nassau vom 4. August 1897 (G.S. 1897 S. 301), §§. 85a, 85b, 85c, 85e des Gesetzes, betr. die Abänderung einzelner Bestimmungen des Allg. Berggesetzes vom 24. Juni 1865, vom 24. Juni 1892 (G.S. 1892 S. 131), §. 26 des Ergänzungssteuergesetzes vom 14. Juli 1893 (G.S. 1893 S. 134), §. 15 Abs. 6 des Gesetzes, betr. das Anerbenrecht bei Renten- und Ansiedlungsgütern, vom 8. Juni 1896 (G.S. 1896 S. 124) u. dergl. m. Ferner enthalten die 1867, 1875, 1876 und 1877 ergangenen Gesetze über die Auflösung der Lehnsverbände spezielle Vorschriften über Wahrnehmung der Rechte von Mündeln. Wegen der Minderjährigen auf dem Gebiete des Krankenversicherungsrechts s. die Arbeiter-Versorgung Bd. 15 S. 85—87 und auf dem Gebiete des Verwaltungsrechts Stier-Somlo, Die Einwirkung des bürgerlichen Rechts auf das preußisch-deutsche Verwaltungsrecht S. 160 ff. Ferner Frankenburger, Minderjährige als Kaufleute, Inhaber von Erwerbsgeschäften in der Monatsschrift für Handelsrecht und Bankwesen Bd. 8 S. 91 ff.

2. Der Vormund kann einzelne seiner Geschäfte, bei denen es auf seine Persönlichkeit nicht ankommt, durch Stellvertreter besorgen lassen, jedoch darf er sein Amt nicht schlechthin einem Anderen übertragen. Er kann auch sich für einen ganzen Kreis von Obliegenheiten einen Generalbevollmächtigten bestellen (vgl. Civ.R.G. Bd. 41 S. 266). Die Vollmacht dauert über die Beendigung des vormundschaftlichen Amtes hinaus in den Fällen des §. 170 B.G.B., des §. 52 Abs. 3 H.G.B. und der §§. 86, 246 C.P.O., sowie wenn der Vormund zwar für den Mündel aber im eigenen Namen handeln will (§. 164) und deshalb den Bevollmächtigten lediglich für

sich bestellt hat. Eine vom Vormund ausgestellte Prozeßvollmacht erlischt ferner nicht bei eintretender Prozeßfähigkeit des Bevormundeten (Seuffert Bd. 43 S. 224). Für die übrigen Fälle ist es zweifelhaft, ob die Vollmacht mit dem Amte des Vormunds erlischt (vgl. Jahrbuch Bd. 6 S. 71 und hiergegen Jastrow S. 225). Nach Civ.R.G. Bd. 41 S. 266 soll sie fortdauern, sofern der Vormund gegründeten Anlaß hatte, für schwebende Angelegenheiten oder für solche, welche, wenn sie auch in die Volljährigkeit fallen werden, doch schon vorher die Bestellung eines Vertreters als zweckmäßig erscheinen lassen, dem Mündel einen Bevollmächtigten zu bestellen und ihn dabei über die Dauer der Vormundschaft zu verpflichten. Sofern diese Voraussetzungen nicht vorliegen, soll die Vollmacht mit dem Amte des Vormunds erlöschen.

3. Insbesondere für die Erziehung, einschließlich der religiösen Unterweisung vorbehaltlich der landesgesetzlichen Vorschriften über die religiöse Erziehung der Kinder (vgl. Art. 134 E.G.) und des Rechts des Vormundschaftsgerichts, dem einem anderen Bekenntniß angehörigen Vormunde die Sorge für die religiöse Erziehung des Mündels zu nehmen (§. 1801). Dem Vormunde liegt ferner die Wahl des Berufs ob — wobei namentlich die vielfach bestehenden Gelegenheiten, unbemittelte Mündel in Waisenhäusern (vgl. z. B. wegen des Potsdamer großen Militärwaisenhauses M.Bl. f. d. i. V. 1897 S. 143), Unteroffizierschulen u. dergl. unterzubringen, zu benutzen sind —, ferner bei unehelichen Kindern die Feststellung der Vaterschaft und die Geltendmachung der Rechte des Mündels gegen den Erzeuger. Wegen der Einwilligung in die Verheirathung des Mündels s. §§. 1304, 1337, 1364 sowie Anm. 8 zu §. 1800 und Anm. 9 zu §. 1847. Zur Durchführung seiner Erziehung hat der Vormund über den Mündel ein Zuchtrecht, namentlich das Recht zu körperlicher Züchtigung (vgl. §§. 1800, 1631 Abs. 2); ob auch das Recht, außer-

halb des Art. 135 E.G. und des Gesetzes vom 2. Juli 1900 über die Fürsorgeerziehung Minderjähriger, den Mündel in eine öffentliche Besserungsanstalt einsperren zu lassen oder wegen Trunksucht in einer Trinkerheilanstalt unterzubringen, ist zweifelhaft (vgl. wegen des letzteren Rechts Stier-Somlo, Die Einwirkung des bürgerlichen Rechts auf das preußisch-deutsche Verwaltungsrecht S. 165—167 und Delius im Pr.Verw.Bl. Bd. 22 S. 71, sowie Anm. 3 a. E. zu §. 1896). Wegen der Uebertragung des Züchtigungsrechts auf andere Personen vgl. Straf.R.G. Bd. 33 S. 32. Gebraucht der Vormund seine Gewalt nicht, oder reicht diese zur Erziehung des Mündels nicht aus, so kann das Vormundschaftsgericht nach §. 1838 eingreifen.

Der Vormund hat ein Klagerecht auf Auslieferung der Person des Mündels (Seuffert Bd. 52 S. 156, §§. 1800, 1632), aber kein Recht, behufs Zuführung des ihm von einem Dritten vorenthaltenen Mündels polizeiliche Hülfe anzurufen (Zeitschrift f. franz. Civ.R. Bd. 28 S. 548, vgl. jedoch Pr.Verw.Bl. Bd. 20 S. 436). Die Begründung eines Wohnsitzes oder eines Aufenthalts seitens einer unter Vormundschaft stehenden Person unterliegt lediglich der Bestimmung des Vormunds (§§. 8, 1800; O.V.G. Bd. 8 S. 21 und Bd. 13 S. 111). Das Vormundschaftsgericht ist nicht berechtigt, selbständig und ohne Zuziehung des Vormunds den Aufenthalt eines Mündels zu bestimmen (Archiv Bd. 84 Abth. 1 S. 142, Rechtspr. Bd. 1 S. 366). Auch der Vormund eines wegen Verschwendung entmündigten Volljährigen ist befugt, soweit es den Interessen des Mündels entspricht, den Aufenthaltsort desselben zu bestimmen (Archiv Bd. 84 Abth. 2 S. 82, Zeitschrift f. franz. Civ.R. Bd. 28 S. 486). Wegen des Wohnsitzes eines Geisteskranken, der von seinem Vormund in einer Anstalt untergebracht worden ist, s. Seuffert Bd. 55 S. 184. Vgl. ferner §. 2 des Gesetzes vom 1. November 1867 über die Freizügigkeit (B.G.Bl. 1867 S. 55) in der Fassung des Art. 37 E.G. Der Vormund darf auch Briefe des Mündels öffnen, soweit die Pflichten seines Amtes es erforderlich machen. Die Eheschließung zwischen Vormund oder dessen Kindern und Mündel ist gestattet (Art. 46 unter I E.G., §§. 1810 ff.).

4. An sich auch bei im Auslande befindlichem Vermögen. Es hängt jedoch vom ausländischen Rechte ab, ob und inwieweit im Auslande die Legitimation des diesseitigen Vormunds anerkannt wird.

5. Die eheliche Mutter, deren elterliche Gewalt ruht, sowie die uneheliche Mutter haben die Sorge für die Person ihres Kindes; neben ihnen hat der Vormund in Bezug auf die persönliche Sorge nur die rechtliche Stellung eines Beistandes, also bloß die Mutter zu unterstützen und zu überwachen (§§. 1689, 1696, 1707). Bei minderjährigen Ehefrauen beschränkt sich die Sorge für die Person auf die Vertretung in den die Person betreffenden Angelegenheiten (§§. 1800, 1633) und besteht die Sorge für das Vermögen nur unbeschadet der dem Ehemanne nach Maßgabe des ehelichen Güterstandes zustehenden Rechte.

Die Pflicht des Vormunds zur Sorge für Person und Vermögen des Mündels ist eine öffentlichrechtliche, die bei Kollision mit dem Privatinteresse des Vormunds diesem nicht weicht, sondern vorgeht (Straf.R.G. Bd. 30 S. 191).

6. Einerseits sofort von der Bestellung an, andrerseits aber auch erst von der Bestellung an, so daß auch ein berufener Vormund keine Pflicht und kein Recht hat, in eiligen Fällen schon vorher als Vertreter zu handeln.

Die Vertretungsbefugniß fällt fort, so weit der Mündel selbst geschäftsfähig ist (vgl. §§. 112, 113), und in den Fällen der §§. 1794—1796, 1804. Ferner bei höchstpersönlichen Rechten. Zu diesen gehören außer den Testamenten und Erbverträgen (§§. 2064, 2274, 2275) der Antrag auf Ehescheidung sowie der Antrag auf Wiederherstellung des ehelichen Lebens, soweit es sich um die Vertretung in dem Willen selbst, nicht bloß um die prozessuale Vertretung handelt (Civ.R.G. Bd. 6 S. 157, J.W. 1892 S. 384, Beiträge Bd. 37 S. 418, Seuffert Bd. 48 S. 297), und die Anfechtung einer Ehe seitens eines in der Geschäftsfähigkeit beschränkten Ehegatten als nichtig oder ungültig (§. 1336 Abs. 1 Satz 2), hingegen nicht die Fortsetzung einer Ehescheidungsklage (Beiträge Bd. 32 S. 1081) und die Anfechtung der Ehe für einen geschäftsunfähigen Ehegatten, zu der der Vormund mit Genehmigung des Vormundschaftsgerichts befugt ist (§. 1336 Abs. 2 Satz 1); ferner nicht die Anerkennung der Kindschaft und die Anfechtung der Ehelichkeit des Kindes eines geschäftsunfähigen Mannes, die der Vormund mit Genehmigung des Vormundschaftsgerichts vornehmen kann (§. 1595). Vgl. Knitschky, Ueber die Anfechtung der Ehe bevormundeter Personen im Archiv für die civilistische Praxis Bd. 90 S. 345ff.

Wegen Beschränkungen der Vertretungsbefugniß des Vormunds s. die §§. 1794—1796 und Anm. 2 zu §. 1819.

Fernere Beschränkungen der Vertretungsmacht enthalten die §§. 1807, 1358 Abs. 1 u. 3, 1487, 1516, 1728, 1729 Abs. 3, 1731, 1748 Abs. 2, 1750, 1751, 1755, 1770, 2229, 2253, 2282, 2284, 2290 Abs. 2, 2296, 2347, 2351, 2352. Nach §§. 108 und 113 der Reichsgewerbeordnung (R.G.Bl. 1900 S. 871) kann, wenn die Zustimmung des Vormunds zur Ausstellung eines Arbeitsbuchs für den Mündel nicht zu beschaffen ist oder ohne genügenden Grund und zum Nachtheile des Mündels verweigert wird, die Gemeindebehörde die Zustimmung ergänzen und ferner genehmigen, daß das Beschäftigungszeugniß gegen den Willen des Vormunds unmittelbar an den Mündel ausgehändigt wird.

Wegen der vom Vormund ohne Vertretungsmacht abgeschlossenen Rechtsgeschäfte vgl. §§. 177—179.

Zur Abgabe der dem §. 2356 entsprechenden eidesstattlichen Versicherung behufs Erlangung eines Erbscheins für den Mündel ist der Vormund legitimirt, das Nachlaßgericht kann die Erklärung jedoch im einzelnen Falle von dem Mündel selbst erfordern, wenn er eidesfähig, d. h. 16 Jahre alt ist (Jahrbuch Bd. 11 S. 49).

Der Vormund, der in seinem Namen, jedoch für Rechnung des Mündels Handelsgeschäfte betreibt, ist selbst Kaufmann, andrerseits ist der Mündel, in dessen Namen der Vormund Handelsgeschäfte betreibt, Kaufmann (O.V.G. Bd. 27 S. 385).

Der Vormund, welcher die Klage für den Mündel anstellte, kann nicht als Zeuge vernommen werden (J.W. 1886 S. 118), dagegen ist der Gegenvormund an sich kein unzulässiger Zeuge (Zeitschrift Bd. 19 S. 156).

Der Prozeßrichter darf die Legitimation eines Vormunds oder Pflegers nicht wegen Mangels der thatsächlichen Voraussetzungen der Vormundschaft oder Pflegschaft verneinen (J.W. 1891 S. 434, Civ.R.G. Bd. 34 S. 415, Seuffert Bd. 37 S. 50 u. 106). Die Frage, ob eine zur Einleitung einer Pflegschaft ausreichende Interessenkollision vorhanden ist, entzieht sich der Entscheidung des Vollstreckungsgerichts; die Anordnung der Pflegschaft kann im Vollstreckungsverfahren nicht angefochten werden (Bolze Bd. 20 S. 314). Ebenso hat der Strafrichter die Rechtmäßigkeit der erfolgten Bestellung eines Pflegers nicht nachzuprüfen (J.W. 1891 S. 229). Vgl. Anm. 2 zu §. 1778 und Anm. 4 zu §. 1909.

7. Vorbehaltlich der Bestimmung des §. 278 haftet der Mündel nicht für den Schaden, welchen der Vormund durch eine in Ausübung seiner Vertretungsmacht begangene widerrechtliche, zum Schadensersatze verpflichtende Handlung einem Dritten zugefügt hat; die §§. 31, 86 bieten keine Analogie. In manchen Fällen haftet der Vormund, wenn er durch die Nichtbeachtung eines Verbots- oder Gebotsgesetzes in Ausübung seines vormund-

schaftlichen Amtes einem Dritten Schaden zufügt, sei es auf Grund allgemeiner Bestimmungen (vgl. §. 832), sei es im Sinne des speziellen Gesetzes, persönlich. Ob und inwieweit der Mündel nach allgemeinen Grundsätzen wegen eines bei Abschluß eines Rechtsgeschäfts begangenen Verschuldens des Vormunds, insbesondere wegen eines von demselben bei Abschluß eines Rechtsgeschäfts begangenen Betrugs oder Zwanges für Schadensersatz haftet, hängt davon ab, ob die Haftung wegen sog. culpa in contrahendo als eine rechtsgeschäftliche oder als eine Haftung aus einem Delikt aufzufassen ist (Mot.).

Eine Wiedereinsetzung in den vorigen Stand gegen Rechtsgeschäfte des Vormunds wegen Minderjährigkeit des Mündels kennt das B.G.B. nicht.

§. 1794.[1])

Das Recht und die Pflicht des Vormundes, für die Person und das Vermögen des Mündels zu sorgen, erstreckt sich nicht auf Angelegenheiten des Mündels, für die ein Pfleger bestellt ist.[2])[3])

I Entw. §. 1650; II Entw. §. 1674; Reichst. Vorl. §. 1770; Mot. IV zu §. 1650 S. 1087 bis 1088; Kommiss.Prot. S. 6347 (755, 756).

1. Vgl. §. 1628.

2. Eine weitere Beschränkung ist durch die in Anm. 2 zu §. 1776 gedachte Regelung der Befugnisse des berufenen Vormunds möglich.

3. Eine dem §. 1688 entsprechende Vorschrift ist in das Vormundschaftsrecht nicht aufgenommen; die dem Vormund obliegende Sorge für das Vermögen in Ansehung der dort bezeichneten Vermögensgegenstände wird daher erst durch die nach Maßgabe des §. 1909 Abs. 1 Satz 2 wirklich erfolgte Bestellung eines Pflegers ausgeschlossen (Mot.).

§. 1795.[1])

Der Vormund kann den Mündel nicht vertreten:[2])

1. bei einem Rechtsgeschäfte zwischen seinem Ehegatten oder einem seiner Verwandten in gerader Linie einerseits und dem Mündel andererseits,[3]) es sei denn, daß das Rechtsgeschäft ausschließlich in der Erfüllung einer Verbindlichkeit besteht;[4])
2. bei einem Rechtsgeschäfte, das die Uebertragung oder Belastung einer durch Pfandrecht, Hypothek oder Bürgschaft gesicherten Forderung des Mündels gegen den Vormund oder die Aufhebung oder Minderung dieser Sicherheit zum Gegenstande hat oder die Verpflichtung des Mündels zu einer solchen Uebertragung, Belastung, Aufhebung oder Minderung begründet;[5])
3. bei einem Rechtsstreite zwischen den in Nr. 1 bezeichneten Personen sowie bei einem Rechtsstreit über eine Angelegenheit der in Nr. 2 bezeichneten Art.[6])

Die Vorschrift des §. 181 bleibt unberührt.[7])

I Entw. §. 1651 Nr. 1—8; II Entw. §. 1675; Reichst.Vorl. §. 1771; Mot. IV zu §. 1651 S. 1088—1098; Kommiss.Prot. S. 6847, 6848 (756).

1. Vgl. §§. 1407, 1457, ferner §. 1680 Abs. 2, durch den die Bestimmungen des §. 1795 auf das Recht der elterlichen Gewalt übertragen sind.

2. Die trotzdem erfolgte Willenserklärung des Vormunds ist nicht nichtig, sondern als von einem nicht mit

Vertretungsmacht ausgestatteten Vertreter ausgegangen (§§. 177—180) anzusehen. Vgl. Anm. 8 zu §. 1909.

3. Es würde zu weit gehen und ist auch durch die Rücksicht auf den Schutz der Interessen des Mündels nicht geboten, die Vertretungsmacht des Vormunds bei einem Rechtsgeschäfte zwischen dem Mündel und einer anderen, von dem Vormunde vertretenen Person, insbesondere zwischen mehreren seiner Vormundschaft unterworfenen Mündeln, kraft des Gesetzes unbedingt auszuschließen, zumal überwiegend auch das preußische Recht, namentlich die preußische Vormundschaftsordnung, nicht so weit geht. Erachtet der Vormund es im konkreten Falle wegen des Widerstreites der Interessen der verschiedenen von ihm vertretenen Personen für geboten, daß ein Pfleger bestellt werde, so hat er kraft seiner Fürsorgepflicht dem Vormundschaftsgerichte zu diesem Zwecke unverzüglich Anzeige zu machen. Auf der anderen Seite ist es aber durch die besondere Natur des Prozeßverfahrens geboten, den Vormund von der gesetzlichen Vertretung des Mündels bei Rechtsstreitigkeiten zwischen dem Mündel und einer anderen von dem Vormunde vertretenen Person unbedingt kraft des Gesetzes auszuschließen (Mot.). Vgl. jedoch den im I. Entw. noch nicht enthalten gewesenen Abs. 2.

4. Durch die Bestimmung, daß es bei solchen Rechtsgeschäften, welche lediglich in der Erfüllung einer Verbindlichkeit bestehen, der Bestellung eines Pflegers nicht bedarf, wird selbstverständlich das allgemeine Erforderniß der Genehmigung des Vormundschaftsgerichts oder des Gegenvormunds, soweit das Gesetz dasselbe aufstellt, nicht aufgehoben (Mot.).

5. Dies ist besonders von praktischer Wichtigkeit für die Fälle, in denen der Vormund auf Grund einer zwischen ihm und dem Mündel, z. B. in Folge der Wiederverheirathung (vgl. §§. 1669, 1845), erfolgten Vermögensauseinandersetzung Schuldner des Mündels

geworden ist und wegen dieser Schuld dem Mündel Sicherheit bestellt hat.

Eine auf seinem Grundstücke haftende Hypothek oder Grundschuld für den Mündel zu erwerben, ist der Vormund nicht gehindert. Ebenso nicht, Rechte, insbesondere Forderungen Dritter gegen den Mündel, für sich selbst zu erwerben. Ist die Besorgniß begründet, daß aus dem hierdurch herbeigeführten Widerstreite der Interessen dem Mündel ein Nachtheil erwächst, so bleibt nur die Abhülfe, daß das Vormundschaftsgericht nach den §§. 1796, 1909 Abs. 1 dem Vormund in der betreffenden Angelegenheit die Sorge für das Vermögen entzieht und einen Pfleger bestellt. Geeignetenfalls kann auch der Vormund nach §. 1886 entlassen werden (Mot.).

6. Vgl. darüber, ob ein Beklagter sich selbst als Pfleger eines Dritten den Streit verkünden und so eine laudatio auctoris vornehmen kann, Seuffert Bd. 51 S. 89, ferner Anm. 3 a. E.

7. §. 181 lautet:

Ein Vertreter kann, soweit nicht ein Anderes ihm gestattet ist, im Namen des Vertretenen mit sich im eigenen Namen oder als Vertreter eines Dritten ein Rechtsgeschäft nicht vornehmen, es sei denn, daß das Rechtsgeschäft ausschließlich in der Erfüllung einer Verbindlichkeit besteht.

§. 1796.

Das Vormundschaftsgericht kann dem Vormunde die Vertretung für einzelne Angelegenheiten oder für einen bestimmten Kreis von Angelegenheiten entziehen.[1])

Die Entziehung soll[2]) nur erfolgen, wenn das Interesse des Mündels zu dem Interesse des Vor-

mundes oder eines von diesem vertretenen Dritten oder einer der im §. 1795 Nr. 1 bezeichneten Personen in erheblichem Gegensatze steht.[3])

I Entw. §. 1651 Nr. 4; II Entw. §. 1676; Reichst.Vorl. §. 1772; Mot. IV zu §. 1651 S. 1092; Kommiss.Prot. S. 6348 (756, 877 bis 878).

1. Die Vorschrift trifft zunächst diejenigen Fälle, in denen nach dem früheren Rechte wegen kollidirender Interessen des Vormunds und des Mündels die Bestellung eines Pflegers vorgeschrieben war, außerdem aber auch solche, in denen es lediglich darauf ankommt, den Vormund an der Vornahme gewisser Rechtshandlungen für den Mündel zu verhindern, ohne daß zur Zeit für die Bestellung eines Pflegers ein Bedürfniß besteht. Vgl. Anm. 8 zu §. 1909.

2. Erfolgt die Entziehung ohne die geforderten Voraussetzungen, so wirkt sie doch so lange, bis sie im Beschwerdewege (§§. 19, 20 F.G.G.) wieder aufgehoben ist.

3. Vgl. §. 1874 Abs. 3.

§. 1797.

Mehrere Vormünder führen die Vormundschaft gemeinschaftlich.[1]) Bei einer Meinungsverschiedenheit[2]) entscheidet das Vormundschaftsgericht,[3]) sofern nicht bei der Bestellung ein Anderes bestimmt wird.[4])

Das Vormundschaftsgericht[5]) kann die Führung der Vormundschaft unter mehrere Vormünder nach bestimmten Wirkungskreisen vertheilen.[6]) Innerhalb des ihm überwiesenen Wirkungskreises führt jeder Vormund die Vormundschaft selbständig.[7])

Bestimmungen, die der Vater oder die Mutter für die Entscheidung von Meinungsverschiedenheiten zwischen den von ihnen benannten Vormündern und für die Vertheilung der Geschäfte unter diese nach Maßgabe des §. 1777 getroffen hat,[8]) sind von dem Vormundschaftsgerichte zu befolgen, sofern nicht ihre Befolgung das Interesse des Mündels gefährden würde.[9])

I Entw. §. 1652; II Entw. §. 1677; Reichst. Vorl. §. 1778; Mot. IV Allg. Begründung S. 1081, zu §. 1652 S. 1093–1095; Kommiss. Prot. S. 6849 (756).

1. D. h. sie können nur in ihrer Gesammtheit handeln; vgl. §. 709 Abs. 1. Handelt einer allein, so kommen die §§. 177–180 zur Anwendung. Eine Vollmacht äußert daher nur dann Wirksamkeit, wenn sie von allen Vormündern ausgeht; diejenigen Vormünder, welche eine Prozeßvollmacht nicht mitertheilt haben, müssen jedoch die Prozeßführung gegen sich gelten lassen, wenn sie solche, sei es ausdrücklich, sei es stillschweigend, genehmigt haben (J.W. 1894 S. 94). Wegen der Beschwerdeführung seitens eines Jeden der mehreren Vormünder s. §. 58 Abs. 1 F.G.G.

In Civilprozessen des Mündels kann an jeden Vormund mit Wirksamkeit für alle zugestellt werden (§. 171 Abs. 3 C.P.O.); in den Angelegenheiten der freiwilligen Gerichtsbarkeit müssen dagegen die gerichtlichen Verfügungen Jedem der betheiligten Mitvormünder bekannt gemacht werden (§. 16 Abs. 1 F.G.G.).

Wenn ein Mitvormund wegfällt, so haben die übrigbleibenden Vormünder bis zur Bestellung eines anderen Mitvormunds die Vormundschaft allein fortzuführen (Mot.). Der Tod eines Mitvormunds ist von den anderen unverzüglich anzuzeigen (§. 1894 Abs. 2).

2. Also bei jeder, ohne Rücksicht auf das Stimmverhältniß und ob eine Mehrheit der Stimmen zu erzielen ist oder nicht.

3. Dasselbe kann dabei nur der einen oder der anderen Meinung beitreten, nicht selbst eine neue Ansicht aufstellen und die Vormünder anhalten, danach zu handeln, es sei denn, daß im konkreten Falle ein solches Eingreifen durch das Aufsichtsrecht (§. 1837) begründet sein sollte (Mot.); vgl. §. 1798. Wegen der Beschwerde s. Anm. 2 zu §. 57 F.G.G.

4. Eine solche Bestimmung ist nach dem sachgemäßen Ermessen des Vormundschaftsgerichts zulässig. Da sie aber nur bei der Bestellung gestattet ist, muß, wenn sie später erfolgen soll, eine Neubestellung der bestellten Vormünder vorgenommen werden. Sie wird zweckmäßig in die Bestallung aufgenommen (Anm. 4 zu §. 1791).

5. Eine Theilung ohne Anordnung des Vormundschaftsgerichts hat keine rechtliche Bedeutung, auch nicht bei den im Abs. 8 bezeichneten Bestimmungen, solange diese nicht zu einer Anordnung des Vormundschaftsgerichts geführt haben.

6. Die Art der Theilung ist dem Ermessen des Vormundschaftsgerichts überlassen; es ist namentlich nicht nothwendig aber zulässig, einem der Vormünder die Stellung eines Hauptvormunds zu geben. Wegen Angabe der Art der Theilung in der Bestallung s. §. 1791 Abs. 2.

7. D. h. also, als wäre er Alleinvormund, vorbehaltlich der Vorschrift des §. 1798. Wegen der Haftung mehrerer Mitvormünder s. §§. 1833, 840, 420.

8. Die also ihrem Wesen nach nähere Bestimmungen des Inhalts der Berufung sind.

9. Vgl. die analoge Bestimmung im §. 1778 Abs. 1.

§. 1798.[1])

Steht die Sorge für die Person und die Sorge für das Vermögen des Mündels verschiedenen Vor-

mündern[2]) zu, so entscheidet bei einer Meinungsverschiedenheit über die Vornahme einer sowohl die Person als das Vermögen des Mündels betreffenden Handlung[3]) das Vormundschaftsgericht.[4])

I Entw. §. 1658; II Entw. §. 1678; Reichst. Vorl. §. 1774; Mot. IV zu §. 1658 S. 1095; Kommiss.Prot. S. 6349 (756, 757).

1. Vgl. §. 1629.

2. Oder einem Vormund und einem Pfleger (§. 1916).

3. Z. B. Wahl des Berufs, soweit sie zugleich eine Geldfrage ist.

4. Wie in dem Falle des §. 1797 Abs. 1 ist auch hier das Vormundschaftsgericht nur befugt, der einen oder der anderen Meinung beizutreten (Mot.). Wegen der Beschwerde s. §. 58 Abs. 2 und Anm. 2 zu §. 57 F.G.G.

§. 1799.

Der Gegenvormund[1]) hat darauf zu achten, daß der Vormund[2]) die Vormundschaft[3]) pflichtmäßig führt. Er hat dem Vormundschaftsgerichte Pflichtwidrigkeiten des Vormundes sowie jeden Fall unverzüglich anzuzeigen, in welchem das Vormundschaftsgericht zum Einschreiten berufen ist, insbesondere den Tod des Vormundes oder den Eintritt eines anderen Umstandes, in Folge dessen das Amt des Vormundes endigt[4]) oder die Entlassung des Vormundes erforderlich wird.[5])

Der Vormund hat dem Gegenvormund auf Verlangen über die Führung der Vormundschaft Auskunft zu ertheilen und die Einsicht der sich auf die Vormundschaft beziehenden Papiere zu gestatten.[6])

I Entw. §. 1654 Abs. 1; II Entw. §. 1679; Reichst.Vorl. §. 1775; Mot. IV Allg. Begründung S. 1034, zu §. 1654 S. 1095; Kommiss.Prot. S. 6349, 6350, 6353, 6354 (757, 759, 760).

1. Bezüglich einer Vertretung des Gegenvormunds findet das in Anm. 2 zu §. 1793 Bemerkte entsprechende Anwendung.

2. Die Kontrolle eines neben dem Vormund etwa für einzelne Angelegenheiten bestellten Pflegers hat der Gegenvormund nicht.

3. Hinsichtlich der Person wie des Vermögens des Mündels.

4. Z. B. eintretende Geschäftsunfähigkeit oder Entmündigung wegen Geisteskrankheit, Geistesschwäche, Verschwendung oder Trunksucht.

5. Vgl. wegen des Beschwerderechts des Gegenvormunds in diesem Falle §. 57 Nr. 6 F.G.G. Fernere Pflichten des Gegenvormunds in §§. 1802 Abs. 1, 1809, 1810, 1812, 1826, 1839, 1842, 1854 Abs. 3, 1891 Abs. 1 Satz 2 u. Abs. 2, 1892.

6. Weitere Rechte des Gegenvormunds in §§. 1824, 1847 Abs. 1, 1859 Abs. 1, 1878, 1891 Abs. 1 Satz 1.

§. 1800.[1])

Das Recht und die Pflicht des Vormundes, für die Person des Mündels zu sorgen, bestimmt sich nach den für die elterliche Gewalt geltenden Vorschriften der §§. 1631 bis 1633.[2]) [3])

I Entw. §. 1655; II Entw. §. 1680; Reichst. Vorl. §. 1776; Mot. IV zu §. 1655 S. 1096 bis 1098; Kommiss.Prot. S. 6350 (757, 877—878).

1. Vgl. §§. 1798 und 1901.

2. Die §§ 1631—1633 lauten:

§. 1631. Die Sorge für die Person des Kindes umfaßt das Recht und die Pflicht, das Kind zu erziehen, zu beaufsichtigen und seinen Aufenthalt zu bestimmen.

Der Vater kann kraft des Erziehungsrechts angemessene Zuchtmittel gegen das Kind anwenden. Auf seinen Antrag hat das Vormundschaftsgericht ihn durch Anwendung geeigneter Zuchtmittel zu unterstützen.

§. 1632. Die Sorge für die Person des Kindes umfaßt das Recht, die Herausgabe des Kindes von Jedem zu verlangen, der es dem Vater widerrechtlich vorenthält.

§. 1633. Ist eine Tochter verheirathet, so beschränkt sich die Sorge für ihre Person auf die Vertretung in den die Person betreffenden Angelegenheiten.

3. Ausnahmen von an sich in der vormundschaftlichen Gewalt liegenden Befugnissen enthalten §. 1304 Abs. 2, wonach die vom Vormunde verweigerte Einwilligung in die Eingehung einer Ehe seitens des Mündels auf Antrag des letzteren durch das Vormundschaftsgericht ersetzt werden kann und das Vormundschaftsgericht die Einwilligung zu ersetzen hat, wenn die Eingehung der Ehe im Interesse des Mündels liegt, und §. 1838.

Beschränkungen der Befugnisse aus dem §. 1800 werden außer durch das Genehmigungsrecht des Vormundschaftsgerichts in verschiedenen Fällen noch durch die Rechte der Mutter, vgl. Anm. 5 Abs. 1 zu §. 1798, begründet.

In dem Rechte und der Pflicht, den Mündel zu erziehen, liegt namentlich auch das Recht, die für den Unterhalt und die Erziehung des Mündels zu verwendende Summe zu bestimmen, hierfür nöthigenfalls auch das Stammvermögen anzugreifen. Etwaige Anordnungen des Vaters oder der Mutter des Mündels binden den Vormund nicht (vgl. §. 1803 Abs. 1).

Vgl. wegen der Hülfe, die die Polizeibehörden gewähren sollen, um zu verhindern, daß Mädchen in jugendlichem Alter der gewerbsmäßigen Unzucht verfallen, die Allg. Verfügung des Ministers des Innern, betr. die Bewahrung minderjähriger weiblicher Personen vor unsittlichem Lebenswandel, vom 11. Februar 1899 (M.Bl. f. d. i. V. 1899 S. 46).

§. 1801.

Die Sorge für die religiöse Erziehung des Mündels[1]) kann[2]) dem Vormunde[3]) von dem Vormundschaftsgericht entzogen werden, wenn der Vormund nicht dem Bekenntniß angehört, in dem der Mündel zu erziehen ist.[4])

I Entw. §. 1658; II Entw. §. 1681; Reichst. Vorl. §. 1777; Mot. IV zu §. 1658 S. 1099; Kommiss.Prot. S. 6569 (758, 875—878).

1. Vgl. Anm. 3 zu §. 1798.
2. Nicht muß. Macht das Vormundschaftsgericht von seinem Rechte Gebrauch, so ist ein Pfleger nach §. 1909 zu bestellen. Wegen der Beschwerde s. §. 57 Nr. 9 F.G.G.
3. Sowohl dem berufenen als dem ausgewählten.
4. Nach den gemäß Art. 134 E.G. maßgebenden landesgesetzlichen Vorschriften.

§. 1802.

Der Vormund hat das Vermögen,[1]) das bei der Anordnung der Vormundschaft vorhanden ist oder später dem Mündel zufällt, zu verzeichnen[2]) und das Verzeichniß,[3]) nachdem er es mit der Versicherung der Richtigkeit und Vollständigkeit versehen hat,[4])

dem Vormundschaftsgericht einzureichen.[5]) Ist ein Gegenvormund vorhanden,[6]) so hat ihn der Vormund bei der Aufnahme des Verzeichnisses zuzuziehen; das Verzeichniß ist auch von dem Gegenvormunde mit der Versicherung der Richtigkeit und Vollständigkeit zu versehen.

Der Vormund kann sich bei der Aufnahme des Verzeichnisses der Hülfe eines Beamten, eines Notars oder eines anderen Sachverständigen bedienen.[3])

Ist das eingereichte Verzeichniß ungenügend, so kann das Vormundschaftsgericht anordnen, daß das Verzeichniß durch eine zuständige Behörde oder durch einen zuständigen Beamten oder Notar aufgenommen wird.[7])[8])

I Entw. §. 1659; II Entw. §. 1682; Reichst. Vorl. §. 1778; Mot. IV zu §. 1659 S. 1099 bis 1102; Kommiss.Prot. S. 6852, 6858 (758, 759).

1. Auch dasjenige Vermögen, an dem der Mündel nur Miteigenthum hat. Andrerseits nur dasjenige, welches der Vormund als solcher verwaltet oder doch mitverwaltet. Ob auch dasjenige, welches er in seiner Eigenschaft als Vorerbe verwaltet, erscheint zweifelhaft; für das frühere Recht ist die Frage verneint in Jahrbuch Bd. 10 S. 68, Bd. 15 S. 78, Bl. f. R. Bd. 8 S. 41, nach dem neuen Rechte ist sie bejaht in Jahrbuch N. F. Bd. 1 S. A. 225 für den ähnlichen Fall des §. 1640. Bei einem Antheile des Mündels an einem noch ungetheilten Nachlasse muß das Verzeichniß die ganze Erbmasse unter Angabe der Mitberechtigten umfassen. Nach der Erbtheilung ist dann ein neues Verzeichniß der als der reale Antheil des Mündels festgestellten Vermögensstücke erforderlich; dieses neue Verzeichniß kann aber durch eine Ausfertigung oder beglaubigte Abschrift des Erbrezesses ersetzt werden.

Selbstverständlich sind in dem Verzeichniß auch solche Forderungen anzugeben, die dem Vormunde selbst gegen den Mündel oder diesem gegen ihn zustehen.

Bei Grundstücken und beweglichen Sachen ist auch der Werth oder doch eine Beschreibung, aus der sich der Werth ermitteln läßt, anzugeben. Der Zuziehung von Taxatoren bedarf es jedoch nicht. Auch die vorhandenen Schulden sind mit aufzunehmen.

Ein Unterschied zwischen inländischem und ausländischem Vermögen oder zwischen solchem Vermögen, das innerhalb des Bezirks des Vormundschaftsgerichts oder außerhalb desselben belegen ist, ist nicht gemacht.

Der Uebersichtlichkeit wegen empfiehlt es sich, die Aktiva und Passiva vollständig zu trennen und innerhalb derselben die aufzunehmenden Positionen nach Gattungen (Grundstücke, baares Geld, Hypotheken- und Grundschuldforderungen, sonstige ausstehende Forderungen, Hausgeräth, Kleidungsstücke, Betten, Wäsche, Handwerksgeräth, Waarenlager, Hypotheken- und Grundschulden, sonstige Schulden u. dgl.) zu ordnen.

2. Sofort beim Antritte seines Amtes bezw. sofort nach dem Anfalle des Vermögens. Eine besondere Frist ist nicht vorgeschrieben. Bei Verzögerung hat das Gericht kraft seines Aufsichtsrechts einzugreifen (Mot.). Ein späterer Vormund braucht jedoch dann kein neues Verzeichniß aufzunehmen, wenn das Vermögen in der Schlußrechnung vollständig verzeichnet ist.

3. Das Verzeichniß ist ein Privatverzeichniß des Vormunds und bleibt dies auch an sich, wenn der Vormund von der Befugniß des Abs. 2 Gebrauch macht. Die Bedeutung dieser Befugniß besteht darin, daß die durch die Hülfe entstandenen Auslagen dem Mündel zur Last fallen. Außerdem ist sie neben dem Rechte, von dem bisherigen Inhaber des Vermögens bezw. dessen Erben den Offenbarungseid nach den §§. 259 bis

261, 2006, 2028, 2057 zu fordern, ein Mittel, das Mündelvermögen vollständiger zu ermitteln.

4. Die Versicherung kann mündlich zu Protokoll oder schriftlich — ohne Beglaubigung — abgegeben werden. Eine Versicherung an Eidesstatt findet nicht statt. Der Vormund kann auch nicht zur Ableistung des Offenbarungseides nach §. 260 angehalten werden (vgl. Anm. 8); anders im Falle des §. 1890, vgl. Anm. 4 zu §. 1890 und Anm. 1 Abs. 2 zu §. 1843. Ebenso finden die §§. 259 und 261 keine Anwendung.

Bei Bedenken gegen die Echtheit der schriftlichen Versicherung ist das Gericht in Folge seines Aufsichtsrechts befugt, die geeigneten Ermittelungen anzustellen.

5. Ohne Belege der verzeichneten Aktiva und Passiva. Zur Erzwingung der Pflicht des Vormunds Ordnungsstrafe (§. 1837), eventuell Entlassung (§. 1886).

6. Fehlt es an einem Gegenvormunde, so bedarf es also nicht der Bestellung eines solchen zum Zwecke der Mitwirkung bei der Inventur. Dem später bestellten Gegenvormund ist das Verzeichniß nachträglich zur Kenntniß und Prüfung vorzulegen.

7. Von dieser Befugniß wird das Vormundschaftsgericht nur in wirklich dringenden Fällen Gebrauch machen (Kommiss.Prot.). Zuständig sind außer den Notaren die Amtsgerichte, Dorfgerichte und Ortsgerichte. Die Amtsgerichte können die Aufnahme von Vermögensverzeichnissen einem Gerichtsschreiber, Gerichtsvollzieher, Notar, Dorf- oder Ortsgericht übertragen (Art. 81 Abs. 1, 88, 108, 122 bis 124, 126, 128 P.F.G.G.). Ueber das Verfahren vgl. §. 105 Geschäftsanweisung für die Gerichtsvollzieher vom 1. Dezember 1899 (J.M.Bl. 1899 S. 627), §§. 26 bis 38 Allgem. Verfügung des Justizministers über das Verfahren und die Gebühren der Dorfgerichte im Geltungsbereiche des Allg. Landrechts vom 20. Dezember 1899 (J.M. Bl. 1899 S. 806) und §§. 10, 11 Verordnung über die Ortsgerichte in den Oberlandesgerichtsbezirken Frankfurt

und Kassel vom 20. Dezember 1899 (G.S. 1899 S. 640). Wegen des Ansatzes von Rechnungsgebühren bei einer Prüfung des Vermögensverzeichnisses s. Anm. 2 zu §. 1843.

3. Die im §. 1802 bestimmte Pflicht des Vormunds ist lediglich eine publizistische, nicht zugleich eine privatrechtliche Pflicht gegenüber dem Mündel (Mot.). Wegen einer Folge hiervon s. Anm. 4.

Weder der Vater und die Mutter des Mündels noch derjenige, welcher dem Mündel Vermögen hinterlassen oder zugewendet hat, hat das Recht, dem Vormunde die Aufnahme und Einreichung eines Verzeichnisses zu erlassen, vgl. §§. 1803, 1852—1855 (Mot.).

§. 1803.

Was der Mündel von Todeswegen erwirbt oder was ihm unter Lebenden von einem Dritten unentgeltlich zugewendet wird, hat der Vormund nach den Anordnungen[1][2] des Erblassers oder des Dritten zu verwalten,[3] wenn die Anordnungen[4] von dem Erblasser durch letztwillige Verfügung, von dem Dritten[5] bei der Zuwendung getroffen worden sind.[6]

Der Vormund darf mit Genehmigung des Vormundschaftsgerichts[7] von den Anordnungen abweichen,[8] wenn ihre Befolgung das Interesse des Mündels gefährden würde.[9]

Zu einer Abweichung von den Anordnungen, die ein Dritter bei einer Zuwendung unter Lebenden getroffen hat, ist, solange er lebt, seine Zustimmung erforderlich und genügend. Die Zustimmung des Dritten kann durch das Vormundschaftsgericht ersetzt

werden, wenn der Dritte zur Abgabe einer Erklärung dauernd außer Stande oder sein Aufenthalt dauernd unbekannt ist.

I Entw. §. 1660; II Entw. §. 1688; Reichst. Vorl. §. 1779; Mot. IV zu §. 1660 S. 1102 bis 1106; Kommiss. Prot. S. 6855 (760).

1. Ein allgemeiner Wunsch ist keine Anordnung (Beiträge Bd. 30 S. 1047).

2. Die hier bezeichneten Anordnungen charakterisiren sich, weil sie nur eine Pflicht für den Vormund begründen, nicht als Auflagen nach §§. 525 ff. noch als Bedingungen oder Voraussetzungen bei einer Vermögenszuwendung, enthalten also insbesondere keine Beeinträchtigung des Pflichttheilsrechts (Mot., §. 2306).

3. Unter Verwalten ist auch Veräußern, und unter den im §. 1803 bezeichneten Vermögensgegenständen sind auch die Surrogate derselben zu verstehen (Mot.).

4. Diese können die Befugnisse des Vormunds beschränken oder erweitern, haben aber gutgläubigen Dritten gegenüber keine Wirkung. Wegen ihrer Aufnahme, wenn sie beschränkender Natur sind, in die Bestallung s. Anm. 4 zu §. 1791.

Hat der Dritte die Beschränkungen gekannt, so kann er nur die etwaige Bereicherung vom Mündel (§§. 812 ff.), aber Schadensersatz auch nicht vom Vormunde fordern (§. 179 Abs. 3).

5. Die Mündeleltern dürfen Anordnungen über die Verwaltung von Vermögensstücken, die dem Mündel von anderer Seite zufallen, nicht treffen.

6. Ueber die Form der Anordnung bei Zuwendung unter Lebenden sagt das Gesetz nichts; es ist die allgemeine Form des Hauptgeschäfts maßgebend. Vgl. wegen der Voraussetzungen, von welchen der §. 1803 Abs. 1 die Wirksamkeit der Anordnungen abhängig macht, und wegen

Bezeichnung derjenigen Gegenstände, in Ansehung deren solche Anordnungen getroffen werden können, die §§. 1369, 1440, 1638, 1651 Abs. 1 Nr. 2.

7. Vor der Entscheidung hat das Vormundschaftsgericht den Gegenvormund zu hören (§. 1826).

8. Für immer, wenn die Voraussetzungen hierfür vorliegen, sonst nur für den einzelnen Fall, für den sie obwalten, unter sonstiger Aufrechterhaltung der Anordnung.

9. Wegen Unverständigkeit der Anordnung, Aenderung der thatsächlichen und rechtlichen Umstände u. s. w. Das Entgehen eines Gewinns ist noch nicht eine Interessengefährdung. Von den Anordnungen kann auch auf Grund von Thatumständen abgewichen werden, welche der Erblasser schon kannte. Vgl. Anm. 8 zu §. 1778.

§. 1804.

Der Vormund kann nicht[1]) in Vertretung des Mündels[2]) Schenkungen[3]) machen. Ausgenommen sind Schenkungen, durch die einer sittlichen Pflicht oder einer auf den Anstand zu nehmenden Rücksicht[4]) entsprochen wird.[5])

I Entw. §. 1661; II Entw. §. 1684; Reichst. Vorl. §. 1780; Mot. IV zu §. 1661 S. 1106 bis 1107; Komiss.Prot. S. 6855 (760).

1. Auch nicht mit Genehmigung des Vormundschaftsgerichts.

Die unzulässige Schenkung ist für nicht geschehen zu erachten, und das schenkungsweise Gegebene kann zurückgefordert werden (Civ.R.G. Bd. 8 S. 307). Vgl. über den Umfang des Rückforderungsrechts §§. 929, 932, 985, 812, 816. Außerdem bleibt der Vormund dem Mündel verantwortlich.

2. Ebensowenig der Mündel selbst mit Einwilligung oder Genehmigung des Vormunds. Dies hat die Folge, daß die Schenkung noch nicht durch einen Verzicht auf die Ansprüche an den Vormund wegen der Unzulässigkeit der Schenkung und ihre mündliche Anerkennung (vgl. §. 518) nach erlangter Volljährigkeit verbindlich wird.

3. D. h. nur Schenkungen im engeren, juristischen Sinne (§§. 516, 517), nicht auch sonstige Freigebigkeiten, die nicht hierunter fallen, namentlich nicht schon die Aufgabe oder Minderung der für einen Anspruch des Mündels bestellten Sicherheit, ein Erbverzicht, die Aufhebung eines vertragsmäßigen Erbrechts und die Ausschlagung einer Erbschaft oder eines Vermächtnisses, welche angefallen, aber noch nicht angenommen sind (Mot.). Wegen einer Ausstattung s. §. 1902 Abs. 1.

4. Z. B. Weihnachtsgeschenke an Dienstboten.

5. Aehnliche Ausnahmen in §§. 1446 Abs. 2, 1641 Satz 2, 2113 Abs. 2 Satz 2, 2330. Liegt ein Ausnahmefall vor, so kann die Schenkung nicht bloß aus den Einkünften, sondern selbst aus dem Stammvermögen erfolgen, und zwar ohne daß die Genehmigung des Vormundschaftsgerichts erforderlich ist.

§. 1805.

Der Vormund darf Vermögen[1]) des Mündels nicht für sich verwenden.[2])[3])

I Entw. §. 1662; II Entw. §. 1685; Reichst. Vorl. §. 1781; Mot. IV. zu §. 1662 S. 1107 bis 1108; Kommiss.Prot. S. 6855 (760).

1. Im weitesten Sinne, sodaß auch unentgeltliche Dienste des Mündels unter §. 1805 fallen können (bestritten).

2. Verwenden ist nicht bloß bei einem Verbrauchen vorhanden, sondern kann schon durch ein Gebrauchen, selbst ein nur vorübergehendes, geschehen. Der Vormund

darf also auch nicht Sachen des Mündels für sich gebrauchen, sofern ihm der Gebrauch nicht durch ein gültiges Abkommen gestattet oder selbstverständliche Folge der Verwaltung ist. Er soll sein Vermögen und das des Mündels in allen Beziehungen getrennt halten. Das entscheidende Merkmal dafür, ob ein Verwenden für sich vorliegt, ist der gänzliche oder doch vorwiegend auf das eigene Interesse gerichtete Wille des Vormunds; vgl. Anm. 2 zu §. 1834.

Wenn Vormünder, welche für den Fall der Verheirathung ihrer Mündel größere Summen bereit halten mußten, die bereit zu haltenden Gelder, für welche höhere Zinsen als 4% mit Rücksicht auf die jeweilige Kündbarkeit nicht zu erlangen waren, bei der Firma, bei welcher sie als Kommanditisten betheiligt sind, mit dem Rechte auf jeweilige Kündigung belegten, so haben sie nach dem Wortlaut und Sinne des §. 1805 die Vermögensgegenstände ihrer Mündel nicht für sich verwendet (Bolze Bd. 1 S. 288).

Daß der Vormund einen größeren oder einen dauernden Nutzen von der Verwendung hat, ist nicht erforderlich.

3. Wegen der Folgen eines Zuwiderhandelns gegen §. 1805 s. die §§. 1833, 1834, 1837, 1886 und die §§. 246, 266 des Strafgesetzbuchs.

§. 1806.

Der Vormund hat das zum Vermögen des Mündels gehörende Geld [1] [2]) verzinslich anzulegen, [3]) soweit es nicht zur Bestreitung von Ausgaben bereit zu halten ist. [4])

I Entw. §. 1664 Abs. 1; II Entw. §. 1687 Abs. 1; Reichst.Vorl. §. 1782; Mot. IV zu §. 1664

S. 1103—1116; Kommiss.Prot. S. 6855—6857 (760—762, 779—781).

1. D. i. alles Metall- und Papiergeld, gleichviel, ob bei Anordnung der Vormundschaft vorhanden gewesen oder erst später erlangt, und ob aus eingezogenen Kapitalien oder aus Ersparnissen herrührend, dagegen nicht Werthpapiere, Hypotheken oder sonstige Forderungen, die der Vormund im Mündelvermögen vorfindet, oder die dem Mündel im Laufe der Vormundschaft zufallen (Jahrbuch Bd. 3 S. 49). Dafür, wann diese umzusetzen oder einzuziehen sind und ihr Erlös nach §. 1807 anzulegen ist, bewendet es bei der allgemeinen Pflicht zu der im Verkehr erforderlichen Sorgfalt (§§. 276, 1833). Dagegen findet der §. 1806 auch auf die Fälle Anwendung, in denen es sich nicht um eine neue Belegung, sondern um eine Aenderung in der Sicherheitsstellung handelt (Civ.R.G. Bd. 33 S. 209).

Wegen des Rechts des Erblassers, von dem §. 1806 abweichende Bestimmungen zu treffen, s. §. 1803.

2. Gelder, welche bereit zu halten sind, aber nicht sofort verwendet werden müssen, hat der Vormund bis dahin in angemessener Weise unterzubringen, möglichst ebenfalls zinsbar.

3. Wie die Anlegung erfolgen soll, bestimmt §. 1807 Abs. 1. Durch §. 1806 wird dem Vormunde nicht verwehrt, die Mündelgelder, soweit dies nach den Verhältnissen dem Mübel vortheilhafter ist, auch in anderer Art, als durch zinsbare Anlegung, nutzbar zu machen, sei es durch Ankauf von Grundstücken und durch Anlegung der Gelder in einem Handelsgewerbe oder in einem anderen gewerblichen Betriebe u. dgl., selbstverständlich aber unter Beobachtung der hierfür gegebenen besonderen Vorschriften (vgl. §§. 1821 Nr. 4, 1822 Nr. 3 u. 4, 1823). Wegen Betheiligung von Mündelvermögen bei einer Gesellschaft mit beschränkter Haftung vgl. Liebmann in

der Monatsschrift für Aktienrecht und Bankwesen Jahrg. 4 S. 258.

4. Bereit zu halten sind Gelder zum Unterhalt und zur Erziehung des Mündels, zu ordnungsmäßiger Verwaltung des Mündelvermögens u. dgl. m.

§. 1807.[1]

Die im §. 1806 vorgeschriebene Anlegung[2]) von Mündelgeld[3]) soll[4]) nur erfolgen:[5])

1. in Forderungen, für die eine sichere[6]) Hypothek[7]) an einem inländischen[8]) Grundstücke besteht, oder in sicheren Grundschulden oder Rentenschulden an inländischen[8]) Grundstücken;
2. in verbrieften Forderungen gegen das Reich oder einen Bundesstaat[9]) sowie in Forderungen, die in das Reichsschuldbuch oder in das Staatsschuldbuch eines Bundesstaats eingetragen sind;[10])
3. in verbrieften Forderungen,[11]) deren Verzinsung von dem Reiche oder einem Bundesstaate gewährleistet ist;[12])
4. in Werthpapieren, insbesondere Pfandbriefen, sowie in verbrieften Forderungen jeder Art gegen eine inländische kommunale Körperschaft oder die Kreditanstalt einer solchen Körperschaft,[13]) sofern die Werthpapiere oder die Forderungen von dem Bundesrathe zur Anlegung von Mündelgeld für geeignet erklärt sind;
5. bei einer inländischen öffentlichen[14]) Sparkasse,

wenn sie von der zuständigen Behörde des Bundesstaats, in welchem sie ihren Sitz hat, zur Anlegung von Mündelgeld für geeignet erklärt ist.

Die Landesgesetze können für die innerhalb ihres Geltungsbereichs belegenen Grundstücke die Grundsätze bestimmen, nach denen die Sicherheit einer Hypothek, einer Grundschuld oder einer Rentenschuld festzustellen ist.[15])

I Entw. §. 1664 Abs. 2 u. 3; II Entw. §. 1687 Abs. 2 u. 3; Reichst.Vorl. §. 1788; Mot. IV zu §. 1664 S. 1108—1116; Kommiss.Prot. S. 6355 bis 6359, 6361—6378, 8680 (760—778, VI 306), Reichst.Kom.Ber. S. 169—172; Reichst.Sitz.Prot. S. 3001—3005, 3094.

1. Ueber die Ergänzung des §. 1807 durch landesgesetzliche Vorschriften vgl. Art. 212 E.G. und den dazu abgedruckten Art. 74 A.G.

2. Eine nach §. 1807 erfolgte Anlegung befreit den Vormund und den Gegenvormund (vgl. §. 1810) nicht schlechthin von ihrer Verbindlichkeit, vielmehr bleiben sie dem Mündel in jedem einzelnen Falle nach den allgemeinen Grundsätzen des Vormundschaftsrechts (§. 1833) für ein sie treffendes Verschulden verhaftet (Mot.).

3. Vgl. Anm. 1 zu §. 1806.

Wegen des Rechts des Erblassers, von dem §. 1807 abweichende Bestimmungen zu treffen, s. §. 1803.

4. Vgl. §. 1811. Bei Anlegung in unzulässigen Werthen kann der Mündel nicht die Kapitalsanlage überhaupt zurückweisen und vom Vormunde Herausgabe des angelegten Geldes fordern, sondern er wird Eigenthümer der von dem Vormunde für ihn erworbenen Werthe. Es ist aber sowohl das Vormundschaftsgericht als Auf-

sichtsbehörde berechtigt, dem Vormunde die Einziehung und anderweitige Belegung des Mündelgeldes aufzugeben und die Befolgung dieser Anordnung durch Androhung von Ordnungsstrafen zu erzwingen, als auch hat der Mündel selbst ein Recht gegen den Vormund, welches durch einen ihm bestellten Pfleger im Wege der Klage geltend gemacht werden kann, von dem Vormunde zu fordern, daß er die nachtheilige Anlage aufhebe und die anderweitige Belegung des Kapitals herbeiführe (Civ.R.G. Bd. 11 S. 307 und Bd. 16 S. 205). Außerdem tritt Haftung des Vormunds und, wenn der Gegenvormund einverstanden gewesen ist, auch Haftung des Gegenvormunds ein (vgl. Mot.).

5. Der Vormund ist in der Wahl der ihm zur Verfügung gestellten Arten der Anlegung an eine bestimmte Reihenfolge nicht gebunden.

6. Vgl. Abs. 2. Für die Bestimmung der Sicherheit der Hypothek, Grundschuld oder Rentenschuld sind die Gesetze desjenigen Bundesstaats maßgebend, in welchem das belastete Grundstück liegt.

7. Den Hypotheken stehen Pfandrechte an solchen nicht gleich, und eine Ausleihung gegen Pfandrecht an Hypothekenforderungen widerspricht dem §. 1807 (Zeitschrift f. franz. Civ.R. Bd. 20 S. 685).

8. Außerdeutsche Hypotheken und Grundschulden sind also ausgeschlossen, vorbehaltlich einer Genehmigung nach §. 1811; andrerseits ist nicht gefordert, daß die Hypothek oder Grundschuld eine erststellige sei.

9. Dazu gehört auch Elsaß-Lothringen (Art. 5 E.G.).

10. Vgl. über das Reichsschuldbuch das Gesetz vom 31. Mai 1891 (R.G.Bl. 1891 S. 321, 1892 S. 308), das Gesetz vom 8. März 1897 (R.G.Bl. 1897 S. 21), den Art. 50 E.G. und den §. 188 F.G.G. nebst Ausführungsbestimmungen vom 27. Januar 1892 (Centralblatt für das Deutsche Reich 1892 S. 25, J.M.Bl. 1892 S. 124) und Bekanntmachung vom 7. März 1892

(M.Bl. f. d. i. V. 1892 S. 158), und über das preußische Staatsschuldbuch die Gesetze vom 20. Juli 1883, 4. März 1885, 12. April 1886 und 8. Juni 1891 (G.S. 1883 S. 120, 1884 S. 269, 1885 S. 55, 1886 S. 124 und 1891 S. 105) und den Art. 16 A.G. nebst Ausführungsbestimmungen (J.M.Bl. 1884 S. 154 u. 208, 1885 S. 125, 1886 S. 188 und 1891 S. 178, M.Bl. f. d. i. V. 1884 S. 158, 158 u. 192, 1885 S. 48, 45 u. 242, 1886 S. 87 u. 158 und 1891 S. 77) — vgl. Art. 97 E.G. —. In Buchschulden des Reichs können alle Schuldverschreibungen der Reichsanleihen, in preußische Buchschulden nicht nur $3^1/_2$prozentige, sondern auch 3 prozentige preußische Staatsschuldverschreibungen umgewandelt werden. Das Nähere über den Geschäftsverkehr mit dem Reichsschuldbuche und mit dem preußischen Staatsschuldbuche ergiebt sich aus den im Buchhandel zu beziehenden „Amtlichen Nachrichten über das Deutsche Reichsschuldbuch" bezw. „Amtlichen Nachrichten über das Preußische Staatsschuldbuch"; vgl. auch Telschow-Letzel, Der gesammte Verkehr mit der Reichsbank.

11. Dies sind nicht Stamm-Aktien und Prioritäts-Aktien, die nur Antheilscheine sind.

12. Als solche sind z. B. zulässig folgende Prioritätsobligationen: Bergisch-Märkische Serie III A und B, Lübeck-Büchener und Rheinische II. Emission.

Zinsgarantie von einer kommunalen Körperschaft genügt nicht.

13. Kreis-, Stadtobligationen, Pfandbriefen der Landschaften u. dgl. m., aber auch einfachen Schuldscheinen (Kommiss.Prot.); zu beachten bleibt aber, daß noch eine besondere Erklärung als geeignet durch den Bundesrath erforderlich ist (vgl. jedoch Art. 212 E.G.).

14. Unter öffentlichen Sparkassen sind nur diejenigen zu verstehen, welche entweder für Rechnung einer Körperschaft des öffentlichen Rechts betrieben werden, oder für deren Verbindlichkeiten eine Körperschaft des öffentlichen

Rechts die Garantie übernommen hat (Verfügung des Justizministers und des Ministers des Innern vom 27. Juli 1900, betr. die Berechtigung der Sparkassen zur Anlegung von Mündelgeld bei ihnen, M.Bl. d. i. V. 1900 S. 225), also nicht Sparkassen eingetragener Genossenschaften.

Außerdem ist aber noch die besondere Erklärung erforderlich, daß die Sparkasse zur Anlegung von Mündelgeld geeignet ist. Mit Rücksicht hierauf schreibt für Preußen Art. 75 §. 1 A.G. vor:

Eine in Preußen bestehende öffentliche Sparkasse kann durch den Regierungspräsidenten im Einvernehmen mit dem Landgerichtspräsidenten zur Anlegung von Mündelgeld für geeignet erklärt werden. Die Erklärung kann zurückgenommen werden.

Die Erklärung und die Rücknahme sind durch das Amtsblatt bekannt zu machen.

15. Für Preußen bestimmt Art. 73 A.G.:

§. 1. Eine Hypothek, eine Grundschuld oder eine Rentenschuld an einem in Preußen belegenen Grundstück ist für die Anlegung von Mündelgeld als sicher anzusehen, wenn sie innerhalb des Fünfzehnfachen oder, sofern ihr kein anderes der Eintragung bedürfendes Recht im Range vorgeht oder gleichsteht, innerhalb des Zwanzigfachen des staatlich ermittelten Grundsteuerreinertrags oder bei einem ländlichen Grundstück innerhalb der ersten zwei Drittel, bei einem städtischen Grundstück innerhalb der ersten Hälfte des Werthes zu stehen kommt.

Der Werth ist bei ländlichen Grundstücken durch Taxe einer Preußischen öffentlichen Kreditanstalt, die durch Vereinigung von Grundbesitzern gebildet ist und durch staatliche Verleihung Rechtsfähigkeit erlangt hat, oder durch Taxe einer Preußischen provinzial- (kommunal-) ständischen öffentlichen Grundkreditanstalt oder durch gerichtliche Taxe, bei städtischen Grundstücken in gleicher Weise oder durch Taxe einer öffentlichen Feuerversicherungsanstalt festzustellen.

§. 2. Statt des Zwanzigfachen des Grundsteuerreinertrags ist bei Grundstücken, die von einer Kreditanstalt der im §. 1 Abs. 2 bezeichneten Art satzungsgemäß ohne besondere Ermittelungen bis zu einem größeren Vielfachen beliehen werden können, das größere Vielfache, sofern es jedoch den dreißigfachen Betrag übersteigt, dieser Betrag maßgebend.

Für einzelne Bezirke kann durch Königliche Verordnung statt des Zwanzigfachen des Grundsteuerreinertrags ein das Vierzigfache nicht übersteigendes größeres Vielfaches bestimmt werden.

Zu den Kreditanstalten des §. 1 Abs. 2 gehören namentlich die öffentlichen Landschaften. Der gerichtlichen Taxe stehen die Taxen nach den Gesetzen vom 15. Juni 1840 und 4. Mai 1857 (G.S. 1840 S. 131, 1857 S. 445) und den Ausführungsverfügungen vom 17. August 1841 und 19. Januar 1842 (J.M.Bl. 1841 S. 256, 1842 S. 42) sowie die dorfgerichtlichen Taxen (§. 59 der Allg. Verfügung vom 20. Dezember 1899 über das Verfahren 2c. der Dorfgerichte im Geltungsbereiche des Allg. Landrechts, J.M.Bl. 1899 S. 806) gleich (vgl. Art. 119 Abs. 2 P.F.G.G.). Oeffentliche Feuerversicherungsanstalten sind nur die von einem kommunalen Verbande ausgehenden und durch Beamte eines solchen verwalteten.

Hat der Vormund ohne die in dem Art. 73 vorgeschriebene Taxe Gelder auf ein Grundstück ausgeliehen, so kann er später durch eine Taxe den Nachweis der Sicherheit führen.

§. 1808.

Kann die Anlegung[1]) den Umständen[2]) nach nicht in der im §. 1807 bezeichneten Weise erfolgen, so ist das Geld bei der Reichsbank,[3]) bei einer Staatsbank oder bei einer anderen durch Landesgesetz[4]) dazu für geeignet erklärten inländischen Bank oder bei einer Hinterlegungsstelle[5]) anzulegen.

I Entw. §. 1665; II Entw. §. 1688; Reichst. Vorl. §. 1784; Mot. IV zu §. 1665 S. 1116 bis 1117; Kommiss.-Prot. S. 6879—6886, 6854—6856 (778—777, VI 146, 147).

1. D. h. eine dauernde Anlegung, wenngleich die Umstände, welche die Anlegung nach §. 1807 hindern, vorübergehende sein mögen.

2. Die Frage, ob solche Umstände vorhanden sind, kann nur unter Würdigung der gesammten Umstände des Einzelfalles beantwortet werden (Jahrbuch Bd. 7 S. 47). Vgl. §. 1811.

3. Die Reichsbank nimmt nach einer Bekanntmachung vom 8. Dezember 1878 Gelder von Vormündern, Pflegern und Privatpersonen zur zinsbaren Belegung nicht an.

4. Art. 76 A.G. verordnet:

Im Falle des §. 1808 des Bürgerlichen Gesetzbuchs kann die Anlegung von Mündelgeld bei der Preußischen Central-Genossenschafts-Kasse oder einer sonstigen Preußischen öffentlichen Bankanstalt (Landesbank, landschaftlichen, ritterschaftlichen Darlehnskasse u. s. w.) und, wenn die von einer Preußischen Privatbank ausgestellten Werthpapiere durch den Bundesrath zur Anlegung von Mündelgeld für geeignet erklärt sind oder eine Preußische Privatbank nach Maßgabe des Art. 85 für die Hinterlegung von Werthpapieren als Hinterlegungsstelle bestimmt ist, bei einer solchen Privatbank erfolgen.

Die Anlegung bei den ordentlichen Hinterlegungsstellen (Hinterlegungsordnung vom 14. März 1879, Gesetz-Samml. S. 249) findet nicht statt.

Welche Preußischen Privatbanken als Hinterlegungsstellen für Mündelgeld bestimmt sind, s. Anm. 5 zu §. 1814.

5. Nach Art. 144 Satz 2 E.G. können die Landesgesetze bestimmen, daß die Anlegung von Mündelgeld nach §. 1808 B.G.B. bei den Hinterlegungsstellen des Bundesstaates nicht stattfindet. Für Preußen s. Art. 76 Abs. 2 A.G. in Anm. 4.

§. 1809.

Der Vormund soll[1]) Mündelgeld nach §. 1807 Abs. 1 Nr. 5 oder nach §. 1808[2]) nur mit der Bestimmung anlegen, daß zur Erhebung des Geldes die Genehmigung des Gegenvormundes oder[3]) des Vormundschaftsgerichts erforderlich ist.[4])

I Entw. §. 1666 Abs. 2; II Entw. §. 1689 Abs. 2; Reichst.Vorl. §. 1785; Mot. IV zu §. 1666 S. 1117—1120; Kommiss.Prot. S. 6886, 6887, 6889 (777—779).

1. Die Vorschrift ist Ordnungsvorschrift; der Vormund macht sich aber durch ihre Nichtbeachtung verantwortlich.

2. D. h. bei Sparkassen, Banken oder Hinterlegungsstellen. Die Eintragung des Sperrvermerks in ein Sparkassenbuch ist zunächst Sache der Sparkassenverwaltung; streitig ist, ob nicht auch das Vormundschaftsgericht dazu befugt ist (vgl. Güthe im Recht Bd. 4 S. 507).

3. Also Gleichwerthigkeit beider Genehmigungen.

4. Ausnahmen, wenn der Vater oder die eheliche Mutter bei Benennung eines Vormunds den Vormund von den Beschränkungen in §. 1809 befreit oder die Bestellung eines Gegenvormunds ausgeschlossen hat (§§. 1852, 1855), und wenn der Vater oder die eheliche Mutter zum Vormunde des volljährigen Kindes bestellt, der Mutter auch weder ein Gegenvormund noch ein Beistand beigegeben ist (§§. 1903, 1904).

Andrerseits bestimmt Art. 75 §. 2 A.G.:

Ist vor dem Inkrafttreten des Bürgerlichen Gesetzbuchs ein Sparkassenbuch außer Kurs gesetzt, so ist zur Erhebung des Geldes die Genehmigung des Gegenvormundes oder des Vormundschaftsgerichts erforderlich.

§. 1810.[1]

Der Vormund soll[2] die in den §§. 1806 bis 1808 vorgeschriebene Anlegung nur mit Genehmigung des Gegenvormundes bewirken; die Genehmigung des Gegenvormundes wird durch die Genehmigung des Vormundschaftsgerichts ersetzt.[3] Ist ein Gegenvormund nicht vorhanden, so soll die Anlegung nur mit Genehmigung des Vormundschaftsgerichts erfolgen, sofern nicht die Vormundschaft von mehreren Vormündern gemeinschaftlich geführt wird.

I Entw. §. 1666 Abs. 1; II Entw. §. 1689 Abs. 1; Reichst.Vorl. §. 1786; Mot. IV zu §. 1666 S. 1117—1120; Kommiss.Prot. S. 6386—6389, 8680 (777—779, VI 306).

1. Die in Anm. 4 zu §. 1809 aufgeführten Ausnahmen vom §. 1809 gelten auch für §. 1810.

2. Wie beim §. 1809 auch hier nur Ordnungsvor-

schrift; ohne die erforderliche Genehmigung bewirkte Anlegungen binden den Mündel Dritten gegenüber.

8. Hierdurch wird die Möglichkeit geboten, einen unbegründeten Widerstand des Gegenvormunds zu brechen. Vgl. Anm. 8 zu §. 1826.

§. 1811.

Das Vormundschaftsgericht kann aus besonderen Gründen[1]) dem Vormund eine andere Anlegung[2]) als die in den §§. 1807, 1808 vorgeschriebene gestatten.

I Entw. §. 1667; II Entw. §. 1690; Reichst. Vorl. §. 1787; Mot. IV zu §. 1667 S. 1120; Kommiss.Prot. S. 6390 (779).

1. Die von dem früheren preußischen Rechte abweichende Vorschrift ist namentlich für solche Fälle von Werth, in welchen der Mündel z. B. in Folge einer Erbschaft Kapitalvermögen in ausländischen Werthen besitzt und im Zusammenhange mit diesem Besitze zum Zwecke der Vermeidung sonst drohender großer Verluste die weitere Anlegung von Mündelgeldern in solchen Werthen, sei es durch Ausübung eines Bezugsrechts, sei es durch Nachzahlungen erforderlich wird, oder in welchen es sich darum handelt, dem Vater oder der Mutter des Mündels durch die Hingabe eines Darlehens gegen Hypothek den Besitz eines im Auslande gelegenen Grundstücks zu erhalten, wenn durch die Erhaltung dieses Besitzes die Subsistenz der Familie und des Mündels selbst bedingt ist (Mot.).

2. Natürlich noch immer nur eine sichere. Vorherige Anhörung des Gegenvormunds nach §. 1826, Verantwortlichkeit des Vormundschaftsrichters nach §. 1848.

§. 1812.

Der Vormund kann über eine Forderung[1]) oder über ein anderes Recht,[2]) kraft dessen der Mündel

eine Leistung[3]) verlangen kann, sowie über ein Werthpapier des Mündels nur mit Genehmigung des Gegenvormundes[4]) verfügen,[5]) sofern nicht nach den §§. 1819 bis 1822 die Genehmigung des Vormundschaftsgerichts erforderlich ist. Das Gleiche gilt von der Eingehung der Verpflichtung zu einer solchen Verfügung.[6])

Die Genehmigung des Gegenvormundes wird durch die Genehmigung des Vormundschaftsgerichts ersetzt.[7])

Ist ein Gegenvormund nicht vorhanden,[8]) so tritt an die Stelle der Genehmigung des Gegenvormundes die Genehmigung des Vormundschaftsgerichts, sofern nicht die Vormundschaft von mehreren Vormündern gemeinschaftlich geführt wird.[9])

I Entw. §. 1669 Abs. 1 u. 3; II Entw. §. 1692; Reichst.Vorl. §. 1788; Mot. IV zu §. 1669 S. 1121 bis 1124, 1127—1129; Kommiss.Prot. S. 6392 bis 6394, 6896 (781—783).

1. Nicht bloß ein Kapital; zu den Forderungen gehören alle obligatorischen Ansprüche, z. B. aus Darlehnsforderungen, Pacht- und Miethverträgen, daneben die Ansprüche aus dinglichen Rechtsverhältnissen, also die Hypotheken, Grund- und Rentenschulden (vgl. §. 1821 Abs. 2), die Ansprüche auf Grund von Werth- oder Inhaberpapieren, zu denen aber Banknoten nicht zu rechnen sind. Wegen der Ansprüche gegen Sparkassen s. §. 1809.

2. Z. B. eine Hypothek, ferner Gesellschaftsrechte, wie sie durch Aktien dargestellt werden. Wegen des Geschäftsantheils an einer Gesellschaft mit beschränkter Haftung vgl. Liebmann in der Monatsschrift für Aktienrecht und

Bankwesen Jahrg. 4 S. 259. Wegen der Ansprüche auf Zinsen und Dividenden s. §. 1818 Nr. 4.

Bewegliche Sachen kann der Vormund ohne Genehmigung des Gegenvormunds veräußern und verpfänden, und zwar auf jede dem Interesse des Mündels entsprechende Weise, also auch ohne öffentliche Versteigerung. Wird aber der Kaufpreis nicht baar gezahlt und übersteigt er 300 Mark (§. 1818 Nr. 2), so ist zur späteren Einziehung die Genehmigung des Gegenvormunds erforderlich. Bezüglich der Kostbarkeiten vgl. §. 1818.

3. Es macht keinen Unterschied, ob das Recht des Mündels auf eine Leistung auf einem Schuldverhältnisse im engeren Sinne oder auf einem anderen Rechtsgrunde, insbesondere einem dinglichen Rechtsverhältnisse, beruht, oder ob, wie im Falle der Grundschuld, eine bestimmte Leistung nicht in obligatione, sondern in solutione ist (Mot.).

4. Die Genehmigung des Gegenvormunds, unter der auch eine vorher ertheilte Einwilligung zu verstehen ist (vgl. Anm. 1 zu §. 1828), ist an sich formlos. Bei im Grundbuche eingetragenen Forderungen kann jedoch der Schuldner löschungs- bezw. umschreibungsfähige Form verlangen. Bei anderen Rechtsgeschäften wird der Gegenkontrahent immerhin eine Form fordern dürfen, welche ihm den späteren Beweis der Genehmigung ermöglicht.

5. Einziehung, Abtretung, Erlaß, Aufgabe oder Minderung einer Sicherheit, Verpfändung, Verkauf u. dgl. m., ferner die Annahme einer geschuldeten Leistung (Mot.), s. jedoch wegen einer Ausnahme bei dieser Annahme den §. 1818, ferner Kündigung (bestritten, a. A. Mot., vgl. aber Kommiss.Prot. S. 6898 (782) und die Bezeichnung der Kündigung als eine andere Verfügung über die Forderung in den §§ 1074 und 2114); dagegen nicht die Einklagung oder eine sonstige Prozeßführung. Die Zurücknahme der vom Vormunde bei einem

Bankier niedergelegten Werthpapiere des Mündels in eigenen Gewahrsam ist keine Einziehung (J.W. 1886 S. 428), fällt also nicht unter den §. 1812. Die Genehmigung des Gegenvormunds ist auch bei solchen Verfügungen erforderlich, auf welche einem Dritten ein Recht zusteht.

6. Ueber Befreiung des Vormunds von der im §. 1812 bestimmten Verfügungsbeschränkung vgl. §§. 1852, 1855—1857 sowie §. 1825 und §§. 1903, 1904.

7. Sowohl bei grundloser Weigerung, als wenn der Gegenvormund an Ertheilung der Genehmigung gehindert ist. Daneben ist Absetzung in Fällen pflichtwidriger Weigerung zulässig. Ordnungsstrafen nach §. 1837 Abs. 2 B.G.B. und Art. 15, 16 P.F.G.G. oder unmittelbarer Zwang nach Art. 17 P.F.G.G. erscheinen dagegen wegen einer Weigerung nicht statthaft, weil ihr Zweck, die Ertheilung der Genehmigung herbeizuführen, sich durch Ausübung des Rechts, die Genehmigung zu ersetzen, erreichen läßt, vgl. Anm. 3 zu §. 1837.

Ueber die Rechtsverhältnisse zwischen Vormund und Dritten bei Abschluß von Rechtsgeschäften, die der Genehmigung des Gegenvormunds bedürfen, falls diese Genehmigung nicht ertheilt ist, vgl. §§. 1829—1832.

8. Gleichviel, ob die Bestellung eines Gegenvormunds mit Recht unterblieben ist oder nicht.

9. Vgl. §. 1810.

§. 1813.

Der Vormund bedarf nicht der Genehmigung des Gegenvormundes zur Annahme einer geschuldeten Leistung:[1]

1. **wenn der Gegenstand der Leistung nicht in Geld oder Werthpapieren besteht;**[2]

2. wenn der Anspruch nicht mehr als dreihundert Mark beträgt;[3])
3. wenn Geld zurückgezahlt wird, das der Vormund angelegt hat;[4])
4. wenn der Anspruch zu den Nutzungen[5]) des Mündelvermögens gehört;[6])
5. wenn der Anspruch auf Erstattung von Kosten der Kündigung oder der Rechtsverfolgung oder auf sonstige Nebenleistungen gerichtet ist.[6])

Die Befreiung nach Abs. 1 Nr. 2, 3 erstreckt sich nicht auf die Erhebung von Geld, bei dessen Anlegung ein Anderes bestimmt worden ist.[7]) Die Befreiung nach Abs. 1 Nr. 3 gilt auch nicht für die Erhebung von Geld, das nach §. 1807 Abs. 1 Nr. 1 bis 4 angelegt ist.

I Entw. §. 1669 Abs. 2; II Entw. §. 1698; Reichst.Vorl. §. 1789; Mot. IV zu §. 1669 S. 1125—1127; Kommiss.Prot. S. 6892—6894, 6895, 8681—8688 (781—788, VI 807, 808).

1. Bei der Annahme anderer Leistungen bedarf es niemals der Genehmigung des Gegenvormunds. Eine Erklärung des Vormunds, daß der Mündel befriedigt worden sei, bringt noch nicht zum Ausdrucke, daß es sich bloß um Annahme einer geschuldeten Leistung handelte (Seuffert Bd. 56 S. 7).

2. Bestand der Gegenstand der Leistung auch ursprünglich nicht in Geld oder Werthpapieren, verwandelt er sich aber in Folge Nichterfüllung in einen Anspruch auf Geld, so ist zur Annahme des letzteren die Genehmigung erforderlich (Mot.).

3. Der Anspruch — nicht die Leistung — darf nicht mehr als 300 Mark betragen. Die Genehmigung ist also

erforderlich zur Annahme geringerer Theilzahlungen auf einen höheren Anspruch. Nebenleistungen, wie Zinsen und Kosten, kommen bei Berechnung der Höhe des Anspruchs nicht in Betracht (Kommiss.Prot.).

4. Nach Maßgabe der Bestimmung des §. 1806 (Mot.), ferner mit Gestattung des Vormundschaftsgerichts gemäß §. 1811, wenn dabei bestimmt worden ist, daß es zum Rückempfange des Geldes der Genehmigung des Gegenvormunds nicht bedürfe (Abs. 2).

5. Ueber den Begriff der Nutzungen vgl. §. 100.

6. Ohne Beschränkung auf einen gewissen Betrag. Zu den Nebenleistungen gehört auch die Vertragsstrafe wegen nicht gehöriger Erfüllung (§. 841).

7. Vgl. §. 1809.

§. 1814.[1]

Der Vormund hat[2]) die zu dem Vermögen[3]) des Mündels gehörenden Inhaberpapiere nebst den Erneuerungsscheinen[4]) bei einer Hinterlegungsstelle[5]) oder bei der Reichsbank[6]) mit der Bestimmung zu hinterlegen,[7]) daß die Herausgabe der Papiere nur mit Genehmigung des Vormundschaftsgerichts verlangt werden kann.[8]) Die Hinterlegung von Inhaberpapieren,[9]) die nach §. 92 zu den verbrauchbaren Sachen gehören,[10]) sowie von Zins-, Renten- oder Gewinnantheilscheinen ist nicht erforderlich.[11]) Den Inhaberpapieren stehen Orderpapiere[12]) gleich, die mit Blankoindossament[13]) versehen sind.[14])[15])

I Entw. §. 1670 Abs. 1; II Entw. §. 1694; Reichst.Vorl. §. 1790; Mot. IV zu §. 1670 S. 1129 bis 1182, 1188; Kommiss.Prot. S. 6896—6402, 8686, 8687 (783—786, VI 810).

1. Vgl. §§. 1815, 1817, 1818, 1819.

2. Die Hinterlegung ist also abweichend von dem früheren preußischen Rechte zu einer allgemeinen (vgl. Anm. 15) gesetzlichen Pflicht des Vormunds gemacht. Dieser kann zur Befolgung durch Ordnungsstrafen angehalten werden.

Schuldhafte Verzögerung der Hinterlegung macht den Vormund dem Mündel regreßpflichtig.

3. Zum Vermögen des Mündels gehören nur die in dessen Alleineigenthume befindlichen Papiere.

4. Ueber Inhaberpapiere und Erneuerungsscheine vgl. die §§. 793–808. Inhaberpapiere im Sinne des §. 1814 sind die zu Gunsten des jeweiligen Inhabers ausgestellten Werthpapiere, z. B. Reichs- und Staatspapiere, Obligationen industrieller Gesellschaften, Pfandbriefe, Inhabergrundschuldbriefe, Inhaberaktien u. dgl. m. Bezüglich der in §. 808 genannten Legitimationspapiere besteht eine Hinterlegungspflicht nicht (Mot.; vgl. Anm. 10).

Sparkassenguthaben sind durch die Vorschrift des §. 1809 gesichert.

5. Die örtliche und sachliche Zuständigkeit der Hinterlegungsstellen ist durch Art. 144 Satz 1 E.G. der Landesgesetzgebung überlassen. Für Preußen bleibt maßgebend die auch in Helgoland geltende (Verordnung vom 22. März 1891, G.S. 1891 S. 39) Hinterlegungsordnung vom 14. März 1879 (G.S. 1879 S. 249) in der ihr durch Art. 84 A.G. gegebenen Fassung. Danach sind Hinterlegungsstellen die Bezirksregierungen und in Berlin die Ministerial-, Militär- und Baukommission daselbst und als Kassen derselben die Regierungshauptkassen, in den Hohenzollernschen Landen die Regierungshauptkasse zu Sigmaringen und in Berlin die vereinigte Konsistorial-, Militär- und Baukasse zu Berlin (§§. 1–3 der Hinterlegungsordnung vom 14. März 1879, deren Besonderheiten für die Provinz Hannover durch die veränderte

Verfassung dieser Provinz seit dem 1. Juli 1885 erledigt sind, Allerhöchster Erlaß vom 28. Juni 1882 — G.S. 1882 S. 336 — und Allgemeine Verfügung vom 31. Juli 1879 — J.M.Bl. 1879 S. 216). Ergänzend bestimmt Art. 85 A.G.:

Für die Hinterlegung von Werthpapieren in den Fällen der §§. 1082, 1392, 1667, 1814, 1818, 2116 des Bürgerlichen Gesetzbuchs können durch Anordnung der zuständigen Minister auch die Seehandlung, die Preußische Central-Genossenschafts-Kasse oder eine sonstige Preußische öffentliche Bankanstalt (Landesbank, landschaftliche, ritterschaftliche Darlehnskasse u. s. w.) sowie die von Kreditanstalten der im Art. 17 §. 2 Abs. 2 bezeichneten Art eingerichteten Verwahrungs- oder Verwaltungsstellen und im Falle des Bedürfnisses geeignete Preußische Privatbanken als Hinterlegungsstellen bestimmt werden.

Auf Grund dieser Vorschrift sind durch die Ministerialerlasse vom 17. und 18. Dezember 1899 (J.M.Bl. 1899 S. 805) als Hinterlegungsstellen bestimmt worden:

1. die Seehandlung in Berlin,
2. die Preußische Central-Genossenschafts-Kasse in Berlin,
3. die Ostpreußische landschaftliche Darlehnskasse in Königsberg,
4. die Westpreußische landschaftliche Darlehnskasse in Danzig,
5. die Kur- und Neumärkische Ritterschaftliche Darlehnskasse in Berlin,
6. die Pommersche landschaftliche Darlehnskasse in Stettin,
7. die Posener landschaftliche Bank in Posen,

8. die Schlesische landschaftliche Bank in Breslau,
9. die Städtische Bank in Breslau,
10. die Kommunalständische Bank für die Preußische Oberlausitz in Görlitz,
11. die landschaftliche Bank der Provinz Sachsen in Halle a. S.,
12. die Nassauische Landesbank in Wiesbaden,
13. die Landeskreditkasse in Kassel,
14. die Landesbank der Rheinprovinz in Düsseldorf,
15. die Spar- und Leihkasse für die Hohenzollernschen Lande in Sigmaringen,
16. die Frankfurter Bank in Frankfurt a. M.

Diese Stellen überwachen auch die Auslosung und Kündigung der Werthpapiere und sorgen für die Einziehung neuer Zins- oder Dividendenscheine sowie für die Einkassirung fälliger Zins- oder Dividendenscheine, während hierzu an sich die Hinterlegungsstellen nur in beschränktem Maße verpflichtet sind (§. 88 der Hinterlegungsordnung und die Nr. 27 der Bestimmungen zu deren Ausführung — J.M.Bl. 1879 S. 327 —, sowie die Allgem. Verfügungen vom 21. August 1880 und vom 28. Mai 1886 — J.M.Bl. 1880 S. 197 und 1886 S. 140 —). Wegen der Bedingungen für den Geschäftsverkehr bei der Kgl. Seehandlung s. M.Bl. f. d. i. V. 1899 S. 191.

6. Die Reichsbank, und zwar ausschließlich das Komptoir derselben für Werthpapiere zu Berlin, an welches jedoch die Uebersendung durch die Post geschehen kann, nimmt gegen mäßige Gebühr Inhaberpapiere in sog. offenes Depot. Sie leistet dabei für die sichere und getreue Aufbewahrung Gewähr und sorgt für die rechtzeitige Einlösung der Zins- und Dividendenscheine, auf Verlangen kontrollirt sie auch die Auslosung und Ziehung und übt Bezugsrechte aus. Die Zurückzahlung des Depositums und die Auszahlung der Beträge für ausgeloste oder gekündigte Stücke erfolgt gegen Rückgabe des ausgestellten Depotscheins. Ist der Schein verloren

gegangen, so bedarf es einer rechtskräftigen gerichtlichen Amortisation desselben. Die Bank ist befugt, dem Ueberbringer des Depotscheins das Depositum auszuhändigen, zu einer Legitimationsprüfung ist sie berechtigt, nicht aber verpflichtet. Ist ein sog. Paßwort versiegelt eingereicht, so kann das Depositum nur unter gleichzeitiger Angabe des Paßwortes zurückgestellt werden. Die Zahlung der Beträge für Zinsen und Dividenden geschieht ohne Vorlegung des Depotscheins.

Näheres über die Hinterlegung bei der Reichsbank ergiebt eine Bekanntmachung des Reichsbank-Direktoriums, welche kostenfrei bei jeder Reichsbankstelle verabfolgt wird.

7. Das Vormundschaftsgericht hat die vorschriftsmäßige Hinterlegung zu prüfen.

8. Hinterlegt der Vormund Inhaberpapiere, zu deren Hinterlegung er nicht verpflichtet ist, so braucht er dies nicht mit der Bestimmung zu thun, daß der Rückempfang nur mit Genehmigung des Vormundschaftsgerichts zulässig ist. Vgl. §. 1818. Die Annahme solcher Papiere zur Hinterlegung geschieht bei den Hinterlegungsstellen (Anm. 5) nur auf Anweisung des Vormundschaftsgerichts (§§. 47a, 48 der Hinterlegungsordnung), die bei der Uebergabe zur Hinterlegung nebst einer Abschrift vorzulegen oder mit den zu hinterlegenden Papieren einzusenden ist (§. 50 daselbst); wegen des Inhalts der Anweisung s. §. 49 ebenda. Vgl. Anm. 3 zu §. 1817 und Anm. 7 zu §. 1818.

9. Eine Außerkurssetzung von Inhaberpapieren kennt das B.G.B. nicht; auch ist die landesgesetzliche Beibehaltung oder Einführung des Instituts untersagt. Eine vorher erfolgte Außerkurssetzung hat mit dem Inkrafttreten des B.G.B. ihre Wirkung verloren (Art. 176 E.G.).

10. Verbrauchbare Sachen nach §. 92 sind solche, deren bestimmungsmäßiger Gebrauch in dem Verbrauch oder in der Veräußerung besteht. Als verbrauchbare Inhaberpapiere werden im wesentlichen die im §. 807

genannten Karten, Marken oder ähnlichen Urkunden (Billets) in Frage kommen; daneben aber vor allen Dingen Banknoten, Inhaberpapiere, die zum Betriebsfonds eines zum Mündelvermögen gehörigen Erwerbsgeschäfts gehören (Kommiss.Prot.), auch wohl Lotterielose. Für die sog. unvollkommenen Inhaberpapiere (§. 808), namentlich die Sparkassenbücher, gilt der §. 1814 nicht, sondern nur der §. 1812 (vgl. Anm. 4).

11. Die Hinterlegung der sog. Kupons (Zins-, Gewinnantheilscheine), ist im Gegensatze zu den Talons (Erneuerungsscheinen) nicht vorgeschrieben.

12. Orderpapiere sind Wechsel und die im §. 363 H.G.B. bezeichneten Papiere, nämlich Anweisungen, die auf einen Kaufmann über die Leistung von Geld, Werthpapieren oder anderen vertretbaren Sachen ausgestellt sind, ohne daß darin die Leistung von einer Gegenleistung abhängig gemacht ist, wenn sie an Order lauten, ferner Verpflichtungsscheine, welche von einem Kaufmann über Gegenstände der bezeichneten Art an Order ausgestellt sind, ohne daß darin die Leistung von einer Gegenleistung abhängig gemacht ist, endlich an Order lautende Konnossemente der Seeschiffer, Ladescheine der Frachtführer, Lagerscheine der staatlich zur Ausstellung solcher Urkunden ermächtigten Anstalten sowie Bodmereibriefe und Transportversicherungspolicen.

13. Ohne Bezeichnung des Berechtigten.

14. Vgl. §. 1084.

15. Ueber Befreiung von der Pflicht zur Hinterlegung, außer durch das Vormundschaftsgericht (§. 1817), durch den Vater und die eheliche Mutter vgl. §§. 1853, 1855.

§. 1815.[1])

Der Vormund kann die Inhaberpapiere, statt sie nach §. 1814 zu hinterlegen, auf den Namen des Mündels mit der Bestimmung umschreiben[2]) lassen,

daß er über sie nur mit **Genehmigung des Vormundschaftsgerichts verfügen**[3]**) kann. Sind die Papiere von dem Reiche oder einem Bundesstaat** ausgestellt, **so kann er sie mit der gleichen Bestimmung in Buchforderungen**[4]**) gegen das Reich** oder **den Bundesstaat umwandeln lassen.**[5])

Sind Inhaberpapiere zu hinterlegen, die in Buchforderungen gegen das Reich oder einen Bundesstaat umgewandelt werden können, so kann das Vormundschaftsgericht anordnen, daß sie nach Abs. **1 in Buchforderungen umgewandelt werden.**[6])

I Entw. §. 1670 Abs. 1; II Entw. §. 1695; ReichsT.Vorl. §. 1791; Mot. IV zu §. 1670 S. 1129—1132; Kommiss.Prot. S. 6403—6404 (783—787).

1. Ergänzend bestimmt Art. 18 A.G.:

§. 1. Bei Schuldverschreibungen auf den Inhaber, die von einer Preußischen Körperschaft, Stiftung oder Anstalt des öffentlichen Rechtes ausgestellt sind, kann der Inhaber von dem Aussteller verlangen, daß die Schuldverschreibung auf seinen Namen oder auf den Namen eines von ihm bezeichneten Dritten umgeschrieben wird, es sei denn, daß er zur Verfügung über die Urkunde nicht berechtigt ist. Zu Gunsten des Ausstellers gilt der Inhaber als zur Verfügung über die Urkunde berechtigt.

Die Vorschriften des Abs. 1 finden auf Zins-, Renten- und Gewinnantheilscheine sowie auf die auf Sicht zahlbaren Schuldverschreibungen keine Anwendung.

§. 2. Die Umschreibung auf den Namen einer juristischen Person, die ihren Sitz außerhalb des Deutschen Reichs hat, kann nicht verlangt werden.

§. 3. In den Fällen des §. 1667 Abs. 2, des §. 1815 und des §. 2117 des Bürgerlichen Gesetzbuchs kann die Umschreibung mit der gesetzlich vorgeschriebenen Bestimmung verlangt werden.

§. 4. Eine Ehefrau bedarf zu einer Verfügung über die umgeschriebene Schuldverschreibung dem Aussteller gegenüber nicht der Zustimmung des Ehemannes.

§. 5. Wer zur Verfügung über die umgeschriebene Schuldverschreibung berechtigt ist, kann, solange die Schuldverschreibung nicht gekündigt ist, von dem Aussteller die Umschreibung auf seinen Namen oder den Namen eines Dritten, die Rückverwandlung in eine Schuldverschreibung auf den Inhaber und gegen Aushändigung der Urkunde die Ertheilung einer neuen Schuldverschreibung auf den Inhaber verlangen.

§. 6. Die Kosten der Umschreibung, der Rückverwandlung in eine Schuldverschreibung auf den Inhaber und der Ertheilung einer neuen Schuldverschreibung auf den Inhaber hat der Antragsteller zu tragen und vorzuschießen.

§. 7. Die zuständigen Minister erlassen die erforderlichen Ausführungsvorschriften. Sie können insbesondere Bestimmungen treffen:

1. über die Form der an den Aussteller zu richtenden Anträge und der Vollmacht zur Stellung solcher Anträge,
2. über die Form des Nachweises, daß der Antragsteller oder der Empfänger der Zahlung der in der Schuldverschreibung genannte Gläubiger oder sonst zur Ver-

fügung über die Schuldverschreibung berechtigt oder zur Vertretung des Berechtigten befugt ist,

3. über die Form der Umschreibung und der Rückverwandlung in eine Schuldverschreibung auf den Inhaber,
4. über die Sätze, nach denen die im §. 6 bezeichneten Kosten zu bemessen sind.

§. 8. Ist den nach Maßgabe des §. 7 Nr. 1, 2 bestimmten Erfordernissen genügt, so gilt der Antragsteller oder der Empfänger der Zahlung zu Gunsten des Ausstellers als zur Verfügung über die Schuldverschreibung berechtigt oder zur Vertretung des Berechtigten befugt.

§. 9. Eine abhanden gekommene oder vernichtete Schuldverschreibung, die auf den Namen umgeschrieben ist, kann, wenn nicht in der Urkunde das Gegentheil bestimmt ist, im Wege des Aufgebotsverfahrens für kraftlos erklärt werden.

Die Vorschriften des §. 799 Abs. 2 und der §§. 800, 805 des Bürgerlichen Gesetzbuchs finden entsprechende Anwendung.

§. 10. Die Vorschriften der §§. 1 bis 9 gelten auch für Schuldverschreibungen, die vor dem Inkrafttreten des Bürgerlichen Gesetzbuchs ausgestellt oder auf den Namen umgeschrieben worden sind.

§. 11. Für die Umschreibung einer auf den Inhaber lautenden Schuldverschreibung auf den Namen eines bestimmten Berechtigten ist eine Stempelabgabe nicht zu entrichten.

Zur Ausführung ist von den zuständigen Ministern die Allgem. Verfügung vom 30. Dezember 1899 (J.M.Bl. 1900 S. 4) erlassen.

2. Geschieht die Umschreibung, so muß in den Ver-

merk die im Gesetze bezeichnete Verfügungsbeschränkung aufgenommen werden.

3. Unter Verfügung ist dasselbe wie in §. 1812 zu verstehen (vgl. Anm. 5 zu §. 1812), außerdem gehört hier noch dazu die Rückumwandlung aus einem Stammpapiere zum Inhaberpapiere (vgl. §. 1820 Abs. 1).

Solange die Verfügungsbeschränkung nicht auf dem Papier und in dem Schuldbuch eingetragen ist, hat sie keine Wirkung.

4. Vgl. Anm. 10 zu §. 1807. Die Verfügungsbeschränkung wird auf dem Konto des Mündels vermerkt (§. 14 des Reichsgesetzes vom 31. Mai 1891; §. 15 des preuß. Gesetzes vom 20. Juli 1883).

5. Vgl. §. 1820.

6. Vgl. §. 28 des Reichsgesetzes vom 31. Mai 1891; §. 24 des preuß. Gesetzes vom 20. Juli 1883.

§. 1816.

Gehören Buchforderungen gegen das Reich oder gegen einen Bundesstaat bei der Anordnung der Vormundschaft zu dem Vermögen des Mündels oder erwirbt der Mündel später solche Forderungen, so hat[1]) der Vormund in das Schuldbuch den Vermerk eintragen zu lassen, daß er über die Forderungen nur mit Genehmigung des Vormundschaftsgerichts verfügen kann.[2])

II Entw. §. 1696; Reichst.Vorl. §. 1792; Kommiss.Prot. S. 6403—6404 (783—788).

1. Ueber Befreiung von dieser Pflicht, außer durch das Vormundschaftsgericht (§. 1817), durch den Vater und die eheliche Mutter vgl. §§. 1853, 1855.

2. Vgl. §. 1820 Abs. 2.

§. 1817.

Das Vormundschaftsgericht kann aus besonderen Gründen[1]) den Vormund von den ihm nach den §§. 1814, 1816[2]) obliegenden Verpflichtungen entbinden.[3]) [4])

I Entw. §. 1670 Abs. 2; II Entw. §. 1697; Reichst.Vorl. §. 1798; Mot. IV zu §. 1670 S. 1130; Kommiss.Prot. S. 6397, 6402, 6403 (786, 787).

1. Besondere Gründe können in der vertrauenswürdigen Persönlichkeit des Vormunds, seinen Vermögensverhältnissen, seinen Einrichtungen zur Aufbewahrung des Vermögens u. dgl. liegen. Das Gericht wird von der ihm ertheilten Ermächtigung nur da Gebrauch machen, wo die Befreiung von der Hinterlegungspflicht gerechtfertigt ist (Kommiss.Prot.).

2. Also nicht auch von den in §. 1815 dem Vormund auferlegten Verpflichtungen.

3. Mit Rücksicht auf §. 47a der Hinterlegungsordnung (Anm. 3 zu §. 1814) wird dies in der Bestallung zum Ausdrucke zu bringen sein.

4. Vgl. wegen Befreiung des durch den Vater und die eheliche Mutter des Mündels berufenen Vormunds die §§. 1853, 1855, bezüglich volljähriger Mündel den §. 1903.

§. 1818.

Das Vormundschaftsgericht kann aus besonderen Gründen[1]) anordnen, daß der Vormund auch solche zu dem Vermögen des Mündels gehörende Werthpapiere, zu deren Hinterlegung er nach §. 1814 nicht verpflichtet ist,[2]) sowie Kostbarkeiten[3]) des Mündels in der im §. 1814 bezeichneten Weise[4]) zu hinterlegen

hat; auf Antrag[5]) des Vormundes kann die Hinterlegung von Zins-, Renten- und Gewinnantheilscheinen angeordnet werden, auch wenn ein besonderer Grund nicht vorliegt.[6]) [7])

I Entw. §. 1670 Abs. 3; II Entw. §. 1698; Reichst.Vorl. §. 1794; Mot. IV zu §. 1670 S. 1182, 1183; Kommiss.Prot. S. 6397, 6403, 6449, 6450 (783—788).

1. Dieselben (Mißtrauen gegen den Vormund, die Thatsache, daß der Vormund außer Stande ist, selbst für eine sichere Aufbewahrung zu sorgen, u. dgl.) werden von dem Vormundschaftsgericht anzugeben sein, um die Möglichkeit einer Beschwerde zu gewähren.

2. Also Namenspapiere, Sparkassenbücher, Hypotheken-, Grundschuld-, Rentenbriefe u. dgl., Zins-, Renten- und Gewinnantheilscheine, nicht auch baares Geld.

3. Nach Civ.R.G. Bd. 13 S. 83 umfaßt der Ausdruck Kostbarkeiten nach dem gewöhnlichen Sprachgebrauche nicht bloß solche Gegenstände, deren Stoff besonders werthvoll ist (sog. Pretiosen), sondern es kann ein Gegenstand auch mit Rücksicht auf seinen Kunstwerth als Kostbarkeit erscheinen.

4. D. i. so, daß die Herausgabe und gemäß §. 1819 auch die Verfügung darüber nur mit Genehmigung des Vormundschaftsgerichts erfolgen darf.

5. Auch für die auf Antrag des Vormunds zu hinterlegenden Scheine gilt die Vorschrift des §. 1814 hinsichtlich der bei der Hinterlegung zu treffenden Bestimmung.

6. Dem Vormunde soll die Möglichkeit einer Entlastung von seiner Verantwortlichkeit gewährt werden.

7. Behufs der Annahme bei den Hinterlegungsstellen (Anm. 5 zu §. 1814) ist die Anweisung des Gerichts nebst einer Abschrift vorzulegen oder mit den zu hinter-

legenden Gegenständen einzusenden (§. 50 der Hinterlegungsordnung). Wegen des Inhalts der Anweisung s. §. 49 daselbst. Vgl. Anm. 8 zu §. 1814.

§. 1819.[1])

Solange die nach §. 1814 oder nach §. 1818 hinterlegten Werthpapiere oder Kostbarkeiten nicht zurückgenommen sind, bedarf der Vormund zu einer Verfügung[2]) über sie und, wenn Hypotheken-, Grundschuld- oder Rentenschuldbriefe hinterlegt sind, zu einer Verfügung über die Hypothekenforderung, die Grundschuld oder die Rentenschuld der Genehmigung des Vormundschaftsgerichts.[3]) Das Gleiche gilt von der Eingehung der Verpflichtung zu einer solchen Verfügung.

I Entw. §. 1671 Abs. 1; II Entw. §. 1699; Reichst.Vorl. §. 1795; Mot. IV zu §. 1671 S. 1138—1185; Kommiss.Prot. S. 6405—6408, 6780—6782, 8705, 8706 (788—789, VI 828).

1. Vgl. §. 1820 und §. 51 der Hinterlegungsordnung.

2. Veräußerung oder Belastung sowie jedes Rechtsgeschäft, durch welches die Verpflichtung zu einer solchen Veräußerung oder Belastung übernommen wird (vgl. Anm. 5 zu §. 1812 und Anm. 8 zu §. 1815). Die Beschränkung hat aber nicht den Charakter eines Veräußerungsverbots im Sinne des §. 135, sondern den einer Beschränkung der Vertretungsmacht des Vormunds. Sie erlischt im Augenblicke der Erhebung der Hinterlegungsmasse. Selbst wenn diese zu Unrecht, ohne Genehmigung des Vormundschaftsgerichts, erfolgt ist, kann sich ein Dritter mit dem Vormunde gültig in

Rechtsgeschäfte über die erhobenen Gegenstände einlassen, außer er müßte nicht im guten Glauben sein (vgl. §§. 982ff.) (Mot.).

8. Nicht, wie im §. 1812, des Gegenvormunds.

§. 1820.[1])

Sind Inhaberpapiere nach §. 1815 auf den Namen des Mündels umgeschrieben oder in Buchforderungen umgewandelt, so bedarf der Vormund auch zur Eingehung der Verpflichtung zu einer Verfügung über die sich aus der Umschreibung oder der Umwandlung ergebenden Stammforderungen der Genehmigung des Vormundschaftsgerichts.[2])

Das Gleiche gilt, wenn bei einer Buchforderung des Mündels der im §. 1816 bezeichnete Vermerk eingetragen ist.

I Entw. §. 1671 Abs. 2; II Entw. §. 1700; Reichst.Vorl. §. 1796; Mot. IV zu §. 1671 S. 1185; Kommiss.Prot. S. 6405, 6406, 6780 bis 6782, 8706 (788, 789, VI 822).

1. Vgl. §. 1819.

2. Die Genehmigung ist nicht erforderlich, und es kommen lediglich die §§. 1812, 1818 zur Anwendung, wenn der Vormund die Umschreibung, ohne nach §. 1815 dazu verpflichtet gewesen zu sein, veranlaßt hat.

§. 1821.[1])

Der Vormund bedarf der Genehmigung[2]) des Vormundschaftsgerichts:[3])

1. zur Verfügung[4]) über ein Grundstück[5]) oder über ein Recht an einem Grundstücke;[6])

2. zur Verfügung über eine Forderung, die auf Uebertragung des Eigenthums an einem Grundstück oder auf Begründung oder Uebertragung eines Rechtes an einem Grundstück oder auf Befreiung eines Grundstücks von einem solchen Rechte gerichtet ist;[7])
3. zur Eingehung der Verpflichtung zu einer der in Nr. 1, 2 bezeichneten Verfügungen;
4. zu einem Vertrage, der auf den entgeltlichen Erwerb eines Grundstücks oder eines Rechtes an einem Grundstücke[8]) gerichtet ist.[9])

Zu den Rechten an einem Grundstück im Sinne dieser Vorschriften gehören nicht Hypotheken, Grundschulden und Rentenschulden.[10])

I Entw. §. 1674 Nr. 1, 2, 5; II Entw. §. 1701; Reichst.Vorl. §. 1797; Mot. IV zu §. 1674 S. 1136—1140, 1140—1141; Kommiss.Prot. S. 6408—6410 (790—791).

1. Der §. 1821 ist nicht ausdehnend auszulegen (Jahrbuch Bd. 8 S. 164 und Archiv Bd. 85 Abth. 2 S. 125). Es bestehen also insbesondere keine Beschränkungen des Vormunds in Beziehung auf größere Anlagen, Neubauten, Hauptreparaturen und dgl. als solche.

2. Für das Erforderniß der Genehmigung macht es keinen Unterschied, ob der Vormund das Rechtsgeschäft als Vertreter des Mündels in dessen Namen oder ob der Mündel selbst es unter Zustimmung des Vormunds (§. 107), die auch stillschweigend ertheilt werden kann (Beiträge Bd. 42 S. 1001), vornimmt.

Die Genehmigung, die nur dem Vormunde gegenüber ertheilt werden kann (§. 1828), darf auch schon vor dem Abschlusse des zu genehmigenden Rechtsaktes als eine eventuelle ertheilt werden (vgl. Anm. 4 zu §. 1812 und Anm. 1 zu §. 1828) und hat, wenn nachträglich ertheilt, rückwirkende Kraft (§. 184 Abs. 1, Jahrbuch Bd. 9 S. 64 und Bolze Bd. 17 S. 320), wobei jedoch zweifelhaft ist, ob, wenn die Erklärung des Vormunds an eine gesetzliche oder vertragsmäßige Frist gebunden ist, die Genehmigung ebenfalls innerhalb dieser Frist ertheilt werden muß oder auch hier Zurückbeziehung eintritt, und ob bei einseitigen Rechtsgeschäften die besondere Vorschrift im §. 1831 eine nachträgliche Genehmigung ausschließt (Anm. 3 zu §. 1831). Sie ist an sich (§. 182 Abs. 2) formlos gültig (J.W. 1882 S. 7) — wegen Genehmigung durch konkludente Handlungen siehe Pr. Verw.Bl. Bd. 19 S. 161 ff., vgl. ferner §. 16 F.G.G. —, jedoch regelmäßig schriftlich — vgl. §. 1831 — und bei Grundbuchsachen in den für diese geltenden Formen zu ertheilen und unterliegt keinem Stempel (§. 29 des Preuß. Gerichtskostengesetzes vom 25. Juni 1895 in der Fassung vom 6. Oktober 1899, vgl. Anm. 1 zu §. 95 dieses Gesetzes). Sie kann nicht allgemein ertheilt werden, wobei zweifelhaft ist, ob eine dennoch ertheilte allgemeine Genehmigung zu Handlungen einer bestimmten Art schlechthin nichtig oder bloß eine Pflichtwidrigkeit des Richters, Dritten gegenüber aber wirksam ist. Nach Jahrbuch Bd. 8 S. 88 kann die Genehmigung zu einem von dem Vormund abgeschlossenen Rechtsgeschäfte nicht an Bedingungen geknüpft werden, welche der Vormund nicht gestellt hat und nicht stellen will.

Die ertheilte Genehmigung kann wegen Irrthums des Richters angefochten werden (Civ.R.G. Bd. 25 S. 281). Sie schafft Rechtswirkungen nur, wenn und soweit der Richter den Inhalt des zu genehmigenden Geschäfts kennt (vgl. Civ.R.G. Bd. 14 S. 302). Es sind deshalb Abreden der Parteien, welche nicht zur Kenntniß des Richters gebracht werden, nicht mit genehmigt; sie können unter Umständen die Nichtigkeit der ganzen Genehmigung zur Folge haben, weil etwas Anderes genehmigt ist, als vereinbart worden. Wegen einer nachträglichen Aenderung der Genehmigung s. §. 55 F.G.G.

Das Vormundschaftsgericht hat, wenn ihm das vom Vormunde mit dem Antrag auf Genehmigung eines für den Mündel abgeschlossenen Rechtsgeschäfts unterbreitete Material nicht genügt, dasselbe von Amtswegen zu ergänzen, darf also die Entscheidung nicht wegen jenes Mangels ablehnen (Jahrbuch Bd. 8 S. 51; §. 12 F.G.G.).

Wenn noch nicht versteuerte privatschriftliche Punktationen oder sonstige Urkunden zur Genehmigung eingereicht werden, so ist die rechtzeitige Verwendung des erforderlichen Stempels nicht den Parteien zu überlassen, sondern von Amtswegen seitens der Gerichte durch Einziehung des Stempelbetrags mit den Gerichtskosten zu bewirken; wenn die Einreichung der Urkunde bei Gericht innerhalb der für die Verwendung des Urkundenstempels sonst vorgeschriebenen Frist erfolgt, bleiben die Betheiligten auch von Stempelstrafe frei (Allg. Verfügung des Justizministers vom 22. November 1888 im J.M.Bl. 1888 S. 300, §. 31 des Preuß. Gerichtskostengesetzes vom 25. Juni 1895 in der Fassung vom 6. Oktober 1899). Die Einziehung des Stempels zu den Gerichtskosten hat erst nach erfolgter Genehmigung zu geschehen (Allg. Verfügung des Justizministers vom 29. Dezember 1899, J.M.Bl. 1900 S. 8).

Vor Ertheilung der Genehmigung ist der über 18 Jahre alte Mündel, soweit thunlich, zu hören (§. 1827).

Ueber die Folgen mangelnder Genehmigung vgl. §§. 1829—1831.

3. Zur Prozeßführung für den Mündel, sei es als Kläger oder Beklagten, und zur Verfügung über immaterielle Rechte des Mündels bedarf der Vormund der vormundschaftsgerichtlichen Genehmigung nicht. Wegen des Armenrechts im Prozesse s. oben S. 32 und Franz, Armuthszeugnisse zur Erlangung des Armenrechts im Pr.Verw.Bl. Bd. 20 S. 352.

Das Vormundschaftsgericht nimmt bei seiner Genehmigung ganz dieselbe Stellung ein, wie der Vormund bei der Einwilligung oder Genehmigung zu einem Rechtsgeschäfte des Mündels, d. h. es darf einerseits die Genehmigung nur dann ertheilen, wenn es die Ueberzeugung gewonnen hat, daß die Vornahme des Rechtsgeschäfts dem Interesse des Mündels entspricht, andererseits ist die Ertheilung der Genehmigung nicht auf den Fall der Nothwendigkeit beschränkt, sondern auch bei bloßer Nützlichkeit zulässig (Mot.).

Wegen weiterer Fälle, in denen außer durch die §§. 1821, 1822, 1823 die Genehmigung des Vormundschaftsgerichts als Erforderniß der Wirksamkeit eines Rechtsgeschäfts im B.G.B. vorgeschrieben ist, vgl. die §§. 112, 1886 Abs. 2, 1487 Abs. 2, 1484 Abs. 2, 1491 Abs. 8, 1492 Abs. 8, 1517 Abs. 2, 1549, 1595 Abs. 2, 1714, 1728 Abs. 2, 1729, 1781, 1750, 1751, 1752, 1755, 1770, 1812, 1819, 1820, 2275 Abs. 2, 2282 Abs. 2, 2290 Abs. 8, 2292, 2347, 2851, 2852, Art. 41 II. E.G. Ferner sind von den in Anm. 1 zu §. 1793 aufgeführten besonderen Bestimmungen namentlich hervorzuheben der §. 15 Abs. 6 des Gesetzes, betr. das Anerbenrecht bei Renten- und Ansiedelungsgütern, vom 8. Juni 1896 (G.S. 1896 S. 124), wonach der Verzicht auf das Anerbenrecht der Genehmigung des Vormundschaftsgerichts bedarf, der §. 58 des Börsengesetzes vom 22. Juni 1896 (R.G.Bl. 1896 S. 157), nach welchem zur Eintragung in ein Börsenregister die Genehmigung der Vormundschaftsbehörde erforderlich ist, und der §. 181 Abs. 2 des Gesetzes über die Zwangsversteigerung und Zwangsverwaltung vom 24. März 1897 (R.G.Bl. 1897 S. 97, 1898 S. 713), wonach der Antrag auf Zwangsversteigerung zur Aufhebung einer Gemeinschaft nur mit Genehmigung des Vormundschaftsgerichts gestellt werden kann.

4. Unter Verfügung sind die Veräußerung und die

Belastung im weitesten Sinne, einschließlich der Begründung einer Verpflichtung hierzu (vgl. Nr. 8), zu verstehen, also auch die Theilung eines im Miteigenthume des Mündels stehenden Grundstücks, ferner die Fälle der §§. 915, 928. Da insoweit keine Ausnahme gemacht ist, ist die Genehmigung auch nothwendig, wenn eine Verpflichtung des Mündels zu der Verfügung besteht. Bei Genehmigung zur Veräußerung eines Grundstücks bedarf es einer besonderen Genehmigung für die Auflassungserklärung (§. 925 B.G.B.) nicht mehr, sofern aus jener zugleich diese zu entnehmen ist (Jahrbuch Bd. 3 S. 108); vgl. Anm. 6 Abs. 3 zu §. 1822. Die Genehmigung zur Auflassung ist insbesondere auch dann erforderlich, wenn sie aus Anlaß oder bei der Ausführung einer Erbtheilung vorgenommen wird (Seuffert Bd. 56 S. 88, 89).

Die Bewilligung der Eintragung des Kündigungsausschlusses bezüglich bereits eingetragener Hypotheken stellt sich nicht als ein Akt selbständiger Belastung des Grundstücks dar (Jahrbuch Bd. 2 S. 115). Auch die Einwilligung des Vormunds in die Eintragung der Namens seiner Mündel erklärten Unterwerfung unter die sofortige Zwangsvollstreckung wegen einer auf ihrem Grundstück eingetragenen Schuld (§§. 794 Abs. 1 Nr. 5 u. Abs. 2, 800 C.P.O.) bedarf nicht der Genehmigung des Vormundschaftsgerichts (Jahrbuch Bd. 8 S. 164).

Die Frage, ob die Genehmigung auch zu einem solchen Rechtsgeschäft erforderlich ist, welches lediglich das Aufgeben, insbesondere die Uebertragung des Besitzes eines Mündelgrundstücks zum Gegenstande hat, ohne daß eine Uebertragung des Rechts an dem Grundstücke wenigstens eventuell gewollt ist, hat nicht entschieden werden sollen (Mot.). Die Frage ist zu bejahen, sowohl nach dem Sinne des Wortes „Verfügung", als auch nach dem gesetzgeberischen Gedanken. Durch Aufgeben des Besitzes an einem Grundstücke gefährdet der Vormund das Recht des Mündels daran (vgl. §§. 856, 864, 900, 927 B.G.B.).

5. Den Grundstücken, d. h. abgegrenzten Teilen des Erdbodens, stehen Berechtigungen, welche ein Grundbuchblatt erhalten können, nicht gleich. Die entgegengesetzte Annahme der Mot. S. 1187 stützte sich auf den im Entwurf enthaltenen, später gestrichenen §. 781 Abs. 2, wonach auf jene Berechtigungen die auf Grundstücke sich beziehenden Vorschriften entsprechende Anwendung finden sollten. Nur für die Erbbaurechte ist letzteres Gesetz geworden (§. 1017 Abs. 1). Diese unterliegen daher dem §. 1821 Abs. 1 Nr. 1.

Das Vormundschaftsgericht kann seine Genehmigung auch von einer bestimmten Art der Veräußerung (meistbietend u. s. w.) abhängig machen.

6. Das sind Reallasten, Grunddienstbarkeiten, dingliche Vorkaufsrechte — Grunddienstbarkeiten und dingliche Vorkaufsrechte können jedoch, da die ersteren von dem herrschenden Grundstücke nicht abtrennbar und die letzteren nicht übertragbar sind (§§. 1018, 514), nur für einen Verzicht in Betracht kommen —, Nießbrauch und dgl. mehr, nicht aber Miethe und Pacht.

Bezüglich der sonst hierher gehörigen Hypotheken, Grundschulden und Rentenschulden vgl. Abs. 2.

7. Vgl. §. 1551 Abs. 2.

8. Vgl. Anm. 5, ferner hinsichtlich des Gebots in der Zwangsversteigerung den §. 71 des Gesetzes über die Zwangsversteigerung und Zwangsverwaltung vom 24. März 1897 (R.G.Bl. 1897 S. 97, 1898 S. 718).

9. Auch zu dem Erwerb in Ausübung eines dem Mündel zustehenden Vorkaufsrechts.

10. Zur Verfügung über Hypotheken, Grund- und Rentenschulden bedarf der Vormund regelmäßig nur der Genehmigung des Gegenvormunds (§§. 1812, 1818, 1819).

§. 1822.

Der Vormund bedarf der Genehmigung[1]) des Vormundschaftsgerichts:

1. zu einem Rechtsgeschäfte,[2]) durch das der Mündel zu einer Verfügung über sein Vermögen im Ganzen[3]) oder über eine ihm angefallene Erbschaft oder über seinen künftigen gesetzlichen Erbtheil oder seinen künftigen Pflichttheil[4]) verpflichtet wird, sowie zu einer Verfügung über den Antheil des Mündels an einer Erbschaft;
2. zur Ausschlagung einer Erbschaft oder eines Vermächtnisses, zum Verzicht auf einen Pflichttheil[5]) sowie zu einem Erbtheilungsvertrage;[6]) [7])
3. zu einem Vertrage, der auf den entgeltlichen Erwerb oder die Veräußerung eines Erwerbsgeschäfts gerichtet ist, sowie zu einem Gesellschaftsvertrage, der znm Betrieb eines Erwerbsgeschäfts eingegangen wird;[8])
4. zu einem Pachtvertrag über ein Landgut oder einen gewerblichen Betrieb,[9])
5. zu einem Mieth- oder Pachtvertrag[10]) oder einem anderen Vertrage, durch den der Mündel zu wiederkehrenden Leistungen[11]) verpflichtet wird, wenn das Vertragsverhältniß länger als ein Jahr nach der Vollendung des einundzwanzigsten Lebensjahrs des Mündels fortdauern soll;[12])

6. zu einem Lehrvertrage, der für längere Zeit als ein Jahr geschlossen wird;[13])
7. zu einem auf die Eingehung eines Dienst- oder Arbeitsverhältnisses gerichteten Vertrage, wenn der Mündel zu persönlichen Leistungen für längere Zeit als ein Jahr verpflichtet werden soll;[14])
8. zur Aufnahme von Geld auf den Kredit des Mündels;[15])
9. zur Ausstellung einer Schuldverschreibung auf den Inhaber oder zur Eingehung einer Verbindlichkeit aus einem Wechsel oder einem anderen Papiere, das durch Indossament übertragen werden kann;[16])
10. zur Uebernahme einer fremden Verbindlichkeit, insbesondere zur Eingehung einer Bürgschaft;[17])
11. zur Ertheilung einer Prokura;[18])
12. zu einem Vergleich oder einem Schiedsvertrag. es sei denn, daß der Gegenstand des Streites oder der Ungewißheit in Geld schätzbar ist und den Werth von dreihundert Mark nicht übersteigt;[19])
13. zu einem Rechtsgeschäfte, durch das die für eine Forderung des Mündels bestehende Sicherheit aufgehoben oder gemindert oder die Verpflichtung dazu begründet wird.[20])

I Entw. §. 1674 Nr. 3, 4, 6--14, 2043, 2044; II Entw. §. 1702; Reichst.Vorl. §. 1798; Mot.

IV zu §. 1674 S. 1140, 1141—1147, V zu §. 2048 S. 514, zu §. 2044 S. 514—516; Kommiss.Prot. S. 6408—6416, 7686, 8705 (791—795, V 682, VI 822, 828, 894, 895).

1. Vgl. Anm. 2 u. 3 zu §. 1821.

2. Vgl. §. 1444. Es gehören hierher besonders die Bestellung eines Nießbrauchs an einer Erbschaft (§. 1089) und der Erbschaftskauf (§. 2371).

3. Bezüglich der Form einer Verfügung über das Vermögen vgl. §. 311. Das Genehmigungserforderniß gilt auch für Bruchtheile des Vermögens (Kommiss.Prot.); es besteht also z. B., wenn zwischen einem Mündel und seinem Vater die fortgesetzte Gütergemeinschaft aufgehoben werden soll (vgl. §. 1492). Verträge über künftiges Vermögen oder Bruchtheile davon sind nichtig (§§. 310, 312).

4. Ueber den Begriff der Erbschaft, sowie des Erbtheils vgl. §. 1922, des Pflichttheils §. 2303.

5. Vgl. §. 1643 Abs. 2 Satz 1.

6. Ueber den ganzen Nachlaß oder auch nur einen Theil desselben, z. B. auch zu einer behufs der Erbtheilung vorgenommenen Abtretung einer Nachlaßforderung an einen Miterben zum alleinigen Eigenthume seitens der anderen Erben.

Die von den Miterben gemeinschaftlich erklärte Abtretung einer Nachlaßforderung ist dagegen nicht ein Akt der Erbauseinandersetzung; Vormünder bedürfen daher zu einem solchen Akte nicht der Genehmigung des Vormundschaftsgerichts, sondern nur des Gegenvormunds (Jahrbuch Bd. 1 S. 185). Ebenso ist die Genehmigung des Vormundschaftsgerichts nicht erforderlich zur Anstellung einer Theilungsklage (§§. 749 ff.) und zu dem Antrag auf den Verkauf der zu einer gemeinschaftlichen Erbschaft gehörenden Gegenstände zum Zwecke der Aufhebung der Gemeinschaft (§. 2042).

Die Genehmigung einer Erbtheilung wird durch die Auflassung der Theilungsgrundstücke nach Maßgabe der Erbtheilung nicht ergänzt; aus der Genehmigung der Auflassung durch das Vormundschaftsgericht kann aber die nicht ausgesprochene Genehmigung der Erbtheilung entnommen werden (J.W. 1882 S. 7); vgl. Anm. 4 Abs. 1 zu §. 1821. Ob eine Erbtheilung erfolgen soll, bleibt dem Ermessen des Vormunds anheimgestellt.

7. Nicht erforderlich ist die Genehmigung zur Annahme einer Erbschaft oder eines Vermächtnisses und zur Anerkennung eines Testaments, wenn dadurch nicht der Pflichttheil des Mündels verkürzt ist. Vgl. auch §. 97 Abs. 2 F.G.G.

Auf den Werth der Erbschaft u. s. w. kommt es für das Erforderniß der Genehmigung nicht an.

Wegen des Rechts des Vormunds, die Nachlaßverwaltung zu beantragen, vgl. §. 1981.

8. Die Gültigkeit des entgeltlichen Erwerbs und der Veräußerung eines Erwerbsgeschäfts ist unbedingt an die gerichtliche Genehmigung gebunden. Vor Ertheilung der Genehmigung ist der über 18 Jahre alte Mündel zu hören (§. 1827). Zum unentgeltlichen Erwerbe (durch Erbfolge, Vermächtniß, Schenkung) ist keine Genehmigung erforderlich. Der Beginn oder die Auflösung eines Erwerbsgeschäfts aber soll nur mit Genehmigung des Vormundschaftsgerichts erfolgen (§. 1828), ohne daß doch die Gültigkeit von dieser Genehmigung abhängig ist. Vgl. auch §. 112.

Die Vorschrift gilt für kaufmännische, gewerbliche, land- oder forstwirthschaftliche und andere Betriebe. Wegen der Betheiligung an einer Gesellschaft mit beschränkter Haftung s. Liebmann in der Monatsschrift für Aktienrecht und Bankwesen Jahrg. 4 S. 259.

9. Ohne Rücksicht auf die Dauer des Pachtverhältnisses, gleichgültig, ob der Mündel pachtet oder verpachtet. Landgut ist nicht jedes landwirthschaftliche

Grundstück, insbesondere nicht eine einzelne Parzelle, sondern nur ein Gut, das nach der in der betreffenden Gegend üblichen Weise als eine selbständige Wirthschaft zu betrachten ist (vgl. §. 98 Abs. 2 und Civ.R.G. Bd. 20 S. 262, 263).

Gewerblicher Betrieb steht im Gegensatze zum land- und forstwirthschaftlichen. Doch fällt unter die Nr. 4 auch ein landwirthschaftlicher Nebenbetrieb (Stärkefabrik, Zuckerfabrik u. dgl.), wenn er gesondert ver- oder gepachtet wird.

10. Auch hier ist die Genehmigung des Vormundschaftsgerichts erforderlich, gleichgültig, ob der Mündel als Miether und Pächter oder Vermiether und Verpächter auftritt.

11. Verträge mit Verpflichtung zu wiederkehrenden Leistungen sind z. B. Versicherungs-, Altentheils-, Leibrentenverträge.

12. Nur diejenigen Verträge, deren Wirksamkeit sich über die Vollendung des 22. Lebensjahrs des Mündels hinauserstrecken soll, sind genehmigungspflichtig. Eine frühere Volljährigkeitserklärung des Mündels ist einflußlos.

Fehlt die erforderliche Genehmigung, so ist der ganze Vertrag, nicht bloß derjenige Theil desselben, welcher über die in Nr. 5 bestimmte Grenze hinausliegt, nach Maßgabe der §§. 1828—1831 unwirksam, es sei denn, daß die Vertragschließenden den Vertrag überhaupt nicht als einen einheitlichen gewollt haben (Mot.).

13. Ueber Lehrverträge vgl. §§. 126—132 Reichs-Gewerbeordnung (R.G.Bl. 1900 S. 871) und §§. 76—82 H.G.B. Der Mündel ist zu hören (§. 1827).

14. Ueber Dienst- und Arbeitsverträge vgl. §§. 611 bis 630. Die Vorschrift findet nicht Anwendung auf Gesindeverträge (Art. 95 E.G.). Der Mündel, welchem eine allgemeine Ermächtigung zur Abschließung von Arbeitsverträgen ertheilt ist, darf sich ohne Genehmigung

des Vormundschaftsgerichts nicht für länger als ein Jahr binden (§. 113). Verträge, die für unbestimmte Zeit mit kürzerer Kündigungsfrist geschlossen sind, gelten nicht auf länger als ein Jahr geschlossen, selbst wenn sich ihre Wirksamkeit thatsächlich auf eine längere Zeit erstreckt (vgl. §. 1827).

15. D. i. zu allen Geschäften, durch die der Vormund Geld auf den Kredit des Mündels entnimmt, also auch zu einem Kontokurrentverkehr, in welchem solches geschehen soll, nicht zu einem bloßen Waarenkredit und Kauf auf Borg. Vgl. auch §. 1825.

16. D. i. aller Verbindlichkeiten aus Inhaber- und aus Orderpapieren, die durch Indossament übertragen werden können, also auch aus den in §. 807 bezeichneten Karten, Marken u. s. w. Die Genehmigung braucht nicht auf dem Papiere selbst zu stehen. Vgl. auch §. 1825.

Inhaberpapiere, welche nicht eine Geldsumme zum Gegenstande haben, fallen ebenfalls unter die Nr. 9.

17. Sei es kumulativ (Bürgschaft und Pfandbestellung) oder privativ (Schuldübernahme), sei es prinzipal oder accessorisch; die Annahme einer mit Verbindlichkeiten beschwerten Erbschaft gehört jedoch nicht hierher (Civ.R.G. Bd. 29 S. 197). Vgl. auch §. 1825.

18. Nicht auch zum Widerruf einer ertheilten Prokura (§. 52 Abs. 1 H.G.B.), noch zur Ertheilung einer einfachen Handelsvollmacht (§. 54 H.G.B.).

19. Es gehören hierher die über die Ansprüche aus einer außerehelichen Schwängerung geschlossenen Vergleiche (§. 1714 Abs. 1), die Vergleiche vor dem Schiedsmann und die Rezesse in Gemeinheitstheilungssachen, ferner die Vereinbarungen nach §. 1025 C.P.O., nicht die Erbtheilungsverträge (vgl. Nr. 2 des §. 1822); ob auch die sog. Prozeßvergleiche, d. i. Vergleiche, durch die ein im Prozesse geltend gemachter Anspruch ganz oder theilweise erledigt wird, und die Zwangsvergleiche im

Konkursverfahren, ist zweifelhaft (wegen der Prozeßvergleiche siehe Brettner im Magazin für das Deutsche Recht der Gegenwart Bd. 8 S. 261 ff. und Jünger, Befugniß des Prozeßbevollmächtigten zum Abschluß eines Vergleichs nach der deutschen C.P.O. unter besonderer Berücksichtigung der preuß. Vormundschaftsordnung, 1890, auch Paul, Der Vergleich im Civilprozeß, 1898, und Wach in der Zeitschrift Bd. 27 S. 11). Die Entscheidung hängt von der sehr bestrittenen Auslegung des §. 54 C.P.O. bezw. davon ab, ob der Zwangsvergleich die Natur einer gerichtlichen Entscheidung oder eines eigentlichen Vergleichs hat (Mot.). Nach Civ.R.G. Bd. 19 S. 362 (auch Seuffert Bd. 48 S. 388 und J.W. 1894 S. 498) erscheint der von einem gesetzlichen Vertreter bestellte Prozeßbevollmächtigte zum Abschluß eines Vergleichs ohne Beobachtung der Vorschriften des bürgerlichen Rechts nicht berechtigt.

Dafür, ob die Genehmigung nothwendig ist oder nicht, ist maßgebend der Gegenstand des Vergleichs oder Schiedsvertrags, d. i. das zweifelhafte oder ungewisse Recht, über welches der Vergleich (Schiedsvertrag) geschlossen wird, und die Zeit des Abschlusses, nicht die der Einholung oder Ertheilung der Genehmigung.

Stellt sich der Vergleich als Veräußerung einer der unter die Nummern 1—8 des §. 1821 und Nr. 1 des §. 1822 fallenden Gegenstände dar, so finden diese Vorschriften Anwendung ohne Rücksicht darauf, ob der Gegenstand den Betrag von 300 Mark übersteigt oder nicht.

Zu Anerkenntnissen und Verzichten, Erlassen und Entsagungen, mit Ausnahme der im §. 1822 Nr. 1 u. 2 gedachten, bedarf es keiner Genehmigung. Wenn dieselben jedoch aus bloßer Liberalität hervorgehen, gilt §. 1804, und es tritt ferner eine Beschränkung des Vormunds noch insoweit ein, als nach anderweitigen Vorschriften die Befugniß zur Verfügung über den Gegenstand des Anerkenntnisses 2c. dem Vormunde fehlt oder für das Rechtsgeschäft, in dessen Ausführung das Anerkenntniß ꝛc. erfolgt, bezw. mittelst dessen es vollzogen wird, eine Genehmigung erforderlich ist (J.W. 1894 S. 492, Bolze Bd. 19 S. 371).

20. Z. B. Aufhebung einer Hypothek (§§. 875, 1168), Vorrechtseinräumung (§§. 880 ff.), Aufgabe eines Pfandrechts (§. 1258), einer Bürgschaft, einer bestellten Sicherheit.

§. 1823.[1])

Der Vormund soll[2]) nicht ohne Genehmigung des Vormundschaftsgerichts ein neues Erwerbsgeschäft im Namen des Mündels beginnen[3]) oder ein bestehendes Erwerbsgeschäft des Mündels auflösen.[4])

I Entw. §. 1663; II Entw. §. 1686; Reichst. Vorl. §. 1799; Mot. IV zu §. 1663 S. 1108; Kommiss.Prot. S. 6855 (760).

1. Vgl. §. 1645.

2. Es handelt sich also nur um eine Ordnungsvorschrift, deren Uebertretung den Vormund verantwortlich machen (§. 1833) und ein Einschreiten des Vormundschaftsgerichts (§. 1837) rechtfertigen kann, die Rechtsgültigkeit seiner Handlungen aber nicht berührt. Es kann deshalb der Registerrichter auch die Eintragung eines ohne vormundschaftsgerichtliche Genehmigung begonnenen Erwerbsgeschäfts in das Handelsregister nicht ablehnen (Jahrbuch N.F. Bd. 1 S. A 160).

3. Ob in der Aenderung eines bestehenden Erwerbsgeschäfts der Beginn eines neuen Erwerbsgeschäfts liegt, ist Thatfrage.

4. Zur Ergänzung des §. 1823 dienen die Vorschriften der §§. 1821 Nr. 4, 1822 Nr. 3, 4, verbunden mit den §§. 1828—1831.

Vor der richterlichen Beschlussfassung sind der Gegenvormund nach §. 1826 und der über 18 Jahre alte Mündel, soweit thunlich, zu hören (§. 1827 Abs. 2). Im übrigen vgl. Anm. 8 zu §. 1822.

§. 1824.[1])

Der Vormund kann[2]) Gegenstände, zu deren Veräußerung die Genehmigung des Gegenvormundes oder des Vormundschaftsgerichts erforderlich ist,[3]) dem Mündel nicht ohne diese Genehmigung zur Erfüllung eines von diesem geschlossenen Vertrags oder zu freier Verfügung überlassen.

I Entw. §. 1677; II Entw. §. 1704 Abs. 1; Reichst.Vorl. §. 1800; Mot. IV zu §. 1677 S. 1149; Kommiss.Prot. S. 6419 (796).

1. Vgl. §. 1644.
2. Die Vorschrift ist nicht lediglich eine Anweisung für den Vormund, sondern bindet auch dritte Personen (vgl. §. 110).
3. Nach den §§. 1812, 1814—1822, 1852, 1853, 1855—1857.

§. 1825.[1])

Das Vormundschaftsgericht kann dem Vormunde zu Rechtsgeschäften, zu denen nach §. 1812 die Genehmigung des Gegenvormundes erforderlich ist, sowie zu den im §. 1822 Nr. 8 bis 10 bezeichneten Rechtsgeschäften eine allgemeine Ermächtigung ertheilen.[2])

Die Ermächtigung soll[3]) nur ertheilt werden, wenn sie zum Zwecke der Vermögensverwaltung,

insbesondere zum Betrieb eines Erwerbsgeschäfts, erforderlich ist.

I Entw. §. 1675; II Entw. §. 1708; Reichst. Vorl. §. 1801; Mot. IV zu §. 1675 S. 1147 bis 1148; Kommiss.Prot. S. 6416, 7979 (795, V 792).

1. Vgl. Anm. 6 zu §. 1812 und Anm. 15—17 zu §. 1822.

2. Die ertheilte Ermächtigung wird zweckmäßig in der Bestallung erwähnt. Vorgeschrieben ist dies jedoch nicht (§. 1791 Abs. 2), und jedenfalls ist die Wirksamkeit der Ermächtigung von der Aufnahme in die Bestallung nicht abhängig.

Vorher ist der Gegenvormund nach §. 1826 zu hören.

3. Die Bestimmung ist also bloß eine Ordnungsvorschrift.

§. 1826.

Das Vormundschaftsgericht soll[1]) vor der Entscheidung über die zu einer Handlung[2]) des Vormundes erforderliche Genehmigung den Gegenvormund hören,[3]) sofern ein solcher vorhanden[4]) und die Anhörung thunlich ist.

I Entw. §. 1679; II Entw. §. 1705; Reichst. Vorl. §. 1802; Mot. IV zu §. 1679 S. 1151 bis 1152; Kommiss.Prot. S. 6420 (796).

1. Also nur Ordnungsvorschrift, deren Uebertretung den Richter verantwortlich machen kann (vgl. §. 1848), aber die Wirksamkeit der Genehmigung nicht berührt.

2. Mithin nicht bloß zu einem Rechtsgeschäfte, sondern auch zu einem rein thatsächlichen Handeln (§. 1828).

3. Die Anhörung ist dann nicht vorgeschrieben, wenn das Gericht die verweigerte Genehmigung des Gegenvormunds ersetzt, obwohl sie aus praktischen Gründen

wohl auch in diesen Fällen erfolgen wird. Vgl. Anm. 2 Abs. 2 zu §. 1826 und Anm. 3 zu §. 1827.

4. D. i. bereits bestellt ist.

§. 1827.[1])

Das Vormundschaftsgericht[2]) soll den Mündel hören[3]) vor der Entscheidung über die Genehmigung eines Lehrvertrags oder eines auf die Eingehung eines Dienst- oder Arbeitsverhältnisses gerichteten Vertrags[4]) und, wenn der Mündel das vierzehnte Lebensjahr vollendet hat,[5]) über die Entlassung aus dem Staatsverbande.[6])

Hat der Mündel das achtzehnte Lebensjahr vollendet,[5]) so soll ihn das Vormundschaftsgericht, soweit thunlich, auch hören vor der Entscheidung über die Genehmigung eines der im §. 1821 und im §. 1822 Nr. 3 bezeichneten Rechtsgeschäfte sowie vor der Entscheidung über die Genehmigung des Beginns oder der Auflösung eines Erwerbsgeschäfts.[7])

I Entw. §. 1657 Satz 2, §. 1680; II Entw. §. 1707; Reichst.Vorl. §. 1808; Mot. IV zu §. 1657 S. 1098, zu §. 1680 S. 1152—1153; Kommiss.Prot. S. 6420, 6421, 6426—6429, 6856, 6857 (757, 758, 796—797, V 147).

1. Der Paragraph enthält nur Ordnungsvorschriften. Das Vormundschaftsgericht kann natürlich auch in anderen als den darin bezeichneten Fällen vor seiner Entscheidung den Mündel hören und wird dies oft zweckmäßig thun. Wegen des selbständigen Beschwerderechts des zu hörenden Mündels s. §. 59 F.G.G.

2. Nicht der Vormund, vgl. jedoch Einleitung oben S. 44.

3. Schriftlich oder mündlich, letzteres nicht nothwendig an Gerichtsstelle, sondern auch, namentlich bei weiter Entfernung des Aufenthaltsorts vom Gerichtssitze, durch den Gemeindewaisenrath oder eine andere geeignete Behörde (Kommiss.Prot.).

4. Ueber Lehr-, Arbeits- und Dienstverträge ist der Mündel zu hören, gleichgültig, in welchem Alter er sich befindet.

5. Wegen der Berechnung des Alters s. §. 187 Abs. 2.

6. Daß der Antrag auf Entlassung des Mündels aus dem Staatsverbande der vormundschaftsgerichtlichen Genehmigung bedarf, ist in Art. 41 II. E.G. vorgeschrieben; vgl. auch §. 1847 Abs. 1.

Der Vormund darf ohne Genehmigung des Vormundschaftsgerichts dem Mündel einen dauernden Aufenthalt gestatten, so daß dieser mittelbar durch zehnjährigen Aufenthalt im Auslande seine Staatsangehörigkeit ohne Genehmigung des Vormundschaftsgerichts verlieren kann. Der Verlust tritt aber auch selbst dann ein, wenn der Mündel sich ohne Genehmigung des Vormunds zehn Jahre ununterbrochen im Ausland aufgehalten hat (Sartorius im Verwaltungsarchiv Bd. 7 S. 399 ff., S. 406 ff., Stier-Somlo, Die Einwirkung des bürgerlichen Rechts auf das preußisch-deutsche Verwaltungsrecht S. 170 ff., Reger, Entscheidungen der Gerichte und Verwaltungsbehörden Bd. 18 S. 474, 475).

7. Vgl. Anm. 2 zu §. 1821, Anm. 3 zu §. 1822, Anm. 4 zu §. 1823.

§. 1828.

Das Vormundschaftsgericht kann die Genehmigung[1]) zu einem Rechtsgeschäfte nur dem Vormunde gegenüber[2]) erklären.[3])

I Entw. §. 1681 Abs. 1; II Entw. §. 1708; Reichst.Vorl. §. 1804; Mot. IV zu §. 1681

S. 1158; Kommiss.Prot. S. 6421—6428 (797 bis 799).

1. Gleichgültig, ob sie im voraus oder nachträglich ertheilt wird. Die sonst im B.G.B. gemachte Unterscheidung zwischen Genehmigung als nachträglicher Zustimmung und Zustimmung (Einwilligung) als vorausgehender und nachträglicher Zustimmung (§§. 182—184) ist bei der Genehmigung des Vormundschaftsgerichts absichtlich nicht durchgeführt; der Ausdruck „Genehmigung" des Vormundschaftsgerichts umfaßt daher im §. 1828 und sonst nicht bloß die Zustimmung zu einem bereits vorgenommenen Rechtsakte, sondern auch die Einwilligung in einen erst demnächst vorzunehmenden Rechtsakt (Kommiss.Prot.). Vgl. auch Anm. 4 zu §. 1812 und Anm. 2 zu §. 1821.

2. Da die Genehmigung des Vormundschaftsgerichts dieselbe Bedeutung hat, welche nach den §§. 107, 108, 111 der Einwilligung bezw. Genehmigung des Vormunds zu einem Rechtsgeschäfte des Mündels zukommt (vgl. Anm. 8 Abs. 2 zu §. 1821), so würde sie an sich auch gegenüber dem betheiligten Dritten wirksam erklärt werden können. Dies wird durch den §. 1828 ausgeschlossen, weil es weder der Stellung des Vormundschaftsgerichts noch des Vormunds entspreche (Mot.). Das Vormundschaftsgericht hat daher keine Pflicht, auf den Antrag eines Dritten, der mit dem Vormund ein Geschäft schließen will, sich darüber zu erklären, ob es seine Genehmigung dazu ertheilen wird, dürfte aber aus praktischen Gründen in der Regel eine solche Erklärung nicht verweigern, vorbehaltlich der späteren endgültigen Entschließung und ohne für diese gebunden zu werden. Natürlich kann auf Antrag des Vormunds die Erklärung auch seinem Bevollmächtigten zugestellt werden (Centralblatt Bd. 1 S. 488).

3. Gilt nicht auch für die Fälle, wo das Vormund-

schaftsgericht die Genehmigung des Vormunds ersetzt (§§. 113 Abs. 3, 1304 Abs. 2, 1337 Abs. 1).

§. 1829.[1])

Schließt der Vormund einen Vertrag[2]) ohne die erforderliche Genehmigung[3]) des Vormundschaftsgerichts, so hängt die Wirksamkeit des Vertrags von der nachträglichen Genehmigung des Vormundschaftsgerichts ab.[4]) Die Genehmigung sowie deren Verweigerung wird dem anderen Theile gegenüber erst wirksam, wenn sie ihm durch den Vormund[5]) mitgetheilt wird.[6])

Fordert der andere Theil den Vormund zur Mittheilung darüber auf, ob die Genehmigung ertheilt sei, so kann die Mittheilung der Genehmigung nur bis zum Ablaufe von zwei Wochen[7]) nach dem Empfange der Aufforderung[8]) erfolgen; erfolgt sie nicht, so gilt die Genehmigung als verweigert.[9])

Ist der Mündel volljährig geworden,[10]) so tritt seine Genehmigung an die Stelle der Genehmigung des Vormundschaftsgerichts.

I Entw. §. 1681 Abs. 2, 3, 5; II Entw. §. 1709; Reichst.Vorl. §. 1805; Mot. IV zu §. 1681 S. 1153—1155; Kommiss.Prot. S. 6421 bis 6424, 8687 (797—799, VI 811).

1. Der §. 1829 entspricht dem §. 108.

2. Bezüglich der einseitigen Rechtsgeschäfte vgl. §. 1831.

3. Vgl. Anm. 1 zu §. 1828.

4. Bis zur Ertheilung der Genehmigung ist der andere Theil an den Vertrag gebunden. Verfügungen über

den Gegenstand des Rechtsgeschäfts durch den Vertreter des Mündels oder im Wege der Zwangsvollstreckung vor Ertheilung der Genehmigung sind auch zu Ungunsten des Gegenkontrahenten gültig. Sind diese Verfügungen freiwillige, so würde sich der Vertreter freilich dem dritten Kontrahenten schadensersatzpflichtig machen. Soweit Rechte dritter Personen nicht in Frage kommen, macht die Ertheilung oder Versagung der Genehmigung das vom Vormunde geschlossene Rechtsgeschäft von Beginn an rechtswirksam bezw. unwirksam (§. 184 Abs. 1).

Die Genehmigung hat zu beweisen, wer sich darauf beruft.

Wegen späterer Aenderung der Genehmigung s. §. 55 Abs. 1 F.G.G. Ueber das Beschwerderecht bei versagter Genehmigung vgl. Anm. 2 zu §. 57 F.G.G.

5. Mittheilung durch den Mündel selbst oder das Vormundschaftsgericht ist ohne rechtliche Bedeutung.

6. Vgl. §§. 180—182.

7. Ueber Berechnung der Frist vgl. §§. 187, 188.

8. Vgl. §. 187.

9. Nach Ablauf der zwei Wochen wird also der andere Theil frei.

10. Sei es durch Erreichung des 21. Lebensjahrs oder durch Volljährigkeitserklärung (§. 8 Abs. 2).

§. 1830.[1])

Hat der Vormund dem anderen Theile gegenüber der Wahrheit zuwider die Genehmigung des Vormundschaftsgerichts behauptet,[2]) so ist der andere Theil bis zur Mittheilung der nachträglichen Genehmigung des Vormundschaftsgerichts zum Widerrufe berechtigt,[3]) es sei denn, daß ihm das

Fehlen der Genehmigung bei dem Abschlusse des Vertrags bekannt war.[4])

I Entw. §. 1681 Abs. 2, 4; II Entw. §. 1710; Reichst.Vorl. §. 1806; Mot. IV zu §. 1681 S. 1154; Kommiss.Prot. S. 6421—6425, 6687 (797—799, VI 311, 395).

1. Der §. 1830 entspricht dem §. 109 Abs. 2.

2. Der Vormund, welcher unwahr die Genehmigung behauptet hat, macht sich dem Mündel und dem Dritten schadensersatzpflichtig.

3. Sobald die nachträgliche Genehmigung des Vormundschaftsgerichts dem Dritten mitgetheilt wird, kann dieser nicht mehr widerrufen; das Rechtsgeschäft ist dann gültig.

4. In diesem Falle hat er nur das durch §. 1829 Abs. 2 gegebene Recht. Der Beweis der Kenntniß liegt dem Vormund ob.

§. 1831.[1])

Ein einseitiges Rechtsgeschäft,[2]) **das der Vormund ohne die erforderliche Genehmigung des Vormundschaftsgerichts vornimmt, ist unwirksam.**[3]) **Nimmt der Vormund mit dieser Genehmigung ein solches Rechtsgeschäft einem Andern gegenüber vor, so ist das Rechtsgeschäft unwirksam, wenn der Vormund die Genehmigung nicht in schriftlicher Form vorlegt und der Andere das Rechtsgeschäft aus diesem Grunde unverzüglich**[4]) **zurückweist.**[5])

I Entw. §. 1681 Abs. 2; II Entw. §. 1711; Reichst.Vorl. §. 1807; Mot. IV zu §. 1681 S. 1158; Kommiss.Prot. S. 6421—6428 (797 bis 799).

1. Der §. 1831 entspricht dem §. 111 Satz 1 u. 2.

2. D. i. ein solches, dessen Inhalt ausschließlich durch den Erklärenden festgesetzt wird, ohne der Annahme seitens eines Anderen zu bedürfen, wenngleich es empfangsbedürftig sein kann, also Ausübung eines Vorkaufsrechts, Ertheilung einer Prokura oder einer Vollmacht, Auslobung, Kündigung, Mahnung, aber auch Aneignung einer herrenlosen beweglichen Sache und Aufgabe einer beweglichen Sache, Ausschlagung einer Erbschaft u. dergl. m.

3. Unwirksam ist hier ipso jure nichtig. Es bedarf daher der erneuten Vornahme mit Genehmigung. Die zu dem neuen Rechtsgeschäft ertheilte Genehmigung hat keine rückwirkende Kraft für das frühere (§. 141, dessen Abs. 2 nur für Verträge gilt). Die zu dem wegen der fehlenden Genehmigung nichtigen Rechtsgeschäft ertheilte nachfolgende Genehmigung, die als solche wirkungslos ist, kann jedoch zugleich eine im voraus ertheilte Genehmigung zu dem erneut vorgenommenen Rechtsgeschäft und als solche wirksam sein.

4. D. h. ohne schuldhaftes Zögern (vgl. §. 121).

5. Der Dritte braucht nicht schriftliche Genehmigung zu fordern, wenn er dem Vormunde Glauben schenkt; Voraussetzung der Gültigkeit des Geschäfts bleibt aber auch dann, daß die Genehmigung vorhanden ist.

§. 1832.

Soweit der Vormund zu einem Rechtsgeschäfte der Genehmigung des Gegenvormundes bedarf,[1]) finden die Vorschriften der §§. 1828 bis 1831 entsprechende Anwendung.

I Entw. §. 1682; II Entw. §. 1712; Reichst. Vorl. §. 1808; Mot. IV zu §. 1682 S. 1155; Kommiss. Prot. S. 6425 (799).

1. Ueber Genehmigung des Gegenvormunds vgl. §§ 1809, 1810, 1812, 1818.

§. 1833.

Der Vormund[1]) ist dem Mündel für den aus einer Pflichtverletzung[2]) entstehenden Schaden verantwortlich,[3]) wenn ihm ein Verschulden[4]) zur Last fällt. Das Gleiche gilt von dem Gegenvormunde.

Sind für den Schaden Mehrere neben einander verantwortlich, so haften sie als Gesammtschuldner.[5]) Ist neben dem Vormunde für den von diesem verursachten Schaden der Gegenvormund oder ein Mitvormund nur wegen Verletzung seiner Aufsichtspflicht verantwortlich, so ist in ihrem Verhältnisse zu einander der Vormund allein verpflichtet.[6])[7])

I Entw. §. 1696; II Entw. §. 1782; Reichst. Vorl. §. 1809; Mot. IV zu §. 1696 S. 1175 bis 1180; Kommiss.Prot. S. 6457, 6458 (816, 817).

1. Sind mehrere Vormünder vorhanden, so haftet jeder nach Abs. 2, aber nicht der bei einem Mehrheitsbeschluß Ueberstimmte, falls ihm nicht trotzdem ein Verschulden zur Last fällt.

2. Verstoß bei der Sorge für die Person oder bei der Sorge für das Vermögen gegen die Vorschriften dieses Abschnitts, gegen sonstige gesetzliche Vorschriften oder gegen die im Verkehr übliche Sorgfalt (§. 276, vgl. über diese Windhorst im Archiv für die civilistische Praxis Bd. 87 S. 422 ff.), z. B. Verzögerung in der Anlegung von Mündelgeldern.

3. Zu ersetzen ist der wirkliche Schaden und entgangene Gewinn (§§. 249 ff.). Diese Verpflichtung geht unbeschränkt auf die Erben über. Der Anspruch auf Schadensersatz kann schon während des Bestehens der Vormundschaft gerichtlich geltend gemacht werden (§. 1843

Abs. 2). Vgl. wegen der neben der Pflicht zum Schadensersatze zulässigen Maßregeln im Aufsichtswege die §§. 1837, 1886.

Ob die Genehmigung einer Rechtshandlung durch den Gegenvormund den Vormund und ob die durch das Vormundschaftsgericht den Vormund und den Gegenvormund von der Verantwortlichkeit befreit, ist eine Thatfrage, deren Entscheidung von der Beurtheilung der Umstände des einzelnen Falles abhängt. Jedenfalls aber wird, wenn dem Vormund oder dem Gegenvormund ein Verschulden zur Last fällt, er von der Haftung wegen dieses Verschuldens nicht durch die Thatsache befreit, daß das Vormundschaftsgericht die Handlung genehmigt hat (Mot.). Beginn der Verantwortlichkeit mit der Bestellung; Verjährung nach §. 195 in 30 Jahren, und nur, wenn nicht eine innerhalb des Vormundschaftsverhältnisses begangene Pflichtwidrigkeit, sondern eine unerlaubte Handlung im Sinne der §§. 823ff. vorliegt, nach §. 852 in 3 bezw. 30 Jahren, von der Geschäftsfähigkeit des Mündels oder Bestellung eines anderen Vertreters beginnend (§. 204).

4. Vorsatz und Fahrlässigkeit (§. 276 Abs. 1). Wegen Anwendbarkeit des §. 254 s. Cohn in den Beiträgen Bd. 43 S. 404.

5. D. h. das Mündel kann alle, aber auch jeden Einzelnen ohne Rücksicht auf das Maß seines Verschuldens auf vollen Ersatz in Anspruch nehmen (§§. 421 ff.). Der in Anspruch Genommene kann von den Mitverpflichteten Ausgleichung verlangen (§. 426), es sei denn, daß der Mitverpflichtete nur wegen Verletzung seiner Aufsichtspflicht verantwortlich ist.

6. Die früher geltende Vorschrift über die Haftung des Ehemannes einer zum Vormunde bestellten Ehefrau (§. 32 Abs. 3 der Vormundschaftsordnung vom 5. Juli 1875) ist nicht aufgenommen.

7. Im Konkurse des Vormunds bezw. Gegenvormunds haben die Schadensersatzansprüche des Mündels ein Konkursvorrecht (§. 61 Nr. 5 Konkursordnung), und zwar auch dann, wenn dem Gemeinschuldner die ihm gesetzlich zustehende Verwaltung noch freiwillig übertragen worden war (Seuffert Bd. 55 S. 128).

§. 1834.[1])

Verwendet der Vormund Geld[2]) des Mündels für sich,[3]) so hat er es von der Zeit der Verwendung an zu verzinsen.[4])

I Entw. §. 1697; II Entw. §. 1783; Reichst. Vorl. §. 1810; Mot. IV zu §. 1697 S. 1180 bis 1181; Kommiss.Prot. S. 6458 (817); Reichst. Komm.Ber. S. 172, 178; Reichst.Sitz.Prot. S. 3005, 3095.

1. Vgl. die §§. 668, 698.

2. Beim Gebrauch anderer Vermögensstücke des Mündels für sich ist eine Verzinsungspflicht nicht vorgeschrieben; es kommen dabei lediglich die Vorschriften der §§. 1805, 1833 zur Anwendung.

3. Vgl. Anm. 2 Abs. 2 zu §. 1805.

4. Mit 4% (§. 246) von der Zeit der Verwendung bis zur Rückerstattung.

§. 1835.

Macht der Vormund zum Zwecke der Führung[1]) der Vormundschaft Aufwendungen,[2]) so kann er nach den für den Auftrag[3]) geltenden Vorschriften der §§. 669, 670[4]) von dem Mündel[5]) Vorschuß oder Ersatz[6]) verlangen.[7]) Das gleiche Recht steht dem Gegenvormunde zu.

Als Aufwendungen gelten auch solche Dienste

des Vormundes oder des Gegenvormundes, die zu seinem Gewerbe oder seinem Berufe gehören.[8] [9])

I Entw. §. 1698; II Entw. §. 1784; Reichst. Vorl. §. 1811; Mot. IV zu §. 1698 S. 1181; Kommiss. Prot. S. 6458 (817).

1. Nur die Aufwendungen, die der Vormund den Umständen nach für erforderlich halten durfte, sind erstattungsfähig (§. 670). Vgl. Anm. 8 zu §. 1802 und Anm. 4 zu §. 1840.

2. In Geld oder Sachen. Versäumnisse gelten niemals, geleistete Dienste nur mit der in Abs. 2 enthaltenen Beschränkung als Aufwendungen, sonst verbleibt es hierfür bei der Regel des §. 1836.

3. Die Vorschriften über Geschäftsführung ohne Auftrag finden nicht Anwendung.

4. Die §§. 669, 670 lauten:

§. 669. Für die zur Ausführung des Auftrags erforderlichen Aufwendungen hat der Auftraggeber dem Beauftragten auf Verlangen Vorschuß zu leisten.

§. 670. Macht der Beauftragte zum Zwecke der Ausführung des Auftrags Aufwendungen, die er den Umständen nach für erforderlich halten darf, so ist der Auftraggeber zum Ersatze verpflichtet.

5. Nicht auch bei Unvermögen des Mündels aus der Staatskasse, selbst nicht, wenn die Ausgabe durch eine gerichtliche Anordnung veranlaßt worden ist und deren Ungesetzmäßigkeit behauptet wird (Jahrbuch Bd. 7 S. 46). Der Vormund, der in Angelegenheiten seines Mündels verklagt ist, kann Ersatz der aufgewendeten Kosten, in welche der Prozeßgegner verurtheilt ist, nicht fordern, so lange nicht festgestellt ist, daß er diesen Ersatz von dem verurtheilten Prozeßgegner nicht erlangen kann (Bolze Bd. 1 S. 288).

6. Auch neben geleistetem Vorschusse, falls dieser unzureichend war.

Die Aufwendungen sind vom Augenblicke der Verwendung bis zum Augenblicke der Erstattung in der gesetzlichen Weise (§§. 246, 256) zu verzinsen.

7. Die im §. 1835 anerkannten Ansprüche können auch schon während des Bestehens der Vormundschaft geltend gemacht werden (§. 1843 Abs. 2). Es darf ferner der Vormund sich aus dem in seinen Händen befindlichen Vermögen vorbehaltlich der etwa erforderlichen Genehmigung des Gegenvormunds bezw. des Vormundschaftsgerichts bezahlt machen. Auch wo eine Genehmigung des Vormundschaftsgerichts nicht erforderlich ist, wird dieses bei Gelegenheit der Rechnungslegung Kenntniß von der Vorschuß- bezw. Ersatzleistung erlangen. Glaubt es, daß der Mündel zu einer solchen nicht verpflichtet war, so wird durch Bestellung eines Pflegers für Feststellung im Prozeßwege zu sorgen sein. Weigert der Gegenvormund hingegen seine Genehmigung, so hat das Vormundschaftsgericht über die Berechtigung der Weigerung zu befinden (§. 1812). Wegen Verjährung der Ansprüche vgl. §. 204 und Anm. 3 zu §. 1833.

8. Also nicht von Jedem geleistet werden können, dagegen z. B. ärztliche Bemühungen, Unterrichtsstunden seitens des Vormunds, der Lehrer ist, anwaltliche Thätigkeit. Ein Rechtsanwalt kann jedoch als Vormund für die Erhebung und Ablieferung von Geldern, da diese von Jedem ausgeführt werden konnte, keine Bezahlung verlangen (Jahrbuch Bd. 18 S. 79, Bl. f. R. Bd. 4 S. 108, vgl. dazu Jastrow S. 359 und die abweichende Entscheidung in Bl. f. R. a. a. O. S. 109). Ferner ist ein zum Vormunde bestellter Rechtsanwalt nicht berechtigt, für die von ihm besorgte Korrespondenz und die Reinschriften der von ihm an das Vormundschaftsgericht verfaßten Eingaben Schreibgebühren nach Maßgabe der

Gebührenordnung für Rechtsanwälte zu liquidiren (Jahrbuch Bd. 16 S. 40).

9. Dem Vormundschaftsgerichte steht nicht die Festsetzung dieser Entschädigung zu, über die Höhe derselben hat vielmehr in Streitfällen der Prozeßrichter zu entscheiden (Jahrbuch Bd. 4 S. 81 und Bd. 6 S. 44). Es erscheint jedoch nicht ausgeschlossen, daß das Vormundschaftsgericht darüber, ob und in welcher Höhe der Vormund für geleistete Dienste Bezahlung fordern oder sich aus dem verwalteten Mündelvermögen bezahlt machen kann, eine Entscheidung nicht als Festsetzung in der Bedeutung eines besonderen Rechtstitels, sondern als Erklärung, die Ausgabe bei der nächsten Rechnungslegung nicht beanstanden zu wollen, — welche Erklärung dem Mündel das Recht läßt, seiner Zeit die Ausgabe zu bemängeln, — treffen kann und auf Anrufen treffen muß. Vgl. Anm. 2 zu §. 57 F.G.G.

§. 1836.

Die Vormundschaft wird unentgeltlich geführt.[1] Das Vormundschaftsgericht kann[2] jedoch dem Vormund und aus besonderen Gründen[3] auch dem Gegenvormund[4] eine angemessene[5] Vergütung[6] bewilligen.[7] Die Bewilligung soll nur erfolgen,[8] wenn das Vermögen des Mündels sowie der Umfang und die Bedeutung der vormundschaftlichen Geschäfte es rechtfertigen. Die Vergütung kann jederzeit für die Zukunft[9] geändert[10] oder entzogen werden.

Vor der Bewilligung, Aenderung oder Entziehung soll der Vormund und, wenn ein Gegenvormund vorhanden oder zu bestellen ist,[11] auch dieser gehört werden.[12]

I Entw. §. 1699; II Entw. §. 1785; Reichst.

Vorl. §. 1812; Mot. IV zu §. 1699 S. 1181 bis 1184; Kommiss.-Prot. S. 6458—6462 (817—819).

1. Also auch keine Entschädigung für Versäumnisse. Vgl. jedoch §. 1835 Abs. 2.

2. Nicht muß, also kein Rechtsanspruch, namentlich keine Berufung auf die Entscheidung des ordentlichen Prozeßrichters, nachdem der Beschwerdeweg erfolglos betreten worden, andrerseits aber auch kein willkürliches Belieben des Vormundschaftsgerichts (Jahrbuch Bd. 18 S. 427).

3. Z. B. besondere Schwierigkeit der Aufsicht, großer Umfang der Vermögensverwaltung u. dergl. m.

4. Dies ist dem früheren preußischen Rechte gegenüber etwas Neues.

5. Nicht bloß mäßige. Bei Bemessung der Vergütung finden die Grundsätze, nach welchen das Honorar eines Konkursverwalters zu bestimmen ist, keine Anwendung (Jahrbuch Bd. 18 S. 427). Bei Anwälten wird man die Grundsätze der Gebührenordnung zu Grunde legen dürfen.

6. Die Vergütung gehört zu den Ausgaben, die nach dem preußischen Einkommensteuergesetze vom 24. Juni 1891 von dem Einkommen des steuerpflichtigen Mündels in Abzug gebracht werden dürfen (O.V.G. in Staatssteuersachen Bd. 1 S. 121).

7. Jedoch nicht mehr nach Beendigung der Vormundschaft, da mit dieser die Amtsgewalt des Vormundschaftsgerichts, kraft deren es allein handeln konnte (Abs. 3), aufgehört hat, selbst nicht, wenn sich vorher der Umfang der abzugeltenden Thätigkeit des Vormunds und somit der Betrag der Vergütung nicht sollte haben feststellen lassen. Nach Jahrbuch Bd. 11 S. 65 ist indessen nach Beendigung der Vormundschaft die Bewilligung eines Honorars an den früheren Vormund durch das Vormundschaftsgericht nicht ausgeschlossen.

Die Bewilligung einer Vergütung durch das Vormundschaftsgericht hat während bestehender Vormundschaft nicht den Charakter eines vollstreckbaren Schuldtitels, sondern nur die Bedeutung einer Erklärung des Vormundschaftsgerichts, daß der Vormund den bewilligten Betrag für sich aus dem von ihm verwalteten Mündelvermögen entnehmen dürfe (vgl. Bl. f. R. Bd. 8 S. 110), und daß bei der Prüfung der Jahresrechnungen die betreffende Summe als eine aus dem Mündelvermögen an den Vormund zu leistende Ausgabe behandelt werden solle. Die Bewilligung nach beendeter Vormundschaft würde entweder die Bedeutung eines den Prozeßweg eröffnenden Rechtstitels oder die einer gutachtlichen Meinungsäußerung, deren Werth zu würdigen den Betheiligten und dem Prozeßrichter überlassen bleibt, haben (Jahrbuch Bd. 11 S. 70, 71).

Das Vormundschaftsgericht schließt, indem es die Vergütung bewilligt, nicht als Vertreter des Mündels mit dem Vormund einen Vertrag ab, sondern handelt kraft seiner Amtsgewalt und gewährt in dieser Eigenschaft dem Vormund ein Recht gegen den Mündel, aber nur ein solches Recht, welches in seinem Bestande von dem Ermessen des Vormundschaftsgerichts abhängig bleibt (Mot.). Daß außer dem Vormundschaftsgericht auch der Erblasser nach Maßgabe der Vorschriften des Erbrechts mittelst eines Vermächtnisses dem Vormund eine Vergütung bewilligen darf, ist selbstverständlich; auch bei einer Zuwendung unter Lebenden kann der Zuwender dem sie verwaltenden Vormund eine Vergütung aussetzen (vgl. §. 1808 Abs. 1). Den Eltern als solchen ist bezüglich des nicht von ihnen herstammenden Vermögens ein gleiches Recht nicht gegeben.

Die Ablehnung der beantragten Bewilligung kann nur im Beschwerdewege nach den §§. 19, 20 F.G.G. angefochten werden. Gegen die Bewilligung einer Vergütung steht das Recht der Beschwerde dem Gegenvormund unbeschränkt nach §. 57 Nr. 7 F.G.G., anderen Personen nur bei Beeinträchtigung eines Rechts nach den §§. 19, 20 F.G.G. zu (vgl. Anm. 14 zu §. 57 F.G.G.). Wegen der Wirkung einer auf Beschwerde ergehenden abändernden Entscheidung s. §. 26 F.G.G.

8. Nur unter der doppelten Voraussetzung hinreichenden Vermögens und erheblichen Umfanges der Geschäfte, nicht bloß der Vermögensverwaltung; aber ohne Rücksicht darauf, ob die Verwaltung Ueberschüsse erzielt oder nicht.

9. Für die Vergangenheit hat der Vormund durch die Bewilligung ein festes Recht erworben, welches ihm nicht mehr entzogen und nöthigenfalls von ihm im Prozeßwege gegenüber dem Mündel geltend gemacht werden kann (Mot.).

10. Nicht bloß herabgesetzt.

11. Vgl. §. 1842.

12. Schriftlich oder mündlich.

III. Fürsorge und Aufsicht des Vormundschaftsgerichts.

§. 1837.

Das Vormundschaftsgericht hat über die gesammte Thätigkeit[1]) des Vormundes und des Gegenvormundes die Aufsicht zu führen und gegen Pflichtwidrigkeiten durch geeignete Gebote und Verbote einzuschreiten.[2])

Das Vormundschaftsgericht kann den Vormund[3]) und den Gegenvormund zur Befolgung seiner Anordnungen durch Ordnungsstrafen[4]) anhalten.[5])[6])[7])

Die einzelne Strafe darf den Betrag von dreihundert Mark nicht übersteigen.[8] [9])

I Entw. §. 1684; II Entw. §. 1714; Reichst. Vorl. §. 1813; Mot. IV Allg. Begründung S. 1010, 1011—1016, 1026—1028, zu §. 1684 S. 1155—1156; Kommiss.Prot. S. 6426 (799, 800).

1. Also in Bezug auf Person und Vermögen des Mündels.

2. Die Aufsichtsgewalt umfaßt jedem Vormunde, auch dem gesetzlichen, soweit es jetzt noch einen solchen giebt (Anm. 1 zu §. 1774), und dem befreiten gegenüber: 1. das Recht, Kenntniß von allen Angelegenheiten seiner Geschäftsführung zu nehmen und Auskunft hierüber zu verlangen, vgl. §. 1839, 2. das Recht und die Pflicht, Rechenschaft über einzelne Punkte seiner Verwaltung zu fordern, 3. das Recht und die Pflicht, ihn zur Innehaltung der seiner Selbständigkeit gezogenen Schranken durch Gebote und Verbote anzuhalten, und 4. das Recht, welches auch hier zugleich eine Pflicht ist, ihn auf die Unzweckmäßigkeit oder Schädlichkeit einer beabsichtigten Maßregel aufmerksam zu machen und ihm auf Anfrage Belehrung zu ertheilen.

Sehr streitig ist dagegen bisher nach der Vormundschaftsordnung vom 5. Juli 1875 gewesen, ob die Aufsichtsgewalt außerdem noch das Recht enthält, auch da, wo es sich nicht, wie unter 3, um die Gesetzmäßigkeit, sondern bloß, wie unter 4, um die Zweckmäßigkeit einer Maßregel handelt, nicht nur Rathschläge, sondern auch vom Vormunde zu befolgende Anweisungen zu erlassen, im Einzelnen insbesondere, ob das Gericht im Aufsichtswege hinsichtlich der Wahl des Berufs und der Höhe der Aufwendungen für die Erziehung des Mündels eingreifen, auf die Entschließung des Vormunds darüber, ob die Auseinandersetzung des Mündels mit seinen Miterben stattfinden soll, einwirken, bei der Anlegung von Mündelgeldern nicht bloß deren Gesetzmäßigkeit prüfen und darüber, welche Gelder zu laufenden oder zu anderen durch die Vermögensverwaltung begründeten Ausgaben nicht erforderlich sind, Weisungen erlassen, sondern auch Anordnungen über die Art der Anlegung treffen, bei Verwendung von Vermögensgegenständen des Mündels in dem Nutzen des Vormunds diesem nicht nur die Fortsetzung der unerlaubten Verwendung für die Zukunft untersagen, sondern auch bezüglich der Vergangenheit die Zahlung der Ersatzsumme aufgeben und eventuell durch einen hierzu bestellten Pfleger einklagen und beitreiben lassen und endlich, wenn bei der Rechnungslegung Posten monirt und dagegen vom Vormunde sachlicher Widerspruch erhoben wird, durch einen hierzu bestellten Pfleger die Frage beim Prozeßgerichte zum Austrage bringen lassen kann.

Nach Jahrbuch Bd. 5 S. 7 läßt sich aus dem dem Vormundschaftsrichter zustehenden Aufsichtsrechte die Berechtigung, in Vertretung des Mündels gegen einen Beschwerdebeschluß die weitere Beschwerde einzulegen, nicht herleiten; vgl. jetzt §. 20 F.G.G. Nach Bd. 4 S. 86 steht zwar dem Vormundschaftsgerichte die Kontrolle über die Maßregeln des Vormunds hinsichtlich der Person, speziell der Unterbringung des Mündels zu, aber es ist nicht berechtigt, selbständig ohne Zuziehung des Vormunds den Mündel unterzubringen; vgl. hierzu §. 1838. Nach Bd. 2 S. 47 ist aus dem Aufsichtsrechte des Vormundschaftsgerichts nicht die Befugniß herzuleiten, den Vormund zwangsweise zur Anerkennung eines von ihm in Abrede gestellten Vermögensanspruchs eines Dritten anzuhalten. Nach Bd. 5 S. 56 enthält das dem Vormundschaftsgericht über die Thätigkeit des Vormunds zustehende Aufsichtsrecht nicht die Befugniß, dem Vormunde zu gebieten, den Mündel in eine bestimmte Schule zu schicken, vielmehr hat sich das Vormundschaftsgericht, wenn der Vormund bei der Wahl der Schule die gesetzlichen Vorschriften über die religiöse Erziehung verletzt, auf die Anordnung einer anderen Wahl zu beschränken. Nach Bd. 2 S. 45 hat das Vormundschaftsgericht vermöge seines Aufsichtsrechts nicht nur bei Pflichtwidrigkeiten des Vormunds einzuschreiten, sondern bei jedem wahrgenommenen oder zu seiner Kenntniß gebrachten Mangel in der Führung der Vormundschaft für dessen Beseitigung Sorge zu tragen und den Vormund entsprechend anzuweisen, demgemäß gegebenen Falles auch darüber zu befinden, ob die vom Vormunde getroffenen Erziehungsmaßnahmen dem Wohle des Mündels zuträglich erscheinen. Nach Bd. 7 S. 48 hat der Vormundschaftsrichter zwar kraft seiner Aufsicht das Recht und die Pflicht, den Vormund zur Befolgung der Vorschriften wegen Anlegung der Mündelgelder anzuhalten, kann aber zu einer bestimmten Anlage innerhalb des eigentlichen Kreises der Anlagepapiere oder Hypotheken den Vormund nicht nöthigen. Nach Bd. 8 S. 52 hat das Vormundschaftsgericht auch einem zur Rechnungslegung nicht verpflichteten Vormunde gegenüber nicht nur gegen Pflichtwidrigkeiten einzuschreiten, sondern die ordnungsmäßige Ausführung der dem Vormund obliegenden Geschäfte zu überwachen und nöthigenfalls durch Ordnungsstrafen zu erzwingen; demgemäß liegt ihm auch, wenn zu seiner Kenntniß gelangt, daß der Vormund die zur Bezahlung der Nachlaßschulden flüssig gemachten Mittel nicht zu diesem Zwecke verwendet, ob, von Amtswegen die Sache zu untersuchen und event. den Vormund zur Rechenschaft zu ziehen und zur Bezahlung der Schulden anzuhalten. Nach Zeitschrift f. franz. Civ.R. Bd. 24 S. 101 ist, wenn ein Pfleger einen Prozeß für aussichtslos hält und dabei alle einschlägigen Fragen sorgfältiger Erwägung unterzogen hat, eine Anweisung an ihn, den Prozeß durchzuführen, unzulässig, wenn aber dem Pfleger bei Erledigung seiner Prüfungsverbindlichkeit ein feststellbares pflichtwidriges Verhalten zur Last fällt und dargethan werden kann, daß er nach dem von ihm zu erwartenden Maße von Einsicht zur Ueberzeugung von der Durchsetzbarkeit des Anspruchs hätte gelangen müssen, derselbe durch Verhängung von Ordnungsstrafen zur Erfüllung der ihm bereits durch seine Bestellung angezeigten Pflichten anzuhalten.

Jetzt ist das Vormundschaftsgericht zwar an sich nicht kraft seines Aufsichtsrechts befugt, in Zweckmäßigkeitsfragen dem Vormunde leitende Anweisungen zu ertheilen und seine Ansicht an die Stelle der Ansicht des Vormunds zu setzen (Denkschrift S. 247), und es hat nach dem Wortlaute des §. 1837 vermöge seines Aufsichtsrechts nur bei Pflichtwidrigkeiten des Vormunds durch Gebote und Verbote einzuschreiten, nicht bei jedem wahrgenommenen oder zu seiner Kenntniß gebrachten Mangel bei Führung der Vormundschaft. Andrerseits hat es jedoch auch bei allen Pflichtwidrigkeiten — Handlungen oder Unterlassungen —, mithin auch bei solchen einzuschreiten, die nicht durch Verletzung einer im Gesetze besonders hervorgehobenen Pflicht, sondern — was sehr wohl möglich ist — durch eine Unzweckmäßigkeit begangen werden. In diesem Umfang ist daher nunmehr ein Einschreiten des Vormundschaftsgerichts bei unzweckmäßigen Maßregeln des Vormunds zulässig. Vergl. Entsch. Bd. 1 S. 178, betr. die Beträge, die für den Unterhalt des Mündels zu verwenden sind (Anm. 3 Abs. 3 zu §. 1800).

Um der Pflicht zur Aufsicht zu genügen, empfiehlt es sich, in allen Vormundschaftsakten zur allgemeinen Kontrolle Fristen zu verfügen und diese Kontrolle dann durch Einforderung von Auskunft (§. 1839), gelegentliche Rücksprache mit dem Mündel selbst oder ihm nahe stehenden Personen und andere geeignete Mittel zu üben.

3. Auch den Pfleger, nicht den Gemeindewaisenrath und Mitglieder des Familienraths (vgl. jedoch §. 1875).

Wegen eines Falles von Unzulässigkeit einer Ordnungsstrafe s. Anm. 7 zu §. 1812.

4. Die Ordnungsstrafen sollen nur einen Antrieb für den Vormund enthalten, seinen Pflichten nachzukommen, sind mithin nicht als Strafe zu verhängen, wenn und weil der Vormund eine nicht mehr zu beseitigende Pflichtwidrigkeit begangen hat (vgl. Anm. 5 zu §. 1875).

5. Immer aber nur, soweit die Aufsichtsgewalt reicht und nur während der Dauer des Amtes des Vormunds, Pflegers oder Gegenvormunds und gegenüber denselben in ihrer Stellung als Vormund, Pfleger oder Gegenvormund (Jahrbuch Bd. 10 S. 63 und Bd. 17 S. 26, sowie Bl. f. R. Bd. 8 S. 41).

6. Das Ordnungsstrafrecht des Vormundschaftsgerichts kann nur im Interesse der Mündel, daher nicht in dem Falle geübt werden, wenn die Vollstreckung der Strafe die Mündel in einen Nothstand versetzt (Jahrbuch Bd. 5 S. 56). Der Vormund kann zwar kraft des Aufsichtsrechts über die Erziehung der Mutter einschreiten, wenn die letztere dabei gegen die gesetzlichen Vorschriften über die religiöse Erziehung der Kinder verstößt, aber er kann nicht durch Ordnungsstrafen verantwortlich gemacht werden, wenn die Mutter seinen Anordnungen nicht Folge leistet (daselbst).

7. Die festgesetzte Ordnungsstrafe kann ganz oder theilweise, außer auf eingelegte Beschwerde (§. 20 F.G.G.) vom Beschwerdegericht, auch von dem festsetzenden Vormundschaftsgerichte selbst wieder aufgehoben werden (§. 18 F.G.G.). Die Beschwerde hat aufschiebende Wirkung (§. 24 Abs. 1 F.G.G.)

8. Kein Mindestsatz, andrerseits keine Begrenzung der Zahl der Wiederholungen und der Zwischenräume, in denen diese erfolgen (anders §. 1788 Abs. 2); keine Umwandlung in Freiheitsstrafe im Falle der Unbeitreibbarkeit (Zeitschrift Bd. 20 S. 497). Der Festsetzung muß eine Androhung vorausgehen (§. 33 Satz 1 F.G.G.).

Wegen der zwangsweisen Einziehung und der Kosten des Verfahrens gilt das in Anm. 3 u. 4 zu §. 1788 Bemerkte.

9. Neben dem §. 1837 kommen Art. 15, 16, 17 R F.G.G. in Betracht:

Art. 15. Ist Jemandem durch eine Verfügung die Verpflichtung auferlegt, eine Handlung vorzunehmen, die ausschließlich von seinem Willen abhängt, oder eine Handlung zu unterlassen oder die Vornahme einer Handlung zu dulden, so kann ihn das Gericht, soweit sich nicht aus dem Gesetz ein Anderes ergiebt, zur Befolgung seiner Anordnung durch Ordnungsstrafen anhalten; die Ordnungsstrafen dürfen nur in Geld bestehen.

Art. 16. Bei der Festsetzung einer Ordnungsstrafe ist der Betheiligte zugleich in die Kosten des Verfahrens zu verurtheilen.

Die zwangsweise Einziehung einer Ordnungsstrafe erfolgt im Wege des Verwaltungszwangsverfahrens.[a])

Eine Ordnungsstrafe kann nicht in den Nachlaß des Verurtheilten vollstreckt werden.

Art. 17. Soll eine Sache oder eine Person herausgegeben oder eine Sache vorgelegt werden oder ist eine Anordnung ohne Gewalt nicht durchzuführen, so kann auf Grund einer besonderen Verfügung des Gerichts auch Gewalt gebraucht werden; der Verfügung hat in der Regel eine Androhung vorauszugehen. Der Vollstreckungsbeamte ist befugt, erforderlichenfalls die Unterstützung der polizeilichen Vollzugsorgane nachzusuchen. Die Kosten fallen dem Verpflichteten zur Last. Die Vorschriften des §. 752 und des §. 790 Abs. 1 der Civilprozeßordnung finden entsprechende Anwendung.

Wird die Sache oder die Person nicht vorgefunden, so kann der Verpflichtete von dem Gerichte zur Leistung des Offenbarungseids angehalten werden; die Vorschriften des §. 883 Abs. 2, 3, des §. 900 Abs. 1 und der §§. 901, 902, 904 bis 910, 912, 913 der Civilprozeßordnung finden entsprechende Anwendung.[b)]

[a)] Also nach der Verordnung, betr. das Verwaltungszwangsverfahren wegen Beitreibung von Geldbeträgen, vom 15. November 1899 (G.S. 1899 S. 545).

[b)] Die Anwendung der Vorschriften in Art. 17 wird dadurch nicht ausgeschlossen, daß eine Ordnungsstrafe zulässig ist, und namentlich dann gerechtfertigt sein, wenn die Ordnungsstrafe nicht schnell genug zum Ziele führen würde. Durch sie ist dem Vormundschaftsgericht ein sehr weit gehendes Mittel gegeben, die Erfüllung von Pflichten auf dem Gebiete des Vormundschaftswesens zu erzwingen. S. auch oben Einleitung S. 84 f.

§. 1838.

Das Vormundschaftsgericht kann[1)] anordnen,[2)] daß der Mündel zum Zwecke der Erziehung in einer geeigneten Familie oder in einer Erziehungsanstalt oder einer Besserungsanstalt untergebracht wird.[3)] Steht dem Vater oder der Mutter die Sorge für die Person des Mündels zu, so ist eine solche Anordnung nur unter den Voraussetzungen des §. 1666[4)] zulässig.[5)]

I Entw. 1685; II Entw. §. 1715; Reichst. Vorl. §. 1814; Mot. IV zu §. 1685 S. 1156; Kommiss.Prot. S. 6426—6429 (800).

1. Natürlich nicht ohne dringenden Anlaß, namentlich zur Verhütung weiterer sittlicher Verwahrlosung, und

nur nach sorgfältiger Sachprüfung. Vgl. Einleitung oben S. 28 unter b.

2. Auch wenn der Vormund sich einer Pflichtwidrigkeit in Ansehung der Erziehung nicht schuldig gemacht hat, und wenn er mit der Unterbringung nicht einverstanden ist.

3. Die Ausführung der Anordnung liegt dem Vormund ob, von dem erforderlichenfalls polizeiliche Hülfe wird in Anspruch genommen werden können. Vgl. auch Art. 17 P.F.G.G. (in Anm. 9 zu §. 1887). Wegen der Beschwerde über die Unterbringung s. außer §. 20 noch die §§. 57 Nr. 9 und 59 F.G.G.).

4. D. h. wenn der Vater oder die Mutter das Recht der Sorge für die Person des Kindes mißbraucht, das Kind vernachlässigt oder sich eines ehrlosen oder unsittlichen Verhaltens schuldig macht und dadurch das leibliche oder geistige Wohl des Mündels gefährdet.

5. Die landesgesetzlichen Vorschriften über die Zwangserziehung bleiben unberührt, vgl. Art. 135 E.G. und das Gesetz über die Fürsorgeerziehung Minderjähriger vom 2. Juli 1900 (unten unter V). Die Anordnungen auf Grund des §. 1838 ergehen ohne die besonderen Voraussetzungen und ohne das Verfahren dieses Gesetzes. Da jedoch eine Verpflichtung, den Beschluß des Vormundschaftsgerichts auf öffentliche Kosten zur Ausführung zu bringen, durch §. 1838 nicht begründet wird (Mot.), so bleibt, wenn der Mündel mittellos ist, regelmäßig nur der durch das Gesetz vom 2. Juli 1900 eröffnete Weg übrig.

§. 1839.

Der Vormund sowie der Gegenvormund hat dem Vormundschaftsgericht auf Verlangen jederzeit über die Führung der Vormundschaft und über die

persönlichen Verhältnisse des Mündels Auskunft zu ertheilen.[1][2])

I Entw. §. 1686; II Entw. §. 1716; Reichst. Vorl. §. 1815; Mot. IV zu §. 1686 S. 1156 bis 1157; Kommiss. Prot. S. 6429 (802).

1. Obwohl die Bestimmung des §. 1839 schon aus dem Rechte der Aufsicht hergeleitet werden kann, ist sie der Deutlichkeit halber noch ausdrücklich aufgenommen. Die Auskunft über die persönlichen Verhältnisse des Mündels soll die früheren Erziehungsberichte ersetzen (Mot.). In Angelegenheiten, für die ein Pfleger bestellt ist, hat dieser an Stelle des Vormunds die Pflicht zur Ertheilung von Auskunft.

2. Wegen der Pflicht des Vormundschaftsgerichts zur Auskunftsertheilung s. Einleitung oben S. 82 unter g, ferner Anm. 8 Abs. 2 a. E. zu §. 1791.

§. 1840.

Der Vormund[1]) hat[2]) über seine Vermögensverwaltung[3]) dem Vormundschaftsgerichte Rechnung zu legen.[4])

Die Rechnung ist jährlich zu legen. Das Rechnungsjahr wird von dem Vormundschaftsgerichte bestimmt.[5])

Ist die Verwaltung von geringem Umfange, so kann das Vormundschaftsgericht, nachdem die Rechnung für das erste Jahr gelegt worden ist, anordnen, daß die Rechnung für längere, höchstens dreijährige Zeitabschnitte zu legen ist.

I Entw. §. 1687 Abs. 1—3; II Entw. §. 1718; Reichst. Vorl. §. 1816; Mot. IV zu §. 1687

S. 1157—1158; Kommiss.Prot. S. 6429, 6430 (802—804).

1. Mehrere zu ungetrennter Verwaltung bestellte Vormünder haben die Rechnung gemeinschaftlich zu legen (Mot.). Vgl. Anm. 1 a. E. zu §. 1890.

2. Kraft Gesetzes, sodaß die Verantwortlichkeit des Vormunds wegen Verzögerung der Rechnungslegung nicht von einer vorherigen Aufforderung des Vormundschaftsgerichts abhängig ist.

3. Deren Vorhandensein sich wie im §. 1792 Abs. 2 bestimmt.

Davon, daß der Vormund thatsächlich die ihm rechtlich obliegende Verwaltung nicht selbst geführt, sondern durch einen Andern hat führen lassen, mag letzteres auch mit Genehmigung des Vormundschaftsgerichts geschehen sein, bleibt die Pflicht zur Rechnungslegung unberührt (J.W. 1894 S. 330).

4. Der Vormund kann sich hierzu fremder Hülfe bedienen; unter Umständen kann es angemessen sein, ihm zu gestatten oder auch ihn geradezu aufzufordern, daß er die Rechnung durch einen Gerichtsschreiber oder Gerichtskalkulator anfertigen lasse. Die hierdurch erwachsenden Auslagen fallen dem Mündel zur Last, wenn nach den obwaltenden Verhältnissen die eigene Aufstellung vom Vormunde nicht verlangt werden kann (§. 1835).

Die Pflicht des Vormunds zur Rechnungslegung ist nicht bloß eine im Aufsichtswege erzwingbare öffentlichrechtliche Pflicht gegenüber dem Vormundschaftsgerichte, sondern zugleich eine dem Mündel gegenüber begründete privatrechtliche Pflicht, welche nöthigenfalls auch im Wege des Prozesses durch einen zu diesem Zwecke bestellten Pfleger erzwungen werden kann (Mot.). Vgl. Anm. 7 zu §. 1890.

Bei einer Mehrheit von Mündeln ist über das Vermögen eines jeden einzelnen besondere Rechnung zu legen, soweit nicht das Vermögen noch ungetheilt ist (vgl. Anm. 1 zu §. 1890). Ausnahmen von der Pflicht zur Rechnungslegung enthalten die §§. 1854, 1855, 1903, 1904.

5. D. h. das Gericht setzt den Termin für die Rechnungslegung allgemein — nicht unzweckmäßig unter Aufnahme des Termins in die Bestallung — oder von Rechnung zu Rechnung fest; der Vormund hat dann jedes Mal die Rechnung unaufgefordert einzureichen und das Gericht nur deren Eingang zu kontrolliren. Wegen dieser Kontrolle s. §. 57 Nr. 13 der Geschäftsordnung für die Gerichtsschreibereien der Amtsgerichte vom 26. November 1899 (unten unter VIII).

§. 1841.

Die Rechnung soll eine geordnete Zusammenstellung der Einnahmen und Ausgaben enthalten, über den Ab- und Zugang des Vermögens Auskunft geben[1]) und, soweit Belege ertheilt zu werden pflegen, mit Belegen versehen sein.[2])

Wird ein Erwerbsgeschäft[3]) mit kaufmännischer Buchführung[4]) betrieben, so genügt als Rechnung eine aus den Büchern gezogene[5]) Bilanz.[6]) Das Vormundschaftsgericht kann jedoch die Vorlegung der Bücher und sonstigen Belege verlangen.

I Entw. §. 1687 Abs. 4 u. 5; II Entw. §. 1719; Reichst.Vorl. §. 1817; Mot. IV zu §. 1687 S. 1158—1159; Kommiss.Prot. S. 6429 bis 6431 (802—803).

1. Die Rechnung gestaltet sich, abgesehen von dem im §. 1841 vorgeschriebenen Inhalte, nach Lage der Verhältnisse sehr verschieden, ist aber immer so einzurichten, daß sie vollständige Auskunft über die ganze Vermögens-

verwaltung während der Rechnungsperiode und über den Vermögensbestand an deren Schlusse giebt, und sie muß alles hierzu Erforderliche enthalten. Ihre Grundlage bildet das erste Mal das Vermögensverzeichniß (§. 1802), später die letzte vorher gelegte Rechnung. Alle Einnahmen und Ausgaben sind mit Angabe ihres Datums einzeln zu verzeichnen, bei größerer Anzahl nach Gattungen geordnet.

Die persönlichen Verhältnisse hat die Rechnung nur soweit zu berühren, als zur Erklärung der Einnahmen oder Ausgaben erforderlich ist.

Soweit keine Einnahmen und Ausgaben oder kein Ab- und Zugang stattgefunden haben, genügt die entsprechende Angabe.

Im allgemeinen ist zu beachten, daß in Ansehung der Rechnung ohne Noth nicht zu große Anforderungen an den Vormund gestellt werden dürfen (Mot.).

2. Nach der Reihenfolge der Einnahmen und Ausgaben geordnet.

Die Richtigkeit der Posten, für welche Belege an sich erforderlich, aber nicht zu beschaffen sind, ist anderweit nachzuweisen, falls nach den Umständen die Richtigkeit nicht ohne weiteres angenommen werden kann. Für die kleineren Baarkäufe namentlich werden Belege in der Regel nicht zu erfordern sein.

Die in §. 56 der preuß. Vormundschaftsordnung vom 5. Juli 1875 dem Vormund aufgegebene ausdrückliche Versicherung der Richtigkeit seiner Rechnung ist, als entbehrlich, in den §. 1841 nicht aufgenommen worden (Mot.).

Vgl. auch §. 259 Abs. 1.

3. Abs. 2 findet also nicht nur bei kaufmännischen Geschäften Anwendung. Entscheidend ist, ob in dem Betriebe des betreffenden Erwerbsgeschäfts die Buchführung nach denselben Grundsätzen erfolgt, wie bei kaufmännischen Geschäften, sodaß eine Bilanz im tech-

nischen Sinne aus den Büchern gezogen werden kann (Mot.).

4. Dieselbe braucht nicht unbedingt eine doppelte zu sein; es genügt, wenn den Anforderungen in §§. 38, 48 H.G.B. entsprochen ist.

5. Mit zulässiger Hülfe eines Sachverständigen. Auch bei solcher hat aber der Vormund, da die Bilanz die Stelle der Rechnung vertritt, die Richtigkeit der Bilanz nach Maßgabe der allgemeinen Grundsätze über die Verantwortlichkeit des Vormunds bei Führung der Vormundschaft zu vertreten (Mot.).

6. Bilanz ist ein das Verhältniß des Vermögens und der Schulden darstellender Abschluß (§. 39 H.G.B.).

§. 1842.

Ist ein Gegenvormund vorhanden oder zu bestellen,[1]) so hat ihm der Vormund die Rechnung unter Nachweisung des Vermögensbestandes vorzulegen.[2]) Der Gegenvormund hat die Rechnung mit den Bemerkungen zu versehen, zu denen die Prüfung ihm Anlaß giebt.[3])

I Entw. §. 1687 Abs. 6; II Entw. §. 1720; Reichst.Vorl. §. 1818; Mot. IV zu §. 1687 S. 1159; Kommiss.Prot. S. 6481, 6483, 6484 (302—303).

1. Falls trotz der gesetzlichen Nothwendigkeit der Bestellung eines Gegenvormunds ein solcher nicht bestellt oder nicht mehr vorhanden ist, ist daher zunächst die Bestellung von Amtswegen oder auf Anregung des Vormunds zu bewirken. Vgl. §. 1836 Abs. 2.

2. Nicht bloß Angabe des Bestandes, sondern Realnachweisung (Bl. f. R. Bd. 8 S. 26); namentlich sind nachzuweisen der vorhandene Baarbestand und die Werthpapiere oder die über diese vorhandenen Depotscheine.

3. Nach vorheriger sorgfältiger Prüfung, deren Unterlassung den Gegenvormund verantwortlich macht (J.W. 1886 S. 424). Vgl. §. 1883 und Einleitung oben S. 61, 62, sowie §. 1854 Abs. 3 und §. 1891 Abs. 1.

§. 1843.

Das Vormundschaftsgericht[1] hat die Rechnung rechnungsmäßig und sachlich zu prüfen[2][3]) und, soweit erforderlich, ihre Berichtigung und Ergänzung herbeizuführen.

Ansprüche, die zwischen dem Vormund und dem Mündel streitig bleiben, können schon vor der Beendigung des Vormundschaftsverhältnisses im Rechtswege geltend gemacht werden.[4]

I Entw. §. 1688; II Entw. §. 1721; Reichst. Vorl. §. 1819; Mot. IV S. 1159—1161; Komm. Prot. S. 6481—6483 (803—804).

1. Das Gericht handelt hierbei lediglich als Aufsichtsbehörde, nicht als Vertreter des Mündels, präjudizirt also durch seine Anerkennung der Rechnung als einer ordnungsmäßigen nicht etwaigen Ansprüchen des letzteren (vgl. Anm. 7 zu §. 1890). Eine eigentliche Abnahme der Rechnung mit materieller Wirkung findet daher durch das Vormundschaftsgericht nicht statt; dieses hat mithin auch nicht dem Vormunde wegen der Rechnungslegung Quittung oder Entlastung zu ertheilen (Mot.).

Hieraus folgt ferner, daß das Gericht von dem Vormunde Leistung des Offenbarungseides auf Grund des §. 259 Abs. 2 (§. 163 F.G.G.) nicht fordern kann (streitig; vgl. Anm. 4 zu §. 1802).

2. Geeigneten Falles unter Benutzung der Hülfe eines Gerichtsschreibers oder Gerichtskalkulators für den rechnerischen Theil der Rechnung, niemals aber so, daß diesem

die ganze Prüfung, namentlich auch die sachliche, überlassen wird.

Nach der Allg. Verfügung des preußischen Justizministers vom 15. April 1897 (J.M.Bl. 1897 S. 98) ist als Werth des Gegenstandes im Sinne der Nr. 4 der Allg. Verfügung vom 16. September 1895, betr. die Anfertigung der Rechnungsarbeiten bei den Justizbehörden (vgl. Anm. 1 zu §. 117 des Gerichtskostengesetzes vom 25. Juni 1895 in der Fassung vom 6. Oktober 1899), sowohl bei der Prüfung von Vormundschaftsrechnungen als auch von Vermögensübersichten der Betrag des Vermögens des Mündels nach Abzug der Schulden und, wenn mehrere Mündel betheiligt sind, der Gesammtbetrag des reinen Vermögens der Mündel anzusehen. Vgl. auch die Allg. Verfügung desselben, betr. den Ansatz von Rechnungsgebühren, vom 22. Dezember 1899 Nr. 4 (J.M.Bl. 1899 S. 865), wonach im Sinne des §. 117 Abs. 2 nur solche Rechnungsposten als Einnahme anzusehen sind, welche sich als Einkünfte darstellen, nicht aber der aus dem Vorjahr übernommene und in der Rechnung vorgetragene Kassenbestand oder der Erlös für verkaufte Vermögensstücke.

3. Die Prüfung hat sich besonders auch darauf zu erstrecken, ob die Vorschriften der §§. 1803—1809 beachtet sind, sowie ferner auf die Angemessenheit der Ausgaben und die Richtigkeit der Einnahmen. Bei Bedenken ist Aufklärung vom Vormunde zu verlangen und event. demselben aufzugeben, gestrichene Ausgaben und fehlende Einnahmen in der Rechnung nachzutragen oder in die nächste Rechnung einzustellen. Auch kann geeigneten Falles — eine unbedingte Pflicht hierzu ist nicht ausgesprochen — die Vorlegung der in den Händen des Vormunds befindlichen Schuldurkunden und Werthpapiere des Mündels verlangt werden.

Ob nach geschehener Prüfung die Belege bei den Akten zu behalten oder dem Vormunde zurückzugeben sind, bleibt dem Ermessen des Vormundschaftsgerichts nach Beschaffenheit des Falles überlassen. Daß der Vormund Abschrift der Rechnung verlangen kann, folgt aus allgemeinen Grundsätzen (Mot.).

4. Zu dem Zwecke ist vom Vormundschaftsgericht ein Pfleger zu bestellen (§. 1909). Das Vormundschaftsgericht ist nicht berechtigt, selbst über unerledigt bleibende Ansprüche des Vormunds zu entscheiden. Auch die Erfüllung anerkannter Ansprüche des Mündels gegen den Vormund kann es von dem letzteren auf Grund der ihm zustehenden Zwangsgewalt nicht erzwingen (Mot.).

§. 1844.[1])

Das Vormundschaftsgericht kann aus besonderen Gründen[2]) den Vormund[3]) anhalten,[4]) für das seiner Verwaltung unterliegende Vermögen[5]) Sicherheit zu leisten.[6]) [7]) Die Art und den Umfang der Sicherheitsleistung bestimmt das Vormundschaftsgericht nach seinem Ermessen.[8]) Das Vormundschaftsgericht kann, solange das Amt des Vormundes dauert,[9]) jederzeit die Erhöhung, Minderung oder Aufhebung der Sicherheit anordnen.[10])

Bei der Bestellung, Aenderung oder Aufhebung der Sicherheit wird die Mitwirkung des Mündels durch die Anordnung des Vormundschaftsgerichts ersetzt.[11])

Die Kosten der Sicherheitsleistung sowie der Aenderung oder der Aufhebung fallen dem Mündel zur Last.[12])

I Entw. §. 1689; II Entw. §. 1722; Reichst. Vorl. §. 1820; Mot. IV Allg. Begründung S. 1010,

1039—1043, zu §. 1669 S. 1161—1162; Kommiss. Prot. S. 6484 (804).

1. Vgl. den §. 54 F.G.G. und auch die §§. 1667, 1668, 1671, sowie Einleitung oben S. 29 unter b.

2. Nicht als Regel, sondern nur unter besonderen Umständen; namentlich wird dann Anlaß sein, von der gegebenen Befugniß Gebrauch zu machen, wenn die Vormundschaft nicht wegen der allgemeinen Verpflichtung hierzu, sondern wegen eines Rechts auf Uebertragung übernommen oder fortgeführt wird.

3. Auch den Pfleger, nicht aber den Gegenvormund.

4. Durch Ordnungsstrafen event. durch Bestellung eines Pflegers, der auf die Sicherheitsleistung klagt. Die Eintragung einer Sicherungshypothek kann das Gericht aber auch selbst bei dem Grundbuchamte beantragen, s. hierüber den §. 54 F.G.G.

5. Also nicht auch für das von einem Andern verwaltete Vermögen des Mündels, und Mitvormünder, die getrennt verwalten, je nur für das von dem einzelnen verwaltete Vermögen.

6. Der Vormund kann sich indessen der Erfüllung dieser Verpflichtung dadurch entziehen, daß er seine Entlassung beantragt (§. 1786 Nr. 6, §. 1889).

7. Ein gesetzliches Pfandrecht an dem Vermögen des Vormunds ist dem Mündel nicht gegeben.

8. Eid ist jedoch ausgeschlossen.

9. Bei Beendigung seines Amtes hat der Vormund die Freigabe der Sicherheit von dem Mündel selbst oder dessen neuem Vertreter zu verlangen (vgl. Anm. 11 zu §. 1892).

10. Die betreffende Erklärung des Vormundschaftsgerichts ersetzt bei der Minderung und dem Erlaß einer Hypothek die Löschungsbewilligung, muß also in den für diese vorgeschriebenen Formen abgegeben werden.

11. Diese Bestimmung, ohne welche dem Mündel gemäß §§. 1795 Nr. 2, 1909 ein Pfleger bestellt werden

müßte, überträgt auf das Vormundschaftsgericht gewissermaßen die Funktion eines Vertreters des Mündels in der Art, daß die Anordnung des Vormundschaftsgerichts die an sich erforderliche Mitwirkung des Mündels ersetzt (Mot.). Es wird namentlich die Einwilligung des Mündels, die nach allgemeinen Grundsätzen für die Löschung oder für die Umschreibung auf den Namen des Vormunds erforderlich ist, zufolge des Abs. 2 durch die Einwilligung des Vormundschaftsgerichts ersetzt (Denkschrift zum Entw. des F.G.G. S. 50).

12. Nach Nr. 59c des Stempeltarifs zum preußischen Stempelsteuergesetze vom 31. Juli 1895 (G.S. 1895 S. 418) sind die Urkunden über Sicherstellungen der Vormünder stempelfrei.

§. 1845.

Will der zum Vormunde bestellte Vater oder die zum Vormunde bestellte eheliche Mutter des Mündels eine Ehe eingehen, so liegen ihnen die im §. 1669[1]) bestimmten Verpflichtungen ob.[2]) [3])

I Entw. §. 1784; II Entw. §. 1717; Reichst. Vorl. §. 1821; Mot. IV zu §. 1784 S. 1244; Kommiss.Prot. S. 6517, 7047, 7048, 8669, 8670 (850, V 258).

1. §. 1669 lautet:

Will der Vater eine neue Ehe eingehen, so hat er seine Absicht dem Vormundschaftsgericht anzuzeigen, auf seine Kosten ein Verzeichniß des seiner Verwaltung unterliegenden Vermögens einzureichen und, soweit in Ansehung dieses Vermögens eine Gemeinschaft zwischen ihm und dem Kinde besteht, die Auseinandersetzung herbeizuführen. Das Vormundschaftsgericht kann gestatten, daß die Auseinandersetzung erst nach der Eheschließung erfolgt.

2. Die Nichterfüllung der vorstehenden Verpflichtungen bildet ein Ehehinderniß (§. 1814).

3. §. 1845 findet auch dann Anwendung, wenn der Mündel ein für ehelich erklärtes Kind des Vaters oder ein angenommenes Kind des Vaters oder der Mutter ist (vgl. §§. 1728, 1740, 1741, 1757, 1761 und Mot.).

§. 1846.

Ist ein Vormund noch nicht bestellt oder ist der Vormund an der Erfüllung seiner Pflichten verhindert,[1] so hat[2] das Vormundschaftsgericht[3] die im Interesse des Mündels erforderlichen Maßregeln[4] zu treffen.[5])[6])

I Entw. §. 1688; II Entw. §. 1718; Reichst. Vorl. §. 1822; Mot. IV zu §. 1688 S. 1155; Kommiss.Prot. S. 6425, 6426 (799).

1. Thatsächlich oder rechtlich; auch bloß vorübergehend, wenn die kurze Verhinderung dem Mündel nachtheilig werden kann.

2. Dies ist also Recht und Pflicht des Vormundschaftsgerichts, das hierbei die Angelegenheiten des Mündels statt des Vormunds als dessen Vertreter und in den Grenzen der Befugnisse des Vormunds, nicht seiner eigenen amtlichen Befugnisse besorgt (vgl. Einleitung oben S. 29 unter b), deshalb aber andrerseits auf Grund der Vorschrift dieses Paragraphen nicht etwas thun kann, was der Vormund nicht thun dürfte (Centralblatt Bd. 1 S. 17).

3. Außer dem an sich als solches zuständigen Gerichte (§. 36 F.G.G.) auch jedes Gericht, in dessen Bezirk das Bedürfniß der Fürsorge hervortritt, mit der Pflicht zur Mittheilung an das Vormundschaftsgericht (§. 44 F.G.G.).

4. Sowohl in Bezug auf die Person als das Vermögen des Mündels.

5. Nach freiem Ermessen des Vormundschaftsrichters durch eigene Handlungen an Stelle des Vormunds wie Auftrag an unterstellte Beamte, etwa zur Siegelung, oder durch einen zur Besorgung der betreffenden besonderen Angelegenheiten bestellten Pfleger. Von jeder Maßregel ist Abstand zu nehmen, wenn sie nicht erforderlich erscheint, z. B. von Verwandten für den Mündel gesorgt wird.

Die Sicherstellung eines Nachlasses, an dem ein Mündel als Erbe betheiligt ist, erfolgt gemäß §. 1960 durch das Nachlaßgericht, welches für die Nachlaßpflegschaft an die Stelle des Vormundschaftsgerichts tritt (§. 1962).

Vgl. die §§. 108 und 118 der Reichsgewerbeordnung (R.G.Bl. 1900 S. 871), oben Einleitung S. 31 Anm. *).

6. Vgl. Art. 28 Abs. 2 E.G.

§. 1847.[1])

Das Vormundschaftsgericht soll[2]) vor einer von ihm zu treffenden Entscheidung[3]) auf Antrag des Vormundes[4]) oder des Gegenvormundes Verwandte oder Verschwägerte[5]) des Mündels hören,[6]) wenn es ohne erhebliche Verzögerung und ohne unverhältnißmäßige Kosten geschehen kann. In wichtigen Angelegenheiten soll die Anhörung auch ohne Antrag erfolgen;[7]) wichtige Angelegenheiten sind insbesondere die Volljährigkeitserklärung,[8]) die Ersetzung der Einwilligung zur Eheschließung im Falle des §. 1304,[9]) die Ersetzung der Genehmigung im Falle des §. 1337,[10])

die Entlassung aus dem Staatsverband[11]) und die Todeserklärung.[12])

Die Verwandten und Verschwägerten können von dem Mündel[13]) Ersatz ihrer Auslagen[14]) verlangen; der Betrag der Auslagen wird von dem Vormundschaftsgerichte festgesetzt.[15])

I Entw. §. 27 Abs. 3 Satz 2, §. 1657 Satz 2, §. 1678; II Entw. §. 1706; ReichstVorl. §. 1828; Mot. IV Allg. Begründung S. 1015, zu §. 1657 S. 1098, zu §. 1678 S. 1149—1151, I zu §. 27 S. 57; Kommiss.Prot. S. 37, 112, 118, 4901, 4908, 4924, 4926, 4928, 5080—5082, 6351, 6419, 6420 (757—758, 796).

1. Vgl. §§. 1678 Abs. 2, 1862 und 1877.

2. Ordnungsvorschrift, gegen deren Uebertretung es nach dem §. 20 F.G.G. keine Beschwerde giebt; noch weniger ist die Gültigkeit der richterlichen Entscheidung von der Anhörung abhängig. Andrerseits heißt es nicht bloß „kann". Durch §. 1847 soll dem Gedanken ein bestimmter Ausdruck gegeben werden, daß das Gesetz grundsätzlich Werth darauf legt, den Zusammenhang der vormundschaftlichen Verwaltung mit den Anschauungen der Familie des Mündels zu pflegen, und daß das Vormundschaftsgericht in wichtigen Fällen regelmäßiger, als dies in der bisherigen Praxis geschehen sein mag, sich über die Ansichten der nächsten Angehörigen des Mündels zu vergewissern verpflichtet sein soll (Mot.).

3. Diese kann bestehen in der gesetzlich vorgeschriebenen Genehmigung zu einer Rechtshandlung des Vormunds bezw. deren Verweigerung oder in einer auf Grund der richterlichen Fürsorge- und Aufsichtspflicht zu treffenden Anordnung (§§. 1837 ff., 1857).

4. Oder Pflegers (vgl. §. 1915).

5. Ohne Unterschied des Grades und des Geschlechts,

dagegen ist Geschäftsfähigkeit vorausgesetzt. Die Zahl der Anzuhörenden ist nicht vorgeschrieben.

6. Schriftlich oder mündlich. Der Pflicht des Gerichts, Verwandte oder Verschwägerte zu hören, entspricht die Pflicht der letzteren, sich nicht völlig unthätig zu verhalten. Ihr Erscheinen an Gerichtsstelle und ihre Aeußerung — sei es auch nur dahin, daß sie sich sachlich über die von ihnen zu begutachtenden Verhältnisse nicht aussprechen können oder wollen, — kann auf Grund der Art. 15 und 17 P.F.G.G. erzwungen werden (vgl. oben Einleitung S. 40, sowie Anm. 8 zu §. 4 F.E.M.G., unten unter V). Die Anhörung ist nur eine gutachtliche.

7. Auch hier bleibt Voraussetzung, daß die Anhörung ohne erhebliche Verzögerung und ohne unverhältnißmäßige Kosten erfolgen kann.

8. Vgl. §. 3.

9. D. i. wenn der Vormund die Einwilligung verweigert; zu der vom Vormund ertheilten Einwilligung ist eine Genehmigung des Vormundschaftsgerichts nicht erforderlich (Harnier in der Jur. Z. Bd. 6 S. 19 gegen Bartolomäus daselbst Bd. 5 S. 499); vgl. Anm. 3 zu §. 1793.

10. D. i. Ersetzung der vom Vormunde verweigerten Genehmigung einer anfechtbaren Ehe.

11. Vgl. Anm. 5 zu §. 1827 und Art. 41 unter II. E.G.

12. Vgl. §§. 13 ff.

13. Nicht, wenn der Mündel zum Ersatz außer Stande ist, aus der Staatskasse (vgl. §. 8 Abs. 1 F.E.M.G., unten unter V).

14. Nicht Entschädigung für Versäumniß, vgl. §. 1877, andrerseits §. 1835.

15. Analog wie Zeugengebühren, so daß in Ansehung des Betrags der Prozeßweg ausgeschlossen ist. Dagegen kann, wenn der Vormund den vom Gerichte festgesetzten Betrag nicht zahlt — behufs der Zahlung sind Ordnungs-

strafen nach §. 1887 zulässig —, auf Zahlung der festgesetzten Auslagen geklagt werden. Art. 14 P.F.G.G. (in Anm. 3 zu §. 1875) ist nicht anwendbar; anders Anm. 3 zu §. 1875.

§. 1848.

Verletzt der Vormundschaftsrichter[1]) vorsätzlich oder fahrlässig[2]) die ihm obliegenden Pflichten, so ist er dem Mündel[3]) nach §. 839 Abs. 1, 3[4]) verantwortlich.[5]) [6])

I Entw. §. 1702; II Entw. §. 1789; Reichst. Vorl. §. 1824; Mot. IV zu §. 1702 S. 1190—1193; Kommiss. Prot. S. 6464—6472 (820—825); Reichst. Kom. Ber. S. 174, Reichst. Sitz. Prot. S. 8005, 8095.

1. D. h. jeder richterliche Beamte, welchem nach den Bestimmungen des F.G.G. die Ausübung der Gerichtsbarkeit in Vormundschaftssachen, sei es in erster Instanz oder in höheren Instanzen, übertragen ist. Ist die den Mündel benachtheiligende Verfügung von einem Kollegium ausgegangen, so sind nach Maßgabe der allgemeinen Grundsätze nur die schuldigen Mitglieder, diese aber als Gesammtschuldner für den Schaden verantwortlich (Mot.). Eine Haftbarkeit des Staates besteht reichsrechtlich und in Preußen nicht.

2. D. h. unter Außerachtlassung der im Verkehr erforderlichen Sorgfalt (§. 276).

3. Nicht dritten Personen, es sei denn, daß die Pflichtverletzung nach Maßgabe der sonstigen Bestimmungen sich als Verletzung einer absoluten Norm oder als Eingriff in den Kreis ihrer absoluten Rechte darstellt (Mot.).

4. §. 839 Abs. 1 u. 3 lautet:

Verletzt ein Beamter vorsätzlich oder fahrlässig die ihm einem Dritten gegenüber obliegende Amtspflicht, so hat er dem Dritten den daraus entstehenden Schaden zu ersetzen. Fällt dem Beamten nur Fahrlässigkeit zur Last, so kann er nur dann in Anspruch genommen werden, wenn der Verletzte nicht auf andere Weise Ersatz zu erlangen vermag.

Die Ersatzpflicht tritt nicht ein, wenn der Verletzte vorsätzlich oder fahrlässig unterlassen hat, den Schaden durch Gebrauch eines Rechtsmittels abzuwenden.

Als Rechtsmittel kommen dabei sowohl diejenigen, die dem Mündel selbst offenstanden (§. 59 F.G.G.), als die, welche sein Vormund oder Pfleger für ihn hätte einlegen können, in Betracht.

5. Haben auch Vormund und Gegenvormund sich Pflichtwidrigkeiten zu Schulden kommen lassen, so haften sie mit dem Richter als Gesammtschuldner (§§. 830, 840). Der Richter kann aber gegen den Vormund Regreß nehmen (§. 841).

Die Ersatzansprüche verjähren in 3 Jahren von Kenntniß des Schadens durch den gesetzlichen Vertreter des Mündels, spätestens in 30 Jahren seit Begehung der schädigenden Handlung durch den Richter (§§. 852, 206). Die Erben des Richters haften für dessen Ersatzverpflichtung nach allgemeinen Grundsätzen (Mot.).

6. Vgl. Nölbeke in den Beiträgen Bd. 42 S. 795ff., besonders S. 823, 824.

IV. Mitwirkung des Gemeindewaisenraths.

§. 1849.

Der Gemeindewaisenrath[1]) hat dem Vormundschaftsgerichte die Personen[2]) vorzuschlagen,[3]) die sich im einzelnen Falle zum Vormunde,[4]) Gegenvormund oder Mitglied eines Familienraths[5]) eignen.[6])

I Entw. §. 1725 Abs. 3; II Entw. §. 1724; Reichst.Vorl. §. 1825; Mot. IV Allg. Begründung S. 1017–1018, zu §. 1725 S. 1225—1227; Kommiss.Prot. S. 6498 (888—889).

1. Die Organisation dieser Behörde ist der Landesgesetzgebung überlassen; sie kann aus Einzelbeamten bestehen oder kollegial zusammengesetzt sein. Sie muß aber, wie aus dem Namen ersichtlich und der gesetzgeberischen Absicht entspricht (vgl. Mot.), eine kommunale Behörde sein. Für Preußen schreibt Art. 77 A.G. vor:

§. 1. Für jede Gemeinde oder für örtlich abzugrenzende Gemeindetheile sind ein oder mehrere Gemeindeglieder als Gemeindewaisenrath zu bestellen. Für benachbarte Gemeindebezirke können dieselben Personen bestellt werden.

Das Amt eines Waisenraths ist ein unentgeltliches Gemeindeamt.

Durch Beschluß der Gemeindebehörde können die dem Gemeindewaisenrath obliegenden Verrichtungen besonderen Abtheilungen oder schon bestehenden Organen der Gemeindeverwaltung übertragen werden.

Auf selbständige Gutsbezirke finden diese Vorschriften mit der Maßgabe entsprechende Anwendung, daß der Waisenrath von dem Gutsvorsteher ernannt wird.

Die bisherigen Waisenräthe bleiben im Amte.

§. 2. Zur Unterstützung des Gemeindewaisenraths können Frauen, die hierzu bereit sind, als Waisenpflegerinnen widerruflich bestellt werden. Die Zuständigkeit für die Bestellung bestimmt sich nach den für die Bestellung der Waisenräthe maßgebenden Vorschriften.

Die Waisenpflegerinnen haben unter der Leitung des Gemeindewaisenraths bei der Beaufsichtigung der im Kindesalter stehenden Mündel und bei der Ueberwachung weiblicher Mündel mitzuwirken

Ferner bestimmt Art. 124 Abs. 3 P.F.G.G.:

Mit dem Ortsgerichte kann unter Zustimmung des Kommunallandtags, im Bezirke des vormaligen Justizsenats zu Ehrenbreitstein unter Zustimmung des Provinziallandtags, durch Königliche Verordnung das Amt des Gemeindewaisenraths . . verbunden werden.

Eine solche Königliche Verordnung ist aber bisher nicht ergangen.

Nach diesen Bestimmungen, bei denen zu beachten ist, daß, während Gemeindewaisenrath die reichsgesetzlich (§. 1849) vorausgesetzte Behörde ist, deren einzelnes Mitglied als Waisenrath bezeichnet wird, richten sich die Anstellung, die Dauer des Amtes, die Nothwendigkeit seiner Uebernahme, die Disziplinarverhältnisse u. s. w. nach den in den einzelnen Landestheilen für die Gemeindeämter überhaupt bestehenden Vorschriften. Dies gilt insbesondere auch von der Ernennung, der Inpflichtnahme, die niemals durch das Vormundschaftsgericht erfolgt, und der Entlassung (Reskript des Ministers des Innern vom 5. Februar 1876 im M.Bl. f. d. i. V. 1876 S. 16 und Verfügung desselben vom 11. April 1892 daselbst 1892 S. 197). Vgl. über die Organisation der Gemeindewaisenräthe auch noch die Reskripte des Ministers des Innern vom 8. November und 9. Dezember 1875 im M.Bl. f. d. i. V.

1875 S. 269 und S. 278 und wegen der Ablehnung des Amtes und des hierbei stattfindenden Verfahrens O.V.G. Bd. 1 S. 185.

Auf Grund des Art. 77 §. 1 Abs. 8 A.G. können die Verrichtungen eines Waisenraths auch besoldeten Beamten übertragen werden.

Zur Uebernahme der Stellung als Waisenrath bedürfen Justizbeamte der Genehmigung (J.M.Bl. 1898 S. 8).

Auch evangelische Geistliche sowie Pfarrer können Waisenräthe werden (Reskripte des evangelischen Oberkirchenraths vom 14. März 1876 und des Ministers des Innern vom 21. April 1876 im M.Bl. f. d. i. V. 1876 S. 68 u. 97).

Die Waisenpflegerinnen, die, wie der Waisenrath, ein unentgeltliches Gemeindeamt bekleiden und die Eigenschaft mittelbarer Staatsbeamten haben, jedoch zur Uebernahme oder Fortführung des Amtes nicht verpflichtet sind, sind dem Waisenrath untergeordnet und haben seinen Anordnungen Folge zu leisten. Sie können nicht selbst Vormünder u. s. w. vorschlagen; überhaupt findet zwischen ihnen und dem Vormundschaftsrichter kein unmittelbarer Verkehr statt. Ihre Fürsorge erstreckt sich bei Knaben nur bis zum vollendeten 7. Lebensjahre, bei weiblichen Mündeln ist sie auf kein Alter beschränkt und auch gegenüber minderjährigen verheiratheten weiblichen Mündeln nicht ausgeschlossen. Vgl. Fuhrmann, Die Waisenpflegerin in der Jugendfürsorge von 1900, Heft 11, der bei dem letzteren Punkte anderer Ansicht ist.

Bei Unterlassung der Bestellung eines Waisenraths oder bei Mängeln in dessen Organisation, Pflichtwidrigkeiten oder Verzögerung in der Geschäftsführung kann das Gericht nur bei der zu seiner Bestellung verpflichteten bezw. ihm vorgesetzten Behörde, d. i. für nichtstädtische Waisenräthe bei dem Landrath als Vorsitzenden des Kreisausschusses (Zuständigkeitsgesetz vom 1. August

1888, G.S. 1888 S. 287, §§. 24 u. 86 Nr. 1), für städtische Waisenräthe im Gebiete der Städteordnung für die sechs östlichen Provinzen vom 30. Mai 1853 (G.S. 1853 S. 261) und der Städteordnung für den Regierungsbezirk Wiesbaden vom 8. Juni 1891 (G.S. 1891 S. 107) bei dem Magistrat (§ 56 Nr. 6 dieser Städteordnungen), Beschwerde führen. Eine civilrechtliche Verantwortlichkeit wegen Verletzung seiner Amtspflichten, wie sie nach §. 1848 der Vormundschaftsrichter hat, ist dem Waisenrathe nicht auferlegt; es verbleibt für ihn bei den allgemeinen Bestimmungen über Haftung wegen Schadensersatz aus unerlaubten Handlungen (§§. 828 ff.).

Muster-Waisenraths-Ordnungen von Badstübner in der Jugendfürsorge von 1900 S. 454 ff.

Der Geschäftsverkehr zwischen den Vormundschaftsgerichten und den Waisenräthen ist möglichst einfach zu gestalten; insbesondere empfiehlt es sich, Anfragen und Rückantworten, soweit es geht, beiderseits in Urschrift auf dem die Veranlassung gebenden Blatte zu befördern.

Die Postsendungen sind beiderseits frankirt abzulassen. Dasselbe gilt für die Korrespondenz der Waisenräthe unter einander; ebenso haben diese auch den Vormündern der Regel nach nur frankirte Sendungen zugehen zu lassen (Reskripte des Justizministers vom 25. August 1876 und vom 22. September 1879 Nr. 8 b zu §. 1 des Regulativs vom 28. November 1869 im J.M.Bl. 1876 S. 209 und 1879 S. 868 und des Finanzministers und des Ministers des Innern vom 6. September 1876 im M.Bl. f. d. i. V. 1876 S. 187, sowie die die Verfügung vom 22. September 1879 aufhebende Allg. Verfügung des Justizministers vom 4. März 1894 unter Nr. VI i zu §. 1 der an die Stelle des Regulativs vom 28. Nobvemer 1689 getretenen Bestimmungen vom 7. Februar 1894 im J.M.Bl. 1894 S. 68 und die Cirkulare der Minister des Innern und der Finanzen vom

26. Februar 1894 Nr. 1, vom 25. August 1894, vom 18. Juli 1896 und vom 4. Januar 1897 im M.Bl. f. d. i. V. 1894 S. 86 u. S. 198, 1895 S. 187 und 1897 S. 6; ferner die Zusammenstellung im J.M.Bl. 1897 S. 26 unter Nr. 5).

Durch Reskript des Ministers des Innern vom 8. November 1875 (M.Bl. f. d. i. V. 1875 S. 269) sind die Gemeindebehörden und Gutsvorsteher angewiesen, bei allen Veränderungen bezüglich der Bildung der Waisenräthe die Gerichte von den getroffenen Einrichtungen und von der Person der Waisenräthe in Kenntniß zu setzen.

Durch Erlasse des Ministers des Innern vom 5. November 1890 und vom 5. Juni 1897 und des Justizministers vom 4. Dezember 1890 und 19. Mai 1897 (M.Bl. f. d. i. V. 1890 S. 284 und 1897 S. 105, J.M.Bl. 1891 S. 45, 46) ist die Führung von Waisenlisten, die Betheiligung der Geistlichen an der Waisenpflege und die Abhaltung regelmäßig wiederkehrender Versammlungen der Waisenräthe unter Betheiligung der Vormundschaftsrichter empfohlen, auch wegen der durch die Abhaltung solcher Sitzungen entstehenden Reisekosten Bestimmung getroffen. Der preußische Justizminister hat den untergeordneten Instanzen mitgetheilt, er lege den größten Werth darauf, daß die periodische Abhaltung von Waisenrathssitzungen in der ganzen Monarchie zu einer ständigen Einrichtung erhoben werde, und daß die Vormundschaftsrichter sich in diesen Sitzungen sowohl durch Ertheilung von Rechtsbelehrungen im allgemeinen, als auch durch Erörterung und Besprechung einzelner Vormundschaftsfälle die Hebung der Kenntnisse und die Belebung des Interesses der Waisenräthe angelegen sein lassen (Erlaß vom 8. Oktober 1900, I 1897).

2. Auch solche, die außerhalb seines Amtsbezirks und des betreffenden Gerichtsbezirks wohnen.

3. Auf Erfordern, das auch in der Form einer Auf-

forderung zu gutachtlicher Aeußerung über einen bereits anderweit gemachten Vorschlag erfolgen kann, aber auch ohne solches, wenn die Nothwendigkeit der Bestellung bereits bekannt ist (§. 49 F.G.G.). Das Gericht ist an den Vorschlag des Waisenraths nicht gebunden.

4. Auch Pfleger sind vorzuschlagen, wie sich aus §. 1915 ergiebt und im §. 49 F.G.G. für den daselbst vorgesehenen Fall ausdrücklich vorgeschrieben ist.

5. Vgl. §. 1862 Abs. 1 Satz 2.

6. Er hat also insbesondere die §§. 1776, 1778 Abs. 3, 1779 Abs. 2, 1780—1784, 1786, 1865—1867 zu beachten.

Durch Cirkularverfügung des Justizministers vom 11. Juli 1885 ist den Amtsgerichten die Anweisung ertheilt worden, daß sie in den gemäß §. 58 Abs. 2 der preuß. Vormundschaftsordnung vom 5. Juli 1875 ergehenden Requisitionen dem Gemeindewaisenrathe die Religion des Mündels angeben oder ihn um deren Ermittelung angehen, unter allen Umständen aber ihn auf die Bestimmung des §. 19 Abs. 2 V.O., wonach bei der Auswahl des Vormunds auf das religiöse Bekenntniß des Mündels Rücksicht zu nehmen ist, aufmerksam machen. Dies gilt nunmehr von dem Ersuchen nach §. 1849 und mit Bezug auf §. 1779 Abs. 2 Satz 2. Es empfiehlt sich, dem Gemeindewaisenrath auch mitzutheilen, ob für den Mündel Vermögen zu verwalten ist.

Bei den kraft Familienrechts oder durch letztwillige Verfügung Berufenen ist eine Anhörung des Gemeindewaisenraths nicht unzulässig; sie hat dann Bedeutung für eine etwaige Uebergehung.

Wer als ungeeignet bezeichnet ist, kann weder Angabe der Gründe verlangen, noch deshalb über den Gemeindewaisenrath, abgesehen von einer Vorstellung bei dessen Aufsichtsbehörde, Beschwerde führen.

§. 1850.

Der Gemeindewaisenrath hat in Unterstützung des Vormundschaftsgerichts darüber zu wachen, daß die Vormünder der sich in seinem Bezirk aufhaltenden[1]) Mündel für die Person der Mündel, insbesondere für ihre Erziehung und ihre körperliche Pflege, pflichtmäßig Sorge tragen. Er hat dem Vormundschaftsgerichte Mängel und Pflichtwidrigkeiten, die er in dieser Hinsicht wahrnimmt, anzuzeigen[2]) und auf Erfordern[3]) über das persönliche Ergehen und das Verhalten eines Mündels Auskunft zu ertheilen.

Erlangt der Gemeindewaisenrath Kenntniß von einer Gefährdung des Vermögens[4]) eines Mündels, so hat[5]) er dem Vormundschaftsgericht Anzeige zu machen.[6])[7])

I Entw. §. 1725 Abs. 1 u. 2; II Entw. §. 1728; Reichst.Vorl. §. 1826; Mot. IV zu §. 1725 S. 1225—1227; Kommiss.Prot. S. 6496—6498 (888—889).

1. Auch wenn die Vormundschaft in einem anderen Bezirke geführt wird, sowie bei einer gesetzlichen Vormundschaft (vgl. Anm. 1 zu §. 1774).

2. Also keine unmittelbaren Zwangsmittel gegen den Vormund. Jedoch hat der Waisenrath in Ausübung seines Ueberwachungsrechts die Befugniß, in Wohnungen, in denen seiner Aufsicht unterstellte Mündel sich aufhalten, gegen den Willen des Wohnungsinhabers einzudringen (vgl. §. 7 des preuß. Gesetzes zum Schutze der persönlichen Freiheit vom 12. Februar 1850, G.S. 1850 S. 45).

3. Dieses kann auch auf periodische Berichterstattungen gehen.

4. Abs. 2, wonach sich die Mitwirkung des Gemeindewaisenraths bei der Vormundschaft nicht auf das Gebiet der persönlichen Fürsorge für den Mündel beschränkt, ist gegenüber dem früheren preußischen Rechte etwas Neues.

5. Also ebenfalls Pflicht, nicht bloß Recht.

6. Eine weitere Einmischung in die Vermögensverwaltung des Vormunds steht dem Gemeindewaisenrathe nicht zu.

7. Wegen des Rechts des Gemeindewaisenraths zur Einlegung von Beschwerden gegen Entscheidungen des Vormundschaftsgerichts s. §. 57 Abs. 1 Nr. 9 F.G.G.

Eine Aufsicht über Kinder unter elterlicher Gewalt steht dem Gemeindewaisenrathe nicht zu, jedoch hat er auch bezüglich solcher Kinder die Pflicht, dem Vormundschaftsgericht Anzeige zu machen, wenn ein Fall zu seiner Kenntniß gelangt, in welchem das Vormundschaftsgericht zum Einschreiten berufen ist (§. 1675).

§. 1851.

Das Vormundschaftsgericht hat dem Gemeindewaisenrathe die Anordnung[1]) der Vormundschaft[2]) über einen sich in dessen Bezirk aufhaltenden[3]) Mündel unter Bezeichnung des Vormundes[2]) und des Gegenvormundes sowie einen in der Person des Vormundes[2]) oder des Gegenvormundes eintretenden Wechsel mitzutheilen.

Wird der Aufenthalt eines Mündels in den Bezirk eines anderen Gemeindewaisenraths verlegt, so hat der Vormund[4]) dem Gemeindewaisenrathe des bisherigen Aufenthaltsorts und dieser dem Ge-

meindewaisenrathe des neuen Aufenthaltsorts die Verlegung mitzutheilen.

I Entw. §. 1725 Abs. 4 u. 5; II Entw. §. 1725; Reichst.Vorl. §. 1827; Mot. IV zu §. 1725 S. 1225—1227; Kommiss.Prot. S. 6498 (838, 889).

1. Soweit eine gesetzliche Vormundschaft eintritt (Anm. 1 zu §. 1774), ist der gesetzliche Vormund zur Anzeige an den Gemeindewaisenrath verpflichtet (Art. 78 §. 2 Abs. 1, §. 4 Abs. 2 A.G.). Vgl. auch Anm. 8 zu §. 9 F.E.M.G. (unten unter V).

2. Auch einer Pflegschaft bezw. des Pflegers, außer wenn die Pflegschaft zu einem ganz vorübergehenden Zwecke angeordnet worden ist.

3. D. h. nicht bloß ganz vorübergehend.

4. Nicht das Vormundschaftsgericht, dagegen auch der Pfleger.

V. Befreite Vormundschaft.

§. 1852.

Der Vater[1]) kann, wenn er einen Vormund benennt,[2]) die Bestellung eines Gegenvormundes ausschließen.

Der Vater kann anordnen,[3]) daß der von ihm benannte Vormund bei der Anlegung von Geld den in den §§. 1809, 1810 bestimmten Beschränkungen[4] nicht unterliegen und zu den im §. 1812 bezeichneten Rechtsgeschäften[5]) der Genehmigung des Gegenvormundes oder des Vormundschaftsgerichts nicht bedürfen soll.[6]) Diese Anordnungen sind als getroffen

anzusehen, wenn der Vater die Bestellung eines Gegenvormundes ausgeschlossen hat.[7])

I Entw. §. 1690; II Entw. §. 1726; Reichst. Vorl. §. 1828; Mot. IV zu §. 1690 S. 1168 bis 1170; Kommiss.Prot. S. 6435—6443, 6451 (805 bis 809).

1. Der eheliche und der Adoptivvater, sofern sie Inhaber der elterlichen Gewalt sind (vgl. Anm. 2 zu §. 1776 und Anm. 1 u. 2 zu §. 1777), nicht der Pflege- und der Stiefvater. Bezüglich der Mutter vgl. §. 1855. Eine von selbst eintretende gesetzliche Befreiung der Eltern oder anderer Verwandten als Vormünder kennt das B.G.B. selbst außer in den Fällen der §§. 1903 und 1904 nicht. Dagegen ist nach Art. 136 Nr. 4 E.G. und Art. 78 §. 3 u. §. 4 Abs. 2 der gesetzliche Vormund stets im Umfange des §. 1852 befreit. Ebenso der nach §. 12 Abs. 1 u. 2 F.E.M.G. bestellte Vormund.

2. D. i. gleich bei der Benennung selbst, nicht mehr später. Einen anderen, nicht von ihm benannten Vormund kann der Vater nicht befreien.

3. Ebenfalls nur durch letztwillige Verfügung (§. 1856). Die Anordnung bezieht sich dann aber nicht nur auf das vom Vater herrührende Vermögen, sondern gilt ganz allgemein.

4. D. h. Mündelgeld mit der Bestimmung anzulegen, daß es nur mit Genehmigung des Gegenvormunds oder des Vormundschaftsgerichts erhoben werden kann, und die in den §§. 1806—1808 vorgeschriebene Anlegung nur mit Genehmigung des Gegenvormunds oder des Vormundschaftsgerichts zu bewirken.

5. D. i. zur Verfügung über Forderungen und andere Rechte, kraft deren der Mündel Leistungen verlangen kann, sowie über Werthpapiere des Mündels und zur Eingehung der Verpflichtung zu einer solchen Verfügung.

6. Natürlich kann auch nur die eine oder die andere der bezeichneten Befreiungen angeordnet werden. Weitere Befreiungen des Vormunds von der Genehmigung des Vormundschaftsgerichts (vgl. insbesondere §§. 1821 ff.) sind nicht zulässig.

7. Die Anordnungen sind also ein in dem Mehr der Ausschließung eines Gegenvormunds von selbst enthaltenes Weniger.

§. 1853.

Der Vater kann den von ihm benannten Vormund von der Verpflichtung entbinden, Inhaber- und Orderpapiere zu hinterlegen und den im §. 1816 bezeichneten Vermerk in das Reichsschuldbuch oder das Staatsschuldbuch eintragen zu lassen.[1])

I Entw. §. 1692; II Entw. §. 1727; Reichst. Vorl. §. 1829; Mot. IV zu §. 1692 S. 1172; Kommiss.Prot. S. 6448—6451 (812—814).

1. Die Folge der hier zugelassenen Befreiung ist, daß, wenn der Vormund trotzdem die im §. 1853 bezeichneten Papiere des Mündels hinterlegt oder die in Inhaberpapieren bestehenden Werthpapiere nach §. 1816 einschreiben läßt, die die Vertretungsmacht des Vormunds beschränkenden besonderen Vorschriften der §§. 1814, 1816, 1818—1820 keine Anwendung finden (Mot.).

§. 1854.

Der Vater kann[1]) den von ihm benannten Vormund von der Verpflichtung entbinden, während der Dauer seines Amtes Rechnung zu legen.[2])

Der Vormund hat[3]) in einem solchen Falle nach dem Ablaufe von je zwei Jahren eine Uebersicht über den Bestand des seiner Verwaltung unterliegenden Vermögens[4]) dem Vormundschaftsgericht einzureichen.[5]) Das Vormundschaftsgericht kann anordnen, daß die Uebersicht in längeren, höchstens fünfjährigen Zwischenräumen[6]) einzureichen ist.

Ist ein Gegenvormund vorhanden oder zu bestellen, so hat ihm der Vormund die Uebersicht unter Nachweisung des Vermögensbestandes vorzulegen. Der Gegenvormund hat die Uebersicht mit den Bemerkungen zu versehen, zu denen die Prüfung ihm Anlaß giebt.[7])

I Entw. §. 1691; II Entw. §. 1728; Reichst. Vorl. §. 1880; Mot. IV zu §. 1691 S. 1170 bis 1172; Kommiss.Prot. S. 6443—6447 (809 bis 811).

1. Auch wenn er dem Vormunde die in den §§. 1852, 1858 erwähnten Befreiungen nicht zu Theil werden läßt.

2. In Betreff sowohl des von ihm als auch des anderweit dem Mündel zugefallenen Vermögens, und ohne Rücksicht darauf, ob er zugleich Erblasser des Mündels ist.

Gehört bei Mitvormündern nur einer zu den von der Rechnungslegung freien oder befreiten Personen, so ist die Rechnung doch von allen zu legen (Jahrbuch Bd. 9 S. 88).

Von der Verpflichtung zur Einreichung der Uebersicht nach Abs. 2 und zur Legung der Schlußrechnung nach §. 1890 kann nicht befreit werden.

3. Kraft Gesetzes, nicht bloß auf Erfordern des Vormundschaftsgerichts.

4. Zweckmäßig in ähnlicher Form wie das Vermögensverzeichniß (vgl. §. 1802), von dessen Einreichung oder auch nur offener Einreichung der Vormund nicht

befreit werden kann. Wegen der Rechnungsgebühren s. Anm. 2 zu §. 1848; wegen der Ueberwachung des Eingangs s. Anm. 5 zu §. 1840.

5. Mehrere zu ungetrennter Verwaltung berufene Vormünder gemeinschaftlich (vgl. Anm. 1 zu §. 1840).

6. Nachdem die erste Uebersicht nach zwei Jahren eingereicht worden ist.

7. Vgl. §. 1842 und §. 1891 Abs. 1. Auch einem von der Rechnungslegung befreiten Vormunde gegenüber steht dem Gegenvormunde das Recht und die Pflicht zu, darauf zu achten, daß die Vermögensverwaltung des Vormunds ordnungsmäßig geführt wird. Daher hat ihm der befreite Vormund behufs Prüfung der dem Vormundschaftsgericht einzureichenden Bestandsnachweisung eine spezielle Aufstellung der Einnahmen und Ausgaben vorzulegen (Jahrbuch Bd. 8 S. 47).

§. 1855.

Benennt die eheliche Mutter einen Vormund, so kann sie die gleichen Anordnungen treffen wie nach den §§. 1852 bis 1854 der Vater.[1])

I Entw. §§. 1690—1692; II Entw. §. 1729; Reichst.Vorl. §. 1881; Mot. IV zu §§. 1690 bis 1692 S. 1168—1172; Kommiss.Prot. S. 6439, 6446, 6450 (805—809).

1. Hat der Vater einen Vormund benannt, so gehen seine Anordnungen denjenigen der Mutter vor (vgl. Anm. 5 zu §. 1776, auch §. 1868 Abs. 2), die regelmäßig überhaupt einen Vormund nur benennen kann, wenn sie die elterliche Gewalt hat, mithin diejenige des Vaters fortgefallen ist.

§. 1856.

Auf die nach den §§. 1852 bis 1855 zulässigen

Anordnungen finden die Vorschriften des §. 1777 Anwendung.[1])

I Entw. §. 1698; II Entw. §. 1780; Reichst. Vorl. §. 1882; Mot. IV zu §. 1698 S. 1172; Kommiss.Prot. S. 6457 (814).

1. D. h. die Anordnungen können nur durch letztwillige Verfügung von dem im unbeschränkten Besitze der elterlichen Gewalt zur Zeit des Todes befindlichen Elterntheile erfolgen, für ein nachgeborenes Kind, falls bei früherer Geburt die elterliche Gewalt begründet wäre.

Ist schlechthin eine Ernennung zum befreiten Vormund ausgesprochen, so wird darunter regelmäßig die Befreiung von sämmtlichen Einschränkungen der vormundschaftlichen Gewalt, soweit das Gesetz dies überhaupt zuläßt, zu verstehen sein (Jahrbuch Bd. 12 S. 58).

Die Anordnungen sind wirksam, ohne daß sie in irgend einer Weise vom Vormundschaftsgerichte zu bestätigen oder für wirksam zu erklären wären. Die Frage, ob die letztwillige Verfügung und die auf Grund derselben von dem Vormund ohne die Genehmigung des Gegenvormunds oder des Vormundschaftsgerichts vorgenommenen Rechtsgeschäfte gültig sind oder nicht, ist dem Prozeßrichter nicht entzogen (Mot.).

§. 1857.

Die Anordnungen des Vaters oder der Mutter können von dem Vormundschaftsgericht außer Kraft gesetzt werden,[1]) **wenn ihre Befolgung das Interesse des Mündels gefährden würde.**[2])

I Entw. §. 1694; II Entw. §. 1781; Reichst. Vorl. §. 1888; Mot. IV zu §. 1694 S. 1178; Kommiss.Prot. S. 6451—6454 (814—815).

1. Ganz oder theilweise.

2. Nach Ermessen des Vormundschaftsgerichts, welches vor seiner Entscheidung Verwandte oder Verschwägerte des Mündels gemäß §. 1847 zu hören hat. Beschwerderecht des Vormunds nach §. 20 F.G.G. Eine Aufnahme der Befreiung oder ihrer Außerkraftsetzung in die Bestallung ist praktisch, aber nicht vorgeschrieben (Anm. 4 zu §. 1791). Die Bestimmung des §. 1857 ist eine Folge des §. 1778 Abs. 1. Vgl. §. 1908 Abs. 1.

VI. Familienrath.

§. 1858.

Ein Familienrath soll[1]) von dem Vormundschaftsgericht eingesetzt werden,[2]) wenn der Vater oder die eheliche Mutter des Mündels die Einsetzung angeordnet hat.[3])

Der Vater oder die Mutter kann die Einsetzung des Familienraths von dem Eintritt oder Nichteintritt eines bestimmten Ereignisses abhängig machen.[4])

Die Einsetzung unterbleibt, wenn die erforderliche Zahl geeigneter Personen nicht vorhanden ist.[5]) [6])

I Entw. §. 1712; II Entw. §. 1751; Reichst. Vorl. §. 1884; Mot. IV Allg. Begründung S. 1014 bis 1015, 1018—1022, zu §. 1712 S. 1208—1205; Kommiss.Prot. S. 6490, 6493—6496 (835).

1. Ordnungsvorschrift (vgl. Abs. 3 und Anm. 5 dazu, sowie Anm. 5 zu §. 1859), von deren Befolgung, die Gültigkeit der Anordnung vorausgesetzt, das Vormundschaftsgericht aber auch nicht wegen erst nach dem Tode des Anordnenden eingetretener Umstände und dadurch begründeter Besorgniß einer Gefährdung des Interesses

des Mündels absehen darf; also anders, wie in den Fällen der §§. 1778 Abs. 1, 1797 Abs. 3, 1857.

2. Niemals von Amtswegen und nicht außerhalb der Fälle der §§. 1858, 1859, 1905 Abs. 1 und 1915 Abs. 1.

3. Die Anordnung ist Ausfluß der elterlichen Gewalt und letztwillig zu treffen (vgl. §§. 1868, 1777 und Mot.). Bei der Pflegschaft ist sie ebenfalls zulässig (§. 1915 Abs. 1), dagegen nicht bezüglich bevormundeter volljähriger Kinder (§. 1905), vgl. jedoch Art. 210 Abs. 2 Satz 2 E.G.; ebensowenig seitens der unehelichen Mutter.

4. Z. B. davon, daß die berufenen Personen (§. 1861) das Amt als Mitglieder des Familienraths annehmen, daß zur Zeit der Anordnung der Vormundschaft ein bestimmtes Handelsgeschäft für den Mündel betrieben wird u. dgl. m. (Mot.). Vgl. §§. 1790 und 1880.

5. Darüber, ob die zur Einsetzung des Familienraths erforderliche Zahl von Personen vorhanden ist, welche fähig und geeignet sind, Mitglieder desselben zu sein (§§. 1865—1867, 1861, 1862), entscheidet das Vormundschaftsgericht, und zwar, soweit der Vater oder die Mutter bestimmte Personen als Mitglieder des Familienraths benannt hat, nach Maßgabe des §. 1861 Satz 2 verbunden mit §. 1778 Abs. 1, 2. Ein Bedürfniß, vorzuschreiben, daß in dem hier fraglichen Falle das Vormundschaftsgericht vorher Verwandte und Verschwägerte des Mündels hören soll, liegt nicht vor (Mot.); vgl. auch §. 1862 Abs. 1 Satz 2.

6. Wegen der Beschwerde, falls das Vormundschaftsgericht die Einsetzung eines Familienraths ablehnt, vgl. §. 20, §. 57 Nr. 4 und §. 59 F.G.G.

§. 1859.

Ein Familienrath soll von dem Vormundschaftsgericht eingesetzt werden,[1]) wenn ein Verwandter

oder Verschwägerter[2]) des Mündels oder der Vormund[3]) oder der Gegenvormund die Einsetzung beantragt[4]) und das Vormundschaftsgericht sie im Interesse des Mündels für angemessen erachtet.[5])

Die Einsetzung unterbleibt, wenn der Vater oder die eheliche Mutter des Mündels sie untersagt hat.[6])

I Entw. §. 1718; II Entw. §. 1752; Reichst. Vorl. §. 1885; Mot. IV zu §. 1718 S. 1205 bis 1207; Kommiss.Prot. S. 6490–6492 (885—886).

1. Auch bei Vormundschaften über Volljährige (§. 1905 Abs. 1) und bei Pflegschaften auf Antrag des Pflegers (§. 1915 Abs. 1).

2. Ohne Rücksicht auf die Gradesnähe und ohne Beschränkung hinsichtlich der Zahl der Antragsteller.

3. Sind mehrere Vormünder vorhanden, so muß der Antrag von sämmtlichen Vormündern ausgehen. Eine gesetzliche Entscheidung der Frage, ob dies auch dann gilt, wenn die Verwaltung unter die mehreren Vormünder getheilt ist (§. 1797 Abs. 2), ist nach den Motiven nicht als erforderlich erachtet worden. Die Frage wird wegen der bei Theilung der Vormundschaft jedem Vormunde zustehenden Selbständigkeit, und weil schon der Antrag auch nur eines ganz entfernten Verwandten oder Verschwägerten genügt, zu verneinen sein (bestritten).

4. Vgl. wegen der Beschwerde bei Ablehnung des Antrags Anm. 6 zu §. 1858.

5. Durch die Fassung des Abs. 1 wird zum Ausdrucke gebracht, daß der Mangel des dort bezeichneten Antrags nicht die Nichtigkeit der Einsetzung des Familienraths zur Folge hat (Mot.).

6. In der im §. 1777 vorgeschriebenen Form (§. 1868 Abs. 1). Die Anordnung des Vaters geht der der Mutter vor (§. 1868 Abs. 2). Die Untersagung ist auch dann wirksam, wenn der untersagende Theil einen Vor-

mund nicht berufen hat. Die trotzdem erfolgte Einsetzung ist nicht nichtig; Beschwerde dagegen nach §§. 20 und 59 F.G.G. Vgl. auch Anm. 2 zu §. 1880.

§. 1860.

Der Familienrath besteht aus dem Vormundschaftsrichter[1]) als Vorsitzendem und aus mindestens zwei, höchstens sechs Mitgliedern.[2])

I Entw. §. 1714 Abs. 1; II Entw. §. 1753; Reichst.Vorl. §. 1836; Mot. IV. zu §. 1714 S. 1207—1208; Kommiss.Prot. S. 6492 (836).

1. Derselbe ist also nicht Mitglied, gehört aber kraft Gesetzes und ohne daß er ausgeschlossen werden könnte, dem Familienrath an.

2. Ohne Rücksicht auf etwaige Verwandtschaft oder Schwägerschaft (§. 1867).

§. 1861.

Als Mitglied des Familienraths ist berufen, wer von dem Vater oder der ehelichen Mutter des Mündels als Mitglied benannt ist.[1]) Die Vorschriften des §. 1778 Abs. 1, 2 finden entsprechende Anwendung.[2])

I Entw. §. 1715 Abs. 1; II Entw. §. 1754; Reichst.Vorl. §. 1837; Mot. IV zu §. 1715 S. 1209; Kommiss.Prot. S. 6492 (836).

1. Wegen des Beschwerderechts der Berufenen bei ihrer Uebergehung s. §. 60 Nr. 1 F.G.G.

2. Vgl. außer den Anm. zu §. 1778 Abs. 1 u. 2 noch die zu §. 1777.

Eine besondere gesetzliche Entscheidung der Frage, in welcher Reihenfolge die von dem Vater oder der Mutter benannten Personen berufen sind, wenn der Vater oder die Mutter ohne Bestimmung der Reihenfolge mehr Personen benannt hat, als die gesetzlich zulässige Zahl von Mitliedern des Familienraths beträgt, ist nach den Motiven nicht für erforderlich gehalten worden. Dem Vormundschaftsrichter wird die Auswahl zustehen, wenn nicht nach den obwaltenden Umständen anzunehmen ist, daß die zuerst benannten Personen auch die zuerst Berufenen sein sollen. Die vom Vater benannten Personen gehen den von der Mutter benannten vor (§. 1868 Abs. 2). Die letztere kann jedoch, wenn sie die elterliche Gewalt erlangt hat, innerhalb der gesetzlich zulässigen Maximalzahl (§. 1860) neben den vom Vater benannten Personen noch weitere Mitglieder benennen.

§. 1862.

Soweit eine Berufung nach §. 1861 nicht vorliegt oder die Berufenen die Uebernahme des Amtes ablehnen,[1]) hat das Vormundschaftsgericht die zur Beschlußfähigkeit des Familienraths erforderlichen Mitglieder[2]) auszuwählen.[3]) Vor der Auswahl sollen der Gemeindewaisenrath[4]) und nach Maßgabe des §. 1847 Verwandte oder Verschwägerte des Mündels gehört werden.[5])

Die Bestimmung der Zahl weiterer Mitglieder und ihre Auswahl steht dem Familienrathe zu.[6])

I Entw. §. 1715 Abs. 2; II Entw. §. 1755 Abs. 1, 2; Reichst.Vorl. §. 1838; Mot. IV zu §. 1715 S. 1209—1211; Kommiss.Prot. S. 6492 (886).

1. Eine Pflicht zur Uebernahme besteht nicht (§. 1869).

2. Es können nur Verwandte oder Verschwägerte des Mündels gewählt werden (§. 1867, §. 1858 Abs. 3).

3. Also höchstens zwei (§. 1860).

4. Vgl. Anm. 1 zu §. 1779.

5. Schriftlich oder mündlich. Ordnungsvorschrift.

6. Nicht dem Vormundschafts- oder Beschwerdegerichte, (Jahrbuch Bd. 11 S. 11) oder dem Vorsitzenden (anders §. 1864). Der Familienrath ist bei seiner Auswahl nicht auf Verwandte und Verschwägerte des Mündels beschränkt, sondern nur durch die §§. 1865 und 1866 gebunden. Vgl. §. 1867.

§. 1863.

Sind neben dem Vorsitzenden nur die zur Beschlußfähigkeit des Familienraths erforderlichen Mitglieder vorhanden, so sind ein oder zwei Ersatzmitglieder zu bestellen.

Der Familienrath wählt die Ersatzmitglieder aus und bestimmt die Reihenfolge, in der sie bei der Verhinderung oder dem Wegfall[1]) eines Mitglieds in den Familienrath einzutreten haben.

Hat der Vater oder die eheliche Mutter Ersatzmitglieder benannt und die Reihenfolge ihres Eintritts bestimmt,[2]) so ist diese Anordnung zu befolgen.

I Entw. §. 1715 Abs. 4; II Entw. §. 1756 Reichst.Vorl. §. 1839; Mot. IV zu §. 1715 S. 1211; Kommiss.Prot. S. 6492 (836).

1. Das Ersatzmitglied tritt für ein weggefallenes Mitglied nicht dauernd, sondern nur bis zur anderweitigen Vervollständigung des Familienraths (vgl. §. 1862 Abs. 2) ein.

2. In der durch §. 1777 bestimmten Form (§. 1868 Abs. 1).

§. 1864.

Wird der Familienrath durch vorübergehende Verhinderung eines Mitglieds beschlußunfähig und ist ein Ersatzmitglied nicht vorhanden, so ist für die Dauer der Verhinderung ein Ersatzmitglied zu bestellen. Die Auswahl [1]) steht dem Vorsitzenden [2]) zu.

I Entw. §. 1715 Abs. 5; II Entw. §. 1757; Reichst.Vorl. §. 1840; Mot. IV zu §. 1715 S. 1211—1212; Kommiss.Prot. S. 6492 (886).

1. Nicht bloß aus dem Kreise der Verwandten und Verschwägerten des Mündels (§. 1867).

2. Also anders als im Falle des §. 1862 Abs. 2.

§. 1865.

Zum Mitgliede des Familienraths kann nicht bestellt werden, wer geschäftsunfähig oder wegen Geistesschwäche, Verschwendung oder Trunksucht entmündigt ist. [1])

I Entw. §. 1716 Abs. 1, 3; II Entw. §. 1758; Reichst.Vorl. §. 1841; Mot. IV zu §. 1716 S. 1212; Kommiss.Prot. S. 6498 (886—887, VI 119 bis 121).

1. Vgl. Anm. 1—5 zu §. 1780. Ein Ausländer kann demnach zum Mitgliede eines Familienraths bestellt werden (vgl. hiergegen Zeitschrift f. franz. Civ.R. Bd. 27 S. 582), wenngleich dies im allgemeinen zu vermeiden sein wird.

Die Bestellung eines unfähigen Mitglieds ist rechtlich unwirksam, und die unter seiner Mitwirkung gefaßten Beschlüsse des Familienraths sind nichtig, selbst wenn es auf seine Stimme für das Zustandekommen des Beschlusses nicht ankam.

§. 1866.

Zum Mitgliede[1]) des Familienraths soll[2]) nicht bestellt werden:

1. der Vormund[3]) des Mündels;[4])
2. wer nach §. 1781 oder nach §. 1782 nicht zum Vormunde bestellt werden soll;[5])
3. wer durch Anordnung des Vaters oder der ehelichen Mutter des Mündels von der Mitgliedschaft ausgeschlossen ist.[6])

I Entw. §. 1716 Abs. 1, 2 Nr. 1, 2, 4, Abs. 3; II Entw. §. 1759; Reichst.Vorl. §. 1842; Mot. IV zu §. 1716 S. 1212--1213, 1215; Kommiss.Prot. S. 6493 (886—887); Reichst. Kom.Ber. S. 174; Reichst.Sitz.Prot. S. 3005, 3095.

1. Weder zum ordentlichen noch zum Ersatzmitgliede. Beamte und Militärpersonen bedürfen der Genehmigung ihrer vorgesetzten Behörden nicht.

2. Ordnungsvorschrift; die entgegen dem §. 1866 erfolgte Bestellung ist daher rechtswirksam.

3. Der Gegenvormund kann also bestellt werden, obwohl auch er der Aufsicht des Familienraths untersteht (§§. 1872 Abs. 1, 1837).

4. Die Pflicht des Familienraths, den Vormund dann zu hören, wenn das Vormundschaftsgericht dies thun müßte (§. 1872 Abs. 1), und das Recht desselben, den Vormund in geeigneten Fällen zu hören, werden durch die Bestimmung des §. 1866 Nr. 1 nicht berührt.

5. Vgl. die Anm. zu §§. 1781, 1782. Weibliche Personen können in Folge von §. 1783 Mitglieder des Familienraths sein, verheirathete ohne ehemännliche Genehmigung, da es an einer dem §. 1783 entsprechenden Vorschrift fehlt.

6. In der im §. 1777 bestimmten Form (§. 1868 Abs. 1). Eine von dem Vater als Mitglied benannte Person (§. 1861) kann wegen §. 1868 Abs. 2 von der Mutter nicht wirksam ausgeschlossen werden.

§. 1867.

Zum Mitgliede des Familienraths soll[1]) nicht bestellt werden, wer mit dem Mündel weder verwandt noch verschwägert ist,[2]) es sei denn, daß er von dem Vater oder der ehelichen Mutter des Mündels benannt[3]) oder von dem Familienrath[4]) oder nach §. 1864 von dem Vorsitzenden[5]) ausgewählt worden ist.

I Entw. §. 1716 Abs. 2 Nr. 8, Abs. 3; II Entw. §. 1760; Reichst.Vorl. §. 1848; Mot. IV zu §. 1716 S. 1214—1215; Kommiss.Prot. S. 6493 (836 bis 837).

1. Ordnungsvorschrift.
2. Vgl. Anm. 4 zu §. 1779.
3. In der im §. 1777 vorgeschriebenen Form (§. 1868 Abs. 1).
4. Vgl. §. 1862 Abs. 2.
5. Im Falle der Nothwendigkeit der Bestellung eines Ersatzmitglieds, so daß die von dem Vorsitzenden ausgewählte Person nur für den vorübergehenden Zweck, nicht überhaupt, die Fähigkeit erlangt, Mitglied des Familienraths zu sein.

§. 1868.

Für die nach den §§. 1858, 1859, 1861, 1863, 1866 zulässigen Anordnungen des Vaters oder der Mutter gelten die Vorschriften des §. 1777.[1])

Die Anordnungen des Vaters gehen den Anordnungen der Mutter vor.[2])

I Entw. §. 1718; II Entw. §. 1761; Reichst. Vorl. §. 1844; Mot. IV zu §. 1718 S. 1216; Kommiss.Prot. S. 6498 (886, 887).

1. Vgl. Anm. 1—3 zu §. 1777, ferner §. 1776 Abs. 1 Nr. 1, 2, §. 1782, §. 1797 Abs. 3, §. 1856.
2. Vgl. Anm. 5 zu §. 1776.

§. 1869.

Niemand ist verpflichtet, das Amt eines Mitglieds des Familienraths zu übernehmen.[1])

I Entw. §. 1717; II Entw. §. 1762; Reichst. Vorl. §. 1845; Mot. IV zu §. 1717 S. 1215 bis 1216; Kommiss.Prot. S. 6493 (887).

1. Nicht auch, das einmal übernommene Amt fortzuführen (§. 1778); zu der Fortführung kann jedes Mitglied durch Ordnungsstrafen angehalten werden (§. 1875).

§. 1870.[1])

Die Mitglieder[2]) **des Familienraths werden von dem Vorsitzenden durch Verpflichtung zu treuer und gewissenhafter Führung des Amtes bestellt.**[3]) **Die Verpflichtung soll mittelst Handschlags an Eidesstatt erfolgen.**

I Entw. §. 1714 Abs. 2; II Entw. §. 1768; Reichst.Vorl. §. 1846; Mot. IV zu §. 1714 S. 1208—1209; Kommiss.Prot. S. 6493 (887).

1. Vgl. §. 1789.
2. Auch die Ersatzmitglieder (§§. 1863, 1864), entweder

von vornherein oder jedenfalls, sobald sie zum ersten Male in Thätigkeit treten.

8. Die erfolgte Bestellung ist in geeigneter Weise aktenkundig zu machen. Eine Bestallung erhalten die Mitglieder nicht. Auf der Bestallung von Vormund (Pfleger) und Gegenvormund ist aber die Einsetzung eines Familienraths zu erwähnen (§. 1791 Abs. 2).

§. 1871.

Bei der Bestellung eines Mitglieds des Familienraths kann die Entlassung für den Fall vorbehalten werden, daß ein bestimmtes Ereigniß eintritt oder nicht eintritt.[1])

I Entw. §. 1715 Abs. 8; II Entw. §. 1755 Abs. 8; Reichst. Vorl. §. 1847; Mot. IV zu §. 1715 S. 1211; Kommiss. Prot. S. 6492 (887).

1. Vgl. §. 1790, sowie §§. 1858 Abs. 2 und 1880.

§. 1872.

Der Familienrath hat die Rechte[1]) und Pflichten[2]) des Vormundschaftsgerichts.[3]) Die Leitung der Geschäfte liegt dem Vorsitzenden ob.[4])

Die Mitglieder des Familienraths können ihr Amt nur persönlich[5]) ausüben. Sie sind in gleicher Weise verantwortlich wie der Vormundschaftsrichter.[6])

I Entw. §. 1719 Abs. 1 u. 2, §. 1722 Abs. 1 Satz 2; II Entw. §. 1764 Abs. 1 u. 2, §. 1767 Abs. 1 Satz 2; Reichst. Vorl. §. 1848; Mot. IV zu §. 1719 S. 1216—1218, zu §. 1722 S. 1221; Kommiss. Prot. S. 6498 (887).

1. Andrerseits, wenn der Vormund (Pfleger) befreit

ist, auch nur die Rechte, die das Vormundschaftsgericht gehabt haben würde.

2. Die Pflicht zur Anhörung von Verwandten und Verschwägerten des Mündels erledigt sich, soweit bereits solche zum Familienrathe gehören.

3. Der Familienrath hat also auch die rechtliche Eigenschaft einer Behörde. Ist ein Familienrath gebildet, so gehen die Rechte des Vormundschaftsgerichts dergestalt auf ihn über, daß der Vormundschaftsrichter allein nicht berechtigt ist, Ordnungsstrafen anzudrohen und einzuziehen, um den Vormund zur Einreichung des vorgeschriebenen Vermögensverzeichnisses zu veranlassen, und über dessen Widerspruch gegen die ihm gemachte Auflage zu befinden (Jahrbuch Bd. 1 S. 88). Dem Familienrathe steht auch die Zwangsgewalt zu, die nach den Art. 15—17 P.F.G.G. das Vormundschaftsgericht hat.

4. Vgl. wegen der weitergehenden Befugniß des Vorsitzenden zu Anordnungen in schleunigen Fällen den §. 1876.

5. Also anders, als nach §. 13 Satz 2 F.G.G., keine Vertretung durch Bevollmächtigte (§. 1874). Für den Fall der Verhinderung wird erforderlichenfalls ein Ersatzmann bestellt (§§. 1868, 1864).

6. Vgl. §. 1848.

§. 1873.

Der Familienrath wird von dem Vorsitzenden einberufen.[1] Die Einberufung hat zu erfolgen, wenn zwei Mitglieder, der Vormund oder der Gegenvormund sie beantragen[2] oder wenn das Interesse des Mündels sie erfordert. Die Mitglieder[3] können mündlich oder schriftlich eingeladen werden.[4]

I Entw. §. 1721 Abs. 1; II Entw. §. 1765; ReichsT.Vorl. §. 1849; Mot. IV zu §. 1721 S. 1218—1220; Kommiss.Prot. S. 6498 (887).

1. Von Amtswegen oder auf Antrag. Zeit und Ort bestimmt der Vorsitzende. Der Zusammentritt erfolgt dort, wo andernfalls das Vormundschaftsgericht amtlich in Thätigkeit getreten sein würde.

2. Beschwerde des Antragstellers gegen die Ablehnung des Antrags nach §. 20 F.G.G.

3. Alle, nicht nur so viele, als zur Beschlußfassung erforderlich sind.

4. Zweckmäßig, aber nicht nothwendig unter Angabe des Gegenstandes der Berathung (der Tagesordnung). Der Mangel einer solchen Angabe kann einen genügenden Grund bilden, sich der Theilnahme an der Berathung zu enthalten und Vertagung zu beantragen; vgl. §. 1875. Eine bestimmte Ladungsfrist ist nicht vorgeschrieben.

§. 1874.

Zur Beschlußfähigkeit des Familienraths ist die Anwesenheit[1]) des Vorsitzenden und mindestens zweier Mitglieder erforderlich.

Der Familienrath faßt[2]) seine Beschlüsse[3]) nach der Mehrheit der Stimmen der Anwesenden. Bei Stimmengleichheit entscheidet die Stimme des Vorsitzenden.

Steht in einer Angelegenheit das Interesse des Mündels zu dem Interesse eines Mitglieds in erheblichem Gegensatze, so ist das Mitglied von der Theilnahme an der Beschlußfassung ausgeschlossen.[4])

Ueber die Ausschließung entscheidet der Vorsitzende.[5])

I Entw. §. 1722; II Entw. §. 1767; Reichst. Vorl. §. 1850; Mot. IV zu §. 1722 S. 1220 bis 1224; Kommiss.Prot. S. 6498 (887).

1. Keine Vertretung durch Bevollmächtigte (§. 1872),

also gleichfalls anders, als nach §. 18 Satz 2 F.G.G., keine Beschlußfähigkeit ohne den Vormundschaftsrichter und keine Beschlußfassung durch schriftliche Voten.

2. Durch mündliche Abstimmung nach vorheriger Berathung in nicht öffentlicher Sitzung (Mot.).

3. Ueber deren Form ist nichts Besonderes vorgeschrieben. Soweit dies bei Verfügungen des Vormundschaftsgerichts nothwendig sein würde (vgl. §. 16 F.G.G. und Anm. 2 zu §. 1821), müssen auch sie wegen §. 1872 Abs. 1 Satz 1 schriftlich festgestellt werden und mit Gründen versehen sein. Bei der schriftlichen Feststellung bedarf es nur der Vollziehung durch den Vormundschaftsrichter allein und dürfte selbst ein bloßer Aktenvermerk desselben genügen (oben Einleitung S. 86).

In Ansehung der Frage, ob ein gültiger Beschluß des Familienraths vorliegt, bewendet es lediglich bei den allgemeinen Grundsätzen (Mot.).

4. Nur für die einzelne Angelegenheit. Vgl. §. 1796 Abs. 2. Bei einem Interessengegensatze zwischen dem Vorsitzenden und dem Mündel kommt §. 6 F.G.G. zur Anwendung. Vgl. auch Anm. 2 zu §. 6 F.G.G.

5. Auf Antrag oder von Amtswegen. Von der Einberufung des behinderten Mitglieds kann von vornherein abgesehen und das Ersatzmitglied geladen werden, soweit dies zur Herstellung der Beschlußfähigkeit erforderlich ist.

§. 1875.

Ein Mitglied des Familienraths, das ohne genügende Entschuldigung der Einberufung nicht Folge leistet oder die rechtzeitige Anzeige seiner Verhinderung unterläßt oder sich der Theilnahme an der Beschlußfassung enthält,[1]) ist[2]) von dem Vorsitzenden in die dadurch verursachten Kosten zu verurtheilen.[3])

Der Vorsitzende kann[2]) gegen das Mitglied eine Ordnungsstrafe bis zu einhundert Mark[4]) verhängen.[5])

Erfolgt nachträglich genügende Entschuldigung, so sind die getroffenen Verfügungen aufzuheben.[6])[7])

I Entw. §. 1721 Abs. 2; II Entw. §. 1766 Reichst.Vorl. §. 1851; Mot. IV zu §. 1721 S. 1220; Kommiss.Prot. S. 6498 (887).

1. Ohne rechtfertigenden Grund, vgl. Anm. 8 zu §. 1873.

2. Der Vorsitzende hat die Pflicht zur Verurtheilung in die Kosten, nicht dagegen eine Pflicht zur Verhängung einer Ordnungsstrafe. Vorherige Androhung findet bei jener nicht statt, aber bei dieser (§. 33 F.G.G., vgl. jedoch Anm. 5.).

3. Wiederholend bezw. ergänzend bestimmten im P.F.G.G Art. 10 Abs. 1 Satz 2 und Abs. 2:

Im Falle des §. 1875 Abs. 1 des Bürgerlichen Gesetzbuchs erfolgt die Festsetzung durch den Vorsitzenden des Familienraths.

Zur Berücksichtigung eines Ansatzes genügt, daß er glaubhaft gemacht wird.

Art. 11 Abs. 2:

Die Kostenfestsetzung kann selbständig mit der weiteren Beschwerde nur angefochten werden, wenn die Beschwerdesumme den Betrag von fünfzig Mark übersteigt.

und Art. 14, der ebenfalls hier Anwendung findet (anders Anm. 15 zu §. 1847):

Aus der gerichtlichen Kostenfestsetzung .... findet die Zwangsvollstreckung nach den Vorschriften der Civilprozeßordnung statt.

Die Beschwerde gegen die Festsetzung ist die einfache nach §. 20 F.G.G., nicht die sofortige, da im Falle des

Abs. 1 die Voraussetzungen des Art. 11 Abs. 1 P.F.G.G. nicht gegeben sind. Die Beschränkung der Zulässigkeit der weiteren Beschwerde entspricht dem §. 568 Abs. 3 C.P.O.

4. Das in Anm. 8 zu §. 1887 Bemerkte gilt auch hier.

5. Nur unter den Voraussetzungen des Abs. 1 und um die Erfüllung der hier bezeichneten Pflichten zu erreichen (vgl. Anm. 4 zu §. 1887). Doch ist bestritten, daß die Ordnungsstrafe des Abs. 2 den Charakter einer Exekutivstrafe habe; hat sie diesen nicht, so würde ihrer Festsetzung keine Androhung vorauszugehen brauchen (Anm. 2)). Sonst hat der Vormundschaftsrichter kein Ordnungsstrafrecht gegen Mitglieder des Familienraths (Anm. 8 zu §. 1837).

Gegen den Strafbeschluß hat das betroffene Mitglied das Recht der Beschwerde nach §. 20 F.G.G. mit aufschiebender Wirkung (§. 24 F.G.G.).

6. Vgl. §. 881 Abs. 1 Satz 2 C.P.O. Abs. 3 bezieht sich auf Abs. 1 und auf Abs. 2.

7. Außer durch Verurtheilung in die Kosten und Verhängung einer Ordnungsstrafe kann die Einberufung noch auf dem in Art. 17 P.F.G.G. (in Anm. 9 zu §. 1887) zugelassenen Wege durchgesetzt werden.

§. 1876.

Wird ein sofortiges Einschreiten nöthig,[1]) so hat der Vorsitzende die erforderlichen Anordnungen[2]) zu treffen, den Familienrath[3]) einzuberufen, ihn von den Anordnungen in Kenntniß zu setzen und einen Beschluß über die etwa weiter erforderlichen Maßregeln herbeizuführen.[4])

I Entw. §. 1719 Abs. 3; II Entw. §. 1764 Abs. 3; Reichst.Vorl. §. 1852; Mot. IV zu §. 1719 S. 1217—1218; Kommiss.Prot. S. 6498, 8688 (837, VI 311).

1. Ob dies der Fall, ist nach den jedesmaligen Umständen von dem Vorsitzenden zu beurtheilen. Eine Verfügung desselben kann nicht um deswillen als ungültig angefochten werden, weil keine Veranlassung zum sofortigen Einschreiten vorgelegen habe (Mot.).

2. Jeder Art, die zu treffen der Familienrath selbst befugt gewesen sein würde, also namentlich auch die Genehmigung zu einem Rechtsgeschäft, und mit gleicher Wirkung, als wären sie vom Familienrathe selbst getroffen worden, andrerseits aber, soweit dies nach Lage der Sache und nach der Art der vorzunehmenden Handlung möglich ist, nur vorläufige, nöthigenfalls rückgängig zu machende Maßregeln (Mot.).

3. Der §. 1876 setzt also voraus, daß ein Familienrath bereits eingesetzt ist. Es entspricht jedoch seiner Analogie und dem Geiste der Bestimmungen des §. 1858 Abs. 1 und des §. 1872 Abs. 1 Satz 1, daß der Vormundschaftsrichter auch dann, wenn ein auf Grund letztwilliger Anordnung des Vaters oder der Mutter einzusetzender Familienrath noch nicht eingesetzt ist und ein sofortiges Einschreiten erforderlich wird, wie im Falle des §. 1876, soweit thunlich nur vorläufige, nöthigenfalls rückgängig zu machende Maßregeln trifft. Es gilt dies insbesondere auch von der ersten Bestellung des Vormunds und des Gegenvormunds (Mot.). Bei dieser Bestellung wird dann zweckmäßig von der Befugniß des §. 1790 Gebrauch gemacht werden.

4. Auch ohne Dringlichkeit kann der Vormundschaftsrichter solche Geschäfte allein abmachen, die nur die äußere Geschäftsleitung betreffen (vgl. §. 1872 Abs. 1 Satz 2).

§. 1877.

Die Mitglieder des Familienraths können von dem Mündel Ersatz ihrer Auslagen verlangen;[1]) der

Betrag der Auslagen wird von dem Vorsitzenden festgesetzt.[2])

I Entw. §. 1720; II Entw. §. 1768; Reichst. Vorl. §. 1858; Mot. IV zu §. 1720 S. 1218; Kommiss.Prot. S. 6498 (887).

1. Das Amt des Mitglieds eines Familienraths ist also ein unentgeltlich zu verwaltendes Ehrenamt.

2. Vgl. §. 1847 Abs. 2.

§. 1878.

Das Amt eines Mitglieds des Familienraths endigt aus denselben Gründen, aus denen nach den §§. 1885, 1886, 1889 das Amt eines Vormundes endigt.[1])

Ein Mitglied kann gegen seinen Willen nur durch das dem Vormundschaftsgericht im Instanzenzuge vorgeordnete Gericht entlassen werden.[2])[3])

I Entw. §. 1823; II Entw. §. 1769; Reichst. Vorl. §. 1864; Mot. IV zu §. 1728 S. 1224 bis 1225; Kommiss.Prot. S. 6498 (887).

1. D. h. durch Entmündigung, Todeserklärung und Entlassung, wobei der in §. 1889 durch Verweisung auf §. 1786 Abs. 1 Nr. 6 zugelassene Entlassungsgrund der Sicherheitsleistung nicht in Frage kommen kann, dagegen der Grund des §. 1786 Abs. 1 Nr. 7 dahin für anwendbar zu erachten sein wird, daß die Entlassung wegen der nicht genehmen Persönlichkeit eines neuen Familienrathsmitglieds oder Vormundschaftsrichters verlangt werden darf; nicht aber bei Frauen durch Verheirathung. Ein weiterer Grund für die Endigung des Amtes ergiebt sich aus §. 1871.

2. Die Entlassung hat also wegen Gefährdung des Interesses des Mündels bei Fortführung des Amtes,

aus den in §. 1781 bezeichneten Gründen und auf Antrag des Mitglieds aus wichtigen Gründen zu erfolgen. Die Entscheidung über die Entlassung steht, wenn das Mitglied mit dieser einverstanden ist, dem Familienrathe, nicht dem Vorsitzenden — vorbehaltlich des §. 1876 — zu.

8. Der Vorsitzende hat bei dem vorgeordneten Gericht (Landgericht) etwa erforderliche Anträge zu stellen. Bis zur Entlassung bleibt die Mitgliedschaft in Kraft. Wegen der Beschwerde vgl. §. 60 Nr. 4 und §. 64 F.G.G.

§. 1879.

Das Vormundschaftsgericht hat den Familienrath aufzuheben, wenn es an der zur Beschlußfähigkeit erforderlichen Zahl von Mitgliedern fehlt und geeignete Personen zur Ergänzung nicht vorhanden sind.[1])

I Entw. §. 1724 Abs. 1 Nr. 1; II Entw. §. 1770 Abs. 1 Nr. 1; Reichst.Vorl. §. 1855; Mot. IV zu §. 1724 S. 1225; Kommiss.Prot. S. 6498 (837).

1. Eine andere Auflösungsart giebt es, vorbehaltlich der Vorschrift des §. 1880, nicht; namentlich kann der Familienrath nicht selbst seine Auflösung beschließen. Die Aufhebung hindert nicht die spätere Neubestellung eines Familienraths, vgl. Anm. 2 zu §. 1880.

Wegen der sofortigen Beschwerde gegen die Aufhebung s. §. 60 Nr. 4 F.G.G.; in der Beschwerdeinstanz ist auch darüber zu befinden, ob die etwa zur Ergänzung vorhandenen Personen geeignet sind.

§. 1880.[1])

Der Vater des Mündels kann die Aufhebung des von ihm angeordneten Familienraths für den

Fall des Eintritts oder Nichteintritts eines künftigen Ereignisses nach Maßgabe des §. 1777 anordnen. Das gleiche Recht steht der ehelichen Mutter des Mündels für den von ihr angeordneten Familienrath zu.

Tritt der Fall ein, so hat das Vormundschaftsgericht den Familienrath aufzuheben.[2])

I Entw. §. 1712 Abs. 2, §. 1724 Abs. 1 Nr. 2; II Entw. §. 1751 Abs. 2, §. 1770 Abs. 1 Nr. 2; Reichst.Vorl. §. 1856; Mot. IV zu §. 1712 S. 1204, zu §. 1724 S. 1225; Kommiss.Prot. S. 6493 (837).

1. Der §. 1880 ist eine Folge des §. 1858 Abs. 2. Vgl. §. 1905 Abs. 2.

2. Andernfalls Beschwerde nach §. 20 F.G.G. Gegen die Aufhebung Beschwerde nach §. 57 Nr. 4 und §. 60 Nr. 4 F.G.G. Die erfolgte Aufhebung hindert nicht, daß das Vormundschaftsgericht nach Maßgabe des §. 1859 Abs. 1 die Einsetzung eines neuen Familienraths beschließt, sofern nicht die letztwillige Anordnung des Vaters oder der Mutter als ein Verbot der Einsetzung eines neuen Familienraths (§. 1859 Abs. 2) auszulegen ist (Mot.).

§. 1881.

Von der Aufhebung des Familienraths hat das Vormundschaftsgericht die bisherigen Mitglieder, den Vormund und den Gegenvormund in Kenntniß zu setzen.[1])

Der Vormund und der Gegenvormund erhalten neue Bestallungen. Die früheren Bestallungen sind dem Vormundschaftsgerichte zurückzugeben.[2])

I Entw. §. 1724 Abs. 2; II Entw. §. 1770

Abs. 2; Reichst.Vorl. §. 1857; Mot. IV zu §. 1724 S. 1225; Kommiss.Prot. S. 6498 (887).

1. Durch Zustellung von Amtswegen (§§. 16 Abs. 2, 60 Abs. 2 F.G.G.). Die Aufhebung hat zur Folge, daß die Rechte und Pflichten des Familienraths aufhören und die Vormundschaft nach Maßgabe derjenigen Vorschriften zu behandeln ist, welche gelten, wenn ein Familienrath nicht besteht.

2. Abs. 2 ist eine Folge des §. 1791 Abs. 2 Satz 2.

VII. Beendigung der Vormundschaft.

§. 1882.

Die Vormundschaft endigt[1]) mit dem Wegfalle der im §. 1773 für die Anordnung der Vormundschaft bestimmten Voraussetzungen.[2])

I Entw. §. 1703 Abs. 1; II Entw. §. 1740; Reichst.Vorl. §. 1858; Mot. IV zu §. 1703 S. 1193—1195; Kommiss.Prot. S. 6472, 6473 (825—827).

1. Natürlich auch, wenn der Mündel stirbt. Wegen einer Todeserklärung des Mündels s. §. 1884. Das Recht des Vormunds zur Stellung des Strafantrags wegen einer seinem Mündel zugefügten Verletzung erlischt mit dem Tode des Mündels (Straf.R.G. Bd. 4 S. 145).

Der Mündel erlangt mit dem Eintritte der Volljährigkeit auch das Recht, den von seinem Vormunde gestellten Strafantrag, wenn dessen Rücknahme gesetzlich überhaupt zulässig und die Frist hierfür noch nicht verstrichen ist, zurückzunehmen (J.W. 1892 S. 8).

Die früher zulässige Verlängerung der Vormundschaft über die Volljährigkeit hinaus ist für Preußen bereits durch die Vormundschaftsordnung vom 5. Juli 1875 beseitigt worden (Jahrbuch Bd. 2 S. 57), der Art, daß sie auch dann nicht eintritt, wenn die betreffende Anordnung schon vor dem Inkrafttreten dieser Vormundschaftsordnung getroffen war. Das Gleiche gilt nach dem B.G.B.

Das Vormundschaftsgericht hat (§. 12 F.G.G.) die für die Beendigung der Vormundschaft, namentlich den Eintritt in väterliche Gewalt, nothwendigen Voraussetzungen zu prüfen und die erforderlichen Ermittelungen und Feststellungen, soweit im Bereiche der vormundschaftsrichterlichen Thätigkeit möglich, nach Anhörung der Betheiligten vorzunehmen (vgl. §. 1888).

Wegen Ueberwachung des Eintritts der Volljährigkeitstermine s. §. 57 Nr. 13 der Geschäftsordnung für die Gerichtsschreibereien der Amtsgerichte vom 26. November 1899 (unten unter VIII).

Ist der Mündel aus einem anderen Grunde als dem der Minderjährigkeit weiter zu bevormunden, z. B. weil er wegen Geisteskrankheit entmündigt worden, so ist diese Vormundschaft eine neue und insbesondere eine Neuverpflichtung des bisherigen oder die Verpflichtung eines anderen Vormunds erforderlich.

2. Also mit dem Wegfalle der Minderjährigkeit des Mündels, des Fehlens der elterlichen Gewalt bezw. der Vertretungsberechtigung der Eltern oder der Unbestimmtheit des Familienstandes des Mündels.

Der Erreichung der Volljährigkeit steht die Volljährigkeitserklärung gleich (vgl. §§. 2—5).

Wiedereintritt der elterlichen Gewalt bezw. der Vertretungsberechtigung der Eltern findet hauptsächlich statt im Falle der Annahme an Kindesstatt und wenn die richterliche Entziehung der Vertretungsberechtigung wieder aufgehoben wird.

Durch Heirath des Mündels endigt die Vormundschaft nicht; Heirath macht nach dem B.G.B. nicht mündig. Inwieweit der Verlust der Eigenschaft eines Inländers die Beendigung einer in Deutschland bestehenden Vormundschaft zur Folge hat, richtet sich nach den Grundsätzen des internationalen Privatrechts (Mot.). Gemäß Art. 23 E.G. wird das Vormundschaftsgericht die Vormundschaft aufzuheben haben, wenn im Auslande für den Mündel genügend gesorgt ist. Bis dahin besteht sie fort (J.M.Bl. 1898 S. 108 ff.).

§. 1883.

Wird der Mündel durch nachfolgende Ehe legitimirt, so endigt die Vormundschaft erst dann, wenn die Vaterschaft des Ehemanns durch ein zwischen ihm und dem Mündel ergangenes Urtheil rechtskräftig festgestellt ist oder die Aufhebung der Vormundschaft von dem Vormundschaftsgericht angeordnet wird.[1]

Das Vormundschaftsgericht hat die Aufhebung anzuordnen,[2] wenn es die Voraussetzungen der Legitimation für vorhanden erachtet. Solange der Ehemann lebt, soll[3] die Aufhebung nur angeordnet werden, wenn er die Vaterschaft anerkannt hat[4]) oder wenn er an der Abgabe einer Erklärung dauernd verhindert[5]) oder sein Aufenthalt dauernd unbekannt ist.

I Entw. §. 1708 Abs. 2; II Entw. §. 1741; Reichst.Vorl. §. 1859; Mot. IV zu §. 1708 S. 1194—1195; Kommiss.Prot. S. 6472—6475 (825—827).

1. Uneheliche Kinder erlangen zwar an sich sofort mit der Eheschließung der Eltern die Rechte ehelicher (§. 1719). Da sie aber bis zur zweifelsfreien Feststellung der Vaterschaft schutzbedürftig bleiben, ist in Abweichung

von dem Grundsatze des §. 1882 die Aufhebung der Vormundschaft von einem rechtskräftigen Urtheil im Prozesse zwischen Vater und Mündel, event. einem ausdrücklichen Akte des Vormundschaftsgerichts abhängig gemacht. Bis diese Voraussetzungen erfüllt sind, können die Wirkungen der Legitimation nicht als eingetreten gelten, sondern liegt die Sorge für die Person und die Vermögensangelegenheiten des Mündels sowie die erforderliche Vertretung desselben dem Vormunde unter Aufsicht des Vormundschaftsgerichts nach wie vor ob und wirkt auch der spätere Nachweis der Erzeugung auf die in der Zeit zwischen der Eheschließung und dem Nachweise von dem Vormunde vorgenommenen Rechtshandlungen jedenfalls insoweit nicht zurück, als nicht Handlungen in Rede sind, welche in die Rechte der väterlichen Gewalt eingreifen, welche also der Vater hätte vornehmen können, wenn er schon zur Zeit der Eheschließung den Nachweis seiner Vaterschaft geführt hätte. Insbesondere wird ein vom Vormunde gegen den Ehemann der Mutter seines unehelich geborenen Mündels gestellter Strafantrag nicht dadurch hinfällig, daß der Ehemann den Nachweis führt, das Kind sei von ihm erzeugt und daher durch nachfolgende Ehe legitimirt, noch kann derselbe für befugt erachtet werden, den gegen ihn gestellten Strafantrag zurückzunehmen (Straf.R.G. Bd. 15 S. 176, Jahrbuch Bd. 11 S. 62).

2. Durch eine die Aufhebung der Vormundschaft anordnende Verfügung des Vormundschaftsgerichts wird die Kindschaft des Mündels nicht in einer den Rechten des letzteren präjudizirenden Weise festgestellt (Mot.). Wegen der Beschwerde gegen die Aufhebung s. §. 57 Nr. 1 F.G.G.

3. Ordnungsvorschrift, deren Nichtbeachtung die Ungültigkeit der Anordnung nicht zur Folge hat.

4. Dies braucht nicht in öffentlicher Urkunde oder überhaupt schriftlich, muß aber jedenfalls in zweifelsfreier

Weise geschehen. Annahme des Anerkenntnisses seitens des Vormunds ist nicht erforderlich.

5. Z. B. durch Geisteskrankheit.

§. 1884.[1])

Ist der Mündel verschollen,[2]) so endigt die Vormundschaft erst mit der Aufhebung durch das Vormundschaftsgericht. Das Vormundschaftsgericht hat die Vormundschaft aufzuheben, wenn ihm der Tod des Mündels bekannt wird.[3])

Wird der Mündel für todt erklärt,[4]) so endigt die Vormundschaft mit der Erlassung des die Todeserklärung aussprechenden Urtheils.[5])

I Entw. §. 1703 Abs. 1 Nr. 1; II Entw. §. 1742; ReichsT.Vorl. §. 1860; Mot. IV zu §. 1703 S. 1194; Kommiss.Prot. S. 6475, 6476 (825—827).

1. Dem §. 1884 entsprechen die Vorschriften im §. 1921 Abs. 2 u. 3.

2. Verschollen ist Jemand, wenn er abwesend ist, d. h. sich von seinem Wohnsitz entfernt hat, sein Aufenthalt unbekannt ist (§. 1911) und über ihn Nachricht während so geraumer Zeit nicht vorliegt, daß sein Leben oder Tod unsicher ist.

3. Das Vormundschaftsgericht kann die Vormundschaft aufheben, auch wenn ihm der Tod des verschollenen Mündels nicht bekannt ist. Wegen der Beschwerde s. §. 57 Nr. 1 F.G.G.

4. Vgl. §§. 13 ff.

5. Ohne besondere Aufhebung der Vormundschaft durch das Vormundschaftsgericht. Eine spätere Rückkehr des Mündels hat nicht die Folge, daß die Vormundschaft rückwärts als nicht beendigt anzusehen wäre, sondern es ist,

falls der frühere Grund der Bevormundung noch fortdauert, eine neue Vormundschaft einzuleiten; in der Zwischenzeit ist der Verschollene unvertreten gewesen. Vgl. Anm. 3 zu §. 1885.

§. 1885.

Das Amt des Vormundes endigt [1]) mit seiner Entmündigung.[2])

Wird der Vormund für todt erklärt, so endigt sein Amt mit der Erlassung des die Todeserklärung [3]) aussprechenden Urtheils.

I Entw. §. 1704 Nr. 1, 2; II Entw. §. 1748; Reichst.Vorl. §. 1861; Mot. IV zu §. 1704 S. 1195—1196; Kommiss.Prot. S. 6477—6488 (827—881).

1. Natürlich auch mit seinem Tode, der aber, wenn mehrere Vormünder bestellt sind, das Amt der übrigen nicht berührt; die letzteren haben bis zur etwaigen Bestellung eines neuen Mitvormunds die Vormundschaft allein fortzuführen.

2. Zulässig wegen Geisteskrankheit, Geistesschwäche, Verschwendung, Trunksucht (§. 6). Die Entmündigung wegen Geisteskrankheit wird wirksam mit der Zustellung des sie aussprechenden Beschlusses an denjenigen gesetzlichen Vertreter, welchem die Sorge für die Person des unter elterlicher Gewalt oder Vormundschaft stehenden Entmündigten zusteht, andernfalls mit der Bestellung eines Vormunds; die Entmündigung wegen Geistesschwäche, Verschwendung oder Trunksucht tritt mit der Zustellung des Beschlusses an den Entmündigten in Wirksamkeit (§§. 661, 683 C.P.O.). Eine Entlassung des entmündigten Vormunds ist nicht erforderlich; sein Amt endigt von selbst, es ist ein neuer Vormund zu bestellen. Wird der Entmündigungsbeschluß auf die etwa erhobene

Anfechtungsklage aufgehoben, so tritt dennoch der einmal Entmündigte nicht wieder in sein früheres Amt ein; es besteht auch für den Vormundschaftsrichter keine Verpflichtung, ihn von neuem zu bestellen. Durch eintretende Geschäftsunfähigkeit wird das Amt nicht erledigt. Diejenigen Handlungen, welche der Vormund in Augenblicken vorgenommen hat, in denen er wegen Krankheit thatsächlich geschäftsunfähig war, sind ohne Bedeutung für den Mündel.

8. Ueber deren Voraussetzungen vgl. §§. 18 ff. Als Zeitpunkt des Todes kann gemäß §. 18 ein früherer Termin gelten, als derjenige, an welchem das Amt des Verschollenen für erledigt gilt. Bei Rückkehr des für todt erklärten Vormunds tritt dieser nicht wieder in sein Amt ein, vgl. Anm. 5 zu §. 1884.

§. 1886.

Das Vormundschaftsgericht hat den Vormund zu entlassen,[1]) wenn die Fortführung des Amtes, insbesondere wegen pflichtwidrigen Verhaltens[2]) des Vormundes, das Interesse des Mündels gefährden würde[3]) oder wenn in der Person des Vormundes einer der im §. 1781[4]) bestimmten Gründe vorliegt.[5])

I Entw. §. 1704 Nr. 3, §. 1705 Nr. 1, 2; II Entw. §. 1744; Reichst.Vorl. §. 1862; Mot. IV zu §. 1704 S. 1196—1197, zu §. 1705 S. 1197—1198; Kommiss.Prot. S. 6483—6485 (881—882).

1. Von Amtswegen, jedoch regelmäßig nicht ohne vorherige Anhörung. Außerdem noch im Falle des §. 1790, wenn das Ereigniß eingetreten bezw. nicht eingetreten ist.

Die Entlassung wird nach vorheriger Sachuntersuchung

durch schriftliche Verfügung ausgesprochen, die dem Vormunde (Gegenvormunde) gemäß §. 16 Abs. 2 F.G.G. zuzustellen und von der auch dem Gegenvormunde (Vormunde) und den etwaigen Mitvormündern sowie dem Gemeindewaisenrathe (§. 1851 Abs. 1) Kenntniß zu geben ist. Sie wird mit der Bekanntmachung wirksam, sodaß dadurch das Amt erledigt wird (§. 16 Abs. 1 F.G.G.); doch darf das Vormundschaftsgericht auch eine spätere Zeit der Entlassung bestimmen, was unter Umständen zweckmäßig sein kann. Gegen die Entlassung findet sofortige Beschwerde statt (§. 60 Nr. 3 F.G.G.).

2. D. h., wenn entweder die allgemeinen Pflichten eines Vormunds (Gegenvormunds) oder die daneben besonders zugewiesenen Obliegenheiten in schuldhafter und erheblicher Weise durch ein Thun oder Nichtthun verletzt sind. Es genügt jedes, selbst ein geringes Verschulden. Das Vorhandensein oder Nichtvorhandensein einer Pflichtwidrigkeit kann nur unter Berücksichtigung der Gesammtheit der thatsächlich feststehenden konkreten Verhältnisse des gegebenen Falles beurtheilt werden (Jahrbuch Bd. 7 S. 50).

Eine die Entlassung des Vormunds rechtfertigende Pflichtwidrigkeit kann grundsätzlich in erheblicher Vernachlässigung der Sorgfalt eines ordentlichen Hausvaters bei Ausleihung von Mündelgeldern gefunden werden (Jahrbuch Bd. 2 S. 50), ferner in der schuldhaften Verletzung der Obliegenheit des Vormunds eines volljährigen Stummen, mit dem letzteren in beständigem Zusammenhange zu bleiben (Jahrbuch Bd. 7 S. 50).

Eine Pflichtwidrigkeit kann nur in einer nach der Bestellung vorgenommenen oder unterlassenen Handlung bestehen (Jahrbuch Bd. 19 S. 58).

Suspension während der Dauer des Entlassungsverfahrens ist nicht zulässig. Als etwaige Sicherungsmittel dienen Forderung der Stellung einer Sicherheit oder Erhöhung der bestellten Sicherheit, Anordnung der Verwahrung der Werthgegenstände, Benachrichtigung des Gegenvormunds u. dgl. Die Verschiedenheit der Konfession des Mündels und des Vormunds begründet nicht die Entlassung des letzteren (Jahrbuch Bd. 6 S. 83). Ebenso nicht eine eintretende Interessenkollision; bei einer solchen greifen nur die §§. 1795 und 1909 Platz.

3. Erheblichkeit der Gefährdung ist nicht, wie in §. 1906, verlangt; ferner nicht, daß schon ein Schaden entstanden ist. Nicht jede Pflichtwidrigkeit zwingt das Vormundschaftsgericht zur Entlassung des Vormunds, sondern nur eine solche, durch die das Interesse des Mündels fernerhin gefährdet werden würde. Andrerseits kann, wenn die letztere Voraussetzung vorliegt, auch die Entlassung nichtpflichtwidriger Vormünder erfolgen (vgl. §. 1778 Abs. 1). Hierdurch ist dem Vormundschaftsgerichte die Möglichkeit gegeben, auch eine zweckwidrige Führung der Vormundschaft zu verhindern. Eine Gefährdung des Mündelinteresses kann auch vorliegen, wenn der Vormund offenkundig einen unsittlichen Lebenswandel führt.

4. D. i., wenn der Vormund unter vorläufige Vormundschaft gestellt ist, zur Besorgung seiner Angelegenheiten einen Pfleger erhalten hat, in Konkurs gerathen oder der bürgerlichen Ehrenrechte für verlustig erklärt ist. Im letzten Falle braucht die Entlassung nicht zu erfolgen, wenn es sich um eine Vormundschaft über Verwandte absteigender Linie handelt (§. 34 Nr. 6 des Strafgesetzbuchs, Art. 34 I E.G.).

5. Nicht eintritt, also auch, wenn ein solcher schon vor Anordnung der Vormundschaft bestanden hat.

§. 1887.

Das Vormundschaftsgericht kann eine Frau, die zum Vormunde bestellt ist, entlassen, wenn sie sich verheirathet.[1]

Das Vormundschaftsgericht hat[2]) eine verheirathete Frau, die zum Vormunde bestellt ist, zu entlassen, wenn der Mann seine Zustimmung zur Uebernahme oder zur Fortführung der Vormundschaft versagt oder die Zustimmung widerruft. Diese Vorschrift findet keine Anwendung, wenn der Mann der Vater des Mündels ist.[3])[4])

I Entw. §. 1704 Nr. 3, §. 1705 Nr. 3, §. 1707; II Entw. §. 1745; Reichst.Vorl. §. 1868; Mot. IV zu §. 1704 S. 1196—1197, zu §. 1705 S. 1198—1199, zu §. 1707 S. 1200 bis 1201; Kommiss.Prot. S. 6485, 6487 (881, 888).

1. Auch wenn sie die Genehmigung ihres Ehemanns zur Fortführung der Vormundschaft erhält. Vorausgesetzt ist, daß die Entlassung im Interesse des Mündels liegt; eine Gefährdung dieses Interesses ist nicht nothwendig, bei einer solchen müßte nach §. 1886 die Entlassung erfolgen.

2. Abs. 2 ist eine Folge des §. 1783. Eines ausdrücklichen Entlassungsantrags bedarf es nicht. Die Frau hat die Vormundschaft vorläufig fortzuführen; sobald dem Vormundschaftsgerichte Versagung oder Rücknahme der Genehmigung seitens des Ehemanns irgendwie bekannt wird, ist die Vormünderin von Amtswegen zu entlassen.

3. Entweder ist das Kind durch nachfolgende Ehe legitimirt; dann ist die Vormundschaft nach §. 1883 aufzuheben. Oder der Vater ist nicht im Besitze der elterlichen Gewalt oder zu deren Ausübung außer Stande, dann ist ihm auch das Genehmigungsrecht entzogen.

4. In den Fällen der Abs. 1 u. 2 sofortige Beschwerde nach §. 60 Nr. 3 F.G.G.

§. 1888.

Ist ein Beamter oder ein Religionsdiener zum Vormunde bestellt, so hat ihn das Vormundschaftsgericht zu entlassen, wenn die Erlaubniß, die nach den Landesgesetzen zur Uebernahme der Vormundschaft oder zur Fortführung der vor dem Eintritt in das Amts- oder Dienstverhältniß übernommenen Vormundschaft erforderlich ist, versagt oder zurückgenommen wird oder wenn die nach den Landesgesetzen zulässige Untersagung der Fortführung der Vormundschaft erfolgt.[1][2])

I Entw. §. 1704 Nr. 3, §. 1705 Nr. 4; II Entw. §. 1746; Reichst.Vorl. §. 1864; Mot. IV zu §. 1704 S. 1196—1197, zu §. 1705 S. 1199; Kommiss.Prot. S. 6485, 6486 (881 bis 882).

1. Die Vorschrift des §. 1888 ist eine Folge des §. 1784. Die besondere Bestimmung, betreffend die Fortführung der Vormundschaft, beruht darauf, daß der §. 1784 nur auf die Uebernahme einer Vormundschaft während des Bestehens des Amts- oder Dienstverhältnisses, nicht auch auf die Fortführung einer vor dem Eintritt in das Amts- oder Dienstverhältniß übernommenen Vormundschaft sich bezieht, und daß in einzelnen deutschen Staaten z. B. in Bayern, die Uebernahme einer Vormundschaft seitens eines Beamten und die Fortführung einer von einem Privatmann übernommenen Vormundschaft nach dessen Eintritt in ein Amts- oder Dienstverhältniß zwar ohne die Erlaubniß der vorgesetzten Behörde zulässig ist, die letztere jedoch das Recht hat, die Fortführung zu untersagen (Mot. und Kommiss.Prot.). Vgl. für Preußen Art. 72 A.G. (in Anm. 4 zu §. 1784).

2. Sofortige Beschwerde nach §. 60 Nr. 8 F.G.G.

§. 1889.

Das Vormundschaftsgericht hat den Vormund auf seinen Antrag zu entlassen, wenn ein wichtiger Grund [1]) vorliegt; ein wichtiger Grund ist insbesondere der Eintritt eines Umstandes, der den Vormund nach §. 1786 Abs. 1 Nr. 2 bis 7 [2]) berechtigen würde, die Uebernahme der Vormundschaft abzulehnen.[3])

I Entw. §. 1704 Nr. 8, §. 1706; II Entw. §. 1747; Reichst.Vorl. §. 1865; Mot. IV zu §. 1704 S. 1196—1197, zu §. 1706 S. 1199 bis 1200; Kommiss.Prot. S. 6486, 6487 (832 bis 883).

1. Was einen wichtigen Grund bildet, ist der Beurtheilung des Vormundschaftsgerichts überlassen; es können auch individuelle Verhältnisse des Vormunds berücksichtigt werden.

2. Die Führung mehrerer Vormundschaften oder Pflegschaften (§. 1786 Abs. 1 Nr. 8) gilt nicht als Entlassungsgrund.

3. Wegen Ablehnung des Entlassungsantrags Beschwerde nach §. 20 F.G.G.

§. 1890.

Der Vormund [1]) hat nach der Beendigung seines Amtes [2]) dem Mündel [3]) das verwaltete Vermögen herauszugeben [4]) und über die Verwaltung Rechenschaft [5]) abzulegen.[6]) Soweit er dem Vormundschaftsgerichte Rechnung gelegt hat,[7]) genügt die Bezugnahme auf diese Rechnung.[8])

I Entw. §. 1700 Abs. 1 u. 2; II Entw. §. 1736; Reichst.Vorl. §. 1866; Mot. IV zu

§. 1700 S. 1184—1186; Kommiss.Prot. S. 6462 (819, 820).

1. Oder seine Erben (§. 1967). Auf den Konkursverwalter geht die Pflicht zur Rechnungslegung nicht über, da diese Pflicht weder als ein Anspruch aus dem Vermögen des Gemeinschuldners noch als Masseschuld anzusehen ist (Mot.). Bei Mitvormündern gilt das in Anm. 1 zu §. 1840 Ausgeführte entsprechend.

2. An sich sofort (§. 271 Abs. 1), jedoch nach den allgemeinen Grundsätzen des Obligationenrechts selbstverständlich mit angemessener, den Verhältnissen des einzelnen Falles entsprechender Frist zur Bewirkung der ihrer Natur nach eine gewisse Zeit in Anspruch nehmenden Leistungen; ferner mit dem Rechte auf Zurückbehaltung wegen etwaiger Gegenforderungen (§. 273).

3. Oder seinen Erben oder seinem neuen gesetzlichen Vertreter. Daß die Herausgabe an den richtigen Rechtsnachfolger oder Vertreter des Mündels geschieht, ist Sache der Prüfung des Vormunds. Das Vormundschaftsgericht kann in dieser Beziehung keine Anweisungen geben, wohl aber Bedenken äußern und Rath ertheilen. Vermögen, welches dem Mündel mit der Verpflichtung zur Herausgabe an Nacherben zugefallen ist, ist vom Vormunde nach dem Tode des Mündels den Nacherben auszuantworten (Jahrbuch Bd. 5 S. 72).

4. Verweigert oder verzögert der Vormund die Herausgabe, so ist sie vom Mündel oder dessen Erben oder Vertreter im Prozeßwege zu erzwingen. Das Vormundschaftsgericht hat ihretwegen kein Zwangsmittel. Art. 17 P.F.G.G. (in Anm. 9 zu §. 1837) findet keine Anwendung. Die Kosten der Herausgabe sind vom Empfangsberechtigten zu tragen.

Auf Verlangen hat der Vormund nach den allgemeinen Grundsätzen (§§. 259 und 260) auch den Offenbarungseid zu leisten (anders Anm. 4 zu §. 1802, vgl.

auch Anm. 1 zu §. 1843), und zwar bei freiwilliger Leistung vor dem Vormundschafts-, im Falle der Erzwingung durch Klage vor dem Prozeßgerichte (§. 261 B.G.B., §§. 163, 79 F.G.G.).

5. Ueber die Verwaltung während der ganzen Dauer seines Amtes und unter Beifügung der Belege.

6. Eine Befreiung von der Rechenschaftspflicht durch letztwillige Anordnung ist nicht zulässig; natürlich kann aber der volljährige Mündel darauf verzichten.

7. Nach §§. 1840 und 1841. Insoweit stellt sich also die im §. 1840 bestimmte Rechnungslegung zugleich als Rechnungslegung gegenüber dem Mündel dar, jedoch ohne Präjudiz für das Recht des Mündels, gegen die früheren Rechnungen Ausstellungen zu erheben (Mot.); vgl. Anm. 4 Abs. 2 zu §. 1840.

8. Vorbehaltlich des Rechts des Mündels, berechtigte Ergänzungen und Berichtigungen der früheren Rechnungen zu verlangen, da insoweit die letzteren nicht den Charakter einer ordnungsmäßigen Rechnung haben (Mot.).

§. 1891.

Ist ein Gegenvormund vorhanden, so hat ihm der Vormund die Rechnung vorzulegen.[1]) Der Gegenvormund hat die Rechnung mit den Bemerkungen zu versehen, zu denen die Prüfung ihm Anlaß giebt.[2])

Der Gegenvormund hat über die Führung der Gegenvormundschaft und, soweit er dazu im Stande ist, über das von dem Vormunde verwaltete Vermögen auf Verlangen Auskunft zu ertheilen.[3])

I Entw. §. 1700 Abs. 3; II Entw. §. 1737; Reichst.Vorl. §. 1867; Mot. IV zu §. 1700 S. 1184; Kommiss.Prot. S. 6462 (819, 820).

1. Aber nicht auch, wie bei den Jahresrechnungen, ihm den Vermögensbestand nachzuweisen, und ohne daß die nachträgliche Bestellung eines Gegenvormunds vorgeschrieben ist.

2. Vgl. §. 1842 Satz 2 und §. 1854 Abs. 3.

3. Dem nach §. 1890 Berechtigten. Daneben kann, wenn die Vormundschaft selbst noch fortdauert und nur ein neuer Vormund bestellt worden ist, auch das Vormundschaftsgericht kraft seines Aufsichtsrechts Auskunft verlangen.

§. 1892.

Der Vormund hat die Rechnung, nachdem er sie dem Gegenvormunde vorgelegt hat, dem Vormundschaftsgericht einzureichen.[1])

Das Vormundschaftsgericht hat die Rechnung rechnungsmäßig[2]) und sachlich zu prüfen[3]) und deren Abnahme durch Verhandlung[4]) mit den Betheiligten[5]) unter Zuziehung des Gegenvormundes zu vermitteln.[6]) Soweit die Rechnung als richtig[7]) anerkannt wird,[8]) hat[9]) das Vormundschaftsgericht das Anerkenntniß[10]) zu beurkunden.[11])

I Entw. §. 1701; II Entw. §. 1788; Reichst. Vorl. §. 1868; Mot. IV zu §. 1701 S. 1186 bis 1190; Kommiss.Prot. S. 6462—6464 (819 bis 820).

1. Unaufgefordert, vgl. jedoch Anm. 9, andrerseits Anm. 6.

2. Wegen der für die Prüfung anzusetzenden Rechnungsgebühren s. Anm. 2 Abs. 2 zu §. 1843.

3. Auch, ob der Vorschrift, die Rechnung dem Gegenvormunde vorzulegen (Abs. 1), genügt ist.

4. Regelmäßig in einem hierzu anzuberaumenden Termine, zu welchem die Betheiligten — vgl. Anm. 1

u. 8 zu §. 1890 — und der Gegenvormund zu laden sind.

5. Welche erforderlichenfalls die Vormundschaftsakten einsehen dürfen (§. 34 F.G.G.).

6. Die Pflicht, die Rechnung einzureichen, ist nach Art. 17 P.F.G.G. (in Anm. 9 zu §. 1837) erzwingbar, während für das weitere Verfahren wegen der dabei bloß vermittelnden Thätigkeit des Vormundschaftsgerichts die Anwendung des Art. 17 ausgeschlossen erscheint.

7. Ganz oder theilweise, letzteres namentlich, indem einzelne Ausstellungen erhoben und deshalb Vorbehalte gemacht werden.

8. Wird das Anerkenntniß verweigert, so ist im Wege einer Feststellungsklage nach §. 256 C.P.O. eine gerichtliche Feststellung über die Richtigkeit der Rechnung zu erwirken (Mot.).

Ansprüche des Mündels gegen den Vormund verjähren in 30 Jahren vom Ende der Vormundschaft ab (§§. 195, 204).

9. Vorausgesetzt, daß nicht der volljährige Mündel oder wer sonst an seine Stelle tritt, sich außergerichtlich mit dem Vormund einigt. In einem solchen Falle ist die Angelegenheit erledigt und für eine Anwendung des §. 1892 kein Raum mehr.

10. Dieses befreit, wenn ohne Vorbehalt ertheilt, von der Haftung für Mängel der Verwaltung auch dann, wenn die Folgen derselben erst später eintreten (Civ. R.G. Bd. 38 S. 335). Ein Irrthum dabei ist unentschuldbar, wenn das Anerkenntniß ohne Prüfung der Rechnung erfolgte (Seuffert Bd. 51 S. 266, Archiv Bd. 91 Abth. 1 S. 12).

11. Außerdem ist über die Ausantwortung des Vermögens Quittung zu ertheilen (§. 368). Ferner kann der Vormund, der allen seinen Verbindlichkeiten genügt hat, im Prozeßwege die Aufhebung der geleisteten Sicherheit verlangen (vgl. Anm. 9 zu §. 1844) und im Falle

eines Verzugs des Mündels auch etwaige Schadensersatzansprüche geltend machen (Mot.).

§. 1893.

Im Falle der Beendigung der Vormundschaft oder des vormundschaftlichen Amtes finden die Vorschriften der §§. 1682, 1683[1]) entsprechende Anwendung.

Der Vormund hat nach der Beendigung seines Amtes die Bestallung dem Vormundschaftsgerichte[2]) zurückzugeben.[3])

I Entw. §§. 1709, 1711; II Entw. §. 1749; Reichst.Vorl. §. 1869; Mot. IV zu 1709 S. 1202, zu §. 1711 S. 1208; Kommiss.Prot. S. 6487 bis 6489 (883, 884).

1. §§. 1682, 1683 lauten:

§. 1682. Der Vater ist auch nach der Beendigung seiner elterlichen Gewalt zur Fortführung der mit der Sorge für die Person und das Vermögen des Kindes verbundenen Geschäfte berechtigt, bis er von der Beendigung Kenntniß erlangt oder sie kennen muß. Ein Dritter kann sich auf diese Berechtigung nicht berufen, wenn er bei der Vornahme eines Rechtsgeschäfts die Beendigung der elterlichen Gewalt kennt oder kennen muß.

Diese Vorschriften finden entsprechende Anwendung, wenn die elterliche Gewalt des Vaters ruht oder aus einem anderen Grunde seine Vermögensverwaltung aufhört.

§. 1683. Endigt die elterliche Gewalt in Folge des Todes des Kindes, so hat der Vater diejenigen Geschäfte, mit deren Aufschube Gefahr verbunden ist, zu besorgen, bis der Erbe anderweit Fürsorge treffen kann.

2. Welches die Zurückgabe zu kontrolliren und, wenn ein Mißbrauch zu befürchten ist, nach Art. 177 F.G.G. (Anm. 9 zu §. 1837) zu erzwingen hat.

3. Bei einer für mehrere Mündel gemeinschaftlichen Bestallung und Beendigung der Vormundschaft (Gegenvormundschaft) bloß über einen Mündel ist die Bestallung, nachdem die Beendigung hinsichtlich des einen Mündels auf ihr vermerkt worden, wieder auszureichen und bedarf es der Zurückgabe überhaupt nicht, wenn die Beendigung Folge der ohne weiteres aus der Bestallung ersichtlichen Volljährigkeit ist.

§. 1894.

Den Tod des Vormundes hat dessen Erbe[1]) dem Vormundschaftsgericht unverzüglich[2]) anzuzeigen.[3])

Den Tod des Gegenvormundes oder eines Mitvormundes hat der Vormund unverzüglich anzuzeigen.

I Entw. §. 1708; II Entw. §. 1748; Reichst. Vorl. §. 1870; Mot. IV zu §. 1708 S. 1201; Kommiss.Prot. S. 6487 (888).

1. Vgl. §. 678 Satz 2. Wegen der Pflicht des Gegenvormunds zu der gleichen Anzeige s. §. 1799 Abs. 1.

2. D. h. ohne schuldhaftes Zögern (§. 121), damit das Vormundschaftsgericht nach §. 1846 vorgehen kann.

3. Eine Pflicht zur Sicherstellung des Mündelvermögens ist dem Erben nicht ausdrücklich auferlegt, da sie schon aus dem Schuldverhältnisse seines Erblassers dem Mündel gegenüber folgt (Mot.). Der Erbe hat wie kein Recht, so auch keine Pflicht, von dem Vormunde begonnene Geschäfte zu vollenden (anders §. 678 Satz 2).

Unterbleibt die vorgeschriebene Anzeige, so macht sich der Erbe schadensersatzpflichtig.

§. 1895.

Die Vorschriften der §§. 1885 bis 1889, 1893, 1894 finden auf den Gegenvormund entsprechende Anwendung.

I Entw. §§. 1710, 1711; II Entw. §. 1750; Reichst.Vorl. §. 1871; Mot. IV zu §. 1710 S. 1202, zu §. 1711 S. 1203; Kommiss.Prot. S. 6488, 6489 (884).

Zweiter Titel.
Vormundschaft über Volljährige.

§. 1896.

Ein[1]) Volljähriger[2]) erhält einen Vormund, wenn er entmündigt ist.[3])

I Entw. §. 1726; II Entw. §. 1771; Reichst. Vorl. §. 1872; Mot. IV zu §. 1726 S. 1227 bis 1285; Kommiss.Prot. S. 6499 (889).

1. D. h. jeder, da eine elterliche oder ehemännliche Gewalt über Volljährige nach dem B.G.B. nicht besteht.

2. Volljährig ist, wer 21 Jahre alt oder nach Vollendung des 18. Lebensjahres für volljährig erklärt ist. Die Geschäftsfähigkeit von Ausländern richtet sich nach den Gesetzen ihres Heimathsstaates; dies gilt auch für diejenigen volljährigen Ausländer, die später die deutsche Reichsangehörigkeit erwerben (Art. 7 E.G.).

3. Wegen Geisteskrankheit, Geistesschwäche, Verschwendung oder Trunksucht (§. 6) und deshalb nach den §§. 104, 114 geschäftsunfähig oder in der Geschäftsfähigkeit beschränkt ist.

Die Entmündigung erfolgt nach den Vorschriften der

§§. 645 ff. C.P.O. Gemäß §§. 660, 674, 678, 679, 683, 684, 686 daselbst ist der die Entmündigung aussprechende oder wieder aufhebende Beschluß der Vormundschaftsbehörde mitzutheilen, ebenso jedes auf etwaige Anfechtungsklage ergangene Endurtheil. Vgl. auch §. 50 F.G.G. Für den Fall, daß schon vor der Entmündigung eines Geisteskranken Fürsorge für denselben in weiterem Umfange, als nach §. 1910 durch eine Pflegschaft möglich ist, erforderlich wird, treffen die §§. 1906 ff. durch Zulassung einer vorläufigen Stellung unter Vormundschaft Vorsorge. Die Anordnung einer Vormundschaft wegen körperlicher Gebrechen oder Abwesenheit ist nicht zugelassen; in solchen Fällen ist ein Pfleger zu bestellen. Die aus diesen Gründen sowie sonst über nicht entmündigte Personen angeordneten Vormundschaften gelten seit dem Inkrafttreten des B.G.B. als Pflegschaften (Art. 210 E.G.). Ein Vertrag, durch welchen sich Jemand unter die Vormundschaft eines Anderen stellt, ist unzulässig (Entscheidungen des Reichs-Ober-Handelsgerichts Bd. 18 S. 101).

Eine öffentliche Bekanntmachung der Anordnung der Vormundschaft ist auch für die Fälle nicht vorgeschrieben, in denen nach §. 687 C.P.O. die Entmündigung öffentlich bekannt zu machen ist.

Nach dem (nicht veröffentlichten) Erlasse des Preuß. Justizministers vom 27. Juni 1900 J.Nr. I 34760 soll der Vormundschaftsrichter bei jeder Anordnung einer Vormundschaft über einen Trunksüchtigen in Erwägung ziehen, ob dessen Unterbringung in einem Trinkerasyl angezeigt erscheint, und über das Ergebniß seiner Erwägung an den vorgesetzten Landgerichtspräsidenten, in Berlin an den Amtsgerichtspräsidenten berichten, welcher den Bericht an den Regierungspräsidenten weiterzugeben hat. Vgl. Anm. 8 Abs. 1 zu §. 1798 und Anm. 1 zu §. 1901.

§. 1897.

Auf die Vormundschaft über einen Volljährigen

finden die für die Vormundschaft über einen Minderjährigen geltenden Vorschriften Anwendung,[1]) soweit sich nicht aus den §§. 1898 bis 1908 ein Anderes ergiebt.[2])

I Entw. §. 1728; II Entw. §. 1778; Reichst. Vorl. §. 1878; Mot. IV zu §. 1728 S. 1235 bis 1236; Kommiss.-Prot. S. 6513, 6514 (848 bis 849).

1. Der unter Vormundschaft gestellte Volljährige steht auch in seiner eigenen Geschäftsfähigkeit dem Minderjährigen gleich, und zwar der wegen Geisteskrankheit Entmündigte dem Minderjährigen unter, der wegen Geistesschwäche, Verschwendung oder Trunksucht Entmündigte dem Minderjährigen über sieben Jahre (§. 104 Nr. 3, §. 114). Sein Vormund, insbesondere auch der eines Verschwenders, hat die Fürsorge für Person — vorbehaltlich des §. 1901 — und Vermögen des Mündels. Daneben besteht jedoch außer der den Minderjährigen über sieben Jahre zukommenden beschränkten Geschäftsfähigkeit (§§. 106 ff., 1886, 1595, 1598) noch eine gewisse weitere Geschäftsfähigkeit, indem nach der Civilprozeßordnung sowohl Geisteskranke als Verschwender und Trunksüchtige eine beschränkte Prozeßfähigkeit haben und für den Fall der Aufhebung des Entmündigungsbeschlusses ihre Handlungen aus der Zwischenzeit Geltung behalten (vgl. §§. 664, 668, 675, 679, 684, 685 C.P.O. und Anm. 5 zu §. 1906).

Die nach Art. 136 E.G. landesgesetzlich zugelassene gesetzliche Vormundschaft der Anstaltsvorstände und Beamten findet über Volljährige nicht statt.

2. Es gilt also auch der die Bewilligung einer Vergütung betreffende §. 1836. Keine Anwendung finden die §§. 1777, 1782, 1801, 1838, 1852—1857, 1859 Abs. 2, 1861, 1863 Abs. 3, 1866 Nr. 3, 1868, 1880,

1883; nur mit Abänderungen finden Anwendung die §§. 1776, 1788, 1792, 1800, 1821, 1827, 1867, 1882.

§. 1898.

Der Vater und die Mutter des Mündels sind nicht berechtigt, einen Vormund zu benennen oder Jemand von der Vormundschaft auszuschließen.[1])

I Entw. §. 1729 Abs. 6; II Entw. §. 1774; Reichst.Vorl. §. 1874; Mot. IV zu §. 1729 S. 1288; Kommiss.Prot. S. 6514 (849).

1. Weil das Recht zum Benennen oder Ausschließen ein Ausfluß der elterlichen Gewalt ist und sich deshalb nur auf die Zeit der Minderjährigkeit des Kindes erstreckt (Mot.). Vgl. §. 1897.

§. 1899.

Vor den Großvätern[1]) ist der Vater[2]) und nach ihm die eheliche Mutter des Mündels als Vormund berufen.

Die Eltern sind nicht berufen, wenn der Mündel von einem Anderen als dem Ehegatten seines Vaters oder seiner Mutter an Kindesstatt angenommen ist.[3])

Stammt der Mündel aus einer nichtigen Ehe,[4]) so ist der Vater im Falle des §. 1701, die Mutter im Falle des §. 1702 nicht berufen.[5])

I Entw. §. 1729 Abs. 1—3; II Entw. §. 1775; Reichst.Vorl. §. 1875; Mot. IV zu §. 1729 S. 1286—1287; Kommiss.Prot. S. 6514 (849).

1. Im Sinne des §. 1776, von welchem sich der Abs. 1 sonst als eine Abweichung darstellt.

2. Natürlich nur der eheliche.

3. Sie bleiben berufen, wenn der Ehegatte selbst den Mündel angenommen hat.

4. Die gerichtlich als solche erklärt ist.

5. D. h. nicht berufen ist derjenige Elterntheil, welchem die Nichtigkeit zur Zeit der Eheschließung bekannt war. Vgl. Anm. 6 zu §. 1900.

§. 1900.

Eine Ehefrau darf zum Vormund ihres Mannes auch ohne dessen Zustimmung[1]) bestellt[2]) werden.[3])

Der Ehegatte des Mündels darf vor den Eltern und den Großvätern, die eheliche Mutter darf im Falle des §. 1702[4]) vor den Großvätern[5]) zum Vormunde bestellt werden.[6])

Die uneheliche Mutter darf vor dem Großvater[8]) zum Vormunde bestellt werden.[7])

I Entw. §. 1729 Abs. 4 u. 5; II Entw. §. 1776; Reichst.Vorl. §. 1876; Mot. IV zu §. 1729 S. 1287; Kommiss.Prot. S. 6514 (849).

1. Abweichung von §. 1788 verbunden mit §. 1897.

2. Sie ist aber nicht berufen, hat mithin nicht das Beschwerderecht wegen Uebergehung nach §. 60 Nr. 1 F.G.G., sondern nur das nach §. 20 daselbst. Sie ist ablehnungsberechtigt (§. 1786 Nr. 1).

3. Vgl. die §§. 1409 und 1457, welche lauten:

§. 1409. Steht der Mann unter Vormundschaft, so hat ihn der Vormund in den Rechten und Pflichten zu vertreten, die sich aus der Verwaltung und Nutznießung des eingebrachten Gutes ergeben. Dies gilt auch dann, wenn die Frau Vormund des Mannes ist.

§. 1457. Steht der Mann unter Vormundschaft, so hat ihn der Vormund in den Rechten und Pflichten zu vertreten, die sich aus der Verwaltung des Gesammtguts ergeben. Dies gilt auch dann, wenn die Frau Vormund des Mannes ist.

4. D. i. einer nichtigen Ehe, deren Nichtigkeit ihr bei der Eheschließung bekannt war.

5. Vgl. Anm. 1 zu §. 1899.

6. Die Mutter eines aus nichtiger Ehe entsprossenen Kindes, welche zur Zeit der Eheschließung die Nichtigkeit kannte, hat keine elterliche Gewalt, sondern gegenüber dem Kinde die Stellung einer unehelichen Mutter; sie ist also nach §. 1899 Abs. 3 nicht berufen.

7. Abs. 2 u. 3 entsprechen dem §. 1778 Abs. 3; vgl. Anm. 7 dazu.

§. 1901.

Der Vormund hat für die Person des Mündels nur insoweit zu sorgen, als der Zweck der Vormundschaft es erfordert.[1])

Steht eine Ehefrau unter Vormundschaft, so tritt die im §. 1633 bestimmte Beschränkung nicht ein.[2])

I Entw. §. 1780; II Entw. §. 1777; Reichst. Vorl. §. 1877; Mot. IV zu §. 1780 S. 1288 bis 1289; Kommiss.Prot. S. 6514 (849).

1. Was in jedem einzelnen Falle verschieden ist. Insbesondere hat der Vormund den Mündel in persönlichen Angelegenheiten zu vertreten und für seine erforderliche Pflege, Heilung, Beaufsichtigung und Sicherung zu sorgen. Die durch das Erziehungsbedürfniß wegen jugendlichen Alters gebotene Erziehungs- und Zuchtgewalt steht dem Vormund eines Volljährigen natürlich nicht zu; andrerseits sind Zwangsmaßregeln gegen denselben nicht ausge-

schlossen, sofern sie sich wegen Geisteskrankheit oder aus anderen Gründen nothwendig erweisen. Vgl. Anm. 3 Abs. 4 zu §. 1896.

Wohnt dem bevormundeten Volljährigen in gewissem Maße Geschäftsfähigkeit bei, so hat sich der Vormund mit ihm in fortdauernder Verbindung zu erhalten, sich von ihm die erreichbare Auskunft, welche zur angemessenen Verwaltung erforderlich ist, zu verschaffen, die Wünsche des Mündels bei der Fürsorge für Person und Vermögen entgegenzunehmen und sich zu vergewissern, ob und welche Geschäfte der Bevormundete kraft der ihm verbliebenen Geschäftsfähigkeit etwa vorgenommen hat oder vornehmen will (Jahrbuch Bd. 7 S. 50).

2. Unbeschadet der dem Ehemann als solchem zustehenden, aus der ehelichen Lebensgemeinschaft sich ergebenden Rechte (vgl. §. 1354). Der §. 1688 (vgl. Anm. 2 zu §. 1800) ist ausgeschlossen, damit der Vormund in der Lage ist, den Ehemann zur Erfüllung der diesem obliegenden Pflichten anhalten und nöthigenfalls selbst die zum Schutze des Mündels erforderlichen Maßregeln ergreifen zu können (Mot.).

§. 1902.

Der Vormund kann[1]) eine Ausstattung[2]) aus dem Vermögen des Mündels nur mit Genehmigung des Vormundschaftsgerichts versprechen oder gewähren.

Zu einem Mieth- oder Pachtvertrage sowie zu einem anderen Vertrage, durch den der Mündel zu wiederkehrenden Leistungen verpflichtet wird, bedarf der Vormund der Genehmigung des Vormundschaftsgerichts, wenn das Vertragsverhältniß länger als vier Jahre dauern soll. Die Vorschrift des §. 1822 Nr. 4 bleibt unberührt.[3])

I Entw. §§. 1781, 1782; II Entw. §. 1778; Reichst.Vorl. §. 1878; Mot. IV zu §. 1781 S. 1239—1240, zu §. 1782 S. 1240; Kommiss. Prot. S. 6515 (849).

1. Wird eine Ausstattung ohne die erforderliche Genehmigung versprochen, so finden die Vorschriften der §§. 1829, 1830 Anwendung. Ist sie ohne die erforderliche Genehmigung bereits gewährt, so kann sie als ungerechtfertigte Bereicherung zurückgefordert werden (§§. 812, 816). Wegen einzelner übergebener Sachen findet die Eigenthumsklage statt, sofern sich nicht der Dritte in gutem Glauben befand (§§. 929, 932, 935). Daneben ist der Vormund schadensersatzpflichtig.

2. Eine solche gilt, wenn sie sich innerhalb der durch die Umstände, insbesondere die Vermögensverhältnisse des Mündels, gezogenen Grenzen hält, nicht als Schenkung (§. 1624), vgl. Anm. 3 zu §. 1804.

3. Abs. 2 enthält eine durch die Sachlage gebotene Abweichung von §. 1822 Nr. 5.

§. 1903.

Wird der Vater des Mündels zum Vormunde bestellt, so unterbleibt die Bestellung eines Gegenvormundes.[1] **Dem Vater stehen die Befreiungen zu, die nach den §§. 1852—1854**[2] **angeordnet werden können.**[3] **Das Vormundschaftsgericht kann die Befreiungen außer Kraft setzen, wenn sie das Interesse des Mündels gefährden.**[4]

Diese Vorschriften[5] **finden keine Anwendung, wenn der Vater im Falle der Minderjährigkeit des Mündels zur Vermögensverwaltung nicht berechtigt**[6] **sein würde.**[7]

I Entw. §. 1788 Abs. 1 u. 3; II Entw.

§. 1779; Reichst.Vorl. §. 1879; Mot. IV zu §. 1788 S. 1240—1244; Kommiss.Prot. S. 6517 (850).

1. Auch dann, wenn das Interesse des Mündels nach Ansicht des Vormundschaftsgerichts die Bestellung erheischt. Eine trotzdem erfolgte Bestellung ist jedoch nicht nichtig.

2. Von der Pflicht, ein Vermögensverzeichniß (§. 1802) und eine Uebersicht über den Bestand des Vermögens (§. 1854 Abs. 2) einzureichen, ist der Vater auch hier nicht befreit.

3. Befreiungen auf Grund letztwilliger Anordnungen des Vaters oder der Mutter nach Maßgabe der §§. 1852 bis 1854 können bei der Vormundschaft über Volljährige nicht in Frage kommen (vgl. Anm. 1 zu §. 1896).

4. Vgl. §. 1857. Ob die Gefährdung auf einem subjektiven Verschulden des Vaters oder auf nicht von ihm zu vertretenden Umständen beruht, ist unerheblich. Beschwerde des Vaters nach §. 20 F.G.G.; Zulässigkeit einer Aufhebung oder Abänderung der Außerkraftsetzung durch das Vormundschaftsgericht selbst nach §. 18 Abs. 1 F.G.G.

5. Sämmtliche, also auch die über das Verbot der Bestellung eines Gegenvormunds.

6. D. h., wenn der Vater in Vermögensverfall geräth oder die durch die Vermögensverwaltung bedingten Pflichten verletzt und dadurch das Interesse des Mündels gefährdet, oder wenn er seiner Pflicht zur Inventarisirung bei Wiederverheirathung oder bei Anfall von Muttererbe nicht nachkommt (§§. 1640 ff., 1652 f., 1667 ff., 1670).

7. Hierbei ist nicht die Zeit der Bestellung zum Vormunde, sondern die Gegenwart maßgebend. Fällt also die Berechtigung zur Vermögensverwaltung erst nach der Bestellung zum Vormunde fort, so fallen auch die Befreiungen von selbst weg (a. A. Opet, Das Verwandtschaftsrecht des B.G.B. S. 384 Anm. 11 dahin, daß die in Betracht kommenden Umstände zwar das Vormund-

schaftsgericht zum Einschreiten gegen den Gewalthaber berechtigen, ihr Vorhandensein aber nicht die Aufhebung der Verwaltungsbefugniß zur Folge habe, wie dies der Wortlaut des §. 1903 Abs. 2 fordere.

§. 1904.

Ist die eheliche Mutter[1]) des Mündels zum Vormunde bestellt, so gilt für sie das Gleiche wie nach §. 1903 für den Vater. Der Mutter ist[2]) jedoch ein Gegenvormund zu bestellen, wenn sie die Bestellung beantragt oder wenn die Voraussetzungen vorliegen, unter denen ihr nach §. 1687 Nr. 3 ein Beistand zu bestellen sein würde.[3]) Wird ein Gegenvormund bestellt, so stehen der Mutter die im §. 1852 bezeichneten Befreiungen nicht zu.

I Entw. §. 1783 Abs. 2 u. 3; II Entw. §. 1780; Reichst.Vorl. §. 1880; Mot. IV zu §. 1783 S. 1248; Kommiss.Prot. S. 6517 (850).

1. Der unehelichen Mutter stehen Befreiungen nicht zu. Das Gleiche gilt von der ehelichen Mutter im Falle des §. 1702 (vgl. Anm. 6 zu §. 1900).

2. Also zwingend und ohne weitere Prüfung der Nothwendigkeit oder Zweckmäßigkeit.

3. Es lauten die angezogene Bestimmung:

§. 1687. Das Vormundschaftsgericht hat der Mutter einen Beistand zu bestellen:

3. wenn das Vormundschaftsgericht aus besonderen Gründen, insbesondere wegen des Umfanges oder der Schwierigkeit der Vermögensverwaltung, oder in den Fällen der §§. 1666, 1667 die Bestellung im Interesse des Kindes für nöthig erachtet.

und die hier in Bezug genommenen Vorschriften:

§. 1666. Wird das geistige oder leibliche Wohl des Kindes dadurch gefährdet, daß der Vater das Recht der Sorge für die Person des Kindes mißbraucht, das Kind vernachlässigt oder sich eines ehrlosen oder unsittlichen Verhaltens schuldig macht, so hat das Vormundschaftsgericht die zur Abwendung der Gefahr erforderlichen Maßregeln zu treffen. Das Vormundschaftsgericht kann insbesondere anordnen, daß das Kind zum Zwecke der Erziehung in einer geeigneten Familie oder in einer Erziehungsanstalt oder einer Besserungsanstalt untergebracht wird.

Hat der Vater das Recht des Kindes auf Gewährung des Unterhalts verletzt und ist für die Zukunft eine erhebliche Gefährdung des Unterhalts zu besorgen, so kann dem Vater auch die Vermögensverwaltung sowie die Nutznießung entzogen werden.

§. 1667. Wird das Vermögen des Kindes dadurch gefährdet, daß der Vater die mit der Vermögensverwaltung oder die mit der Nutznießung verbundenen Pflichten verletzt oder daß er in Vermögensverfall geräth, so hat das Vormundschaftsgericht die zur Abwendung der Gefahr erforderlichen Maßregeln zu treffen.

Das Vormundschaftsgericht kann insbesondere anordnen, daß der Vater ein Verzeichniß des Vermögens einreicht und über seine Verwaltung Rechnung legt. Der Vater hat das Verzeichniß mit der Versicherung der Richtigkeit und Vollständigkeit zu versehen. Ist das eingereichte Verzeichniß ungenügend, so findet die Vorschrift des §. 1640 Abs. 2 Satz 1 Anwendung. Das Vormundschaftsgericht kann auch, wenn Werthpapiere, Kostbarkeiten oder

Buchforderungen gegen das Reich oder einen Bundesstaat zu dem Vermögen des Kindes gehören, dem Vater die gleichen Verpflichtungen auferlegen, welche nach den §§. 1814—1816, 1818 einem Vormund obliegen; die Vorschriften der §§. 1819, 1820 finden entsprechende Anwendung.

Die Kosten der angeordneten Maßregeln fallen dem Vater zur Last.

§. 1905.

Ein Familienrath kann nur nach §. 1859 Abs. 1 eingesetzt werden.

Der Vater und die Mutter des Mündels sind nicht berechtigt, Anordnungen über die Einsetzung und Aufhebung eines Familienraths oder über die Mitgliedschaft zu treffen.[1])

I Entw. §. 1736; II Entw. §. 1782; Reichst. Vorl. §. 1881; Mot. IV zu §. 1736 S. 1246; Kommiss.Prot. S. 6518, 8689 (850, VI 812).

1. Der §. 1905 zieht die Folgerung daraus, daß nach dem B.G.B. eine elterliche Gewalt über Volljährige nicht besteht. Vgl. im übrigen die Anm. 1—5 zu §. 1859 sowie Anm. 3 zu Art. 210 E.G.

§. 1906.

Ein Volljähriger, dessen Entmündigung[1]) beantragt ist,[2]) kann[3]) unter vorläufige[4]) Vormundschaft[5]) gestellt werden, wenn das Vormundschaftsgericht es zur Abwendung einer erheblichen[6]) Gefährdung der Person oder des Vermögens des Volljährigen für erforderlich erachtet.[7])[8])

I Entw. §. 1787 Abs. 1; II Entw. §. 1788; Reichst.Vorl. §. 1882; Mot. IV zu §. 1787 S. 1246 bis 1250; Kommiss.Prot. S. 6518—6525 (850 bis 854).

1. Gleichgültig, ob wegen Geisteskrankheit, Geistesschwäche, Verschwendung oder Trunksucht.

2. Ist vorher bereits eine Fürsorge erforderlich, so ist eine Pflegschaft nach Maßgabe des §. 1910 einzuleiten.

Nach §. 657 C.P.O. hat das mit dem Entmündigungsverfahren befaßte Amtsgericht, sobald es die Anordnung einer Fürsorge für die Person oder das Vermögen des zu Entmündigenden für erforderlich hält, der Vormundschaftsbehörde Mittheilung zu machen. Nach Nr. 8 der Allgemeinen Verfügung vom 28. November 1899 über das Verfahren bei Entmündigungen wegen Geisteskrankheit oder wegen Geistesschwäche (J.M.Bl. 1899 S. 888) hat die Staatsanwaltschaft, wenn sie die Anordnung einer vorläufigen Vormundschaft im Interesse des zu Entmündigenden für geboten erachtet, diese bei dem Vormundschaftsgericht in Anregung zu bringen und im Falle der ablehnenden Entscheidung geeignetenfalls die Beschwerde einzulegen (F.G.G. §. 57 Nr. 2).

3. Ohne daß es dazu eines besonderen Antrags bedarf.

4. In Preußen war früher für einen Geisteskranken vor dessen Entmündigung nur eine Pflegschaft zulässig (Jahrbuch Bd. 4 S. 107).

5. Diese ist, abgesehen von dem vorübergehenden Zwecke, der gewöhnlichen Vormundschaft über Volljährige gleich. Es finden daher sämmtliche Vorschriften, welche über die Stellung Volljähriger unter Vormundschaft gelten, mit den aus den §§. 1907 und 1908 sich ergebenden Abweichungen Anwendung.

Die Anordnung der vorläufigen Vormundschaft, die nach Feststellung ihrer Voraussetzungen besonders auszusprechen ist (vgl. wegen des Beginns ihrer Wirksamkeit den §. 52 F.G.G.), hat die Wirkung, daß der zu Entmündigende während ihrer Dauer in Ansehung seiner Geschäftsfähigkeit einem Minderjährigen gleichsteht, der das siebente Lebensjahr vollendet hat (§. 114). Nach §. 473 Abs. 3 C.P.O. finden auf Volljährige, welche unter vorläufige Vormundschaft gestellt sind, in Betreff der Zuschiebung oder Zurückschiebung des Eides diejenigen Vorschriften Anwendung, welche nach Abs. 1, 2 des §. 473 bei eingetretener Entmündigung gelten. Vgl. auch §. 1781 Nr. 1. Wird später der Antrag auf Entmündigung zurückgenommen oder rechtskräftig abgewiesen oder der die Entmündigung aussprechende Beschluß in Folge einer Anfechtungsklage aufgehoben, so sind die in der Zwischenzeit von oder gegenüber dem vorläufig Bevormundeten vorgenommenen Rechtsgeschäfte wirksam und es bleiben auch die von und gegenüber dem Vormunde vorgenommenen Rechtsgeschäfte wirksam (§. 115 Abs. 1 u. 2). Wegen vorläufiger Pflegschaft s. Anm. 3 zu §. 1915.

6. Also nicht schon jeder Gefährdung, wie in den §§. 1778 Abs. 1, 1797 Abs. 3, 1808 Abs. 2, 1850 Abs. 2, 1857 und 1917 Abs. 2. Das Vormundschaftsgericht wird von der ihm eingeräumten Befugniß nur mit Vorsicht Gebrauch machen. Die vorläufige Vormundschaft hat namentlich Bedeutung, wenn die Entmündigung wegen Verschwendung oder Trunksucht beantragt ist, um der Gefahr zu begegnen, daß der zu Entmündigende die Zeit bis zur Entmündigung benutzt, um den Rest seines Vermögens zu verschleudern oder seine Familie sonst zu schädigen. Eine Pflicht, den zu Entmündigenden vor der Anordnung der vorläufigen Vormundschaft zu hören, besteht nicht; regelmäßig werden aber Verwandte oder Verschwägerte zu hören sein (§§. 1847 und 1897). Wegen der Beschwerde s. §. 57 Nr. 2 und §. 60 Nr. 5 F.G.G.

7. Die Nichtbeachtung dieser Voraussetzung hat nicht die Folge, daß die Anordnung der vorläufigen Vor-

mundschaft nichtig ist, sondern nur die, daß Beschwerde stattfindet, welche nach §. 60 Nr. 5 F.G.G. eine sofortige ist. Hat dieselbe Erfolg, so sind inzwischen von oder gegenüber dem Volljährigen vorgenommene Rechtshandlungen gültig (§. 61 daselbst).

8. Vgl. Brettner, Die vorläufige Vormundschaft in den Beiträgen Bd. 44 S. 696—703.

§. 1907.

Die Vorschriften über die Berufung zur Vormundschaft[1]) gelten nicht für die vorläufige Vormundschaft.[2])

I Entw. §. 1737 Abs. 2 Satz 1; II Entw. §. 1784; Reichst.Vorl. §. 1888; Mot. IV zu §. 1787 S. 1250; Kommiss.Prot. S. 6525 (851).

1. §§. 1776—1778 in Verbindung mit §§. 1898, 1899.

2. Wegen der Dringlichkeit der hier in Betracht kommenden Fälle (Mot.). Die Vorschrift geht noch weiter als §. 1898, das Vormundschaftsgericht ist in der Auswahl des Vormunds ganz unbeschränkt.

§. 1908.

Die vorläufige Vormundschaft endigt[1]) mit der Rücknahme[2]) oder der rechtskräftigen[3]) Abweisung des Antrags auf Entmündigung.[4])

Erfolgt[3]) die Entmündigung, so endigt die vorläufige Vormundschaft, wenn auf Grund der Entmündigung ein Vormund bestellt wird.[5])

Die vorläufige Vormundschaft ist von dem Vormundschaftsgericht aufzuheben,[6]) wenn der Mündel

des vorläufigen vormundschaftlichen Schutzes nicht mehr bedürftig ist.

I Entw. §. 1737 Abs. 3; II Entw. §. 1785; Reichst.Vorl. §. 1884; Mot. IV zu §. 1737 S. 1250 bis 1251; Kommiss.Prot. S. 6518, 6519, 6525, 6526 (850, 854).

1. Von selbst, sodaß spätere Rechtshandlungen des Vormunds nicht verpflichtend für den Mündel, spätere Rechtshandlungen des Mündels voll gültig sind. Das Vormundschaftsgericht hat aber gemäß §§. 1892 ff. die Prüfung der Rechnung vorzunehmen und auf die Abnahme derselben sowie auf die Rückgabe der Bestallung hinzuwirken.

2. Diese hat nach §. 645 Abs. 2 C.P.O. die Wirkung, daß das Verfahren einzustellen ist. Ungeachtet der Endigung der vorläufigen Vormundschaft kann ihre baldige Neuanordnung erforderlich werden, wenn, nachdem der eine Antragsberechtigte seinen Entmündigungsantrag zurückgenommen hat, ein anderer Antragsberechtigter, z. B. der Staatsanwalt, einen neuen Antrag stellt.

3. Vgl. §. 663 C.P.O. Die Entmündigung ist als erfolgt anzusehen, wenn sie wegen Geisteskrankheit ausgesprochen wird, mit Zustellung des Beschlusses an den gesetzlichen Vertreter, falls ein solcher nicht vorhanden ist, mit der Bestellung eines Vormunds; in allen anderen Fällen mit der Zustellung an den Entmündigten selbst (§§. 661, 683 C.P.O.).

4. Wegen der Gerichtskosten im Falle des Abs. 1 s. Anm. 2 zu §. 91 des Preußischen Gerichtskostengesetzes (unten unter VI).

5. Abs. 2 ist aus praktischen Gründen eingefügt, um für den Fall Vorsorge zu treffen, daß das Vormundschaftsgericht zwar einen neuen Vormund bestellen, aber die Aufhebung der alten Vormundschaft unterlassen würde (Kommiss.Prot.). Der bisherige Vormund kann von

neuem bestellt werden, jedoch, da die Vorschriften über die Berufung zum Vormunde bei der definitiven Vormundschaft zu berücksichtigen bleiben, nur, wenn kein Berufener übergangen wird.

6. Von Amtswegen oder auf Antrag während der Dauer des Entmündigungsverfahrens. Ferner hat die Aufhebung zu erfolgen, wenn sich ergiebt, daß die Voraussetzungen für Anordnung der vorläufigen Vormundschaft irrthümlich als vorhanden angenommen worden sind (§. 18 F.G.G.). Wegen der Beschwerde über die Aufhebung s. §. 57 Nr. 2 F.G.G.

7. Ob im Falle des Abs. 1 der §. 115 Abs. 1 (Anm. 5 zu §. 1906) Anwendung findet, ist streitig.

Dritter Titel.

Pflegschaft.[1])

1. Neben den durch den dritten Titel zugelassenen Pflegschaften bestehen noch folgende (vgl. Einleitung oben S. 25 und 26):

Zunächst der Fall der §§. 334 und 480 der deutschen Strafprozeßordnung, nach welchen in dem Verfahren gegen einen Abwesenden und in dem wegen Hoch- oder Landesverraths der Angeschuldigte mit dem Zeitpunkte der ersten Bekanntmachung des die Beschlagnahme seines im Deutschen Reiche befindlichen Vermögens verhängenden Beschlusses in dem Deutschen Reichsanzeiger das Recht verliert, über das in Beschlag genommene Vermögen unter Lebenden zu verfügen, der die Beschlagnahme verhängende Beschluß derjenigen Behörde mitzutheilen ist, die für die Einleitung einer Vormundschaft über Abwesende zuständig ist, und diese Behörde eine Güterpflege einzuleiten hat. Diese Güterpflege ist eine Personalpflegschaft für den in der Verfügung über sein Vermögen beschränkten Abwesenden. Sie ist auch einzuleiten, wenn bereits eine Abwesenheitspflegschaft nach §. 1911 besteht, doch kann der Abwesenheitspfleger zugleich zum Güterpfleger bestellt werden. Vgl. Anm. 2 Abs. 3 zu §. 1915.

Ueber die Güterpflege überhaupt s. Silberschmidt im Archiv für bürgerliches Recht Bd. 15 S. 114—152.

Ferner gehört hierher — jedoch nicht unbestritten, vgl. die elsaß-lothringische Ministerialverfügung vom 24. Oktober 1888, Sammlung von Gesetzen und Verordnungen Bd. 13 S. 303, sowie Jahrbuch Bd. 19 S. 50 (Anm. 8 zu §. 1910) —, daß in dem Verfahren auf unfreiwillige Versetzung eines zwar nicht völlig verfügungsunfähigen, aber doch geistig geschwächten Beamten in den Ruhestand diesem zur Wahrung seiner Rechte ein Pfleger zu bestellen ist (§. 58 des Gesetzes vom 7. Mai 1851 — G.S. 1851 S. 218 —, §. 89 des Gesetzes vom 21. Juli 1852 — G.S. 1852 S. 465 und §. 62 des Gesetzes vom 31. März 1873, betr. die Rechtsverhältnisse der Reichsbeamten — R.G.Bl. 1873 S. 61 —). Dieser Pfleger ist nicht von der vorgesetzten Dienstbehörde, sondern vom Vormundschaftsgerichte zu bestellen, welches auch hier selbständig zu prüfen hat, ob die Voraussetzungen für die Einleitung gegeben sind. Die Bestellung erfolgt nicht bloß behufs Entgegennahme der Ankündigung der unfreiwilligen Pensionirung, sondern auch zur Wahrnehmung der Interessen des Beamten in dem weiteren Verfahren. Vgl. Reskript des Preuß. Ministers der geistlichen ꝛc. Angelegenheiten vom 4. Juni 1889, daß das Vormundschaftsgericht für das Zwangspensionirungsverfahren einen besonderen Pfleger zu bestellen habe (Centralblatt für die gesammte Unterrichts-Verwaltung 1889 S. 639).

Dagegen handelt es sich bei den Fällen, in denen der Vorsitzende des Prozeßgerichts, das Vollstreckungsgericht, der Vorsitzende des Gewerbegerichts, der Vorsitzende des Schiedsgerichts für Arbeiterversicherung, das Amtsgericht u. s. w. Vertreter für eine Partei zu bestellen haben, — §§. 57, 58, 668, 679 Abs. 3, 686 Abs. 2, 779 Abs. 2, 787 C.P.O., §§. 6, 7, 135 und 157 des Zwangsversteigerungsgesetzes vom 24. März 1897 (R.G.Bl. 1897 S. 97 und 1898 S. 713), §. 28 des Gesetzes, betr. die Gewerbegerichte, vom 29. Juli 1890 (R.G.Bl. 1890 S. 141), §. 10 der Verordnung vom 22. November 1900 (R.G.Bl. 1900 S. 1017), §. 1141 Abs. 2 B.G.B. — nicht um vormundschaftliche Verhältnisse, insbesondere nicht um eine Pflegschaft.

Das Gleiche gilt von der eine Beaufsichtigung und Ueberwachung der ehelichen Mutter als Trägerin der elterlichen Gewalt bezweckenden Beistandschaft des B.G.B., von der Nachlaßpflegschaft des B.G.B. ungeachtet der Bestimmung im §. 75 F.G.G., von der im §. 88 F.G.G. erwähnten Pflegschaft (vgl. Anm. 1 zu §. 1918) und von der Bestellung eines Fürsorgers nach §. 11 F.E.M.G.

§. 1909.

Wer unter elterlicher Gewalt oder unter Vormundschaft steht,[1]) erhält für Angelegenheiten,[2]) an deren Besorgung der Gewalthaber oder der Vormund verhindert ist,[3]) einen Pfleger.[4]) Er erhält insbesondere einen Pfleger zur Verwaltung des Vermögens, das er von Todeswegen erwirbt oder das ihm unter Lebenden von einem Dritten unentgeltlich zugewendet wird, wenn der Erblasser durch letztwillige Verfügung, der Dritte bei der Zuwendung bestimmt hat, daß dem Gewalthaber oder dem Vormunde die Verwaltung nicht zustehen soll.[5])

Tritt das Bedürfniß einer Pflegschaft ein, so hat der Gewalthaber oder der Vormund dem Vormundschaftsgericht unverzüglich[6]) Anzeige zu machen.[7])

Die Pflegschaft ist auch dann anzuordnen, wenn die Voraussetzungen für die Anordnung einer Vormundschaft vorliegen, ein Vormund aber noch nicht bestellt ist.[5])

I Entw. §. 1738; II Entw. §. 1786; Reichst. Vorl. §. 1885; Mot. IV Vorbem. zu Tit. 3 S. 1252—1253, zu §. 1738 S. 1253—1256, Allgemeine Begründung S. 1043—1046; Kommiss. Prot. S. 6526, 6527, 8690 (855, VI 312, 313).

1. Auch ein bevormundeter Volljähriger.

2. D. h. nur für solche, bei welchen die Ausübung der elterlichen Gewalt oder der vormundschaftlichen Fürsorge erforderlich ist. Dazu gehört auch die Stellung eines Strafantrags (Straf. R.G. Bd. 4 S. 148 und Bd. 24 S. 372, 377). Die betreffenden Angelegenheiten sind bei der Bestellung und in der Bestallung genau zu bezeichnen.

3. Aus thatsächlichen oder rechtlichen Gründen. Thatsächliche Gründe sind namentlich diejenigen, welche ein Ruhen der elterlichen Gewalt bewirken (vgl. §§. 1676, 1677), wie längere Abwesenheit oder Krankheit; ferner z. B. noch Geschäftsungewandtheit des Vaters, in Folge deren er der Verwaltung eines seinem Kinde zugefallenen Vermögens nicht gewachsen ist. Dabei ist aber zu beachten, daß, wenn solche vorübergehenden Gründe in der Person des Vaters vorliegen, die Mutter während der Dauer der Ehe die elterliche Gewalt mit Ausnahme der Nutznießung ausübt und ihr nach Auflösung der Ehe das Vormundschaftsgericht auf ihren Antrag die Ausübung einschließlich der Nutznießung zu übertragen hat (§. 1685).

Als rechtliche Gründe kommen insbesondere Interessenkollision zwischen dem Gewalthaber oder Vormund und dem von ihnen zu Vertretenden (vgl. §§. 181 und

1795) oder zwischen mehreren von denselben zu Vertretenden und die Entziehung des Vertretungsrechts des Vaters oder Vormunds für einzelne Angelegenheiten oder für einen bestimmten Kreis von Angelegenheiten (§. 1630 und §. 1796) in Betracht (J.W. 1898 S. 375).

Wenn der Vater für seine Kinder ein Grundstück erwirbt, so ist dabei eine Kollision der Interessen nicht vorhanden und kein Anlaß zu einer Pflegschaft (Jahrbuch Bd. 2 S. 102). Ebenso nicht, wenn der Vater in Erfüllung eines vom Erblasser der Kinder geschlossenen Veräußerungsvertrags auflassen will (Jahrbuch Bd. 6 S. 79). Die Eröffnung des Konkurses über das Vermögen des Vaters endigt die Vermögensverwaltung des Vaters (§. 1647) und macht daher die Einleitung einer Pflegschaft erforderlich, ohne daß abzuwarten ist, ob bei einer einzelnen Angelegenheit ein Widerstreit der Interessen des Vaters und der Kinder hervortritt.

Bei Verlust des Verwaltungsrechts am nichtfreien Vermögen der Kinder (vgl. §. 1666 Abs. 2) steht dem Vormundschaftsrichter eine Kognition darüber zu, ob Anlaß vorhanden ist, den Kindern zur Wahrnehmung ihrer Rechte einen Pfleger zu bestellen, und es hat das Vormundschaftsgericht bejahenden Falles die Obliegenheiten des Pflegers zu bestimmen und ihn zu entsprechender Thätigkeit anzuhalten (Jahrbuch Bd. 3 S. 68).

Eine Pflegschaft kann eingeleitet werden, um bei einer Einschränkung der väterlichen Gewalt die Rechte der Kinder auf Zahlung von Erziehungsgeldern wahrzunehmen (Jahrbuch Bd. 4 S. 109). In dem Verfahren auf Entziehung des Rechts der Eltern zur Erziehung ihrer Kinder gemäß §. 1666 Abs. 1 bedarf es der Vertretung der Kinder durch einen Pfleger nicht, ebensowenig bei Gefährdung des Kindesvermögens im Falle des §. 1667. Dagegen ist bei einem Erziehungsstreit unter früheren Eheleuten (§§. 1685 und 1686) die Bestellung eines Pflegers zur Wahrung der Interessen des Kindes unerläßlich, da diese wegen der widerstreitenden eigenen Interessen von keinem Elterntheil in dem Streite wahrgenommen werden können (Jahrbuch Bd. 20 S. A 20, Seuffert Bd. 56 S. 5).

Das Vormundschaftsgericht ist befugt, zur Prüfung der Frage, ob im Interesse der Mündel ein Antrag auf Auseinandersetzung betreffs einer dem Vormund und den Mündeln zugefallenen Erbschaft zu stellen ist, oder zur Wahrnehmung der Mündelinteressen während der Erbengemeinschaft eine Pflegschaft von Amtswegen einzuleiten (Jahrbuch Bd. 5 S. 76). Ebenso ist zur Erbauseinandersetzung zwischen dem Inhaber der elterlichen Gewalt und dessen minderjährigen Kindern (§. 1669) regelmäßig ein Pfleger zu bestellen.

4. An die Stelle des verhinderten Vormunds tritt nicht etwa der Gegenvormund, sondern es ist dem Mündel ein Pfleger zu bestellen (Jahrbuch Bd. 7 S. 58). Zur Wahrnehmung der Obliegenheiten eines verhinderten Gegenvormunds kann ein Pfleger nicht bestellt werden. Eine Aushülfe bietet hier die Befugniß des Vormundschaftsgerichts, durch seine eigene Genehmigung die des verhinderten Gegenvormunds zu ersetzen (§§. 1810, 1812 Abs. 2). Wegen der Zuständigkeit zur Bestellung des Pflegers s. §. 37 F.G.G.

Die Bestellung des Pflegers kann nur im Beschwerdewege (§. 57 Nr. 3 F.G.G.) angefochten werden; der Prozeßgegner kann nicht geltend machen, daß es an den Voraussetzungen zur Anordnung der Pflegschaft gemangelt habe (vgl. Anm. 6 zu §. 1793). Die Vorschriften über die Berufung gelten für die im §. 1909 vorgesehene Pflegschaft nicht (§. 1916).

5. Dies ist schon dann der Fall, wenn einem Anderen die Verwaltung übertragen ist. Vgl. §§. 1638 und 1794 und wegen der Berufung §. 1917. Anders, wie im Falle des §. 1808 Abs. 2, darf das Vormundschaftsgericht von der Anordnung des Dritten nicht abweichen; auch dann

nicht, wenn es der Ansicht ist, daß das Interesse des Mündels durch den Gewalthaber oder Vormund besser gewahrt würde als durch einen Pfleger. Die Pflegschaft für eine geschäftsfähige, in der Verfügung über eine Zuwendung kraft letztwilliger Anordnung beschränkte Person ist nach dem Inkrafttreten des B.G.B. nicht mehr zulässig und daher mit diesem Zeitpunkte beendigt. Die Anordnung kann indessen unter Umständen dadurch aufrecht erhalten werden, daß das Gericht einen Testamentsvollstrecker ernennt, der als solcher das der Verfügung des Bedachten entzogene Vermögen verwaltet (Jahrbuch Bd. 20 S. A 21).

6. D. h. ohne schuldhaftes Zögern (§. 121).

7. Durch Zuwiderhandeln kann Schadensersatzpflicht begründet werden. Auch der Gemeindewaisenrath hat die Anzeigepflicht (§. 49 F.G.G.).

8. Abs. 3 trifft Fürsorge für den Fall, daß der sofortigen Bestellung eines Vormunds Hindernisse entgegenstehen, aber eine einzelne Angelegenheit des Mündels schleuniger Erledigung bedarf (Mot.). Vgl. Anm. 8 zu §. 1915.

§. 1910.

Ein Volljähriger,[1]) der nicht unter Vormundschaft steht, kann[2]) einen Pfleger[3]) für seine Person und[4]) sein Vermögen erhalten, wenn er in Folge körperlicher Gebrechen,[5]) insbesondere weil er taub, blind oder stumm ist, seine Angelegenheiten[6]) nicht zu besorgen vermag.[7])

Vermag ein Volljähriger, der nicht unter Vormundschaft steht, in Folge geistiger oder körperlicher Gebrechen[8]) einzelne seiner Angelegenheiten[9]) oder einen bestimmten Kreis seiner Angelegenheiten, insbesondere seine Vermögensangelegenheiten, nicht zu

besorgen, so kann[9]) er für diese Angelegenheiten einen Pfleger erhalten.[10])

Die Pflegschaft darf[11]) nur mit Einwilligung des Gebrechlichen angeordnet werden, es sei denn, daß eine Verständigung mit ihm nicht möglich ist.[12]) [13]) [14])

I Entw. §. 1739; II Entw. §. 1787; Reichst. Vorl. §. 1886; Mot. IV zu §. 1739 S. 1256; Kommiss.Prot. S. 6527, 6528, 8688, 8689 (855 bis 856, V 147—149, VI 311, 312).

1. Abs. 1 erwähnt allein körperliche, nicht auch geistige Gebrechen, wie Abs. 2, und verlangt, daß jene die Besorgung der Angelegenheiten überhaupt, nicht bloß, daß sie nur die einzelner oder eines bestimmten Kreises davon hindern, setzt also einen stärkeren Grad der Gebrechen, als Abs. 2, voraus. Bei geistigen Gebrechen, die an der Besorgung aller Angelegenheiten hindern, ist nur durch Entmündigung oder durch eine Pflegschaft nach Abs. 2 zu helfen (s. auch Entsch. Bd. 1 S. 133). Vgl. Anm. 1 zu §. 1773, Anm. 2 zu §. 1896.

2. Nach pflichtmäßigem Ermessen des Vormundschaftsgerichts. Oeffentliche Bekanntmachung ist nicht vorgeschrieben.

3. Die eigene Geschäftsfähigkeit des Volljährigen wird durch die Pflegschaft nicht beschränkt, sodaß der Pfleger nur die Stellung eines von Staatswegen bestellten Spezialbevollmächtigten hat und der Pflegebefohlene in der Lage ist, durch seine Handlungen in die Verwaltung des Pflegers einzugreifen (Mot.). Deshalb hat der Pfleger nicht die in den §§. 1886, 1595 und sonst dem Vertreter eines Geschäftsunfähigen zustehenden Befugnisse. Vgl. aber §. 53 C.P.O., wonach eine prozeßfähige, jedoch im Rechtsstreite durch einen Pfleger vertretene Person für den Rechtsstreit einer nicht prozeßfähigen

Person gleichsteht. Bezüglich der Berufung zum Pflegeramte gelten die Vorschriften der §§. 1776, 1899 (Anm. 1 zu §. 1916).

4. Nur für beides, nicht bloß für das eine oder das andere (vgl. Abs. 2). Die Pflegschaft unterscheidet sich, abgesehen von den in Anm. 3 hervorgehobenen und aus Abs. 8 hervorgehenden Verschiedenheiten, nur wenig von einer Vormundschaft (§§. 1915 ff.); vgl. Einleitung oben S. 24.

5. Z. B. Schwerhörigkeit, Schwachsichtigkeit, Lähmung, chronische Nervenkrankheit, Altersschwäche u. dgl. m., nicht vorübergehende akute Erkrankungen. Ob das Gebrechen angeboren oder erst später eingetreten ist, ist gleichgültig.

6. Rechtlicher oder thatsächlicher Natur; nicht bloß Vermögensangelegenheiten (Kommiss.Prot.).

7. Ob dies der Fall, bleibt der Beurtheilung des Vormundschaftsgerichts überlassen. Ein formelles, der Entmündigung ähnliches Verfahren findet nicht statt, sondern nur eine angemessene Sachuntersuchung. Das körperliche Gebrechen muß den Volljährigen hindern, selbst seine Angelegenheiten zu besorgen; andernfalls, also namentlich bei einer bloßen Erschwerung in Besorgung der Angelegenheiten, ist eine Pflegschaft nicht anzuordnen.

8. Schwachsinn und Geisteskrankheit sind geistige Gebrechen. S. im übrigen Anm. 5. Nach Jahrbuch Bd. 19 S. 47 kann einem geisteskranken Beamten gemäß §. 1910 ein Pfleger zur Vertretung, betreffend die Pensionirung, bestellt werden (vgl. oben S. 292).

9. Auch zur Herbeiführung einer Entmündigung kann ein Pfleger ernannt werden (Civ.R.G. Bd. 45 S. 179).

10. Auch hier, ohne in seiner Geschäftsfähigkeit beschränkt zu werden; vgl. Anm. 3.

11. Ordnungsvorschrift, deren Uebertretung die angeordnete Pflegschaft nicht ungültig macht. Eine Einwilligung in die Person des zu ernennenden Pflegers ist nicht gefordert.

12. Mit einem in Folge von Geisteskrankheit Geschäftsunfähigen ist eine Verständigung im Sinne des §. 1910 Abs. 3 nicht möglich (Jahrbuch Bd. 19 S. 47).

13. Wegen der Beschwerde gegen die Anordnung der Pflegschaft und wegen der Zuständigkeit zu der Anordnung s. die §§. 20 und 57 Nr. 3 bezw. 38 F.G.G.

Wegen des Rechts der Ehefrau, bei Bestellung eines Pflegers nach §. 1910 auf Aufhebung der Verwaltung und Nutznießung zu klagen und den Beitrag zu dem ehelichen Aufwande zurückzubehalten, s. die §§. 1418 Nr. 4, 1425, 1428 Abs. 2.

14. Als Pflegschaft nach §. 1910 Abs. 1 ist auch eine gemäß §. 81 Nr. 3 der Vormundschaftsordnung vom 5. Juli 1875 eingeleitete Vormundschaft zu behandeln (Art. 210 E.G.).

§. 1911.

Ein abwesender[1]) Volljähriger,[2]) dessen Aufenthalt unbekannt[3]) ist, erhält[4]) für seine Vermögensangelegenheiten,[5]) soweit sie der Fürsorge bedürfen,[6]) einen Abwesenheitspfleger.[7]) Ein solcher Pfleger ist ihm insbesondere auch dann zu bestellen,[8]) wenn er durch Ertheilung eines Auftrags oder einer Vollmacht Fürsorge getroffen hat, aber Umstände eingetreten sind, die zum Widerrufe des Auftrags oder der Vollmacht Anlaß geben.[9])

Das Gleiche gilt von einem Abwesenden,[10]) dessen Aufenthalt bekannt, der aber an der Rückkehr und der Besorgung seiner Vermögensangelegenheiten verhindert ist.[11])[12])[13])

I Entw. §. 1740; II Entw. §. 1788; Reichst. Vorl. §. 1887; Mot. IV zu §. 1740 S. 1256 bis 1262; Kommiss.Prot. S. 6528, 6529 (856).

1. D. h. von seinem Wohnsitz (§§. 7—11) und nur, falls er einen solchen im Inlande nicht hat, von seinem Aufenthaltsort oder dem Orte, wo die Fürsorge erforderlich wird.

2. Vgl. Anm. 1 zu §. 1773 und Anm. 2 zu §. 1896. Selbstverständliche Voraussetzung der Abwesenheitspflegschaft ist, daß nicht eine Vormundschaft über den volljährigen Abwesenden besteht.

3. Wie lange, ist richtlichem Ermessen überlassen.

4. Von Amtswegen, ohne daß es eines Antrags bedarf, und ohne daß Jemand ein Recht hätte, die Einleitung einer Abwesenheitspflegschaft zu verlangen.

Wegen der Zuständigkeit zur Bestellung des Pflegers s. §. 39 F.G.G. und wegen eines Falles, in welchem es einer Abwesenheitspflegschaft nach §. 1911 nicht bedarf, s. §. 88 daselbst.

5. Auf die Fürsorge für die persönlichen Angelegenheiten des Abwesenden erstreckt sich also die Abwesenheitspflegschaft nicht, es ist der Abwesenheitspfleger aber z. B. auch zum Erbschaftserwerbe sowie zur Führung von Rechtsstreitigkeiten über vermögensrechtliche Ansprüche des Abwesenden befugt. Daß dieser Vermögen zurückgelassen hat, ist nicht erforderlich.

6. Nach pflichtmäßigem Ermessen des Vormundschaftsgerichts.

7. Die Abwesenheitspflegschaft ist nicht eine Realkuratel, sondern nach Analogie der Altersvormundschaft (vgl. §§. 1915, 1897) eine Personalpflegschaft in Ansehung der der vormundschaftlichen Fürsorge bedürfenden Vermögensangelegenheiten des Abwesenden. Wie in den übrigen Fällen einer Pflegschaft bleibt die Geschäftsfähigkeit des Abwesenden unbeschränkt. Der Abwesenheitspfleger hat mithin die Stellung eines dem Abwesenden von

Staatswegen bestellten Bevollmächtigten (Mot.). Vgl. aber §. 53 C.P.O. in Anm. 3 zu §. 1910, ferner Fuchs in den Beiträgen Bd. 40 S. 308 ff.

8. Ueber die Berufung zum Pflegeramte vgl. Anm. 3 zu §. 1910. Die Pflegerbestellung ist in Folge der Bestimmungen des §. 1921 Abs. 2 u. 3 auch wirksam, wenn zur Zeit der Bestellung der Abwesende schon todt war (Mot.). Ob in einem solchen Falle als der Vertretene der insoweit noch als fortlebend zu betrachtende Abwesende oder aber nach Analogie des Falles, in welchem eine Vollmacht über den Tod des Vollmachtgebers hinaus fortdauert (§§. 168, 674), oder nach Analogie der Nachlaßpflegschaft (§. 1960) der definitive Erbe des Abwesenden erscheint, ist im Gesetze nicht besonders entschieden (Mot.).

9. Z. B. rechtliche oder thatsächliche Unfähigkeit des Bevollmächtigten. Der ernannte Abwesenheitspfleger hat dann die Vollmacht zu widerrufen.

10. D. i. ebenfalls volljährigen Abwesenden. Auch in den Fällen des Abs. 2 erfolgt die Anordnung der Pflegschaft immer nur im Interesse des (von seinem Wohnsitze) Abwesenden; nur mittelbar kann dadurch auch den Interessen Dritter gedient werden. Die Rücksicht auf diese Interessen bildet jedoch nicht den Grund der Anordnung der Pflegschaft (Mot.; Jahrbuch Bd. 19 S. 45).

11. Ob diese Voraussetzungen vorliegen, bleibt dem Ermessen des Vormundschaftsgerichts überlassen.

Eine öffentliche Bekanntmachung der Anordnung einer Abwesenheitspflegschaft findet nicht statt.

12. Wegen des bei der Abwesenheitspflegschaft der Ehefrau zustehenden Rechts, auf Aufhebung der Verwaltung und Nutznießung zu klagen und den Beitrag zu den ehelichen Lasten zurückzubehalten, s. §§. 1418 Nr. 5, 1425, 1428 Abs. 2.

13. Ueber die nach den §§. 334 und 480 der Strafprozeßordnung angeordnete Pflegschaft vgl. oben S. 291, 292.

§. 1912.

Eine Leibesfrucht [1]) erhält [2]) zur Wahrung ihrer künftigen Rechte, [3]) soweit diese einer Fürsorge bedürfen, [4]) einen Pfleger. [5]) Die Fürsorge steht jedoch dem Vater oder der Mutter zu, wenn das Kind, falls es bereits geboren wäre, unter elterlicher Gewalt stehen würde. [6])

I Entw. §. 1741; II Entw. §. 1789; Reichst. Vorl. §. 1888; Mot. IV zu §. 1741 S. 1262 bis 1264; Kommiss.Prot. S. 6529, 6530 (857).

1. Nicht bloß einer Wittwe und gleichgültig, ob ehelich oder unehelich erzeugt.

2. Auf Antrag oder von Amtswegen nach Prüfung des Bedürfnisses. Wegen der Zuständigkeit s. §. 40 F.G.G.

3. Da nach §. 1 die Rechtsfähigkeit eines Menschen erst mit der Vollendung der Geburt beginnt, so hat eine Leibesfrucht an sich noch keine Rechte, und es kann künftige Rechte einer solchen nur ausnahmsweise geben. Dies ist namentlich der Fall auf dem Gebiete des Erbrechts, bei Fideikommissen und Familienstiftungen, vgl. §§. 844 Abs. 2, 1923 Abs. 2, 2108, 2114, 2116—2118, 2128, 2142; Art. 2 §§. 5, 6 A.G. Zu den künftigen Rechten der Leibesfrucht gehört der Anspruch der unehelichen Mutter auf Entbindungs- und Verpflegungskosten nicht, wohl aber der Anspruch des Kindes auf Unterhalt (vgl. §. 1716).

4. Ist die Leibesfrucht erbberechtigt, so wird es an einem Anlaß, eine besondere Pflegschaft einzusetzen, regelmäßig fehlen, da in einem solchen Falle eine Nachlaßpflegschaft angeordnet wird (§§. 1960 ff.).

5. Den **Umfang** seiner Befugnisse und Vertretungsmacht bestimmt das Vormundschaftsgericht nach Maßgabe des Bedürfnisses. Die Pflegschaft hat den Charakter einer Personalkuratel.

6. Die Pflegschaft ist also nur dann anzuordnen,

wenn unter der Voraussetzung schon erfolgter Geburt eine Vormundschaft (§. 1773) oder eine Pflegschaft (§. 1909 Abs. 1) einzuleiten sein würde.

§. 1913.

Ist unbekannt oder ungewiß, wer bei einer Angelegenheit der Betheiligte ist, so kann dem Betheiligten für diese Angelegenheit,[1] soweit eine Fürsorge[2] erforderlich ist,[3] ein Pfleger[4] bestellt werden. Insbesondere kann einem Nacherben,[5] der noch nicht erzeugt ist oder dessen Persönlichkeit erst durch ein künftiges Ereigniß bestimmt wird, für die Zeit bis zum Eintritte der Nacherbfolge ein Pfleger bestellt werden.

I Entw. §§. 1742, 1827; II Entw. §. 1790; Reichst.Vorl. §. 1889; Mot. IV zu §. 1742 S. 1265—1266, V zu §. 1827 S. 112—114; Kommiss.Prot. S. 6530, 6825 (857).

1. Erbanfälle kommen hier nicht in Betracht, da für unbekannte Erben eine Nachlaßpflegschaft als eine nicht dem Vormundschaftsrechte, sondern dem Erbrecht angehörende Einrichtung (§§. 1960 ff.) einzuleiten ist. Die Pflegschaft nach §. 1913 beruht aber auf einer Ausdehnung des Prinzips dieser Nachlaßpflegschaft auf andere Angelegenheiten. Sie ist an sich eine Personalkuratel, es kann sich jedoch nachträglich ergeben, daß sie für eine juristische Person als den Betheiligten geführt worden ist, vgl. Einleitung oben S. 23. Die Pflegschaft kann namentlich zum Schutze der Rechte eines noch nicht empfangenen Fideikommiß- oder Lehnanwärters sowie eines zur Zeit des Erbfalles noch nicht empfangenen oder durch ein zu dieser Zeit noch nicht eingetretenes Ereigniß zu bestimmenden Vermächtnißnehmers nothwendig werden.

Eine Pflegschaft für eine zukünftige Deszendenz ist nur zulässig, wenn sie zur Wahrung ausnahmsweise vom

Gesetz anerkannter künftiger Rechte der Deszendenz erforderlich ist, nicht aber ganz allgemein, z. B. zum Abschluß eines Kaufvertrags zu Gunsten der künftigen Deszendenz (Jahrbuch Bd. 20 S. A. 241).

2. Eine bloß thatsächliche genügt, wie sie z. B. bei Ueberschwemmungen oder anderen größeren Unglücksfällen geboten sein kann (Mot.).

3. Nach Ueberzeugung des Vormundschaftsgerichts. Ueber die Zuständigkeit s. §. 41 F.G.G.

4. Der Umfang seiner Vertretungsmacht ist vom Vormundschaftsgerichte zu bestimmen. Regelmäßig wird er die Pflicht haben, den unbekannten oder ungewissen Betheiligten auszumitteln.

5. Nacherbe ist, wer von dem Erblasser in der Weise eingesetzt ist, daß er erst Erbe wird, nachdem zunächst ein Anderer Erbe geworden ist (vgl. §§. 2100 ff.). Schon vor dem Eintritte des Falles der Nacherbfolge hat der Nacherbe gewisse Rechte, welche in dem im §. 1913 Satz 2 bezeichneten Falle durch den Pfleger wahrzunehmen sind. Er kann nämlich verlangen:

a) daß für einen zur Erbschaft gehörenden Wald, ein Bergwerk oder eine andere auf Gewinnung von Bodenbestandtheilen gerichtete Anlage ein Wirthschaftsplan festgestellt werde und hiernach die Bewirthschaftung erfolge (§. 2123);

b) daß Inhaberpapiere nebst den Erneuerungsscheinen hinterlegt oder auf den Namen umgeschrieben und Buchforderungen gesperrt werden (§§. 2116 bis 2118);

c) daß sein Recht nicht durch Zwangsvollstreckungen, Arrestvollziehungen oder Verfügungen des Konkursverwalters geschmälert werde (§. 2115);

d) daß der Vorerbe ein Erbschaftsverzeichniß aufnehme, daß der Zustand der Erbschaftsgegenstände durch Sachverständige festgestellt werde, daß der Vorerbe im Falle ungünstiger Vermögenslage oder unwirthschaftlichen Verhaltens Sicherheit leiste oder die Erbschaftsverwaltung einem Verwalter überlasse (§§. 2121, 2122, 2127—2129).

Zu gewissen Rechtshandlungen bedarf der Vorerbe der Einwilligung oder Zustimmung des Nacherben, widrigenfalls sie diesem gegenüber ohne Rechtswirksamkeit sind (vgl. §§. 2120, 2113, 2114, 2116—2118). Der Vorerbe kann von den gedachten Beschränkungen und Verpflichtungen durch den Erblasser ausdrücklich oder vermittelst der Bestimmung, daß der Nacherbe auf dasjenige, was von der Erbschaft bei dem Eintritte der Nacherbfolge übrig sein werde, eingesetzt sei oder der Vorerbe zur freien Verfügung über die Erbschaft berechtigt sein solle, befreit werden, mit Ausnahme der Pflicht, ein Erbschaftsverzeichniß mitzutheilen und die Feststellung des Erbschaftszustandes zu dulden; auch kann er zur Vornahme unentgeltlicher Verfügungen nicht ermächtigt und es kann seinen Gläubigern nicht der unbeschränkte Zugriff auf den Nachlaß gestattet werden (§§. 2136, 2137). Weitere Rechte und Verwaltungsbefugnisse hat der Nacherbe nicht, daher auch nicht sein Pfleger (vgl. auch Jahrbuch Bd. 6 S. 57). Da die Befugnisse des letzteren sich hiernach aus dem Gesetz ergeben, kann unter Umständen eine genauere Feststellung derselben bei der Bestellung und in der Bestallung entbehrlich sein und es genügen, den Pfleger zur Wahrnehmung aller Rechte des oder der unbekannten Nacherben hinsichtlich der betreffenden Erbschaft zu bestellen.

§. 1914.

Ist durch öffentliche[1]) Sammlung Vermögen für einen vorübergehenden Zweck[2]) zusammengebracht worden, so kann[3]) zum Zwecke der Verwaltung und Verwendung des Vermögens[4]) ein Pfleger bestellt werden, wenn die zu der Verwaltung und Verwendung berufenen Personen[5]) weggefallen sind.[6])

Reichst.Vorl. §. 1890; Kommiss.Prot. S. 8690

bis 8698 (VI 818, 814); Reichst.Kom.Ber. S. 175, 176; Reichst.Sitz.Prot. S. 8005, 8095.

1. Also über einen geschlossenen Kreis von persönlich Bekannten, Berufsgenossen u. dgl. hinaus. Oeffentliche Aufforderung oder eine öffentliche Sammelstelle ist nicht erforderlich.

2. Z. B. zur Hülfe bei Unglücksfällen, zur Errichtung eines Denkmals u. dgl. m. Bei einem dauernden Zwecke kann eine Pflegschaft nicht stattfinden, sondern nur die Errichtung einer Stiftung, die Gründung eines Vereins u. s. w.

8. Nach pflichtmäßigem Ermessen des Vormundschaftsgerichts auf Antrag oder von Amtswegen. Wegen der Zuständigkeit s. §. 42 F.G.G.

4. Die Pflegschaft ist eine Realpflegschaft, vgl. Einleitung oben S. 28. Dem früheren preußischen Rechte war nur Vormundschaft oder Pflegschaft für physische, wenigstens schon konzipirte Personen bekannt, eine Realpflegschaft aber vollständig unbekannt (Jahrbuch Bd. 17 S. 29 u. 81). Der Pfleger ist auch für die Ansprüche derjenigen, die zu der Sammlung beigetragen haben, auf Zurückgabe ihrer Beiträge bei Wegfall oder Veränderung der Zweckbestimmung passiv legitimirt.

5. Beim Wegfall einer von mehreren berufenen Personen ist nach den Verhältnissen zu prüfen, ob die übrigen in einem solchen Falle allein handeln können; nur wenn dies zu verneinen ist, findet §. 1914 Anwendung (vgl. Jahrbuch Bd. 15 S. 78).

6. In Folge Todes, Abwesenheit, Rücktritts, Geschäftsunfähigkeit u. dgl. Wegen Pflichtverletzung kann eine Pflegschaft nicht eingeleitet werden. Die dahinzielende Bestimmung der Bundesrathsvorlage ist vom Reichstag abgelehnt worden. Zweck des §. 1914 ist nur, für die nicht seltenen Fälle, in denen bei öffentlichen Sammlungen nachträglich in Folge Todes des Sammlers oder in Folge anderweitiger Vorkommnisse in der Person des Sammlers privatrechtliche Schwierigkeiten entstehen, eine zweckmäßige Fürsorge zu ermöglichen (Reichst.Sitz.Prot.).

§. 1915.

Auf die Pflegschaft finden die für die Vormundschaft[1]) geltenden Vorschriften entsprechende Anwendung,[2]) soweit sich nicht aus dem Gesetz ein Anderes ergiebt.[3])

Die Bestellung eines Gegenvormundes[4]) ist nicht erforderlich.[5])

I Entw. §§. 1748, 1746; II Entw. §§. 1791, 1794; Reichst.Vorl. §. 1891; Mot. IV zu §. 1743 S. 1266—1267, zu §. 1746 S. 1269—1270; Kommiss. Prot. S. 6580, 6581 (857).

1. Sowohl die für Minderjährige als die für Volljährige. Soweit zwischen den betreffenden Vorschriften eine Verschiedenheit obwaltet, kommt es darauf an, ob die Pflegschaft für einen Minderjährigen oder für einen Volljährigen geführt wird (vgl. Anm. 3 zu §. 1910 und Anm. 7 zu §. 1911).

2. Daher hat auch die Anordnung von Amtswegen zu erfolgen (Jahrbuch Bd. 1 S. 41 und Bd. 10 S. 68), ist die Frage, ob es zu einer von dem Pfleger vorzunehmenden Handlung der Genehmigung des Vormundschaftsgerichts bedarf, nach den §§. 1819—1822 zu beantworten (Archiv Bd. 85 Abth. 2 S. 125), wirken die Handlungen des Pflegers über die Dauer der Pflegschaft hinaus in derselben Weise, wie die des Vormunds über die Dauer der Vormundschaft (Jahrbuch Bd. 1 S. 58), und ist die Verjährung von Ansprüchen zwischen Pfleger und Pflegebefohlenen während der Dauer der Pflegschaft nach §. 204 gehemmt. Ist ein Gegenvormund nicht bestellt (Abs. 2), so können die in den §§. 1810, 1812 bezeichneten Rechtshandlungen nur mit Genehmigung des Vormundschaftsgerichts vorgenommen werden. Dagegen findet §. 1824 auf die Pflegschaft nicht Anwendung, da durch die Pflegschaft eine Minderung der Geschäftsfähig-

keit des Pflegebefohlenen nicht bewirkt wird. Letzteres hat noch allgemein die weitere Folge, daß das von einem in der Geschäftsfähigkeit nicht sonst beschränkten Pflegebefohlenen selbst vorgenommene Rechtsgeschäft zu seiner Wirksamkeit der Genehmigung des Gegenvormunds oder des Vormundschaftsgerichts nicht bedarf.

Wegen der Kosten einer zu Unrecht eingeleiteten Pflegschaft siehe Anm. 2 zu §. 91 des Preuß. Gerichtskostengesetzes vom 25. Juni 1895 (unten unter VI).

Bei der nach §. 334 der deutschen Strafprozeßordnung einzuleitenden Pflegschaft ist der Pfleger innerhalb des Rahmens seiner Pflegschaft, also hinsichtlich des mit Beschlag belegten Vermögens, einem Abwesenheitspfleger gleich zu achten, insbesondere befugt, den abwesenden Angeschuldigten im Prozesse zu vertreten, und zwar ohne daß eine Mitladung des letzteren stattfindet; dieser hat hinsichtlich des beschlagnahmten Vermögens die Prozeßfähigkeit verloren und kann daher auch einen ihm, als er noch prozeßfähig war, vom Gegner zugeschobenen Eid nicht mehr leisten (Civ.R.G. Bd. 11 S. 188 und Beiträge Bd. 29 S. 1112, sowie Beiträge Bd. 88 S. 1092); hiergegen Fuchs in den Beiträgen Bd. 88 S. 565.

8. Dies trifft nur bezüglich der Gründe der Anordnung und Beendigung der Pflegschaft, sowie bezüglich der Berufung zum Amte des Pflegers im Falle des §. 1909 (§. 1916) zu. Wegen des Gemeindewaisenraths s. Anm. 4 zu §. 1849. Die Vorschriften über die Vergütung und den Familienrath finden Anwendung. Da auch der §. 1906 nicht ausgeschlossen ist, so kann in dessen Fällen auf Grund des §. 1909 Abs. 8 statt eines vorläufigen Vormunds zunächst ein vorläufiger Pfleger bestellt werden. Bei dem Schweigen des Gesetzes folgt aus dem Grundsatze des Abs. 1, daß dann die Vorschrift des §. 114 (s. Anm. 5 zu §. 1906) entsprechende Anwendung findet (Mot.). Ein Bedürfniß zu einer vorläufigen Pflegschaft wird sich jedoch selten ergeben.

Nach Art. 23 E.G. kann auch über Ausländer im Inland eine Pflegschaft angeordnet werden.

4. Der Name „Gegenpfleger" ist absichtlich vermieden worden (Mot.).

5. Aber auch nicht ausgeschlossen. Der neben einem vorhandenen Vormunde schon ernannte Gegenvormund kann auch für die Aufsicht bei der neben der Vormundschaft etwa einzuleitenden Pflegschaft bestellt werden.

§. 1916.

Für die nach §. 1909[1]) anzuordnende Pflegschaft gelten die Vorschriften über die Berufung zur Vormundschaft nicht.[2])

I Entw. §. 1744; II Entw. §. 1792 Abs. 1; Reichst.Vorl. §. 1892; Mot. IV zu §. 1744 S. 1267 bis 1268; Kommiss.Prot. S. 6580 (857).

1. Für die nach den §§. 1910—1913 anzuordnenden Pflegschaften gelten die allgemeinen Bestimmungen über die Berufung (§§. 1776—1778, 1899), für die nach §. 1913 werden sie freilich meist der Natur der Sache nach nicht Anwendung finden. Bei der Pflegschaft nach §. 1914 kann von einer Berufung keine Rede sein. §. 1900 gilt auch im Falle des §. 1909.

2. Die Vorschrift beruht auf der Erwägung, daß die Anwendung der Vorschriften über die Berufung zur Vormundschaft im Falle des §. 1909 vielfach zu einem unangemessenen, mit dem Zwecke der Anordnung der Pflegschaft nicht im Einklange stehenden Ergebnisse führen würde (Mot.).

§. 1917.

Wird die Anordnung einer Pflegschaft nach §. 1909 Abs. 1 Satz 2 erforderlich, so ist als Pfleger berufen,[1]) wer als solcher von dem Erblasser durch

letztwillige Verfügung, von dem Dritten bei der Zuwendung[2]) benannt worden ist; die Vorschriften des §. 1778 finden entsprechende Anwendung.[3])

Für den benannten Pfleger kann der Erblasser durch letztwillige Verfügung, der Dritte bei der Zuwendung die in den §§. 1852 bis 1854 bezeichneten Befreiungen anordnen. Das Vormundschaftsgericht kann die Anordnungen außer Kraft setzen,[4]) wenn sie das Interesse des Pflegebefohlenen gefährden.

Zu einer Abweichung von den Anordnungen des Dritten ist, solange er lebt, seine Zustimmung erforderlich und genügend. Die Zustimmung des Dritten kann durch das Vormundschaftsgericht ersetzt werden, wenn der Dritte zur Abgabe einer Erklärung dauernd außer Stande oder sein Aufenthalt dauernd unbekannt ist.[5])

I Entw. §. 1745; II Entw. §. 1792 Abs. 2, §. 1798; Reichst. Vorl. §. 1898; Mot. IV zu §. 1745 S. 1268 bis 1269, zu §§. 1690—1695 S. 1167—1168; Kommiss. Prot. S. 6581 (857).

1. Ueber die Bedeutung der Berufung vgl. §. 1778.

2. In dem über die Zuwendung errichteten Rechtsgeschäfte, welches, da nur unentgeltliche Zuwendungen in Betracht kommen, der gerichtlichen oder notariellen Form bedarf (vgl. §§. 516, 518), selbst oder in unmittelbarem Anschlusse daran.

3. Abs. 1 enthält eine Ergänzung der §§. 1688, 1909 Abs. 1 Satz 2.

4. Entsprechend der Vorschrift des §. 1857, aber nur mit der in Abs. 3 enthaltenen Einschränkung.

5. Nicht wegen Gefährdung des Interesses des Pflegebefohlenen.

Abs. 8 schließt sich dem §. 1808 Abs. 8 an.

§. 1918.

Die Pflegschaft für eine unter elterlicher Gewalt oder unter Vormundschaft stehende Person endigt[1]) mit der Beendigung der elterlichen Gewalt oder der Vormundschaft.

Die Pflegschaft für eine Leibesfrucht endigt[1]) mit der Geburt des Kindes.[2])

Die Pflegschaft zur Besorgung einer einzelnen Angelegenheit endigt[1]) mit deren Erledigung.[3])

I Entw. §. 1748 Abs. 1 Nr. 1, 2, 5, 6; II Entw. §. 1795; Reichst.Vorl. §. 1894; Mot. IV zu §. 1748 S. 1271—1272, 1274; Kommiss.Prot. S. 6588, 6585, 6536 (859—861).

1. Von selbst, ohne daß es einer Aufhebung durch das Gericht bedarf, wenngleich letzteres die Beendigung festzustellen und für Schlußrechnung und Rückgabe der Bestallung zu sorgen hat. Außer in den Fällen des §. 1918 endigt die Pflegschaft noch von selbst durch den Tod des Pflegebefohlenen (Anm. 1 zu §. 1882), anders nur bei der Abwesenheitspflegschaft (§. 1921).

Rechtshandlungen, welche der Pfleger nach der Beendigung vornimmt, sind nichtig.

2. Auch eines todten Kindes. Tritt gar keine Geburt ein, z. B. weil die Mutter abortirt oder stirbt, so endigt die Pflegschaft nicht von selbst, sondern ist vom Vormundschaftsgerichte gemäß §. 1919 aufzuheben; dasselbe hat zu geschehen, wenn die Pflegschaft durch Heirath der unehelichen Mutter mit dem Erzeuger der Leibesfrucht vor der Geburt oder sonst, etwa dadurch, daß sich die Annahme

einer Schwangerschaft als irrig herausgestellt hat, überflüssig geworden ist.

3. Z. B. das Amt des Theilungspflegers (Anm. 3 zu §. 1909) mit Beendigung der Auseinandersetzung.

§. 1919.

Die Pflegschaft ist[1]) von dem Vormundschaftsgericht aufzuheben,[2]) wenn der Grund für die Anordnung der Pflegschaft weggefallen ist.[3])

I Entw. §. 1748 Abs. 2 Satz 1, 2; II Entw. §. 1796; Reichst.Vorl. §. 1895; Mot. IV zu §. 1748 S. 1271—1272; Kommiss.Prot. S. 6538 (859—861).

1. Ausnahme von der nur in den Fällen des §. 1918 und des §. 1921 Abs. 3 festgehaltenen Konsequenz, daß die Pflegschaft unmittelbar mit dem Wegfall ihres Grundes endigt. So lange die Aufhebung nicht erfolgt ist, bleibt also der Pfleger zur Vertretung befugt.

2. Ueber die Bekanntmachung der Aufhebung und die dagegen zulässige Beschwerde s. §§. 16 bezw. 20, 57 Nr. 3 F.G.G.

3. Ob der Grund zur Anordnung einer Pflegschaft gehoben ist, kann nur nach Maßgabe der besonderen Verhältnisse und Umstände des einzelnen Falles geprüft werden (Jahrbuch Bd. 2 S. 58).

Die in Gemäßheit des §. 1909 angeordnete Pflegschaft ist fortzuführen, solange nach dem pflichtmäßigen Ermessen des Vormundschaftsgerichts rechtliche oder thatsächliche Gründe bestehen, aus denen die erforderliche Ausübung der elterlichen oder vormundschaftlichen Rechte nicht stattfinden kann (Jahrbuch Bd. 1 S. 50). Der in Konkurs verfallene Vater erlangt durch Abschluß eines Zwangsvergleichs oder nach sonstiger Aufhebung des Konkurses die Verwaltung des nichtfreien Vermögens seiner Kinder nicht ohne weiteres wieder; die zu dessen

Verwaltung angeordnete Pflegschaft ist daher auch nach dem Zwangsvergleich oder der sonstigen Beendigung des Konkurses fortzusetzen (Jahrbuch Bd. 8 S. 66 und Bolze Bd. 3 S. 260), bis das Vormundschaftsgericht dem Vater die Verwaltung wieder überträgt (§. 1647 Abs. 2) und damit der Grund für die Pflegschaft weggefallen ist. Bei einer für Nacherben bestellten Pflegschaft muß die Aufhebung der eingeleiteten Pflegschaft erfolgen, wenn der Kreis der Nacherben festgestellt ist, z. B. also dann, wenn durch Gutachten Sachverständiger die eingetretene Zeugungsunfähigkeit des Parens nachgewiesen wird (vgl. Jahrbuch Bd. 4 S. 88 und Bd. 14 S. 84). Ist den Mündeln zu ihrer Vertretung bei der auf Antrag des Vormunds eingeleiteten Auseinandersetzung betreffs einer dem Vormund und den Mündeln zugefallenen Erbschaft ein Pfleger bestellt, so ist die Pflegschaft aufzuheben, wenn der Vormund den Antrag auf Auseinandersetzung zurücknimmt; zur Stellung eines neuen Antrags auf Auseinandersetzung ist der Theilungspfleger nicht legitimirt (Jahrbuch Bd. 5 S. 76).

§. 1920.

Eine nach §. 1910 angeordnete Pflegschaft ist von dem Vormundschaftsgericht aufzuheben, wenn der Pflegebefohlene die Aufhebung beantragt.[1])

I Entw. §. 1748 Abs. 2 Satz 4; II Entw. §. 1797; ReichsT.Vorl. §. 1896; Mot. IV zu §. 1748 S. 1272; Kommiss.Prot. S. 6533—6536, 8689 (859—861, VI 812).

1. Folge der Bestimmung, daß eine Pflegschaft über einen Gebrechlichen nur mit dessen Einwilligung angeordnet werden darf. War sie ohne seine Einwilligung angeordnet, weil eine Verständigung mit ihm nicht möglich war (§. 1910 Abs. 3), so ist sie auf sein Verlangen aufzuheben, sobald er sich verständlich machen kann (vgl.

Anm. 12 zu §. 1910). Die Vertretungsbefugniß des Pflegers endigt erst mit der Aufhebung der Pflegschaft durch das Vormundschaftsgericht.

Gegen Ablehnung des Aufhebungsantrags, die nicht erfolgen darf, weil die Fortdauer der Pflegschaft im Interesse des Pflegebefohlenen liege, steht dem Pflegebefohlenen die Beschwerde nach §. 20 F.G.G. zu.

§. 1921.[1])

Die Pflegschaft für einen Abwesenden ist von dem Vormundschaftsgericht aufzuheben,[2]) wenn der Abwesende an der Besorgung seiner Vermögensangelegenheiten nicht mehr verhindert ist.[3])

Stirbt der Abwesende, so endigt die Pflegschaft erst mit der Aufhebung durch das Vormundschaftsgericht.[4]) Das Vormundschaftsgericht hat die Pflegschaft aufzuheben, wenn ihm der Tod des Abwesenden bekannt wird.[5])

Wird der Abwesende für todt erklärt, so endigt[6]) die Pflegschaft mit der Erlassung des die Todeserklärung aussprechenden Urtheils.[7])

I Entw. §. 1748 Abs. 1 Nr. 4 u. Abs. 2 Satz 3; II Entw. §. 1798; Reichst.Vorl. §. 1897; Mot. IV zu §. 1748 S. 1273—1274; Kommiss. Prot. S. 6583—6586 (859—860).

1. Vgl. §. 1884.

2. Bis zur Aufhebung und ihrer Bekanntmachung nach §. 16 F.G.G. dauert also auch hier die Vertretungsbefugniß des Pflegers fort.

3. Nach der Ueberzeugung des Vormundschaftsgerichts, jedenfalls bei Rückkehr des Abwesenden, unter Umständen aber auch schon ohne solche und ohne Bestellung eines Bevollmächtigten.

4. Sie wird also nicht durch den wirklichen Tod des Abwesenden von selbst beendigt (Anm. 1 zu §. 1918). Sachlich folgt daraus, daß ein von dem Abwesenheitspfleger vor der Aufhebung vorgenommenes Rechtsgeschäft nicht unwirksam wird, wenn sich später herausstellt, daß der Abwesende zur Zeit der Vornahme des Geschäfts, ja schon vor der Bestellung des Abwesenheitspflegers todt gewesen ist.

5. Auf zuverlässige Weise. Gegen die Nichtaufhebung hat jeder in seinen Rechten Beeinträchtigte Beschwerde nach §. 20 F.G.G.

6. Kraft Gesetzes.

7. D. i. mit dessen Verkündung (§. 952 C.P.O.), ohne daß es einer Aufhebung bedarf. Wird das Urtheil auf Grund einer Anfechtungsklage später aufgehoben, so ist eine neue Abwesenheitspflegschaft anzuordnen. Ist der Erbe unbekannt, so ist erforderlichenfalls ein Nachlaßpfleger von dem Nachlaßgerichte zu bestellen (§. 1960).

III.

Auszug
aus dem
Einführungsgesetze zum Bürgerlichen Gesetzbuche.

Erster Abschnitt.
Allgemeine Vorschriften.

Artikel 1.

Das Bürgerliche Gesetzbuch tritt am 1. Januar 1900 gleichzeitig mit einem Gesetze, betreffend Aenderungen des Gerichtsverfassungsgesetzes, der Civilprozeßordnung und der Konkursordnung, einem Gesetz über die Zwangsversteigerung und die Zwangsverwaltung, einer Grundbuchordnung und einem Gesetz über die Angelegenheiten der freiwilligen Gerichtsbarkeit [1]) in Kraft.

I Entw. Art. 1; II Entw. Art. 1; Reichst. Vorl. Art. 1; Mot. zu Art. 1 S. 63; Kommiss. Prot. S. 8768, 8769 (358, 359); Reichst.Kom. Ber. S. 1; Reichst.Sitz.Prot. S. 3028, 3096.

1. Gesetz über die Angelegenheiten der freiwilligen Gerichtsbarkeit vom 17. Mai 1898 (R.G.Bl. 1898 S. 189 und S. 771).

Artikel 3.

Soweit in dem Bürgerlichen Gesetzbuch oder in diesem Gesetze die Regelung den Landesgesetzen vorbehalten oder bestimmt ist, daß landesgesetzliche Vorschriften unberührt bleiben oder erlassen werden können,[1]) bleiben die bestehenden landesgesetzlichen Vorschriften in Kraft und können neue landesgesetzliche Vorschriften erlassen werden.[2])[3])

I Entw. Art. 3; II Entw. Art. 3: Reichst. Vorl. Art. 3; Mot. zu Art. 3 S. 64; Kommiss. Prot. S. 8775 (862).

1. Vgl. §§. 1784, 1807—1809, 1813, 1888 B.G.B. und Art. 134, 135, 136 sowie 218.

2. Die Vorschrift betrifft nur das Verhältniß des B.G.B. und des E.G. zu den Landesgesetzen, nicht auch das Verhältniß anderer reichsgesetzlicher Normen zum Landesrechte (Mot.).

3. Die preußische Vormundschaftsordnung vom 5. Juli 1875 ist aufgehoben durch Art. 89 Nr. 30 A.G.

Artikel 4.

Soweit in Reichsgesetzen oder in Landesgesetzen auf Vorschriften verwiesen ist, welche durch das Bürgerliche Gesetzbuch oder durch dieses Gesetz außer Kraft gesetzt werden, treten an deren Stelle die entsprechenden Vorschriften des Bürgerlichen Gesetzbuchs oder dieses Gesetzes.

I Entw. Art. 4; II Entw. Art. 4; Reichst. Vorl. Art. 4; Mot. zu Art. 4 S. 64—65; Kommiss.Prot. S. 8775, 8776, 9185—9186 (868, 599, 600).

Artikel 23.

Eine Vormundschaft oder eine Pflegschaft kann[1]) im Inland[2]) auch über einen Ausländer,[3]) sofern der Staat, dem er angehört, die Fürsorge nicht übernimmt,[4]) angeordnet werden,[5]) wenn der Ausländer nach den Gesetzen dieses Staates der Fürsorge bedarf[6]) oder im Inland entmündigt ist.[7])[8])

Das deutsche Vormundschaftsgericht kann vorläufige Maßregeln[9]) treffen, solange eine Vormundschaft oder Pflegschaft nicht angeordnet ist.

II Entw. des B.G.B. §§. 2259, 2260; Reichst. Vorl. Art. 22; Kommiss.Prot. S. 8278—8283 (68—72).

1. Nicht muß. Zweckmäßig wird oft der Polizei oder der Konsularbehörde das Erforderliche überlassen. In erster Linie kommen etwaige besondere Staatsverträge in Betracht. Vgl. bezüglich solcher den Art. 56. Wegen der Zuständigkeit s. Anm. 8 zu §. 36 F.G.G.

2. D. i. im Deutschen Reiche.

3. Grundsätzlich gilt also das Vormundschaftsrecht des B.G.B. nur für Deutsche, für diese aber auch dann, wenn sie im Auslande wohnen; vgl. Anm. 1 zu §. 37 F.G.G., sowie den §. 47 daselbst. Zu den Ausländern gehören die Angehörigen der Deutschen Schutzgebiete; s. über diese das Schutzgebietsgesetz in der Fassung vom 10. September 1900 nebst Verordnung vom 9. November 1900 (R.G.Bl. 1900 S. 818 und S. 1005). Vgl. auch Anm. 2 a. E. zu §. 1882 B.G.B.

4. Eine ausdrückliche Ablehnung der Fürsorge ist nicht gefordert.

5. Oder auch fortgeführt werden, wenn nach ihrer Anordnung der Mündel oder Pflegebefohlene die Eigenschaft als Inländer verliert (J.W. 1898 S. 190).

6. Für die materiellen Voraussetzungen der Schutzbedürftigkeit durch Bevormundung ist also das ausländische Recht maßgebend, insbesondere endigt die Vormundschaft wegen Minderjährigkeit, wenn der Ausländer nach dem Rechte seines Heimathsstaates volljährig ist (vgl. Art. 7).

7. Bei Entmündigung im Inlande brauchen somit die materiellen Voraussetzungen der Schutzbedürftigkeit nach dem sonst (Anm. 6) maßgebenden ausländischen Rechte nicht vorzuliegen.

8. Ist eine Vormundschaft oder Pflegschaft angeordnet worden, so kommen das B.G.B. und das F.G.G. sowie das sonstige für das Vormundschaftsgericht geltende Recht für alle formellen und materiellen Fragen des Vormundschaftsrechts (Führung der Vormundschaft, Aufsicht des Gerichts u. s. w.) zur Anwendung, sofern nicht ein mit dem betreffenden Heimathsstaate geschlossener Staatsvertrag etwas Anderes bestimmt (vgl. Anm. 1).

9. Behufs Sicherung der Person oder des Vermögens, z. B. durch Unterbringung in eine Erziehungsanstalt, durch Siegelung von Sachen u. dgl.; vgl. §. 1846 B.G.B.

Dritter Abschnitt.

Verhältniß des Bürgerlichen Gesetzbuchs zu den Landesgesetzen.

Artikel 55.

Die privatrechtlichen Vorschriften der Landesgesetze treten außer Kraft, soweit nicht in dem Bürgerlichen Gesetzbuch oder in diesem Gesetz ein Anderes bestimmt ist.[1])

I Entw. Art. 32; II Entw. Art. 29; Reichst. Vorl. Art. 53; Mot. zu Art. 32 S. 146—154; Kommiss.Prot. S. 8779—8780 (365).

1. Vgl. Art. 4 und Anm. 3 zu Art. 3.

Artikel 56.

Unberührt bleiben die Bestimmungen der Staatsverträge, die ein Bundesstaat mit einem ausländischen Staate vor dem Inkrafttreten des Bürgerlichen Gesetzbuchs geschlossen hat.[1])

II Entw. Art. 30; Reichst.Vorl. Art. 54; Kommiss.Prot. S. 8780—8782, 9421—9422 (365—367).

1. Vgl. Anm. 1 u. 3 zu Art. 23.

Artikel 57.

In Ansehung der Landesherren und der Mitglieder der landesherrlichen Familien sowie der Mitglieder der Fürstlichen Familie Hohenzollern finden die Vorschriften des Bürgerlichen Gesetzbuchs nur insoweit Anwendung, als nicht besondere Vorschriften der Hausverfassungen oder der Landesgesetze abweichende Bestimmungen enthalten.[1])

Das Gleiche gilt in Ansehung der Mitglieder des vormaligen Hannoverschen Königshauses, des vormaligen Kurhessischen und des vormaligen Herzoglich Nassauischen Fürstenhauses.[2])

I Entw. Art. 33; II Entw. Art. 31; Reichst. Vorl. Art. 55; Mot. zu Art. 33 S. 154; Kommiss. Prot. S. 8782, 8787, 9421, 9422; Reichst.Sitz. Prot. S. 3025, 3096 (367, 369, 743).

1. Danach wird in Preußen die Vormundschaft über den König, sofern nicht, was geschehen kann, über sie von dem vorher regierenden König anderweit letztwillig verfügt ist, von dem nächsten Agnaten geführt und ist der König selbst, im Falle einer Regentschaft der Regent, von Rechtswegen Vormund und Pfleger aller Prinzen und Prinzessinnen des Hauses und, wenn mit Allerhöchster Genehmigung andere Personen zu Vormündern ernannt werden, der entscheidende Obervormund, wobei ihm das Ministerium des Kgl. Hauses als ausführende Behörde zur Seite steht. Vgl. auch Anm. 1 zu §. 1773 B.G.B.

Als subsidiäre Rechtsquelle kommt das gemeine deutsche Privatfürstenrecht in Betracht, auch für das Verfahren (§. 189 F.G.G.).

2. Mit dem Abs. 2, den der Reichstag (Plenum) eingefügt hat, sollte keine sachliche Abänderung, sondern nur eine Klarstellung der Absicht des Gesetzes herbeigeführt werden. Vgl. Art. II des Gesetzes, betr. Aenderungen des Gerichtsverfassungsgesetzes und der Strafprozeßordnung, vom 17. Mai 1898 (R.G.Bl. 1898 S. 225). Wegen der Zuständigkeit s. Art. 137 P.F.G.G. (in Anm. 2 zu §. 35 F.G.G.).

Artikel 58.

In Ansehung der Familienverhältnisse und der Güter derjenigen Häuser, welche vormals reichsständisch gewesen und seit 1806 mittelbar geworden sind oder welche diesen Häusern bezüglich der Familienverhältnisse und der Güter durch Beschluß der vormaligen deutschen Bundesversammlung oder vor dem Inkrafttreten des Bürgerlichen Gesetzbuchs durch Landesgesetz gleichgestellt worden sind, bleiben die Vorschriften der Landesgesetze und nach Maßgabe der Landesgesetze die Vorschriften der Hausverfassungen unberührt.

Das Gleiche gilt zu Gunsten des vormaligen Reichsadels und derjenigen Familien des landsässigen Adels, welche vor dem Inkrafttreten des Bürgerlichen Gesetzbuchs dem vormaligen Reichsadel durch Landesgesetz gleichgestellt worden sind.[1] [2])

I Entw. Art. 84; II Entw. Art. 82; Reichst. Vorl. Art. 56; Mot. zu Art. 34 S. 155—157; Kommiss.Prot. S. 8782—8786 (867—869, 605, 606, 748).

1. Vgl. Art. XIV der Bundesakte vom 8. Juni 1815.

2. Es gelten also insbesondere noch fort der §. 19 der preußischen Instruktion vom 30. Mai 1820 (G.S. 1820 S. 81), wonach namentlich, soweit von Obrigkeitswegen die Ernennung eines Vormunds zu geschehen hat, diese unmittelbar von dem Könige auf den Antrag des Justizministers erfolgt, die Bestallung von dem Justizminister ausgefertigt und vollzogen wird und Vormundschaftsgericht das Oberlandesgericht ist, in dessen Bezirke die Standesherrschaft liegt. Vgl. hierzu §§. 27, 49 Nr. 1, 57 des Ausführungsgesetzes vom 24. April 1878 zum deutschen Gerichtsverfassungsgesetz (G.S. 1878 S. 230) und §. 4 der Verordnung vom 12. November 1855 (G.S. 1855 S. 686), wonach der Justizminister die Aufsichts- und Beschwerdeinstanz bildet. S. auch §. 189 F.G.G.

Artikel 97.

(Abs. 1.) Unberührt bleiben die landesgesetzlichen Vorschriften,[1]) welche die Eintragung von Gläubigern des Bundesstaats in ein Staatsschuldbuch und die aus der Eintragung sich ergebenden Rechtsverhält-

nisse, insbesondere die Uebertragung und Belastung einer Buchforderung, regeln.[2])

I Entw. Art. 57; II Entw. Art. 71; Reichst. Vorl. Art. 97; Mot. zu Art. 57 S. 185—186; Kommiss.Prot. S. 4317, 4318, 5150, 5206, 5207, 8627, 8859—8867 (411—414, 612).

1. Also namentlich das preußische Gesetz vom 20. Juli 1883 in der Fassung des Art. 16 A.G. (Anm. 10 zu §. 1807 B.G.B.).

2. Vgl. §§. 1807, 1816 B.G.B.

Artikel 99.

Unberührt bleiben die landesgesetzlichen Vorschriften über die öffentlichen Sparkassen, unbeschadet der Vorschriften des §. 808 des Bürgerlichen Gesetzbuchs und der Vorschriften des Bürgerlichen Gesetzbuchs über die Anlegung von Mündelgeld.[1])

II Entw. Art. 72; Reichst.Vorl. Art. 98; Kommiss.Prot. S. 9214—9216 (618—620).

1. Vgl. §§. 1807, 1809, 1810 B.G.B.

Artikel 134.

Unberührt bleiben die landesgesetzlichen Vorschriften über die religiöse Erziehung der Kinder.[1])[2])

I Entw. des B.G.B. §§. 1508, 1658; Mot. zum B.G.B. IV zu §. 1508 S. 757, 758, zu §. 1658 S. 1099; II Entw. Art. 105; Reichst. Vorl. Art. 133; Kommiss.Prot. S. 6565—6583, 8913 (IV 865—878, VI 441).

1. Insbesondere für Preußen die §§. 77 78, 81—84, 642 Theil II Tit. 2 des Allgemeinen Landrechts (vgl. Art. 89 unter 1 c A.G.), die Deklaration vom 21. November 1803 (v. Rabe, Sammlung preuß. Gesetze Bd. 7 S. 524), die durch die Kabinetsorder vom 17. August

1825 (G.S. 1825 S. 221) auf Rheinland und Westfalen übertragen ist, das Nassauische Edikt vom 22./26. März 1808, die Erziehung von Kindern aus gemischten Ehen betreffend (Edikten-Samml. Bd. 1 S. 140) — Jahrbuch Bd. 13 S. 418 —, welches jedoch insoweit, als es die Erziehung der Kinder aus gemischten Ehen in der Religion des Vaters auch für den Fall vorschreibt und erzwingen will, wenn die Eltern übereinstimmend ihre Kinder in der Religion der Mutter erziehen wollen, durch ein Gewohnheitsrecht dahin, daß die Kinder aus gemischten Ehen in derjenigen Religion zu erziehen sind, welche der vereinte Wille der Eltern ihnen bestimmt, und erst, wenn ein solcher nicht nachweisbar ist, in der Religion des Vaters nach Maßgabe des Edikts vom 22./26. März 1808, in abusum gekommen und aufgehoben ist (Jahrbuch Bd. 14 S. 434), und für Hannover die ebenfalls noch zu Recht bestehende (Jahrbuch Bd. 5 S. 307) Verordnung vom 31. Juli 1826 (G.S. von Hannover 1826 II Abth. S. 174). In Kurhessen sind die Kinder aus gemischter Ehe nach dem Tode des Vaters bis zu ihrem vollendeten vierzehnten Lebensjahre nach derjenigen Anordnung, welche der Vater in dieser Hinsicht getroffen hat, zu erziehen (Jahrbuch Bd. 11 S. 355). Der Anhangs§. 104 zu §. 754 Theil II Tit. 2 des Allgem. Landrechts, wonach in Betreff der Pflegekinder die Pflegeeltern die Religion bestimmen, ist durch Art. 89 unter 1 c A.G. aufgehoben.

Die religiöse Erziehung der Kinder in einer bestimmten Konfession bedingt nicht den gänzlichen Ausschluß derselben aus Schulen anderer Konfessionen, sondern nur die Ertheilung des Religionsunterrichts in jenem Glaubensbekenntnisse (Jahrbuch Bd. 5 S. 56, ähnlich Archiv Bd. 84 Abth. 2 S. 94, wonach der Besuch einer evangelischen Schule oder einer Simultanschule sowie der Aufenthalt in einer evangelischen Familie einem sachgemäßen katholischen Religionsunterricht an sich noch nicht präjudiziren). Anders Jahrbuch Bd. 13 S. 410 dahin, daß für eine religiöse Erziehung der Religionsunterricht allein keineswegs maßgebend ist, vielmehr dabei besonders in Betracht kommen soll, daß der gesammte gebotene Unterricht in Uebereinstimmung steht oder doch nicht in Widerspruch tritt mit den Lehren der Religion, welcher die Kinder zugeführt werden sollen, und Bd. 17 S. 37 dahin, daß mit der Vorschrift der Deklaration vom 21. November 1803 über den Unterricht der Kinder aus gemischten Ehen grundsätzlich in der Religion des Vaters ein ausschließlicher Religionsunterricht gemeint ist und es somit dem Gesetze nicht entspricht, wenn Kinder des verstorbenen Vaters zwar in dessen Glauben, zugleich aber auch in einer anderen Konfession unterrichtet werden. Nach Archiv Bd. 94 Abth. 2 S. 81 bedingt die Erziehung des Mündels in einer bestimmten Konfession nicht gerade die Nothwendigkeit seiner Unterbringung bei einer Familie derselben Konfession, vorausgesetzt, daß dem gesetzlichen Erfordernisse des Religionsunterrichts des Mündels in seiner Konfession genügt wird. Zum Religionsunterrichte gehört auch der evangelische Konfirmations- bezw. der katholische Beicht- und Kommunionsunterricht (Jahrbuch Bd. 20 S. A 248).

Für die religiöse Erziehung der Kinder von verstorbenen Personen gleichen Glaubensbekenntnisses, in welchem Falle die Deklaration vom 21. November 1803 außer Betracht bleibt, ist im Gebiete des rheinischen Rechts, wie in dem des gemeinen Rechts, der Wille der Eltern nicht unbedingt maßgebend; dieselbe bildet vielmehr einen durch die religiöse Anschauung der Eltern nicht absolut vinkulirten Theil des Erziehungsrechts, welches von dem Vormund unter Aufsicht des Vormundschaftsgerichts auszuüben ist, und bei deren Entscheidung die sämmtlichen obwaltenden persönlichen und sachlichen Verhältnisse in Betracht zu ziehen sind (Archiv Bd. 84 Abth. 2 S. 90, Zeitschrift f. franz. Civ.R. Bd. 28 S. 493).

Im Gebiete des gemeinen Rechts besteht eine Rechtsnorm, daß die religiöse Erziehung des Kindes nach dem Tode des Vaters in dem von dem Vater dem Kinde gegebenen Bekenntnisse zu erfolgen hat, nicht und fällt die religiöse Erziehung des Kindes aus einer gemischten Ehe, somit auch die Bestimmung der Religion des Kindes, nach dem Tode des Vaters unter das der Mutter zustehende Erziehungsrecht (Seuffert Bd. 50 S. 43, Jahrbuch Bd. 15 S. 372).

Die in der Deklaration vom 21. November 1803 von dem Grundsatze, daß Kinder aus gemischten Ehen in der Religion des Vaters zu erziehen sind, aufrecht erhaltene Ausnahme, wonach, solange die Eltern über den ihren Kindern zu ertheilenden Religionsunterricht einig sind, kein Dritter ein Recht hat, ihnen darin zu widersprechen, ordnet nur das Verhältniß bis zum Tode des Vaters. Stirbt dieser, bevor die Kinder das Alter erreicht haben, in welchem ihnen Religionsunterricht ertheilt wird, so tritt wieder die Vorschrift der Deklaration vom 21. November 1803 in Kraft, auch wenn der Vater vor seinem Tode ausdrücklich oder stillschweigend einen abweichenden Willen erklärt hat. Nur wenn der Vater ein Kind wenigstens während des ganzen letzten Jahres vor seinem Tode in dem Glaubensbekenntnisse der Mutter hat unterrichten lassen, ist dieser Unterricht in derselben Art auch nach seinem Tode bis zum vollendeten 14. Lebensjahre des Kindes fortzusetzen (Jahrbuch Bd. 5 S. 65 und Bd. 6 S. 58).

Von dem in der Deklaration vom 21. November 1803 aufgestellten Grundsatze, nach welchem Kinder aus gemischten Ehen in der Religion des Vaters zu unterrichten sind, giebt es nur zwei gesetzlich zugelassene Ausnahmen: einmal während bestehender Ehe eine etwaige abweichende Willenseinigung der Eltern (§. 78 II 2 Allg. Landrechts); sodann den Fall des §. 82 II 2 daselbst, wenn der Vater ein Kind während des ganzen letzten Jahres vor seinem Tode in der von der seinigen verschiedenen Konfession des anderen Ehegatten hat unterrichten lassen; ein Religionswechsel in der letzten Krankheit ist ohne Einfluß (über den Begriff der letzten Krankheit vgl Jur.Z. Bd. 6 S. 98) darauf, in welcher Religion die Kinder getauft worden sind, kommt es nicht an (Jahrbuch Bd. 20 S. A 245), auch die Beweggründe, aus denen der verstorbene Vater die Kinder in der Religion der Mutter unterrichten ließ, sind unerheblich, sofern er nicht etwa geistig unzurechnungsfähig war oder unter einem unüberwindlichen Zwange handelte. Andere Ausnahmen sind selbst dann nicht gerechtfertigt, wenn unter Anwendung jenes Grundsatzes in Verbindung mit der letztgedachten Ausnahme Zustände hervorgerufen werden, deren Vermeidung bei Erlaß der Deklaration gerade bezweckt wurde (Jahrbuch Bd. 9 S. 44, Archiv Bd. 86 Abth. 2 S. 6, Zeitschrift f. franz. Civ.R. Bd. 23 S. 492 und Bd. 25 S. 107, Jur.Z. Bd. 5 S. 462, Jahrbuch Bd. 20 S. A 247). Das Gegentheil war Jahrbuch Bd. 7 S. 40 angenommen worden.

Die für den Fall einer anderweitigen Einigung der Eltern bestehende Ausnahme von dem Grundsatze, daß Kinder aus gemischten Ehen in der Religion des Vaters zu erziehen sind, greift Platz, auch wenn die Eltern geschieden sind und wenn der Vater die väterliche Gewalt und das Erziehungsrecht verloren hat und in unbekannter Abwesenheit lebt. Die Einigung der Eltern über den ihren Kindern zu ertheilenden Religionsunterricht bedarf keiner ausdrücklichen Erklärung, sondern kann sich durch konkludente Handlungen vollziehen. Ob sie vorhanden ist, ist unter Berücksichtigung der gesammten Sachlage zu beurtheilen. Die Einigkeit muß nicht bloß beim Eintritte des Kindes in das schulpflichtige Alter, sondern fortdauernd vorhanden sein (Jahrbuch Bd. 10 S. 77).

Die Thatsache, daß der Vater einen Sohn während des ganzen letzten Jahres vor seinem Tode nicht in seinem Glaubensbekenntnisse, sondern in dem der Mutter hat unterrichten lassen, hat nach Preuß. Landrechte keinen

Einfluß auf die Frage, in welchem Glaubensbekenntnisse die jüngeren Geschwister desselben zu unterrichten sind (Jahrbuch Bd. 4 S. 78).

Im Gebiete des Allg. Landrechts ist ein uneheliches Kind in dem Glaubensbekenntnisse der Mutter zu erziehen, und zwar selbst dann, wenn das Kind bereits eine Zeit lang in einer anderen Religion unterrichtet worden ist (Jahrbuch Bd. 8 S. 50), und es folgt einem Konfessionswechsel seiner Mutter sogar auch, wenn dieser durch Beschluß des Vormundschaftsgerichts das Erziehungsrecht entzogen worden ist (Jahrbuch Bd. 10 S. 71; anders früher Jahrbuch Bd. 4 S. 79).

Im Gebiete des rheinischen Rechts ist für die Frage, in welcher Religion ein uneheliches Kind zu erziehen ist, nicht lediglich die Religion der Mutter oder des Vaters maßgebend; dieselbe bildet vielmehr einen Theil des dem Vormund unter vormundschaftlicher Beaufsichtigung obliegenden Erziehungsrechts, bei deren Entscheidung die obwaltenden persönlichen und sachlichen Verhältnisse in Betracht zu ziehen sind (Archiv Bd. 84 Abth. 2 S. 87, Zeitschrift f. franz. Civ.R. Bd. 22 S. 488).

Nach zurückgelegtem 14. Lebensjahre können die ehelichen und unehelichen Kinder ihre Religion selbst bestimmen (§§. 84, 642 II 2 A.L.R.).

Streitig ist, ob die Mutter und der Vormund jetzt noch die Pflicht haben, den Mündel taufen zu lassen.

Die gesetzlichen Vorschriften über die religiöse Erziehung der Kinder beziehen sich im Zweifel nicht auf Kinder von Ausländern, haben also dem nationalen Rechte der Ausländer gegenüber keine zwingende Kraft (Archiv Bd. 94 Abth. 2 S. 72), selbst wenn die ausländischen Kinder im Inlande bevormundet werden.

Vgl. über die religiöse Erziehung der Kinder aus Mischehen: Hübler, Die religiöse Erziehung der Kinder aus gemischten Ehen (1888), Hinrichs in dem Archiv für die civilistische Praxis Bd. 75 S. 100 ff., Schmidt, Die

Konfession der Kinder nach den Landesgesetzen in Deutschland (1890), Tophoff in den Beiträgen Bd. 85 S. 377 ff., Bröse daselbst Bd. 37 S. 853 und Habermann, Die Konfession der Kinder aus gemischter Ehe (1896); auch Kahl, Die Konfession der Kinder aus gemischter Ehe (1895).

In dem Reskripte vom 11. Juni 1889 hat der Minister der geistlichen &c. Angelegenheiten die Legitimation der Schuldeputationen zur Beschwerde über die Verfügung eines Amtsgerichts als den gesetzlichen Vorschriften über die religiöse Erziehung der Kinder nicht entsprechend für zweifellos erklärt (Centralblatt für die gesammte Unterrichtsverwaltung 1889 S. 640). Nach Zeitschrift f. franz. Civ.R. Bd. 25 S. 108 ist das Presbyterium der evangelischen Gemeinde zum Betriebe der Angelegenheit, betreffend die religiöse Erziehung der Kinder aus gemischten Ehen, legitimirt. Vgl. §. 57 Nr. 9 F.G.G.

2. Vgl. §. 18 F.E.M.G.

Artikel 135.

Unberührt[1]) bleiben die landesgesetzlichen Vorschriften[2]) über die Zwangserziehung Minderjähriger. Die Zwangserziehung ist jedoch, unbeschadet der Vorschriften der §§. 55, 56 des Strafgesetzbuchs[3]) nur zulässig, wenn sie von dem Vormundschaftsgericht angeordnet wird. Die Anordnung kann außer den Fällen der §§. 1666, 1838 des Bürgerlichen Gesetzbuchs nur erfolgen, wenn die Zwangserziehung zur Verhütung des völligen sittlichen Verderbens nothwendig ist.[4])

Die Landesgesetze können die Entscheidung darüber, ob der Minderjährige, dessen Zwangserziehung angeordet ist, in einer Familie oder in einer Erziehungs- oder Besserungsanstalt unterzu-

bringen sei, einer Verwaltungsbehörde übertragen, wenn die Unterbringung auf öffentliche Kosten zu erfolgen hat.[5])

II Entw. Art. 106; Reichst.Vorl. Art. 134; Kommiss.Prot. S. 6114—6122, 8913, 8914; Reichst.Kom.Ber. S. 145—150; Reichst.Sitz.Prot. S. 3081—3085, 3096 (441, 442).

1. Auch neue Landesgesetze über Zwangserziehung sind zulässig (Art. 3).

2. Für Preußen Gesetz über die Fürsorgeerziehung Minderjähriger vom 2. Juli 1900 (unten unter V).

3. S. Einleitung oben S. 18 ff.

4. Durch den §. 1838 B.G.B. ist die Zwangserziehung Bevormundeter in weiterem Umfange zugelassen als in den letzten Worten des Abs. 1.

5. Vgl. die §§. 8 und 9 des preuß. Gesetzes vom 2. Juli 1900, wonach das Vormundschaftsgericht nur die Unterbringung anordnet und darüber, in welcher Weise der Zögling untergebracht wird, nicht das Gericht, sondern die Verwaltungsbehörde entscheidet.

Artikel 136.

Unberührt[1]) bleiben die landesgesetzlichen Vorschriften, nach welchen

1. der Vorstand einer unter staatlicher Verwaltung oder Aufsicht[2]) stehenden Erziehungs- oder Verpflegungsanstalt[3]) oder ein Beamter alle oder einzelne Rechte und Pflichten eines Vormundes für diejenigen Minderjährigen[4]) hat, welche in der Anstalt oder unter der Aufsicht des Vorstandes oder des Beamten in einer von ihm ausgewählten Familie oder

Anstalt erzogen oder verpflegt werden, und der Vorstand der Anstalt oder der Beamte auch nach der Beendigung der Erziehung oder der Verpflegung bis zur Volljährigkeit des Mündels diese Rechte und Pflichten behält, unbeschadet der Befugniß des Vormundschaftsgerichts, einen anderen Vormund zu bestellen;[5])

2. die Vorschriften der Nr. 1 bei unehelichen Minderjährigen auch dann gelten, wenn diese unter der Aufsicht des Vorstandes oder des Beamten in der mütterlichen Familie erzogen oder verpflegt werden;

3. der Vorstand einer unter staatlicher Verwaltung oder Aufsicht stehenden Erziehungs- oder Verpflegungsanstalt oder ein von ihm bezeichneter Angestellter der Anstalt oder ein Beamter vor den nach §. 1776 des Bürgerlichen Gesetzbuchs als Vormünder berufenen Personen zum Vormunde der in Nr. 1, 2 bezeichneten Minderjährigen bestellt werden kann;

4. im Falle einer nach den Vorschriften der Nr. 1—3 stattfindenden Bevormundung ein Gegenvormund nicht zu bestellen ist und dem Vormunde die nach §. 1852 des Bürgerlichen Gesetzbuchs zulässigen Befreiungen zustehen.[6])

I Entw. Art. 79; II Entw. Art. 107; Reichst. Vorl. Art. 185; Mot. zu Art. 79 S. 203—204;

Mot. zum B.G.B. IV Allg. Begründung S. 1038, 1039; Kommiss.Prot. S. 6325—6331, 6513, 6514, 8920—8922 (445, 446, 651; IV 743 bis 745).

1. Vgl. Art. 3.

2. Also auch staatlich beaufsichtigte Privat- und Gemeindeanstalten.

3. Nicht Kranken- und Irrenanstalten.

4. Für Volljährige und für Volljährigerklärte (§. 3 Abs. 2 B.G.B.) gilt der Vorbehalt nicht; §. 1897 B.G.B. greift ebenfalls nicht Platz.

5. Diese Befugniß des Vormundschaftsgerichts kann landesgesetzlich nicht ausgeschlossen werden.

6. Für Preußen bestimmt jetzt Art. 78 A.G.: [a])

§. 1. Der Vorstand einer unter der Verwaltung [b]) des Staates oder einer Gemeindebehörde stehenden Erziehungs- oder Verpflegungsanstalt [c]) hat für die in der Anstalt untergebrachten [d]) Minderjährigen die Rechte und Pflichten eines Vormundes. [e])

Die Rechte und Pflichten des Anstaltsvorstandes bestehen nur, solange das Vormundschaftsgericht nicht einen anderen Vormund bestellt hat. [f]) Der Vorstand behält die Rechte und Pflichten des Vormundes auch nach der Beendigung der Erziehung oder Verpflegung bis zur Volljährigkeit des Mündels. [g])

§. 2. Die Aufnahme des Minderjährigen in die Anstalt ist von dem Vorstande dem Vormundschaftsgericht und dem Gemeindewaisenrathe des Bezirkes, in dem die Anstalt liegt, anzuzeigen.

Mit der Aufnahme in die Anstalt endigt das Amt des bisherigen Vormundes. [h])

§. 3. Neben dem Vorstand ist ein Gegenvormund nicht zu bestellen.

Dem Vorstande stehen die nach §. 1852 Abs. 2 des Bürgerlichen Gesetzbuchs zulässigen Befreiungen zu.[i])

§. 4. Auf Grund ortsstatutarischer Bestimmung können Beamten der Gemeindearmenverwaltung alle oder einzelne[k]) Rechte und Pflichten eines Vormundes für diejenigen Minderjährigen übertragen werden, welche im Wege der öffentlichen Armenpflege unterstützt und unter Aufsicht der Beamten entweder in einer von diesen ausgewählten Familie oder Anstalt[l]) oder, sofern es sich um uneheliche Minderjährige handelt, in der mütterlichen Familie[l]) erzogen oder verpflegt werden.[m])

Wird von dieser Befugniß Gebrauch gemacht, so finden die Vorschriften des §. 1 Abs. 2, des §. 2 Abs. 1 und, wenn dem Beamten alle Rechte und Pflichten eines Vormundes übertragen werden, auch die Vorschriften des §. 2 Abs. 2 und des §. 3 entsprechende Anwendung.

a. Gilt nur für minderjährige Personen, nicht auch für volljährige, die z. B. wegen Geisteskrankheit entmündigt sind. Vgl. oben Anm. 4.

b. Nicht bloß Aufsicht. Vgl. oben Anm. 2.

c. D. i. einer Anstalt, welche die leibliche oder geistige Pflege oder die leibliche und geistige Pflege von Menschen bezweckt. Auch die Erziehungs- und Besserungsanstalten, in welchen verwahrloste Kinder in Gemäßheit des Gesetzes vom 2. Juli 1900 (unten unter V) untergebracht sind, gehören hierher, nicht aber nur zur Heilung bestimmte Kranken- und Irrenhäuser, vgl. oben Anm. 3.

d. Also nicht für außerhalb der Räume der Anstalt, wenngleich unter deren (bezw. ihrer Beamten) Aufsicht in einer anderen Anstalt oder bei Privatpersonen untergebrachte Minderjährige; vgl. jedoch Anm. g und l. Auch ist eine nicht bloß vorübergehende Aufnahme vorausgesetzt.

e. Nicht als eine oder mehrere physische Personen, sondern nach Maßgabe der Anstaltsverfassung lediglich als solcher (Archiv Bd. 88 Abth. 1 S. 48). Eine Erlaubniß zur Uebernahme der einzelnen Vormundschaft kann nicht in Frage kommen; §. 1784 B.G.B. und Art. 72 A.G. betreffen nur eine vom Vormundschaftsgericht angeordnete Vormundschaft. Eine Bestallung wird nicht ertheilt, jedoch kann im Bedürfnißfall eine Bescheinigung ausgestellt werden, daß von der Befugniß des §. 1 Abs. 2 Satz 1 kein Gebrauch gemacht worden ist. Die Rechte und Pflichten des Vorstandes bestimmen sich wie die jedes anderen Vormunds mit der aus §. 3 ersichtlichen Abweichung. Er unterliegt insbesondere auch in der gewöhnlichen Weise der Aufsicht des Gemeindewaisenraths und des Vormundschaftsgerichts. Die berufenen Vormünder schließt er ohne weiteres aus.

f. Wegen der Beschwerde gegen eine anderweitige Bestellung, durch welche die gesetzliche Vormundschaft des Anstaltsvorstandes von selbst ihr Ende erreicht, vgl. die §§. 20, 57 Nr. 9 F.G.G.

g. Auch nach dem Austritt aus der Anstalt vor erreichter Volljährigkeit.

h. Von selbst, ohne ausdrückliche Entlassung. Der bisherige Vormund hat seine Bestallung zurückzugeben (§. 1893 Abs. 2 B.G.B.) und gemäß §. 1890 B.G.B. Schlußrechnung zu legen.

i. Also nicht auch die nach §§. 1853, 1854 B.G.B. zulässigen Befreiungen.

k. Sind den Beamten durch das Ortsstatut nur einzelne Rechte und Pflichten des Vormunds übertragen, so bleibt der bisherige Vormund im Amte. Die Beschränkung seiner Obliegenheiten ist in seiner Bestallung zum Ausdrucke zu bringen.

l. Weitere Ausnahmen von dem Grundsatze, daß es sich um in der Anstalt erzogene oder verpflegte (Nr. 1 des Art. 136) Minderjährige handeln muß.

m. In der Verfügung des Ministers des Innern vom 18. Juli 1900, betr. die Einrichtung von Generalvormundschaften für Minderjährige (M.Bl. d. i. V. 1900 S. 224) ist ausgeführt: In §. 4 des Art. 78 seien nunmehr gesetzliche Grundlagen gegeben, eine Generalvormundschaft für diejenigen Minderjährigen einzurichten, welche im Wege der öffentlichen Armenpflege unterstützt und unter Aufsicht der Beamten der Gemeindearmenverwaltung entweder in einer von diesen ausgewählten Familie oder Anstalt oder, sofern es sich um uneheliche Minderjährige handle, in der mütterlichen Familie erzogen oder verpflegt würden. Da Versuche, die in ähnlicher Richtung bereits vorgenommen seien, insbesondere in Dortmund, gute Erfolge gehabt hätten, so stelle der Minister anheim, die Behörden von Gemeinden, welche sich für die Einrichtung eignen, auf diese neuen Befugnisse aufmerksam zu machen. Seitens der Gerichte werde nach einer Mittheilung des Justizministers in dieser Angelegenheit vorläufig nichts veranlaßt werden.

Artikel 144.

Unberührt bleiben die landesgesetzlichen Vorschriften über die sachliche und örtliche Zuständigkeit der Hinterlegungsstellen. Die Landesgesetze können bestimmen, daß die Anlegung von Mündelgeld nach §. 1808 des Bürgerlichen Gesetzbuchs bei den Hinterlegungsstellen des Bundesstaats nicht stattfindet.[1])

I Entw. des B.G.B. §. 280 Abs. 1; Mot. zum B.G.B. II zu §§. 272, 278 S. 92, 97; II Entw. Art. 117; Reichst.Vorl. Art. 144; Kommiss.Prot. S. 687, 719, 720, 728, 8945—8948 (461—463, 618, I 359—361).

1. Vgl. §. 1808 B.G.B., Art. 76 A.G. (in Anm. 4 daselbst), Art. 85 A.G. (in Anm. 5 zu §. 1814 B.G.B.) und die Ministerialerlasse vom 17. und 18. Dezember 1899 (ebenda).

Artikel 147.

(Abs. 1.) Unberührt bleiben die landesgesetzlichen Vorschriften, nach welchen für die dem Vormundschaftsgericht oder dem Nachlaßgericht obliegenden Verrichtungen andere als gerichtliche Behörden zuständig sind.[1])

II Entw. Art. 120; Reichst.Vorl. Art. 147; Kommiss.Prot. S. 7913—7916, 8938—8944, 8949, 8950 (458—461, 556).

1. Abgesehen von der Zuständigkeit der Konsuln als Vormundschaftsgerichte (vgl. Anm. 2 a. E. zu §. 35 F.G.G.) für Preußen ohne Bedeutung.

Vierter Abschnitt.

Uebergangsvorschriften.

Artikel 160.

Soweit nach den Vorschriften des Bürgerlichen Gesetzbuchs in Folge einer Todeserklärung die elterliche Gewalt des Verschollenen, die Vormundschaft, die Pflegschaft sowie das Amt als Vormund, Gegenvormund, Pfleger, Beistand oder Mitglied eines Familienraths endigt, gelten diese Vorschriften von dem Inkrafttreten des Bürgerlichen Gesetzbuchs an auch für eine vorher erfolgte Todeserklärung.[1])

I Entw. Art. 92 Satz 3; II Entw. Art. 133; Reichst.Vorl. Art. 160; Mot. zu Art. 92 S. 236—241; Kommiss.Prot. S. 8961, 8962 (472).

1. Vgl. die §§. 1884 Abs. 2, 1885 Abs. 2, 1878, 1895, 1897, 1915 Abs. 1, 1921 Abs. 3.

Artikel 210.

Auf eine zur Zeit des Inkrafttretens des Bürgerlichen Gesetzbuchs bestehende Vormundschaft oder Pflegschaft finden von dieser Zeit an die Vorschriften des Bürgerlichen Gesetzbuchs Anwendung. Ist die Vormundschaft wegen eines körperlichen Gebrechens angeordnet, so gilt sie als eine nach §. 1910 Abs. 1 des Bürgerlichen Gesetzbuchs angeordnete Pflegschaft. Ist die Vormundschaft wegen Geistesschwäche angeordnet, ohne daß eine Entmündigung erfolgt ist, so gilt sie als eine nach §. 1910 Abs. 2 des Bürgerlichen Gesetzbuchs für die Vermögensangelegenheiten des Geistesschwachen angeordnete Pflegschaft.[1])

Die bisherigen Vormünder und Pfleger bleiben im Amte.[2]) Das Gleiche gilt im Geltungsbereiche der preußischen Vormundschaftsordnung vom 5. Juli 1875 für den Familienrath und dessen Mitglieder.[3]) Ein Gegenvormund ist zu entlassen, wenn nach den Vorschriften des Bürgerlichen Gesetzbuchs ein Gegenvormund nicht zu bestellen sein würde.[4])

I Entw. Art. 99, 128; II Entw. Art 180; Reichst.Vorl. Art. 209; Mot. zu Art. 99 S. 248 bis 249, zu Art. 128 S. 303—305; Kommiss.Prot. S. 8991, 8992, 9108, 9241—9242 (489, 557, 620—622, 636).

1. Es wurden also einerseits die zur Zeit des Inkrafttretens des B.G.B. bestehenden Vormundschaften und

Pflegschaften, welche den Voraussetzungen des B.G.B. nicht entsprachen, mit dem Inkrafttreten des B.G.B. beendigt, so die Vormundschaften über Minderjährige, welche nach den Vorschriften des B.G.B. unter die elterliche Gewalt der Mutter traten, und die Vormundschaften über Volljährige wegen Gebrechlichkeit, bezüglich deren die Voraussetzungen des Abs. 1 Satz 2 und 3 vorlagen (vgl. Anm. 14 zu §. 1910 B.G.B.). Andrerseits war über solche Personen, welche zwar nicht nach dem bisherigen Rechte, wohl aber nach den Vorschriften des B.G.B. zu bevormunden sind, eine Vormundschaft anzuordnen, so über Minderjährige, in Ansehung deren auf Grund eines Einkindschaftsvertrags der Stiefvater nach dem bisherigen Rechte (§. 732 II 2 des Preuß. Allg. Landrechts) die väterliche Gewalt hatte.

Soweit hiernach eine Vormundschaft oder Pflegschaft beendigt worden, fanden die §§. 1882 ff., 1897, 1915 Abs. 1 B.G.B. Anwendung.

Aus dem Abs. 1 Satz 1 folgt ferner, daß, wenn einem bereits bestellten oder berufenen Vormund oder Pfleger durch Verfügung der Eltern oder des Erblassers des Mündels nach dem bisherigen Rechte größere Befugnisse, als das B.G.B. zuläßt (§§. 1852—1857, 1897, 1915, 1917), eingeräumt waren, diese Befugnisse weggefallen sind (Jahrbuch Bd. 20 S. A 220). Die Berechtigung zu Befreiungen und die Form ihrer Anordnung bestimmen sich, falls der sie Anordnende vor Inkrafttreten des B.G.B. gestorben ist, nach dem bisherigen Rechte; ist er erst später gestorben, unbeschadet des Art. 214 Abs. 1, wonach die vor dem Inkrafttreten des B.G.B. erfolgte Errichtung einer Verfügung von Todeswegen nach den bisherigen Gesetzen beurtheilt wird, auch wenn der Erblasser nach dem Inkrafttreten des B.G.B. stirbt, nach dem B.G.B., so daß in letzterem Falle die Anordnung einer Mutter nur wirksam ist, wenn ihr zur Zeit ihres Todes die elterliche Gewalt über das Kind zugestanden hat (§§. 1777 Abs. 1, 1856).

Endlich ergiebt sich, daß für die Verantwortlichkeit des Vormunds und der übrigen an Führung und Beaufsichtigung der Vormundschaft oder Pflegschaft betheiligten Personen das alte oder das neue Recht entscheidet, je nachdem es sich um Handlungen oder Unterlassungen vor oder nach dem Inkrafttreten des B.G.B. handelt.

2. Unbeschadet der Befugniß des Vormundschaftsgerichts, ungeeignete Vormünder oder Pfleger nach den §§. 1886 ff. B.G.B. zu entfernen. Vgl. auch die Verfügung des Justizministers, betr. die Umwandlung der gesetzlichen Vormundschaft in eine gewöhnliche und der Vormundschaft über einen abwesenden Großjährigen in eine Pflegschaft, vom 24. November 1898 (J.M.Bl. 1898 S. 281).

3. Auch ein bei Vormundschaften über Volljährige auf Grund elterlicher Anordnung eingesetzter Familienrath (vgl. §. 1905 B.G.B.) ist von der Aufrechterhaltung nicht ausgeschlossen.

4. Vgl. §§. 1792 Abs. 2, 1852, 1903 Abs. 1, 1904 B.G.B.; ferner Art. 78 §. 3 A.G. (in Anm. 6 zu Art. 136).

Artikel 212.[1])

In Kraft bleiben die landesgesetzlichen Vorschriften,[2]) nach welchen gewisse Werthpapiere zur Anlegung von Mündelgeld für geeignet erklärt sind.[3])

Reichst.Vorl. Art. 211.

1. Vgl. §. 1807 B.G.B.

2. Für Preußen Art. 74 A.G.:

Zur Anlegung von Mündelgeld sind außer den im §. 1807 des Bürgerlichen Gesetzbuchs bezeichneten Forderungen und Werthpapieren geeignet:

1. die Rentenbriefe der zur Vermittelung der Ablösung von Renten in Preußen bestehenden Rentenbanken;
2. die Schuldverschreibungen[a], welche von einer deutschen kommunalen Körperschaft oder von der Kreditanstalt einer solchen Körperschaft oder mit Genehmigung der staatlichen Aufsichtsbehörde von einer Kirchengemeinde[b] oder einem kirchlichen Verband ausgestellt und entweder von Seiten der Inhaber kündbar sind oder einer regelmäßigen Tilgung unterliegen;
3. die mit staatlicher Genehmigung ausgegebenen Pfandbriefe und gleichartigen Schuldverschreibungen einer Kreditanstalt der im Artikel 73 §. 1 Abs. 2[c] bezeichneten Art;[d]
4. die auf den Inhaber lautenden Schuldverschreibungen, welche von einer Preußischen Hypotheken-Aktien-Bank auf Grund von Darlehen an Preußische Körperschaften des öffentlichen Rechtes, oder von Darlehen, für welche eine solche Körperschaft die Gewährleistung übernommen hat, ausgegeben sind.[e]

a. Obligationen, nicht Stammaktien oder Stammprioritätsaktien.

b. Nicht von einer Synagogengemeinde (vgl. Anm. 4 zu §. 1784 B.G.B.).

c. Siehe diese Vorschrift in Anm. 15 zu §. 1807 B.G.B.

d. Ob auch der Centrallandschaft, welche nicht eine unmittelbare Vereinigung von Grundbesitzern, sondern ein Verband von Kreditinstituten ist, ist streitig (verneint von Cwiklinski in der Jur.Z. Bd. 5 S. 522, bejaht von Mukser und Greiff ebenda Bd. 6 S. 88).

e. Nicht auch die Hypothekenpfandbriefe der Hypothekenaktienbanken, dagegen namentlich die von solchen ausgegebenen Kommunalobligationen.

3. Der Vorbehalt gilt also nicht für die Zukunft, sodaß seit dem 1. Januar 1900 durch neue landesgesetzliche Vorschriften in die Zuständigkeit des Bundesraths (§. 1807 Nr. 4 B.G.B.) nicht mehr eingegriffen, sondern nur noch bereits für geeignet erklärten Werthpapieren diese Eigenschaft wieder genommen werden darf (Art. 218). Die landesgesetzliche Vorschrift hat bloß für den betreffenden Bundesstaat Geltung.

Artikel 218.

Soweit nach den Vorschriften dieses Abschnitts die bisherigen Landesgesetze maßgebend bleiben, können sie nach dem Inkrafttreten des Bürgerlichen Gesetzbuchs durch Landesgesetz auch geändert werden.

I Entw. Art. 105 Abs. 5, 116, 119 Abs. 1 Satz 3; II Entw. Art. 186; Reichst.Vorl. Art. 217; Mot. zu Art. 105 S. 264, zu Art. 116 S. 277, zu Art. 119 S. 256; Kommiss.Prot. S. 8995, 9005, 9027, 9056, 9088 (497, 509, 526, 535, 544, 556, 557, 627, 651).

IV.

Auszug

aus dem

Gesetz über die Angelegenheiten der freiwilligen Gerichtsbarkeit.

Vom 17. Mai 1898.

(R.G.Bl. 1898 S. 189 u. S. 771).

Zweiter Abschnitt.

Vormundschaftssachen.

§. 35.

Für die dem Vormundschaftsgericht obliegenden Verrichtungen [1]) sind die Amtsgerichte zuständig. [2]) [3])

I Entw. §. 30; II Entw. §. 32; Denkschr. S. 42; Reichst.Kom.Ber. S. 35—38.

1. Vgl. Einleitung oben S. 35, 36.

2. Hierdurch wird der im Art. 147 E.G. für die Landesgesetzgebung gemachte Vorbehalt nicht berührt. Die einzelnen Bundesstaaten bleiben daher in der Lage, die Geschäfte des Vormundschaftsgerichts anderen als gerichtlichen Behörden zuzuweisen (Denkschr.). Machen sie von diesem Vorbehalte Gebrauch, so kommen die §§. 189, 194 in Betracht. Für Preußen verbleibt es bei der Zuständigkeit der Amtsgerichte, vorbehaltlich der besonderen Bestimmungen bei der Bevormundung des Königs und der Mitglieder der königlichen und der fürstlich Hohen-

zollernschen Familie sowie bei der der früher Reichsunmittelbaren (Art. 57, 58 E.G., §. 189 F.G.G.).

Art. 137 P.F.G.G. bestimmt:

Für die Geschäfte, die in Vormundschafts-, Nachlaß- und Theilungssachen der Mitglieder des vormaligen Hannoverschen Königshauses, des vormaligen Kurhessischen und des vormaligen Herzoglich Nassauischen Fürstenhauses den Gerichten obliegen, sind die Civilsenate der Oberlandesgerichte zuständig; die örtliche Zuständigkeit bestimmt sich nach den Vorschriften des Reichsgesetzes über die Angelegenheiten der freiwilligen Gerichtsbarkeit.[a])

a. Ausschließlich, sodaß insoweit die Hausverfassungen außer Betracht bleiben.

3. Ist das Amtsgericht mit mehreren Richtern besetzt, so sollen die Geschäfte, welche Vormundschaften und Pflegschaften, sowie Auseinandersetzungen und Erbtheilungen betreffen, soweit nicht besondere Verhältnisse eine Ausnahme rechtfertigen, einem Amtsrichter übertragen oder nach örtlich abgegrenzten Bezirken vertheilt werden (Cirkularverfügung des Justizministers vom 22. Mai 1882 bei Müller S. 6 und S. 1034); sonst kommen die gewöhnlichen Bestimmungen über die Geschäftsvertheilung und die Folgen eines Verstoßes gegen sie zur Anwendung.

Das Amtsgericht zeichnet auch in Vormundschaftssachen lediglich als solches, nicht als Vormundschaftsgericht; sind Abtheilungen gemacht, unter Hinzufügung der betreffenden Abtheilung. Als Siegel wird ebenfalls das gewöhnliche Amtssiegel benutzt (Allg. Verfügung vom 30. November 1875 im J.M.Bl. 1875 S. 246). Ueber die Beschaffenheit des Siegels vgl. die Allgemeine Verfügung vom 24. Januar 1900 (J.M.Bl. 1900 S. 45), auch Jahrbuch Bd. 20 S. A 12.

Bezüglich der im Auslande sich aufhaltenden Preußen haben nach wie vor die Konsuln des Deutschen Reichs die Rechte des Vormundschaftsgerichts nach Maßgabe der Gesetze vom 8. November 1867 (B.G.Bl. 1867 S. 137) und 7. April 1900 (R.G.Bl. 1900 S. 213) — letzteres durch die Verordnung vom 25. Oktober 1900 (R.G.Bl. 1900 S. 999) vom 1. Januar 1901 ab in Kraft gesetzt — sowie der geschlossenen besonderen Konsular- und Handelsverträge. Wegen der deutschen Schutzgebiete vgl. Anm. 11 zu §. 36.

§. 36.

Für die Vormundschaft[1]) ist das Gericht zuständig, in dessen Bezirke der Mündel zu der Zeit, zu welcher die Anordnung der Vormundschaft erforderlich wird,[2]) seinen Wohnsitz[3]) oder in Ermangelung eines inländischen Wohnsitzes seinen Aufenthalt hat.[4]) Wird die Anordnung einer Vormundschaft über Geschwister[5]) erforderlich, die in den Bezirken verschiedener Vormundschaftsgerichte ihren Wohnsitz oder ihren Aufenthalt haben, so ist, wenn für einen der Mündel schon eine Vormundschaft anhängig ist, das für diese zuständige Gericht, anderenfalls dasjenige Gericht, in dessen Bezirke der jüngste Mündel[6]) seinen Wohnsitz oder seinen Aufenthalt hat, für alle Geschwister maßgebend.[7])

Ist der Mündel ein Deutscher[8]) und hat er im Inlande weder Wohnsitz noch Aufenthalt, so ist das Gericht zuständig, in dessen Bezirke der Mündel seinen letzten[9]) inländischen Wohnsitz[10]) hatte. In Ermangelung eines solchen Wohnsitzes wird das zuständige Gericht, falls der Mündel einem Bundesstaat angehört, von der Landesjustizverwaltung, anderenfalls[11]) von dem Reichskanzler bestimmt.[12])

Für die Vormundschaft über einen Minderjährigen, dessen Familienstand nicht zu ermitteln ist,[13]) ist das Gericht zuständig, in dessen Bezirke der Minderjährige aufgefunden wurde.[14]) [15])

I Entw. §. 81; II Entw. §. 33; Denkschr. S. 42—48; Reichst.Kom.Ber. S. 38—40.

1. Ueber Volljährige wie über Minderjährige sowie für die vorläufige Vormundschaft und ohne Rücksicht darauf, welchem Bundesstaate der Mündel angehört.

2. Also nicht, wo die Voraussetzungen für die Anordnung zuerst bekannt geworden sind oder die Vormundschaft thatsächlich angeordnet wird. Bei der gesetzlichen Vormundschaft (Anm. 1 zu §. 1774 B.G.B.) wird die Zeit für entscheidend zu erachten sein, wo ohne die gesetzliche Vormundschaft eine Vormundschaft anzuordnen gewesen wäre.

3. Im Gegensatze zum früheren preußischen Rechte ist nicht der letzte Wohnsitz oder Aufenthalt des Vaters eines Minderjährigen für maßgebend erachtet, weil nach dessen Tode die Mutter kraft ihrer elterlichen Gewalt den Wohnsitz ihres Kindes geändert haben kann (Denkschr.). Der Wohnsitz bestimmt sich nach den §§. 7—11 B.G.B.; es theilt danach namentlich ein eheliches Kind den Wohnsitz des Vaters, ein uneheliches Kind den Wohnsitz der Mutter, und es behält das Kind den Wohnsitz, bis es ihn rechtsgültig aufhebt. Im Falle mehrfachen Wohnsitzes (vgl. §. 7 Abs. 2 B.G.B.) ist jedes Gericht des Ortes, an welchem ein Wohnsitz begründet ist, zuständig; unter den mehreren zuständigen Gerichten entscheidet die Prävention (§. 4 F.G.G.). Der Wohnsitz der Exterritorialen und der Beamten des Reichs oder eines Bundesstaates, die im Ausland angestellt sind, bestimmt sich gemäß §. 8

B.G.B. nach den Vorschriften des §. 15 C.P.O., d. h. sie behalten den Wohnsitz, welchen sie in ihrem Heimathsstaate hatten; in Ermangelung eines solchen gilt die Hauptstadt ihres Heimathsstaates als ihr Wohnsitz; ist letztere in mehrere Gerichtsbezirke getheilt, so wird der als Wohnsitz geltende Bezirk von der Landesjustizverwaltung durch allgemeine Anordnung bestimmt.

Vgl. Stübel, Der Wohnsitz nach dem B.G.B. mit besonderer Bezugnahme auf den Gerichtsstand in Vormundschaftssachen (Sächsisches Archiv für bürgerliches Recht und Prozeß Bd. 9 S. 548 ff.).

4. Nicht verlangt ist, daß der Aufenthalt der gewöhnliche oder von längerer Dauer sei. Der Aufenthaltsort ist auch dann bestimmend, wenn ein inländischer Wohnsitz zwar vorhanden, aber nicht zu ermitteln ist (Kom.Ber.).

5. Vollbürtige oder halbbürtige, eheliche oder uneheliche (vgl. Anm. 3 zu §. 1775 B.G.B.), minderjährige oder volljährige (das letzte streitig). Dagegen bleibt die Bestimmung außer Anwendung, wenn es sich für das eine der Geschwister um eine Vormundschaft, für das andere um eine Pflegschaft handelt.

6. D. i. derjenige, der voraussichtlich am längsten zu bevormunden ist.

7. Unbeschadet der Befugniß, demnächst die Sache an ein anderes Gericht abzugeben (§. 46) oder für einzelne Mündel besondere Vormünder zu bestellen (§. 1775 B.G.B.).

8. Die Zuständigkeit zur Anordnung einer Vormundschaft über Ausländer, so weit eine solche überhaupt nach Art. 23 E.G. zulässig ist, bestimmt sich ausschließlich nach Abs. 1, sodaß die Vormundschaft nur angeordnet werden kann, wenn der Ausländer im deutschen Reiche seinen Wohnsitz oder Aufenthalt hat. Dabei ist für die Frage der Zuständigkeit des inländischen Gerichts nach §. 36 Abs. 1 der Zeitpunkt maßgebend, in welchem die An-

ordnung der Vormundschaft im Inland erforderlich wird (Denkschr.).

9. Bekannten, nicht letzten überhaupt (vgl. Anm. 4).

10. Nicht Aufenthalt.

11. Vgl. §. 9 des Schutzgebietsgesetzes in der Fassung vom 10. September 1900 (R.G.Bl. 1900 S. 813).

12. Bezüglich der Anordnung einer Vormundschaft über Deutsche, die im Ausland ihren Wohnsitz haben, vgl. §. 47.

13. Die sog. Findelkinder, auch ältere ausgesetzte oder verlassene Kinder.

14. Durch Veränderung der sie begründenden Umstände wird die örtliche Zuständigkeit des Gerichts zur Weiterführung der Vormundschaft nicht beseitigt. Vgl. jedoch §. 46.

15. Die von einem örtlich unzuständigen Gerichte vorgenommenen gerichtlichen Handlungen sind nicht unwirksam (§. 7).

§. 37.

Soll Jemand[1]) nach §. 1909 des Bürgerlichen Gesetzbuchs einen Pfleger erhalten,[2]) so ist, wenn bei einem inländischen Gericht eine Vormundschaft über ihn anhängig ist, für die Pflegschaft dieses Gericht zuständig. Im Uebrigen finden auf die Pflegschaft die Vorschriften des §. 36 Anwendung.[3])

Für die Pflegschaft über einen Ausländer, für den bei einem inländischen Gericht eine Vormundschaft nicht anhängig ist und der im Inlande weder Wohnsitz noch Aufenthalt hat, ist das Gericht zuständig, in dessen Bezirke das Bedürfniß der Fürsorge hervortritt.[4])

I Entw. §. 32; II Entw. §. 34; Denkschr. S. 43—44.

1. In- oder Ausländer.

2. D. i. für einzelne Angelegenheiten, obwohl er unter elterlicher Gewalt oder Vormundschaft steht.

3. Entsprechend dem allgemeinen Grundsatze, daß auf die Pflegschaft thunlichst dieselben Vorschriften zur Anwendung zu bringen sind, wie auf die Vormundschaft (§. 1915 B.G.B.). Vgl. Anm. 9 zu §. 46.

4. Dies trifft namentlich dann zu, wenn sich die im Ausland angeordnete Vormundschaft oder Pflegschaft nach dem dortigen Rechte nicht auf das im Inlande befindliche Vermögen erstreckt (Denkschr.).

§. 38.

Auf die Zuständigkeit für die Pflegschaft über einen Gebrechlichen[1]) finden die Vorschriften des §. 36 Abs. 1,[2]) 2 und des §. 37 Abs. 2 entsprechende Anwendung.

I Entw. §. 33; II Entw. §. 35; Denkschr. S. 43—44.

1. Vgl. §. 1910 B.G.B.

2. Auch Satz 2 des Abs. 1 (vgl. Anm. 5 zu §. 36).

§. 39.

Für die Pflegschaft über einen Abwesenden[1]) ist das Gericht zuständig, in dessen Bezirke der Abwesende seinen Wohnsitz[2]) hat.[3])

Hat der Abwesende im Inlande keinen Wohnsitz, so finden die Vorschriften des §. 36 Abs. 2 und des §. 37 Abs. 2 entsprechende Anwendung.[4])

I Entw. §. 34; II Entw. §. 36; Denkschr. S. 43—44.

1. Vgl. §. 1911 B.G.B.

2. Nicht Aufenthalt, auch nicht der letzte.

3. Zu der Zeit, wo die Anordnung der Pflegschaft erforderlich wird.

4. Der §. 39 findet auch bei der nach den §§. 334 und 480 der deutschen Strafprozeßordnung einzuleitenden Güterpflege (oben S. 26) Anwendung.

§. 40.

Für die Pflegschaft über eine Leibesfrucht[1]) ist das Gericht zuständig, welches für die Vormundschaft zuständig sein würde,[2]) falls das Kind zu der Zeit, zu welcher das Bedürfniß der Fürsorge hervortritt, geboren wäre.

I Entw. §. 35; II Entw. §. 37; Denkschr. S. 43—44.

1. Vgl. §. 1912 B.G.B.

2. Nach §. 36, von welchem aber Satz 2 des Abs. 1 nicht anwendbar ist (streitig); vgl. Anm. 5 zu §. 36.

§. 41.

Wird im Falle des §. 1913 des Bürgerlichen Gesetzbuchs die Anordnung einer Pflegschaft für den bei einer Angelegenheit Betheiligten erforderlich,[1]) so ist das Gericht zuständig, in dessen Bezirke das Bedürfniß der Fürsorge hervortritt.[2])

I Entw. §. 36; II Entw. §. 38; Denkschr. S. 43—44.

1. D. i., wenn der Betheiligte unbekannt oder ungewiß ist.

2. Für Nacherben kann dies auch ein anderes Gericht sein wie das, wo der Nachlaß sich befindet oder dessen Verwaltung geführt wird.

§. 42.

Für die Pflegschaft zum Zwecke der Verwaltung und Verwendung eines durch öffentliche Sammlung zusammengebrachten Vermögens[1]) ist das Gericht des Ortes zuständig, an welchem bisher die Verwaltung geführt wurde.[2])

I Entw. §. 37; II Entw. §. 39; Denkschr. S. 43—44.

1. Vgl. §. 1914 B.G.B.

2. D. i. die Centralverwaltung, nicht etwa die Verwaltung einzelner Anstalten der Stiftung. Verwaltung ist dabei im weitesten Sinne zu verstehen, sodaß auch schon die bloße Aufbewahrung des zusammengebrachten Vermögens genügt.

§. 43.

(Betrifft die Zuständigkeit des Vormundschaftsgerichts für Angelegenheiten außerhalb einer Vormundschaft oder Pflegschaft.)[1])

1. Vgl. Anm. 4 zu §. 44.

§. 44.

Für die in den §§. 1665, 1846 des Bürgerlichen Gesetzbuchs und im Artikel 23 Abs. 2 des Einführungsgesetzes zum Bürgerlichen Gesetzbuche[1]) bezeichneten Maßregeln ist auch[2]) das Gericht zuständig, in dessen Bezirke das Bedürfniß der Fürsorge hervortritt. Das Gericht soll,[3]) wenn eine Vormundschaft, Pflegschaft oder Beistandschaft anhängig ist, von den angeordneten Maßregeln dem nach §. 43 Abs. 2[4]) zuständigen Gerichte Mittheilung machen.[5])

I Entw. §. 39; II Entw. §. 41; Denkschr. S. 45.

1. D. i. im Falle des Bedürfnisses schleunigen einstweiligen Eingreifens.

2. Also nicht ausschließlich.

3. Ordnungsvorschrift, deren Vernachlässigung aber den Richter haftbar machen kann.

4. §. 43 Abs. 2 lautet:

Ist für die Person, in Ansehung deren die Verrichtung des Vormundschaftsgerichts erforderlich wird, eine Vormundschaft oder eine Pflegschaft anhängig oder ist der Mutter, unter deren elterlicher Gewalt sie steht, ein Beistand bestellt, so ist das Gericht zuständig, bei welchem die Vormundschaft, Pflegschaft oder Beistandschaft anhängig ist.

5. Das nach §. 43 Abs. 2 zuständige Gericht kann dann die Angelegenheit, die zu der mitgetheilten Maßregel Veranlassung gegeben hat, an sich ziehen und weiter betreiben, auch die einstweiligen Anordnungen des Gerichts, welches auf Grund des §. 44 eingegriffen hat, gemäß §. 18 abändern; vgl. Anm. 8 zu §. 46.

§. 45.

(Regelt die Zuständigkeit des Vormundschaftsgerichts für Angelegenheiten, welche die durch die Ehe begründeten persönlichen Rechtsbeziehungen der Ehegatten zu einander oder das eheliche Güterrecht betreffen.)

§. 46.

Das Vormundschaftsgericht kann[1]) die Vormundschaft[2]) aus wichtigen Gründen[3]) an ein anderes Vormundschaftsgericht[4]) abgeben, wenn sich dieses zur Uebernahme der Vormundschaft bereit erklärt;

nach der Bestellung des Vormundes ist jedoch dessen Zustimmung erforderlich.[5])

Einigen sich die Gerichte nicht oder verweigert der Vormund oder, wenn mehrere Vormünder die Vormundschaft gemeinschaftlich führen, einer von ihnen seine Zustimmung, so entscheidet das gemeinschaftliche obere Gericht.[6]) Eine Anfechtung der Entscheidung findet nicht statt.[7])[8])

Diese Vorschriften finden auf die Pflegschaft und die im §. 43 bezeichneten Angelegenheiten entsprechende Anwendung.[9])

I Entw. §. 41; II Entw. §. 43: Denkschr. S. 46; Reichst.Kom.Ber. S. 41--42.

1. Es entscheidet also von Amtswegen oder auf gegebene Anregung das Ermessen, jedoch in der Art, daß, wenn hiernach erhebliche Gründe vorhanden sind, nicht bloß eine Befugniß, sondern eine Pflicht zur Abgabe besteht. Nothwendig ist die Abgabe, wenn verschiedene Gerichte dieselbe Vormundschaft angeordnet haben, die Voraussetzungen einer Bestimmung nach §. 5 nicht gegeben sind und auch nicht in Folge von Prävention des einen die an sich gleichfalls zuständigen anderen Gerichte unzuständig geworden sind (Anm. 3 zu §. 36), also nichts mehr abzugeben, sondern sich jeder weiteren Thätigkeit als Vormundschaftsgerichte zu enthalten haben. Dem Vormundschaftsgerichte steht ein eingesetzter Familienrath gleich (§. 1872 B.G.B.).

2. Auch über einzelne von mehreren Geschwistern (Reichst.Kom.Ber.).

3. Ob wichtige Gründe für die Abgabe einer Vormundschaft an ein anderes Vormundschaftsgericht vor-

handen sind, ist vom Standpunkte des Interesses des Bevormundeten bezw. zu Bevormundenden aus — nicht auch desjenigen des Vormunds oder des Vormundschaftsgerichts (bestritten) — zu prüfen und läßt sich erst beurtheilen, wenn dessen Familien- und Vermögensverhältnisse so weit festgestellt sind, daß sich übersehen läßt, was sein persönliches Wohl und ökonomisches Interesse im gegebenen Falle erheischen (Jahrbuch Bd. 7 S. 88). Die Uebersiedelung des Mündels in einen andern Gerichtsbezirk rechtfertigt noch nicht unbedingt die Abgabe der Vormundschaft. Jedoch kann sie ein wichtiger Grund sein, damit Vormund, Gegenvormund und Vormundschaftsgericht sich an demselben Orte befinden (Sächsisches Archiv für bürgerliches Recht und Prozeß Bd. 10 S. 175, Centralblatt Bd. 1 S. 248, Recht Bd. 4 S. 520).

4. An jedes, das geeignet erscheint; auch an ein außerdeutsches, vgl. §. 47 Abs. 2 (bestritten).

5. Dies gilt auch für einen gesetzlichen Vormund (Anm. 1 zu §. 1774 B.G.B.), nicht für den Gegenvormund. Bei einer Mehrheit von Vormündern (§. 1797 B.G.B.) bedarf es stets der Zustimmung aller Vormünder (streitig); vgl. §. 47 Abs. 2 Satz 2.

6. Vgl. §. 5. Es entscheidet also in Preußen das Landgericht, das Oberlandesgericht oder das Kammergericht, welches nach dem §. 199 Abs. 2 Satz 2 und den Art. 7 und 8 P.F.G.G. im Sinne der §§. 5 und 46 als gemeinschaftliches oberes Gericht für alle Gerichte Preußens gilt (vgl. unten Anm. 1 zu §. 5).

Wegen der Zuständigkeit, wenn die Geschäfte des Vormundschaftsgerichts einer anderen Behörde als dem Amtsgericht übertragen sind (Anm. 1 zu §. 85), s. §. 194.

7. Durch die Bestimmungen dieses Satzes oder des Abs. 2 überhaupt wird, wenngleich es zunächst Sache des Vormundschaftsgerichts oder desjenigen Gerichts, welches die Sache an sich ziehen will, sein wird, die Entscheidung

der höheren Instanz anzurufen, daneben aber auch ein Betheiligter das gemeinschaftliche obere Gericht um seine Entscheidung angehen kann, doch die Beschwerde nach §. 19 darüber, daß das Vormundschaftsgericht nicht abgeben, das andere Gericht nicht übernehmen wolle, nicht ausgeschlossen, da hier wie dort Verfügungen im Sinne des §. 19 vorliegen. Wird auf die Beschwerde die getroffene Entscheidung geändert, so ist damit die Voraussetzung für die Entscheidung des gemeinschaftlichen Gerichts, die Nichteinigung der Gerichte, erledigt. Konkurrirt ein ausländisches Gericht, so ist sogar die Beschwerde nach §. 19 über das inländische Gericht der einzige Rechtsbehelf. Außerdem sind auch bei dieser Beschwerde und bei der weiteren Beschwerde die Gesichtspunkte für die von der höheren Instanz zu treffende Entscheidung wesentlich verschieden, sodaß auch aus diesem Grunde von einer ausschließenden Bedeutung des §. 46 Abs. 2 nicht die Rede sein kann. A. A. Hergenhahn im Jahrbuch Bd. 11 S. 426 hinsichtlich des dem §. 46 Abs. 2 entsprechenden §. 9 Abs. 2 der preuß. Vormundschaftsordnung; übereinstimmend Jahrbuch Bd. 17 S. 3. Vgl. Schultzenstein in der Zeitschrift Bd. 25 S. 200—201.

Wird die bewirkte Abgabe im Beschwerdewege aufgehoben, so ist das abgebende Gericht wieder in gleicher Weise mit der Sache befaßt, wie es vor der Abgabe gewesen war, und zwar selbst dann, wenn das Gericht, an welches die Abgabe erfolgt ist, inzwischen eine Vormundschaft eingeleitet hat und ein außerpreußisches Gericht ist (Jahrbuch Bd. 7 S. 40).

8. Das andere Gericht tritt nach der Abgabe an die Stelle des abgebenden auch in der Art, daß es dessen frühere Verfügungen abändern kann, wenn das abgebende Gericht selbst hierzu befugt gewesen wäre (§. 18; vgl. Anm. 5 zu §. 44). Wegen des Rechts des Vormunds, nach der Abgabe seine Entlassung zu beantragen, s. die §§. 1889 und 1786 Abs. 1 Nr. 5 B.G.B.

9. Auch auf die im §. 37 gedachte Pflegschaft.
Wegen der Fürsorgeerziehungssachen s. Anm. 1 zum §. 4 des Gesetzes vom 2. Juli 1900 (unten unter V).

§. 47.[1]

Ist über einen Deutschen, der im Auslande seinen Wohnsitz[2]) oder Aufenthalt hat, die nach den Vorschriften des Bürgerlichen Gesetzbuchs erforderliche Vormundschaft im Ausland angeordnet,[3]) so kann[4]) die Anordnung der Vormundschaft im Inland unterbleiben, wenn dies im Interesse des Mündels liegt.

Hat ein Deutscher, über den im Inland eine Vormundschaft angeordnet ist, im Auslande seinen Wohnsitz[2]) oder Aufenthalt, so kann[4]) das Gericht, bei welchem die Vormundschaft anhängig ist, sie an den ausländischen Staat abgeben, wenn dies im Interesse des Mündels liegt, der Vormund seine Zustimmung ertheilt und der ausländische Staat[5]) sich zur Uebernahme bereit erklärt. Verweigert der Vormund oder, wenn mehrere Vormünder die Vormundschaft gemeinschaftlich führen, einer von ihnen seine Zustimmung, so entscheidet an Stelle des Gerichts, bei welchem die Vormundschaft anhängig ist, das im Instanzenzuge vorgeordnete Gericht.[6]) Eine Anfechtung der Entscheidung findet nicht statt.

Diese Vorschriften gelten auch für die Pflegschaft.[7])

I Entw. §. 42; II Entw. §. 44; Denkschr. S. 46—47.

1. Die Grundsätze des internationalen Privatrechts, wie sie im E.G. zum B.G.B. enthalten sind, gehen augenscheinlich davon aus, daß über die Voraussetzungen, unter denen für einen Deutschen eine Vormundschaft oder Pflegschaft einzuleiten ist, das einheimische Recht auch dann entscheidet, wenn der Deutsche seinen Wohnsitz oder Aufenthalt im Auslande hat. Dadurch wird aber keineswegs der Frage vorgegriffen, ob nicht unter Umständen die für einen Deutschen im Ausland angeordnete Vormundschaft oder Pflegschaft im Inland als wirksam und genügend anzuerkennen ist. In der That erscheint es nicht zweckmäßig, für die eines vormundschaftlichen Schutzes bedürftigen Inländer, die im Auslande wohnen oder sich aufhalten und dort des Schutzes bereits theilhaftig geworden sind, unbedingt an der Einleitung einer inländischen Vormundschaft oder Pflegschaft festzuhalten. Gerade die Interessen des Mündels werden in derartigen Fällen nicht selten fordern, daß die Vormundschaft oder Pflegschaft im Auslande geführt wird, namentlich dann, wenn sich dort der Mittelpunkt nicht nur der persönlichen, sondern auch der vermögensrechtlichen Beziehungen des Mündels befindet (Denkschr.). Vgl. Anm. 8 zu §. 35.

2. Vgl. Anm. 8 zu §. 86.

8. D. h., es muß im Ausland eine gleichen Schutz, wie die Vormundschaft nach dem B.G.B., gewährende Fürsorge für Person und Vermögen stattfinden, ohne daß jedoch im Einzelnen gleiche Bestimmungen, wie sie das B.G.B. enthält, zu gelten brauchen.

4. Nach pflichtmäßigem Ermessen unter Erwägung der Frage, ob im Auslande für den Mündel ausreichend gesorgt ist. Dem Gerichte steht ein eingesetzter Familienrath gleich (§. 1872 B.G.B.).

5. D. h. die zur Fürsorge (Anm. 8) im Auslande

zuständige Behörde. Sofern nicht auf Grund von Staatsverträgen mit dieser Behörde unmittelbarer Verkehr stattfindet, ist behufs Feststellung der Bereitwilligkeit diplomatische Vermittelung in Anspruch zu nehmen.

6. D. i. das Landgericht. Ueber den Fall, daß die vormundschaftliche Aufsicht landesgesetzlich anderen als gerichtlichen Behörden übertragen ist (Anm. 2 zu §. 35), s. §. 195.

7. Vgl. Anm. 3 zu §. 37.

§. 48.

Wird bei einem Standesbeamten[1]) der Tod einer Person, die ein minderjähriges Kind hinterlassen hat,[2]) oder die Geburt eines ehelichen Kindes nach dem Tode des Vaters[3]) oder die Geburt eines unehelichen Kindes oder die Auffindung eines Minderjährigen, dessen Familienstand nicht zu ermitteln ist, angezeigt oder wird vor einem Standesbeamten von einer Frau, die ein minderjähriges eheliches Kind hat, eine Ehe geschlossen,[4]) so hat der Standesbeamte hiervon dem Vormundschaftsgericht Anzeige zu machen.[5])

I Entw. §. 43; II Entw. §. 45; Denkschr. S. 47; Reichst.Kom.Ber. S. 42.

1. Die früher in Preußen für den Fall, daß die Einleitung einer Vormundschaft nöthig wird (§. 16 Abs. 1 der Vormundschaftsordnung vom 5. Juli 1875), bestehende Anzeigepflicht naher Angehörigen ist als praktisch entbehrlich nicht aufgenommen. Berechtigt zur Anzeige ist ein Jeder (Jahrbuch Bd. 1 S. 4). Hinsichtlich der Pflegschaft s. §. 1909 Abs. 2 B.G.B.

2. Also auch, wenn ein Träger der elterlichen Gewalt (Vater oder Mutter) noch lebt.

3. Damit das Gericht erwäge, ob der Mutter ein Beistand zu bestellen ist (§. 1687 B.G.B.).

4. Weil in diesem Falle ihre elterliche Gewalt endigt und eine Vormundschaft anzuordnen ist (§. 1697 B.G.B.).

5. Zur Ausführung des §. 48 sind in Preußen die Allg. Verfügungen des Justizministers und des Ministers des Innern vom 20. und 30. November 1899 (M.Bl. f. d. i. V. 1899 S. 228, 1900 S. 2) ergangen, wonach die Anzeige — abgesehen von dem Falle der Auffindung eines Minderjährigen — unter Benutzung von Formularen in der Regel dem für den Amtssitz des Standesbeamten zuständigen Amtsgerichte, das im Falle seiner Unzuständigkeit die Anzeige an das zuständige Gericht weiter zu befördern hat, erstattet wird; wo die dem Gemeindewaisenrath obliegenden Verrichtungen besonderen Abtheilungen oder schon bestehenden Organen der Gemeindeverwaltung übertragen worden sind, kann mit Genehmigung des Oberpräsidenten, in den Hohenzollernschen Landen des Regierungspräsidenten, die Einreichung durch die Hand des Gemeindewaisenraths erfolgen, damit dieser vor der Weitergabe auf den Anzeigen verzeichnet, welche Personen er als Vormund oder Gegenvormund in Vorschlag bringt. Nach den Formularen ist auch die Konfession des Vaters oder der Mutter und ob die Ehefrau bezw. der Ehemann des oder der Verstorbenen noch am Leben ist und wo sie oder er wohnt, mitzutheilen. Die durch die Anzeige erwachsenden Kosten fallen als sächliche Ausgaben für die Verwaltung der Standesämter den Gemeinden zur Last.

§. 49.

Erlangt der Gemeindewaisenrath von einem Falle Kenntniß, in welchem ein Vormund, ein Gegenvormund oder ein Pfleger zu bestellen ist, so hat er dem Vormundschaftsgericht[1]) Anzeige zu machen.[2])

Zugleich soll er die Person vorschlagen, die sich zum Vormunde, Gegenvormund oder Pfleger eignet.[3])

I Entw. §. 44; II Entw. §. 46; Denkschr. S. 47.

1. D. i. dem zuständigen.

2. In Preußen bestand diese Pflicht früher nicht. Die Anzeigepflicht der Gemeindewaisenräthe ist eine erheblich beschränktere als die der Standesbeamten (vgl. Anm. 2 zu §. 48).

3. Vgl. §. 1779 Abs. 1 und §. 1849 B.G.B.

§. 50.

Wird die Anordnung einer Vormundschaft oder einer Pflegschaft in Folge eines gerichtlichen Verfahrens[1]) erforderlich, so hat das Gericht[2]) das zuständige Vormundschaftsgericht hiervon zu benachrichtigen.[3])

I Entw. §. 45; II Entw. §. 47; Denkschr. S. 47.

1. Es kommt hier hauptsächlich die Entmündigung in Betracht, betreffs deren die §§. 657, 660, 674, 678, 679, 680, 683, 684, 686 C.P.O. bereits gleiche Bestimmung treffen; aber auch die Bestrafung des alleinigen Inhabers der elterlichen Gewalt zu Zuchthausstrafe oder mindestens sechsmonatiger Gefängnißstrafe wegen eines an dem Kinde begangenen Verbrechens oder vorsätzlich verübten Vergehens, da hierdurch die elterliche Gewalt verwirkt wird (§. 1680 B.G.B.). Eine Pflegschaft wird z. B. erforderlich, wenn der oder die Inhaber der elterlichen Gewalt gefänglich eingezogen werden und die Kinder hülflos zurückbleiben (§. 1909 B.G.B.). Vgl. ferner §§. 627, 680 C.P.O.

2. Bei mehreren Instanzen das der ersten Instanz.

nach Abschluß des Verfahrens. Die Staatsanwaltschaft hat keine Pflicht zur Benachrichtigung.

8. In Folge der §§. 48—50 sind die landesgesetzlichen Anzeigepflichten nicht fortgefallen, so nicht für Preußen die Pflicht, die Aufnahme entmündigter Kranker in eine Privatirrenanstalt dem zuständigen Vormundschaftsgericht anzuzeigen (§. 8 Abs. 4 der Anweisung vom 20. September 1895, Reichs- und Staatsanzeiger 1895 Nr. 259).

§. 51.

(Betrifft den Beginn der Wirksamkeit von Verfügungen über thatsächliche Verhinderung an der Ausübung der elterlichen Gewalt und über das Ruhen derselben.)

§. 52.

Eine Verfügung, durch die ein Volljähriger unter vorläufige Vormundschaft gestellt wird,[1] tritt, wenn die Entmündigung wegen Geisteskrankheit beantragt ist, mit der Bestellung[2] des Vormundes, wenn die Entmündigung wegen Geistesschwäche, wegen Verschwendung oder wegen Trunksucht beantragt ist, mit der Bekanntmachung[3] an den zu Entmündigenden, eine Verfügung, durch die eine vorläufige Vormundschaft aufgehoben wird, tritt mit der Bekanntmachung an den Mündel in Wirksamkeit.[5]

I Entw. §. 47; II Entw. §. 49; Denkschr. S. 48.

1. Vgl. §. 1906 B.G.B.

2. D. i. seiner Verpflichtung, nicht etwa der Aushändigung der Bestallung.

3. Gemäß §. 16. Entscheidend ist hier also nicht erst die Bestellung des Vormunds, sondern die Bekanntmachung der vorher getroffenen, die vorläufige Vormundschaft anordnenden Verfügung, welche Bekanntmachung deshalb schleunigst und jedenfalls dann besonders zu bewirken ist, wenn sich nicht gleich mit der Anordnung die Bestellung des Vormunds verbinden läßt.

4. Gemäß §. 16.

5. Die Aufhebung einer Pflegschaft wird nach §. 16 Abs. 1 mit der Bekanntmachung an den Pfleger wirksam (Denkschr.).

§. 53.

Eine Verfügung, durch die auf Antrag die Ermächtigung oder die Zustimmung eines Anderen zu einem Rechtsgeschäft ersetzt[1]) oder dem Manne die im §. 1358 Abs. 1[2]) des Bürgerlichen Gesetzbuchs vorgesehene Ermächtigung zur Kündigung ertheilt oder durch welche die Beschränkung oder die Ausschließung der nach §. 1357[2]) des Bürgerlichen Gesetzbuchs der Frau zustehenden Rechte aufgehoben wird, tritt erst mit der Rechtskraft in Wirksamkeit.[3]) Das Gleiche gilt von einer Verfügung, durch die auf Antrag des Kindes die Zustimmung der Mutter zur Ehelichkeitserklärung ihres Kindes ersetzt wird.

Bei Gefahr im Verzuge[4]) kann das Gericht die sofortige Wirksamkeit der Verfügung anordnen. Die Verfügung tritt mit der Bekanntmachung an den Antragsteller in Wirksamkeit.[5])

I Entw. §. 48; II Entw. §. 50; Denkschr. S. 48—49.

1. Z. B. die vom Vormunde dem Mündel verweigerte Ermächtigung, in Dienst oder Arbeit zu treten (§. 113 Abs. 3 B.G.B.), die Einwilligung des Vormunds zur Eingehung einer Ehe seitens des Mündels (§. 1304 Abs. 2), die vom Vormunde verweigerte Genehmigung einer anfechtbaren Ehe (§. 1337 Abs. 1); ob auch die vom Gegenvormunde nach den §§. 1810, 1812 B.G.B. dem Vormunde zu ertheilende Genehmigung, ist streitig. Vgl. Anm. 3 zu §. 60.

2. Betreffen die Schlüsselgewalt der Frau und das Kündigungsrecht des Ehemannes bei Verpflichtungen der Frau zu persönlichen Leistungen.

3. Also, abweichend von §. 16 Abs. 1, erst, wenn nicht binnen zwei Wochen nach Zustellung der Verfügung die sofortige Beschwerde eingelegt (§. 60 Nr. 6) oder die eingelegte Beschwerde zurückgewiesen worden ist. Die Vorschrift ist getroffen, weil die bezeichneten Verfügungen in ihren Folgen nicht mehr rückgängig gemacht werden können, ohne die Rechtssicherheit zu gefährden, nachdem sie einmal in Wirksamkeit getreten sind und damit die Vornahme des Rechtsgeschäfts ermöglicht haben (Denkschr.).

4. Nicht allgemein, wie im §. 26.

5. Die Anordnung kann zugleich mit der in Abs. 1 bezeichneten Verfügung erfolgen und dann mit dieser zugestellt werden. Erfolgt sie später, so ist sie nach §. 16 bekannt zu machen; auf das Rechtsmittel der sofortigen Beschwerde und den Lauf der für diese gegebenen Frist ist sie ohne Einfluß, kann also namentlich das durch Fristablauf verlorene Recht zur Beschwerde gegen die Verfügung nicht wieder verschaffen. Die Anordnung der sofortigen Wirksamkeit selbst ist mit der einfachen Beschwerde nach §. 20 anfechtbar.

§. 54.

Liegen nach dem Ermessen des Vormundschaftsgerichts die Voraussetzungen vor, unter denen der

Vormund, der Pfleger oder der Beistand zur Sicherheitsleistung angehalten werden kann,[1] so ist das Gericht befugt,[2] das Grundbuchamt um die Eintragung einer Sicherungshypothek[3] an Grundstücken des Vormundes, des Pflegers oder des Beistandes zu ersuchen.[4] Der Vormund, der Pfleger oder der Beistand soll soweit thunlich vorher gehört werden.[5] Die Hypothek entsteht mit der Eintragung.[6]

Diese Vorschriften finden auf die Eintragung eines Pfandrechts an einem im Schiffsregister eingetragenen Schiffe entsprechende Anwendung.[7]

I Entw. §. 49; II Entw. §. 51; Denkschr. S. 49—50; Reichst.Kom.Ber. S. 42.

1. Vgl. die §§. 1844, 1915 B.G.B.

2. Nicht verpflichtet. Es kann auch dem Vormunde, nöthigenfalls unter Androhung von Ordnungsstrafen, aufgeben, selbst die Eintragung zu bewirken.

3. Ueber die Sicherungshypothek vgl. die §§. 1184 ff. B.G.B.

4. Die Grundbuchämter haben dem ordnungsmäßig gestellten, namentlich also auch den Höchstbetrag der Sicherungshypothek bezeichnenden (§. 1190 B.G.B.) Ersuchen zu genügen (§§. 28, 39 der Grundbuchordnung vom 24. März 1897, R.G.Bl. 1897 S. 139, 1898 S. 754). Andernfalls kann das Vormundschaftsgericht über das Grundbuchamt auch dann Beschwerde führen, wenn beide bloße Abtheilungen desselben Amtsgerichts sind (Dronke in der Zeitschrift Bd. 25 S. 858, 859). Dem Vormunde bezw. Pfleger steht gegen die Verfügung des Vormundschaftsgerichts, welche das Ersuchen enthält, die einfache Beschwerde nach §. 20 zu (Reichst.Kom.Ber.).

5. Bei welcher Gelegenheit die bezeichneten Personen der Belastung ihres Grundstücks durch den Antrag auf Entlassung, dem stattgegeben werden muß, entgehen können (§§. 1889, 1786 Abs. 1 Nr. 6, 1915 B.G.B.). Eine Benachrichtigung des Vormunds u. s. w. von dem Erlasse des Ersuchens ist nicht vorgeschrieben, wird aber bei dem großen Interesse desselben hieran regelmäßig nicht unterlassen werden. Nach Beendigung des vormundschaftlichen Amtes kann wegen der aus der Vormundschaftsführung entstandenen Ansprüche des Mündels um die Eintragung einer Sicherungshypothek nicht mehr ersucht werden.

6. Ohne daß es der im §. 878 B.G.B. vorgesehenen Einigung der Betheiligten bedarf. Wegen der Löschung der Hypothek, zu der wegen des Mangels einer entsprechenden Vorschrift das Ersuchen des Vormundschaftsgerichts nicht genügt, (Denkschr.) vgl. §. 1844 Abs. 2 B.G.B.

7. Ueber Schiffspfandrecht vgl. §§. 100 ff.

§. 55.

Eine Verfügung, durch welche die Genehmigung zu einem Rechtsgeschäft ertheilt oder verweigert wird,[1]) kann von dem Vormundschaftsgericht insoweit nicht mehr geändert werden,[2]) als die Genehmigung oder deren Verweigerung einem Dritten gegenüber wirksam geworden ist.[3])

Eine Verfügung, durch welche die Zustimmung zu einer Ehelichkeitserklärung ersetzt wird, kann nicht mehr geändert werden, wenn die Ehelichkeitserklärung erfolgt ist.

I Entw. §. 50; II Entw. §. 52; Denkschr. S. 50; Reichst.Kom.Ber. S. 42 (zu Abs. 2).

1. Z. B. in den Fällen der §§. 1812, 1821, 1822 B.G.B.

2. Vgl. §. 82 und Anm. 8 zu §. 46. Die Vorschrift enthält eine Ausnahme von dem Grundsatze des §. 18 Abs. 1, der dem Gericht eine nachträgliche Aenderung seiner Verfügungen gestattet; sie wird ergänzt durch den §. 62, der die Befugnisse des Beschwerdegerichts der gleichen Einschränkung unterwirft (Denkschr.).

3. D. h., wenn sie dem anderen Theile von dem Vormunde mitgetheilt worden ist (§§. 1828, 1829 und 1831 B.G.B. und Anm. 5 zu §. 1829).

§. 56.

(Betrifft die Volljährigkeitserklärung.)

§. 57.

Die Beschwerde[1]) steht, unbeschadet der Vorschriften des §. 20,[2]) zu:

1. gegen eine Verfügung, durch welche die Anordnung einer Vormundschaft abgelehnt[3]) oder eine Vormundschaft aufgehoben[4]) wird, Jedem, der ein rechtliches Interesse[5]) an der Aenderung der Verfügung hat, sowie dem Ehegatten, den Verwandten und Verschwägerten des Mündels,[6]) es sei denn, daß die Verfügung eine vorläufige Vormundschaft betrifft;[7])
2. gegen eine Verfügung, durch welche die Anordnung einer vorläufigen Vormundschaft abgelehnt oder eine solche Vormundschaft aufgehoben wird, denjenigen, welche den Antrag auf Entmündigung zu stellen berechtigt sind;[8])

3. gegen eine Verfügung, durch welche die Anordnung einer Pflegschaft abgelehnt oder eine Pflegschaft aufgehoben wird,[9]) Jedem, der ein rechtliches Interesse[5]) an der Aenderung der Verfügung hat, in den Fällen der §§. 1909, 1910 des Bürgerlichen Gesetzbuchs[10]) auch dem Ehegatten sowie den Verwandten und Verschwägerten des Pflegebefohlenen; diese Vorschrift gilt jedoch im Falle des §. 1910 nur dann, wenn eine Verständigung mit dem Pflegebefohlenen nicht möglich ist;

4. gegen eine Verfügung, durch welche die Einsetzung eines Familienraths abgelehnt oder der Familienrath aufgehoben wird,[11]) dem Ehegatten sowie den Verwandten und Verschwägerten des Mündels;[12])

5. gegen eine Verfügung, durch die in den Fällen des §. 1687 Nr. 1, 3 des Bürgerlichen Gesetzbuchs die Bestellung eines Beistandes der Mutter abgelehnt oder die Bestellung aufgehoben wird, dem Ehegatten sowie den Verwandten und Verschwägerten des Kindes;

6. gegen eine Verfügung, durch die ein Antrag des Gegenvormundes oder des Beistandes zurückgewiesen wird, gegen den gesetzlichen Vertreter wegen pflichtwidrigen Verhaltens einzuschreiten oder den Vormund oder den Pfleger aus einem der im §. 1886 des Bürger-

lichen Gesetzbuchs bezeichneten Gründe zu entlassen,[13]) dem Antragsteller;

7. gegen eine Verfügung, durch die dem Vormund oder dem Pfleger eine Vergütung bewilligt wird, dem Gegenvormunde;[14])

8. gegen eine Verfügung, durch welche die Anordnung einer der in den §§. 1665 bis 1667 des Bürgerlichen Gesetzbuchs[15]) vorgesehenen Maßregeln abgelehnt oder eine solche Maßregel aufgehoben wird, den Verwandten und Verschwägerten des Kindes;

9. gegen eine Verfügung, die eine Entscheidung über eine die Sorge für die Person des Kindes oder des Mündels betreffende Angelegenheit[16]) enthält, Jedem, der ein berechtigtes Interesse[17]) hat, diese Angelegenheit wahrzunehmen.[18])

Die Vorschrift des Abs. 1 Nr. 9 findet auf die sofortige Beschwerde keine Anwendung.[19])[20])

I Entw. §. 52; II Entw. §. 54; Denkschr. S. 50—52; Reichst.Kom.Ber. S. 42—44.

1. Vgl. wegen der Einlegung den §. 21, wegen der Zulässigkeit neuer Thatsachen und Beweise den §. 23 und wegen der regelmäßig nicht aufschiebenden Wirkung der Beschwerde den §. 24. Die Beschwerde ist an eine Frist nicht gebunden. Sie ist nach Beendigung der Vormundschaft oder Pflegschaft nicht mehr zulässig, da sie voraussetzt, daß die obervormundschaftlichen Behörden noch mit der Vormundschaftssache befaßt sind (bestritten). Eine Abweichung muß jedoch gelten, wenn die angefochtene Verfügung erst nach Beendigung der Vormundschaft oder Pflegschaft ergangen ist (Schultzenstein in der Zeitschrift

Bd. 25 S. 207, 208). Vgl. auch §. 68. Wegen der Kosten einer erfolglosen Beschwerde s. Anm. 2 zu §. 91 des Preuß. Gerichtskostengesetzes (unten unter VI) und die Bemerkungen hinter diesem Gesetze.

2. §. 20 lautet:

Die Beschwerde steht Jedem zu, dessen Recht durch die Verfügung beeinträchtigt ist.

Soweit eine Verfügung nur auf Antrag erlassen werden kann und der Antrag zurückgewiesen worden ist, steht die Beschwerde nur dem Antragsteller zu.

Der Kreis der hiernach Beschwerdeberechtigten wird in §. 57, dem praktischen Bedürfniß entsprechend, noch erweitert, während andrerseits auch für die Fälle des §. 57 der §. 20 ein weitergehendes Beschwerderecht giebt. So ist auf Grund des §. 20 z. B. bei einer Ablehnung der Einsetzung eines Familienraths außer den in der Nr. 4 des §. 57 bezeichneten Personen noch der Gegenvormund, der gemäß §. 1859 Abs. 1 B.G.B. die Einsetzung eines Familienraths beantragt hatte, beschwerdeberechtigt und kann vor allem der unter Vormundschaft stehende Mündel selbst gegen jede Verfügung, durch die er sich verletzt erachtet, die Beschwerde einlegen (Denkschr.). Vgl. Anm. 14 und §. 59.

Zu den anfechtbaren Verfügungen gehören nicht nur die einen Antrag endgültig zurückweisenden Verfügungen, sondern auch bloße Zwischenverfügungen (Jahrbuch Bd. 20 S. A 125) und, wenn besondere Umstände einer Unterlassung des Gerichts die Bedeutung einer Verfügung geben, selbst ein solches passives Verhalten (vgl. Schultzenstein in der Zeitschrift Bd. 25 S. 202, 208). Wesentlich ist nach §. 20 stets die Beeinträchtigung eines Rechts (über diesen Begriff Schultzenstein a. a. O. S. 214ff., 249). Die Beeinträchtigung braucht aber bloß eine mittelbare zu sein und ist da, wo das Gericht nur auf Antrag (Verlangen, Gesuch u. s. w.) thätig werden kann, also nicht reines Offizialverfahren besteht, bei der Zurückweisung des Antrags (Abs. 2 des §. 20) ohne weiteres vorhanden.

Als eine Verfügung, gegen welche die Beschwerde gegeben ist, ist auch die Entscheidung einer Meinungsverschiedenheit zwischen mehreren Mitvormündern (§. 1797 Abs. 1 Satz 2 B.G.B.) oder zwischen verschiedenen Vormündern (§. 1798 B.G.B.) anzusehen. Dagegen liegt eine Verfügung nicht vor und findet eine Beschwerde nicht statt, wenn der Vormundschaftsrichter bloß eine Meinung kundgiebt, insbesondere die Höhe der vom Vormunde für Dienste beanspruchten Entschädigung nicht anerkennt (Jahrbuch Bd. 4 S. 82, vgl. Anm. 9 zu §. 1835 B.G.B.) oder bei Gelegenheit der Prüfung einer Jahresrechnung Bedenken gegen einen Rechnungsposten ausspricht und dessen künftige Beanstandung in Aussicht stellt (Jahrbuch Bd. 7 S. 7) oder sonstige Entschließungen trifft, die nur zur Vorbereitung einer sachlichen Entscheidung dienen und weder in sich schon eine Beeinträchtigung enthalten noch zur Bekanntmachung an Betheiligte bestimmt sind (Entsch. Bd. 1 S. 177 f.).

Streitig ist, ob wegen Nichtgenehmigung eines zwischen dem Vormund und einem Dritten geschlossenen Rechtsgeschäfts auch der letztere beschwerdeberechtigt ist, entsprechend der ausdrücklichen Vorschrift für dem besonderen Fall bei der Annahme an Kindesstatt im §. 68 Abs. 2 Satz 2 (besonders bejaht von Schultzenstein in der Zeitschrift Bd. 25 S. 219 f., verneint vom Kammergericht im Jahrbuche Bd. 20 S. A 186, dessen einziger Grund, der Beschwerdeführer besitze kein Recht auf die vergleichsweise Erledigung des gegen ihn anhängig gewordenen Rechtsstreites, deren Genehmigung versagt worden war, jedenfalls zu weit geht; denn ein solches Recht hat der Mündel gleichfalls nicht, und es könnte somit auch der Vormund für den Mündel nicht nach dem §. 20 wegen der Versagung der Genehmigung Beschwerde führen, sowie von Josef in der Zeitschrift Bd. 28 S. 300 ff.) Vgl. auch Entsch. Bd. 1 S. 137.

Wesentliche Voraussetzung einer Beschwerde in einer Vormundschaftssache ist ferner, daß eine Entscheidung des Amtsgerichts als Vormundschaftsgerichts vorliegt. Hat sich das Amtsgericht in anderer Eigenschaft angegangen geglaubt und nur in letzterer entschieden, so ist auf eingelegte Beschwerde, wenn dieselbe unter Gesichtspunkten des Vormundschaftsrechts erhoben wird, das Landgericht nicht zu sachlicher Entscheidung als Vormundschaftsbehörde berufen, vielmehr kann es daraus nur Anlaß nehmen, die noch fehlende Entscheidung des Vormundschaftsgerichts erster Instanz herbeizuführen (Jahrbuch Bd. 4 S. 10 u. 69).

8. Zwar ist die Vormundschaft von Amtswegen anzuordnen; es muß aber die Anzeige eines Jeden, daß ein geeigneter Fall vorliege, berücksichtigt werden (vgl. Anm. 1 zu §. 1774 B.G.B. und Anm. 1 zu §. 48). Es kann also leicht zu einer Ablehnung kommen, wenn das Gericht der Ansicht ist, daß die Voraussetzungen für die Anordnung nicht vorliegen.

4. Vgl. die §§. 1888, 1884 B.G.B.

5. Das Interesse muß ein rechtliches, d. h. sich auf die Rechtsverhältnisse des Beschwerdeführers beziehendes, kein bloß menschliches oder rein wirthschaftliches (pekuniäres) sein. Es braucht aber nicht nothwendig ein vermögensrechtliches, ja nicht einmal ein privatrechtliches zu sein. Ein rechtliches Interesse hat z. B. der Gläubiger; darüber, ob auch der Gegenkontrahent eines Vertrags s. Anm. 2 Abs. 5. Das Interesse muß ferner ein eigenes sein; die Wahrnehmung eines Interesses des Mündels giebt als solche kein Beschwerderecht. Vgl. über den Begriff des rechtlichen Interesses Schultzenstein in der Zeitschrift Bd. 25 S. 220 ff.

6. Oder desjenigen, dessen Stellung unter Vormundschaft beantragt worden ist, vgl. Anm. 4 zu §. 1779 B.G.B.

7. Bezüglich der vorläufigen Vormundschaft vgl. Nr. 2.

8. Ueber die Voraussetzungen für Anordnung und

Aufhebung einer vorläufigen Vormundschaft s. die §§. 1906, 1908 B.G.B. Den Antrag auf Entmündigung können stellen: der Ehegatte, ein Verwandter, der mit der Sorge für die Person betraute gesetzliche Vertreter sowie, wenn es sich um Entmündigung wegen Geisteskrankheit oder Geistesschwäche handelt, der Staatsanwalt bei dem vorgesetzten Landgericht und bei der Entmündigung wegen Verschwendung oder Trunksucht der Armenverband, dem die Fürsorge für den zu Entmündigenden im Falle seiner Hülfsbedürftigkeit obliegen würde. Gegen eine Person, die unter elterlicher Gewalt oder Vormundschaft steht, kann von Verwandten der Antrag garnicht, gegen eine Ehefrau nur dann gestellt werden, wenn auf Aufhebung der ehelichen Gemeinschaft erkannt ist, oder wenn der Ehemann die Ehefrau verlassen hat, oder wenn der Ehemann zur Stellung des Antrags dauernd außer Stande oder sein Aufenthalt dauernd unbekannt ist (§§. 646, 680 Abs. 3—5 C.P.O., Art. 1 unter III des Ausführungsgesetzes zum Reichsgesetze vom 17. Mai 1898, betr. Aenderungen der Civilprozeßordnung, vom 22. September 1899, G.S. 1899 S. 281, Allgemeine Verfügung des Ministers des Innern vom 16. November 1899, betr. die Stellung von Anträgen auf Entmündigung wegen Verschwendung oder wegen Trunksucht durch die Armenverbände, M.Bl. f. d. i. V. 1899 S. 227).

9. Vgl. §§. 1909 ff. B.G.B.

10. Das sind die Fälle der Pflegschaft über Personen, die unter elterlicher Gewalt oder Vormundschaft stehen, (§. 1909 B.G.B.) und über Gebrechliche (§. 1910 B.G.B.).

Ist im Falle des §. 1910 B.G.B. eine Verständigung mit dem Pflegebefohlenen möglich, so hat nur dieser selbst das Beschwerderecht.

11. Vgl. die §§. 1858, 1859, 1879, 1880 B.G.B., §. 60 Nr. 4 dieses Gesetzes.

12. Vgl. Anm. 2.

13. Zu solchen Anträgen ist der Gegenvormund verpflichtet (§. 1799 B.G.B.).

14. Nicht den Verwandten noch der Ehefrau (Centralblatt Bd. 1 S. 282), wohl aber auf Grund des §. 20 z. B. dem Nacherben. Wird dem Gegenvormund eine Vergütung bewilligt, so steht dem Vormund als Vertreter des Mündels die Beschwerde auf Grund des §. 20 zu.

15. Die §§. 1665—1667 B.G.B. betreffen Maßregeln, zu denen das Vormundschaftsgericht bei elterlicher Gewalt befugt ist.

16. Hierunter ist nur eine solche Angelegenheit zu verstehen, bei der es sich unmittelbar um die Wahrnehmung der Sorge für die Person handelt (Seuffert Bd. 56 S. 117); vgl. Anm. 8 zu §. 59.

17. Nicht bloß ein rechtliches, wie oben bei Nr. 1 und 3. Es handelt sich hier also um die Wahrnehmung lediglich von Interessen des Mündels und um eine Art von Vertretung des Mündels durch Jedermann. Ueber den Begriff des berechtigten Interesses vgl. Schultzenstein in der Zeitschrift Bd. 25 S. 220ff.

18. Z. B. dem Gemeindewaisenrath (vgl. Jahrbuch Bd. 20 S. A 139), dem Pfarrer, Lokalschulinspektor, der Armenverwaltung, Schulgemeinde, freiwilligen Vereinen zur Förderung des Wohls der Jugend, einzelnen Mitgliedern des Familienraths, auch dem Vormundschaftsrichter, soweit Familienrathsbeschlüsse in Frage kommen, u. s. w. (Reichst.Kom.Ber.). Ferner namentlich dem freiwilligen Erziehungsbeirath für schulentlassene Waisen in Berlin (s. über diesen Pr.V.Bl. Bd. 18 S. 441), nicht aber unter allen Umständen dem Dienstherrn eines Mündels, dessen Dienstverhältniß gelöst werden soll (Entsch. Bd. 1 S. 187). Vgl. Anm. 1 letzten Abs. zu Art. 184 E.G.

19. In den Fällen des §. 60 Abs. 1 Nr. 1—6 sind also nur diejenigen zur Beschwerde berechtigt, deren Recht durch die Verfügung beeinträchtigt bezw. deren Antrag zurückgewiesen ist (§. 20), oder die nach der Nr. 4 des §. 57 ein Beschwerderecht haben.

20. Vgl. über die frühere Beschwerde in Vormund=

schaftssachen Hinrichs im Archiv für die civilistische Praxis Bd. 75 S. 119 ff. und über das jetzige Beschwerderecht in Vormundschaftssachen Schultzenstein in der Zeitschrift Bd. 25 S. 189—228.

§. 58.[1])

Führen mehrere Vormünder oder Pfleger die Vormundschaft oder die Pflegschaft gemeinschaftlich, so kann jeder von ihnen für den Mündel das Beschwerderecht selbständig ausüben.[2])

Diese Vorschrift findet in den Fällen der §§. 1629, 1798 des Bürgerlichen Gesetzbuchs entsprechende Anwendung.

I Entw. §. 53; II Entw. §. 55; Denkschr. S. 50—52.

1. Vgl. §. 82 Abs. 1.

2. Ausnahme von der Vorschrift des §. 1797 B.G.B.

§. 59.

Ein unter elterlicher Gewalt stehendes Kind oder ein unter Vormundschaft[1]) stehender Mündel kann in allen seine Person[2]) betreffenden Angelegenheiten[3]) ohne Mitwirkung seines gesetzlichen Vertreters das Beschwerderecht ausüben.[4]) Das Gleiche gilt in Angelegenheiten, in denen der Mündel vor einer Entscheidung des Vormundschaftsgerichts gehört werden soll.[5])

Diese Vorschriften finden auf Personen, die geschäftsunfähig sind[6]) oder nicht das vierzehnte Lebensjahr vollendet haben, keine Anwendung.

I Entw. §. 54; II Entw. §. 56; Denkschr. S. 51.

1. Auch einer vorläufigen (§. 1906 B.G.B.), dagegen nicht einer Pflegschaft (Schultzenstein in der Zeitschrift Bd. 26 S. 212), da ein Pflegebefohlener als solcher in seiner Geschäftsfähigkeit nicht beschränkt ist.

2. Nicht bloß die Sorge um die Person, wie in §. 57 Nr. 9.

3. Z. B. wenn die Unterbringung in eine Erziehungs- oder Besserungsanstalt angeordnet, ein Antrag auf Ersetzung der Einwilligung zur Eheschließung abgelehnt wird u. dgl. m. Unter den die Person des Mündels betreffenden Angelegenheiten sind nur solche zu verstehen, bei denen es sich unmittelbar um die Person handelt; hierzu gehören Maßregeln der Vermögensverwaltung des Vormunds nicht. Eine auf Entlassung des Vormunds gerichtete Beschwerde steht daher dem Mündel selbst nur dann zu, wenn der Vormund die Sorge für die Person vernachlässigt hat, nicht aber bei angeblicher Pflichtwidrigkeit in der Vermögensverwaltung (Rechtspr. Bd. 1 S. 76; Seuffert Bd. 56 S. 116).

4. Das dem Mündel zustehende Beschwerderecht (Anm. 2 Abs. 2 zu §. 57) wird an sich durch den Vormund und, soweit dieser verhindert ist, gemäß §. 1909 B.G.B. durch einen Pfleger ausgeübt (vgl. §. 107 B.G.B., wonach der Minderjährige zu einer Willenserklärung, durch die er nicht lediglich einen rechtlichen Vortheil erlangt, der Einwilligung seines gesetzlichen Vertreters bedarf). Der §. 59 giebt unter den daselbst bezeichneten Voraussetzungen außerdem dem Mündel selbst die Befugniß, das Beschwerderecht selbständig ohne Mitwirkung des gesetzlichen Vertreters auszuüben.

5. Nämlich über Genehmigung eines Lehr-, Dienst- oder Arbeitsvertrags von längerer Dauer, über die Entlassung aus dem Staatsverbande und, wenn der Mündel das 18. Lebensjahr vollendet hat, über die Genehmigung der in den §§. 1821, 1822 Nr. 3 B.G.B. bezeichneten Rechtsgeschäfte (§. 1827 B.G.B.). Das

Beschwerderecht des Mündels wird weder dadurch beseitigt, daß seine Anhörung unterblieben ist, noch dadurch, daß der Mündel bei seiner Anhörung der Verfügung zugestimmt, später aber seine Ansicht geändert hat (Denkschr.).

6. Deren Willenserklärungen sind nichtig (§. 105 B.G.B.).

§. 60.

Die sofortige Beschwerde[1] findet statt:[2]

1. gegen eine Verfügung, durch die ein als Vormund, Pfleger, Gegenvormund, Beistand oder Mitglied des Familienraths Berufener übergangen wird;[3]
2. gegen eine Verfügung, durch welche die Weigerung, eine Vormundschaft, Pflegschaft, Gegenvormundschaft oder Beistandschaft zu übernehmen, zurückgewiesen wird;[4]
3. gegen eine Verfügung, durch die ein Vormund, Pfleger, Gegenvormund oder Beistand gegen seinen Willen entlassen wird;[5]
4. gegen eine Verfügung, durch die der Familienrath aufgehoben oder ein Mitglied des Familienraths gegen seinen Willen entlassen wird;[6]
5. gegen eine Verfügung, durch die ein Volljähriger unter vorläufige Vormundschaft gestellt wird;[7]
6. gegen Verfügungen, die erst mit der Rechtskraft wirksam werden.[8]

Die Frist beginnt in den Fällen des Abs. 1 Nr. 1

mit dem Zeitpunkt, in welchem der Beschwerdeführer von seiner Uebergehung Kenntniß[9]) erlangt, im Falle der Aufhebung des Familienraths mit dem Zeitpunkt, in welchem das Vormundschaftsgericht die bisherigen Mitglieder von der Aufhebung in Kenntniß setzt.[10])

I Entw. §. 55; II Entw. §. 57; Denkschr. S. 50—52.

1. Vgl. wegen der Frist und der Unzulässigkeit einer Aenderung der erlassenen Verfügung bei der sofortigen Beschwerde die §§. 18, 22.

2. Wegen der Berechtigung zur Einlegung der sofortigen Beschwerde s. Anm. 19 zu §. 57.

3. Vgl. die §§. 1776, 1778, 1792 Abs. 4, 1861, 1897, 1899, 1915—1917 B.G.B. Es ist gleichgültig, ob die Uebergehung eine absichtliche oder irrthümliche war.

4. Vgl. die §§. 1785, 1786, 1787, 1788, 1792 Abs. 4, 1897, 1915 B.G.B.

5. Vgl. die §§. 1886—1888, 1895, 1897, 1915 B.G.B. Wird die Vormundschaft oder Pflegschaft überhaupt aufgehoben, so ist gegen den Aufhebungsbeschluß die einfache, unbefristete Beschwerde nach §. 20 gegeben.

6. Vgl. die §§. 1879, 1880 B.G.B. Ueber die Zuständigkeit zur Entscheidung bei der Beschwerde über Entlassung eines Familienrathsmitglieds vgl. §. 64 dieses Gesetzes und §. 1878 Abs. 2 B.G.B.

7. Vgl. §. 1906 B.G.B.

8. Vgl. §. 58.

9. Bestimmte und sichere, aber dann gleichviel, auf welchem Wege; ungewisse Mittheilungen genügen nicht.

10. Ausnahmen von dem Grundsatze des §. 22 Abs. 1, welche durch das praktische Bedürfniß geboten sind; bei der Aufhebung eines Familienraths insbesondere deswegen, weil auch die Verwandten und Verschwägerten des Mündels beschwerdeberechtigt sind.

§. 61.

Wird eine Verfügung, durch die ein Volljähriger unter vorläufige Vormundschaft gestellt ist, von dem Beschwerdegericht[1]) aufgehoben, so kann die Wirksamkeit der von oder gegenüber dem Volljährigen vorgenommenen Rechtsgeschäfte nicht auf Grund der aufgehobenen Verfügung in Frage gestellt werden.[2])

I Entw. §. 56; II Entw. §. 58; Denkschr. S. 52.

1. Nicht also, wenn sie vom Vormundschaftsgerichte selbst auf Grund des §. 1908 Abs. 3 B.G.B. aufgehoben wird.

2. Die Aufhebung hat mithin für den Mündel rückwirkende Kraft, für den Vormund nicht. Diese Vorschrift entspricht den Bestimmungen, die im §. 115 Abs. 1 Satz 1, Abs. 2 B.G.B. für den Fall der Aufhebung eines ungerechtfertigten Entmündigungsbeschlusses sowie für den Fall einer auf Grund des §. 1908 Abs. 1 daselbst eintretenden Beendigung der vorläufigen Vormundschaft getroffen sind (Dentschr.).

Praktische Schwierigkeiten können entstehen, wenn von oder gegenüber dem Entmündigten und dessen Vormunde während des Bestehens der Vormundschaft unvereinbare Rechtsgeschäfte in Beziehung auf denselben Gegenstand vorgenommen sind, z. B. derselbe Gegenstand an verschiedene Personen verkauft ist. In einem solchen Falle wird, wenn die Verpflichtung aus dem einen Rechtsgeschäfte schon erfüllt ist, das andere wegen unverschuldeter Unmöglichkeit der Leistung ohne weiteres hinfällig (§.275 B.G.B.); sind beide Geschäfte noch nicht erfüllt, so ist das ältere zu erfüllen; bei gleichzeitiger Vornahme tritt Unwirksamkeit beider Rechtsgeschäfte ein.

§. 62.

Soweit eine Verfügung nach §. 55 von dem Vormundschaftsgerichte nicht mehr geändert werden kann, ist auch das Beschwerdegericht nicht berechtigt, sie zu ändern.[1])

I Entw. §. 57; II Entw. §. 59 Abs. 1; Denkschr. S. 52, 48, 50; Reichst.Kom.Ber. S. 44, 42, 85.

1. Vgl. Anm. 2 zu §. 55. Das Beschwerderecht selbst wird durch den §. 62 nicht beseitigt, die Beschwerde ist aber auf Grund des §. 62 ohne sachliche Prüfung zurückzuweisen (Schultzenstein in der Zeitschrift Bd. 25 S. 204 bis 206).

§. 63.

Auf die weitere Beschwerde[1]) finden die Vorschriften der §§. 57 bis 62 entsprechende Anwendung.

I Entw. §. 58; II Entw. §. 60; Denkschr. S. 52; Reichst.Kom.Ber. S. 44—46.

1. Vgl. wegen dieser die §§. 27—30. Sie geht in Preußen an das Kammergericht (§. 199 Abs. 1 und Art. 7, 8 P.F.G.G. in Anm. 1 zu §. 199). Vgl. Anm. 6 zu §. 46, Anm. 8 zu §. 64, Anm. 1 zu §. 5.

§. 64.

Gegen eine Verfügung, durch die über die Entlassung eines Mitglieds des Familienraths von dem Gerichte, welches dem Vormundschaftsgericht im Instanzenzuge vorgeordnet ist,[1]) entschieden wird, findet die Beschwerde[2]) an das Oberlandesgericht[3]) statt. Die weitere Beschwerde ist ausgeschlossen.[4])

I Entw. §. 59; II Entw. §. 61; Denkschr. S. 52.

1. Nur ein solches ist nach dem §. 1878 Abs. 2 B.G.B. zur Entlassung eines Familienrathsmitglieds gegen dessen Willen befugt.

2. D. i. die sofortige (§. 60 Nr. 4).

3. An sich an das örtlich zuständige, in Preußen jedoch gemäß der Bestimmung in §. 199 Abs. 2 und Art. 8 P.F.G.G., wonach das Gericht, dem nach Abs. 1 des §. 199 (s. Anm. 1 zu §. 63) die Entscheidung zugewiesen wird, zugleich für die Beschwerde gegen eine Verfügung des Landgerichts an die Stelle des nach §. 64 zuständigen Oberlandesgerichts tritt, in Aenderung des früheren Rechtszustandes (Jahrbuch Bd. 5 S. 5, vgl. jedoch hiergegen Jastrow S. 388) an das Kammergericht.

4. Abweichung von §. 27.

Neben den vorstehenden besonderen Vorschriften über die Vormundschaftssachen finden bei diesen noch die Allgemeinen Vorschriften sowie einige Vorschriften aus dem elften Abschnitte „Schlußbestimmungen" des Gesetzes Anwendung. Dieselben lauten:

Erster Abschnitt.

Allgemeine Vorschriften.

§. 1.

Für diejenigen Angelegenheiten der freiwilligen Gerichtsbarkeit, welche durch Reichsgesetz den Gerichten übertragen sind, gelten, soweit nicht ein Anderes bestimmt ist, die nachstehenden allgemeinen Vorschriften.

§. 2.

Die Gerichte haben sich Rechtshülfe zu leisten.

Die §§. 158 bis 169 des Gerichtsverfassungsgesetzes finden Anwendung.

§. 3.

Soweit für die örtliche Zuständigkeit der Gerichte der Wohnsitz eines Betheiligten maßgebend ist, bestimmt sich für Deutsche, die das Recht der Exterritorialität genießen, sowie für Beamte des Reichs oder eines Bundesstaats, die im Ausland angestellt sind, der Wohnsitz nach den Vorschriften des §. 15 der Civilprozeßordnung.

§. 4.

Unter mehreren zuständigen Gerichten gebührt demjenigen der Vorzug, welches zuerst in der Sache thätig geworden ist.

§. 5.

Besteht Streit oder Ungewißheit darüber, welches von mehreren Gerichten örtlich zuständig ist, so wird das zuständige Gericht durch das gemeinschaftliche obere Gericht bestimmt.[1] Ist das zuständige Gericht in einem einzelnen Falle an der Ausübung des Richteramts rechtlich oder thatsächlich verhindert, so erfolgt die Bestimmung durch das ihm im Instanzenzuge vorgeordnete Gericht.

Eine Anfechtung der Entscheidung findet nicht statt.

1. Bei Streit oder Ungewißheit über die sachliche Zuständigkeit findet nur die den Betheiligten nach §. 20 gegebene Beschwerde statt. Streit oder Ungewißheit über die örtliche Zuständigkeit liegen allein dann vor, wenn

sie ihren Grund darin haben, daß den Gerichten territorial abgegrenzte Bezirke zugewiesen sind, und daß ein Gericht über die örtlichen Grenzen seines Sprengels hinaus keine Gerichtsbarkeit hat.

Nur zwischen Behörden schwebende Zuständigkeitsstreite sind nach §. 5 zu entscheiden; wenn eine Partei die Unzuständigkeit des Vormundschaftsgerichts rügt, so ist die Zuständigkeit im regelmäßigen Beschwerdewege zum Austrage zu bringen (Jahrbuch Bd. 2 S. 39, 40, Bd. 20 S. A 121).

In Preußen ist das Kammergericht das gemeinschaftliche obere Gericht für alle preußischen Gerichte (§. 199, Art. 7, 8 P.F.G.G.).

§. 6.[1])

Ein Richter[2]) ist von der Ausübung des Richteramts kraft Gesetzes ausgeschlossen:

1. in Sachen, in denen er selbst betheiligt ist oder in denen er zu einem Betheiligten in dem Verhältniß eines Mitberechtigten oder Mitverpflichteten steht;
2. in Sachen seiner Ehefrau, auch wenn die Ehe nicht mehr besteht;
3. in Sachen einer Person, mit der er in gerader Linie oder im zweiten Grade der Seitenlinie verwandt oder verschwägert ist;
4. in Sachen, in denen er als Vertreter eines Betheiligten bestellt oder als gesetzlicher Vertreter eines solchen aufzutreten berechtigt ist

Ein Richter kann sich der Ausübung seines Amtes wegen Befangenheit enthalten. Die Ablehnung eines Richters ist ausgeschlossen.[3])

1. Vgl. Anm. 1 zu §. 7.

2. Nicht auch ein Mitglied des Familienraths, vgl. §. 1874 Abs. 3 B.G.B.

3. Anders in Preußen früher für die Vormundschafts- und Pflegschaftssachen (Jahrbuch Bd. 3 S. 41).

§. 7.[1])

Gerichtliche Handlungen sind nicht aus dem Grunde unwirksam, weil sie von einem örtlich unzuständigen Gericht oder von einem Richter vorgenommen sind, der von der Ausübung des Richteramts kraft Gesetzes ausgeschlossen ist.

1. Art. 2 P.F.G.G. bestimmt ergänzend:

Wirkt in einer Angelegenheit der freiwilligen Gerichtsbarkeit, die nicht in der Beurkundung eines Rechtsgeschäfts besteht, ein Gerichtsschreiber mit, so finden auf ihn die Vorschriften der §§. 6, 7 des Reichsgesetzes über die Angelegenheiten der freiwilligen Gerichtsbarkeit entsprechende Anwendung.

Die Zuziehung eines Gerichtsschreibers kann in den Fällen, in welchen das Gesetz sie nicht vorschreibt, erfolgen, wenn sie zur sachgemäßen Erledigung des Geschäfts zweckmäßig ist.

§. 8.

Auf das gerichtliche Verfahren finden die Vorschriften des Gerichtsverfassungsgesetzes über die Gerichtssprache, über die Sitzungspolizei und über die Berathung und Abstimmung entsprechende Anwendung, die Vorschriften über die Gerichtssprache mit den sich aus dem §. 9 ergebenden Abweichungen.

§. 9.

Der Zuziehung einer Dolmetschers bedarf es nicht, wenn der Richter der Sprache, in der sich die betheiligten Personen erklären, mächtig ist; die Beeidigung des Dolmetschers ist nicht erforderlich, wenn die betheiligten Personen darauf verzichten. Auf den Dolmetscher finden die Vorschriften des §. 6 entsprechende Anwendung.

§. 10.

Auf das gerichtliche Verfahren sind die Gerichtsferien ohne Einfluß. Die Bearbeitung der Vormundschaftssachen und der Nachlaßsachen kann während der Ferien unterbleiben, soweit das Bedürfniß einer Beschleunigung nicht vorhanden ist.[1])

1. Nach pflichtmäßigem Ermessen, so daß die Eingänge während der Ferien einer entsprechenden Prüfung unterzogen werden müssen. Unterbleibt die Bearbeitung während der Gerichtsferien, so ist deshalb nur die Beschwerde im Aufsichtswege, nicht die nach den §§. 19 ff. gegeben; auch können Ersatzansprüche entstehen.

§. 11.

Anträge und Erklärungen können zum Protokolle des Gerichtsschreibers des zuständigen Gerichts oder des Gerichtsschreibers eines Amtsgerichts erfolgen.

§. 12.

Das Gericht hat von Amtswegen die zur Feststellung der Thatsachen erforderlichen Ermittelungen zu veranstalten und die geeignet erscheinenden Beweise aufzunehmen.

§. 13.

Die Betheiligten können mit Beiständen erscheinen. Sie können sich, soweit nicht das Gericht das persönliche Erscheinen anordnet,[1] auch durch Bevollmächtigte vertreten lassen. Die Bevollmächtigten haben auf Anordnung des Gerichts oder auf Verlangen eines Betheiligten die Bevollmächtigung durch eine öffentlich beglaubigte Vollmacht nachzuweisen.

1. Oder die Vornahme der Handlung durch einen Vertreter ausgeschlossen ist, wie bei der Bestellung eines Vormunds (Anm. 2 zu §. 1789 B.G.B.) und bei der Ausübung des Amtes als Mitglied eines Familienraths (Anm. 5 zu §. 1872 und Anm. 1 zu §. 1874 B.G.B.).

§. 14.

Die Vorschriften der Civilprozeßordnung über das Armenrecht sowie die Vorschriften der §§. 34 bis 36 der Rechtsanwaltsordnung finden entsprechende Anwendung.

§. 15.

Die Vorschriften der Civilprozeßordnung über den Zeugenbeweis, über den Beweis durch Sachverständige und über das Verfahren bei der Abnahme von Eiden finden entsprechende Anwendung. Ueber die Beeidigung eines Zeugen oder Sachverständigen entscheidet jedoch, unbeschadet der §§. 393, 402 der Civilprozeßordnung, das Ermessen des Gerichts.

Behufs der Glaubhaftmachung einer thatsächlichen Behauptung kann ein Betheiligter zur Versicherung an Eidesstatt zugelassen werden.

§. 16.

Gerichtliche Verfügungen[1]) werden mit der Bekanntmachung an denjenigen, für welchen sie ihrem Inhalte nach bestimmt sind, wirksam.

Die Bekanntmachung erfolgt, wenn mit ihr der Lauf einer Frist beginnt, durch Zustellung nach den für die Zustellung von Amtswegen geltenden Vorschriften der Civilprozeßordnung; durch die Landesjustizverwaltung kann jedoch für Zustellungen im Ausland eine einfachere Art der Zustellung angeordnet werden. In denjenigen Fällen, in welchen mit der Bekanntmachung nicht der Lauf einer Frist beginnt, soll in den Akten vermerkt werden, in welcher Weise, an welchem Orte und an welchem Tage die Bekanntmachung zur Ausführung gebracht ist; durch die Landesjustizverwaltung kann näher bestimmt werden, in welcher Weise in diesen Fällen die Bekanntmachung zur Ausführung gebracht werden soll.

Einem Anwesenden kann die Verfügung zu Protokoll bekannt gemacht werden. Auf Verlangen ist ihm eine Abschrift der Verfügung zu ertheilen.[2])

1. Ueber deren Form bestimmt Art. 18 P.F.G.G.: Die Ausfertigungen gerichtlicher Verfügungen sind von dem Gerichtsschreiber zu unterschreiben und mit dem Gerichtssiegel zu versehen.

2. Vgl. die allgemeine Verfügung des Preuß. Justizministers vom 10. Dezember 1899 über die von Amtswegen zu bewirkenden Zustellungen und Bekanntmachungen gerichtlicher Verfügungen (J.M.Bl. 1899 S. 728).

§. 17.

Für die Berechnung der Fristen gelten die Vorschriften des Bürgerlichen Gesetzbuchs.

Fällt das Ende der Frist auf einen Sonntag oder allgemeinen Feiertag, so endigt die Frist mit dem Ablaufe des nächstfolgenden Werktags.[1]

1. Abs. 2 findet auch bei Handlungen rein thatsächlicher Natur Anwendung, z. B. wenn einem Vormund unter Setzung einer Frist und Androhung einer Ordnungsstrafe eine Handlung aufgegeben worden ist.

§. 18.

Erachtet das Gericht eine von ihm erlassene Verfügung nachträglich für ungerechtfertigt, so ist es berechtigt, sie zu ändern;[1] **soweit eine Verfügung nur auf Antrag erlassen werden kann und der Antrag zurückgewiesen worden ist, darf die Aenderung nur auf Antrag erfolgen.**[2]

Zu der Aenderung einer Verfügung, die der sofortigen Beschwerde unterliegt, ist das Gericht nicht befugt.

1. Streitig ist, ob das Gericht zur Aenderung auch dann noch befugt ist, wenn es auf die — nicht sofortige, vgl. Abs. 2 — Beschwerde die Angelegenheit der Beschwerdeinstanz zur Entscheidung unterbreitet hat (vgl. Keßler im Centralblatt Bd. 1 S. 269 und Jur.Z. Bd. 5 S. 804). Jedenfalls ist es zu einer Aenderung noch befugt, wenn das Beschwerdegericht die bei ihm eingelegte (§. 21 Abs. 1) Beschwerde dem Gericht erster Instanz zur Erwägung, ob es der Beschwerde abhelfen will, mitgetheilt hat (vgl. Schultzenstein in der Zeitschrift Bd. 25 S. 246), und nicht mehr befugt, nachdem das Beschwerdegericht die angefochtene Verfügung für gerecht-

fertigt erklärt hat. Vgl. Anm. 5 zu §. 44 und Anm. 8 zu §. 46.

2. Abs. 1 gilt auch für das Beschwerdegericht (vgl. jedoch §. 29 Abs. 3). Neben dem Abs. 1 bestehen noch einige Sonderbestimmungen, so §. 1875 Abs. 3 B.G.B.

§. 19.

Gegen die Verfügungen[1]) des Gerichts erster Instanz[2]) findet das Rechtsmittel der Beschwerde statt.[3])[4])

Ueber die Beschwerde entscheidet das Landgericht.[5])

1. Vgl. Anm. 2 zu §. 57. Das im Abs. 1 gegebene Beschwerderecht hat auch in Vormundschaftssachen mit der Aufsichtsbeschwerde nichts zu thun. Ebensowenig berührt es die Jedem zustehende Befugniß, das Vormundschaftsgericht auf Unzuträglichkeiten aufmerksam zu machen und dadurch zu einem Einschreiten, das von Amtswegen geschehen muß oder kann, zu veranlassen (vgl. Schultzenstein in der Zeitschrift Bd. 25 S. 193, 194).

2. Sowie des eingesetzten Familienraths oder seines Vorsitzenden.

3. Das Beschwerdegericht ist nicht befugt, über Fragen zu entscheiden, über welche in erster Instanz noch nicht entschieden worden ist (Jahrbuch Bd. 4 S. 77). Im übrigen wird es aber mit der selbständigen Entscheidung aller in die zweite Instanz gediehenen Streitfragen befaßt und ist nicht auf die Beseitigung grober Verstöße und Berichtigung unzweifelhafter Irrthümer beschränkt (Jahrbuch Bd. 6 S. 12 u. 151). Dasselbe darf, wenn es auf den Antrag eines Interessenten die Einleitung einer Pflegschaft angeordnet hat, die über die erfolgte Einleitung von einem anderen Interessenten geführte Beschwerde nicht ohne sachliche Entscheidung unter Hinweis auf den früheren Beschluß ablehnen (Jahrbuch Bd. 4 S. 90). Ebensowenig dürfen vom Beschwerde-

gerichte zweifelhafte Fragen offen gelassen und die Parteien damit zum Prozeßwege verwiesen werden (Jahrbuch Bd. 8 S. 77 u. 82).

4. Wegen der Nothwendigkeit, eine erschöpfende Entscheidung aller in Betracht kommenden Punkte auf ein Mal in den Instanzen vorzunehmen, damit eine definitive Entscheidung thunlichst in einem Instanzenzuge gewonnen werden kann, s. J.M.Bl. 1887 S. 170 und Jahrbuch Bd. 7 S. 308.

5. Ueber eine Ausnahme mit besonders geordnetem Instanzenzuge vgl. §. 64. Fernere Ausnahmen in §. 46 Abs. 3 und §. 47 Abs. 2. Das Landgericht tritt, soweit es auf die Beschwerde selbst eine Entscheidung trifft, an die Stelle des Vormundschaftsgerichts mit den diesem zustehenden Befugnissen (Jahrbuch Bd. 8 S. 35 u. 40). Es hat daher, wenn es sich um die Ertheilung der Genehmigung zu einem von dem Vormund abgeschlossenen Rechtsgeschäfte handelt, das Rechtsgeschäft und dessen Zweckmäßigkeit für den Mündel vollständig zu prüfen und danach eine bestimmte Entscheidung über die Genehmigung oder Nichtgenehmigung zu treffen (Jahrbuch Bd. 8 S. 5 u. 35), auch die Bestimmung des §. 1826 B.G.B. zu beachten. Andrerseits gehen aber doch auch nicht alle Obliegenheiten der ersten Instanz in gleichem Umfange auf das Beschwerdegericht über. Insbesondere kann dieses, wenn über Bestellung eines Vormunds Beschwerde geführt wird, außer bei ungerechtfertigter Uebergehung einer gesetzlich berufenen Person, bloß eine anderweitige Wahl durch das Vormundschaftsgericht anordnen und seinerseits die Einsetzung eines anderen Vormunds nur aussprechen, wenn dessen Qualifikation schon in erster Instanz erörtert und anerkannt worden ist (Jahrbuch Bd. 11 S. 10). Auch ist das Beschwerdegericht, wenn es die Beschwerde für begründet erachtet, befugt, sowohl die erforderlichen weiteren Anordnungen dem Gericht erster Instanz zu übertragen als unter Aufhebung

der Verfügung die Sache zur anderweitigen Entscheidung in die erste Instanz zurückzuverweisen.

§. 20.

(Ist abgedruckt in Anm. 2 zu §. 57).

§. 21.

Die Beschwerde kann bei dem Gerichte, dessen Verfügung angefochten wird,[1]) oder bei dem Beschwerdegericht eingelegt werden.

Die Einlegung erfolgt durch Einreichung einer Beschwerdeschrift[2]) oder durch Erklärung zum Protokolle des Gerichtsschreibers desjenigen Gerichts, dessen Verfügung angefochten wird, oder des Gerichtsschreibers des Beschwerdegerichts.[3])

1. Welches die Beschwerde an das Landgericht zu senden hat.

2. Streitig ist, ob und in welcher Weise es einer Unterzeichnung der Beschwerdeschrift bedarf (vgl. Schultzenstein in der Zeitschrift Bd. 27 S. 514—584).

3. Die zu Protokoll eines anderen Gerichtsschreibers erklärte Beschwerde hat jedoch die Bedeutung einer Beschwerdeschrift; geht sie rechtzeitig bei dem zuständigen Gericht ein, so ist die Frist des §. 22 Abs. 2 gewahrt (vgl. Anm. 2 zu §. 22).

Ueber die Form des Protokolls Schultzenstein a. a. O. S. 521, 572—578.

§. 22.

Die sofortige Beschwerde ist binnen einer Frist von zwei Wochen einzulegen. Die Frist beginnt mit dem Zeitpunkt, in welchem die Verfügung dem Beschwerdeführer bekannt gemacht worden ist.[1])

Einem Beschwerdeführer, der ohne sein Verschulden[2]) verhindert war, die Frist einzuhalten, ist auf Antrag von dem Beschwerdegerichte die Wiedereinsetzung in den vorigen Stand zu ertheilen, wenn er die Beschwerde binnen zwei Wochen nach der Beseitigung des Hindernisses einlegt und die Thatsachen, welche die Wiedereinsetzung begründen, glaubhaft macht. Eine Versäumung der Frist, die in dem Verschulden eines Vertreters ihren Grund hat, wird als eine unverschuldete nicht angesehen. Gegen die Entscheidung über den Antrag findet die sofortige weitere Beschwerde statt. Nach dem Ablauf eines Jahres, von dem Ende der versäumten Frist an gerechnet, kann die Wiedereinsetzung nicht mehr beantragt werden.

1. Vgl. §. 60 Abs. 2.

2. Eine unverschuldete Versäumniß liegt vor, wenn der Gerichtsschreiber eines anderen, als des zuständigen Amtsgerichts, zu dessen Protokoll die Beschwerde erklärt worden ist (Anm. 3 zu §. 21), deren Absendung verzögert (vgl. Fuchs im Recht Bd. 4 S. 822).

§. 23.

Die Beschwerde kann auf neue Thatsachen und Beweise gestützt werden.

§. 24.

Die Beschwerde hat nur dann aufschiebende Wirkung, wenn sie gegen eine Verfügung gerichtet ist, durch die eine Strafe festgesetzt wird.

Das Gericht, dessen Verfügung angefochten wird, kann anordnen, daß die Vollziehung auszusetzen ist.

Das Beschwerdegericht kann vor der Entscheidung eine einstweilige Anordnung erlassen; es kann insbesondere anordnen, daß die Vollziehung der angefochtenen Verfügung auszusetzen ist.

§. 25.

Die Entscheidung des Beschwerdegerichts ist mit Gründen zu versehen.[1])

1. Dagegen sind die Angabe der Namen und die Unterschrift derjenigen Richter, die bei der Entscheidung mitgewirkt haben, nicht erforderlich (Jahrbuch Bd. 1 S. 9 und Bd. 3 S. 8).

§. 26.

Die Entscheidung des Beschwerdegerichts wird in den Fällen, in welchen die sofortige weitere Beschwerde stattfindet, erst mit der Rechtskraft wirksam. Das Beschwerdegericht kann jedoch die sofortige Wirksamkeit der Entscheidung anordnen.[1])

1. Ohne daß, wie nach § 53 Abs. 2, Gefahr im Verzuge vorhanden zu sein braucht.

§. 27.

Gegen die Entscheidung des Beschwerdegerichts[1]) ist das Rechtsmittel der weiteren Beschwerde zulässig,[2]) wenn die Entscheidung auf einer Verletzung des Gesetzes beruht. Die Vorschriften der §§. 550, 551, 561, 563 der Civilprozeßordnung finden entsprechende Anwendung.[3])

1. Als eine mit der weiteren Beschwerde anfechtbare Entscheidung ist auch ein landgerichtlicher Beschluß anzusehen, der nur ein einzelnes Bedenken des Amtsgerichts verworfen und, ohne selbst eine positive Entscheidung

zu treffen, die Sache zur anderweitigen Beschlußfassung an das Amtsgericht zurückverwiesen hat (Jahrbuch Bd. 11 S. 68).

2. Eine Ausnahme hiervon ist im §. 64 getroffen. Vgl. ferner Art. 11 Abs. 2 P.F.G.G. in Anm. 8 zu §. 1875 B.G.B.

Das Rechtsmittel der weiteren Beschwerde setzt voraus, daß bezüglich der zu entscheidenden Frage Beschlüsse der beiden Vorinstanzen ergangen sind (Jahrbuch Bd. 4 S. 70 und Bd. 9 S. 8). Dasselbe ist nur zur Verfolgung bestimmter, in den Vorinstanzen zurückgewiesener Anträge, nicht aber zum Behufe der Extrahirung genereller Anweisungen oder der Beantwortung aufgeworfener Prinzipienfragen gegeben (Jahrbuch Bd. 1 S. 4 und Bd. 9 S. 8). Es befaßt das Kammergericht mit der Entscheidung streitiger Fragen nur in dem Umfange, bis zu welchem die Entscheidung der Vorinstanzen reicht (Jahrbuch Bd. 3 S. 135), insoweit ist aber auch ohne besondere Rüge des Beschwerdeführers allseitig zu prüfen, ob der angefochtene Beschluß auf einer Gesetzesverletzung beruht oder nicht (Recht Bd. 4 S. 485). Ist in den Vorinstanzen die örtliche Zuständigkeit nicht in Zweifel gezogen, so kann die weitere Beschwerde nicht wegen Verletzung der Rechtsnormen über die Gerichtszuständigkeit erhoben, sondern die Zuständigkeitsfrage muß zunächst im geordneten Instanzenzuge zur Entscheidung gebracht werden (Jahrbuch Bd. 3 S. 77). Beruht die Vorentscheidung auf mehreren Gründen, so müssen, um ihre Abänderung zu erzielen, alle Gründe angefochten werden (Jahrbuch Bd. 4 S. 13).

Die auf die weitere Beschwerde ergangene rechtliche Beurtheilung ist für den vorliegenden Fall bindend und schließt die Anwendbarkeit aller anderen, auch der nicht erörterten Vorschriften im Einzelfalle aus (Rechtspr. Bd. 1 S. 311).

3. Vgl. hierzu Jahrbuch Bd. 1 S. 4, 6, 9 u. 51,

Bd. 2 S. 10, Bd. 3 S. 7 u. 71 und Bd. 4 S. 13. Es kann namentlich die weitere Beschwerde nicht auf unrichtige Auslegung von Willenserklärungen, es sei denn, daß dabei gesetzliche Auslegungsregeln verletzt sind (Jahrbuch Bd. 1 S. 6 und Bd. 7 S. 6 u. 180), ferner nicht auf unzutreffende Uebung eines zustehenden Ermessens (Jahrbuch Bd. 3 S. 89), wohl aber darauf gestützt werden, daß da, wo gesetzlich ein richterliches Ermessen zu üben ist, ohne Uebung desselben ein Antrag als gesetzlich unzulässig zurückgewiesen ist (Jahrbuch Bd. 6 S. 81). Die thatsächlichen Feststellungen der Vorinstanzen unterliegen einer Nachprüfung in der Instanz der weiteren Beschwerde nur dann, wenn die Feststellung selbst zugleich den Gegenstand einer Beschwerde wegen Gesetzesverletzung bildet (Jahrbuch Bd. 1 S. 6).

Ein neuer selbständiger Beschwerdegrund ist nicht, wie nach §. 568 C.P.O., erforderlich (Jahrbuch Bd. 2 S. 7).

§. 28.

Ueber die weitere Beschwerde entscheidet das Oberlandesgericht.[1])

Will das Oberlandesgericht bei der Auslegung einer reichsgesetzlichen Vorschrift, welche eine der im §. 1 bezeichneten Angelegenheiten betrifft, von der auf weitere Beschwerde ergangenen Entscheidung eines anderen Oberlandesgerichts, falls aber über die Rechtsfrage bereits eine Entscheidung des Reichsgerichts ergangen ist, von dieser abweichen, so hat es die weitere Beschwerde unter Begründung seiner Rechtsauffassung dem Reichsgerichte vorzulegen.[2]) Der Beschluß über die Vorlegung ist dem Beschwerdeführer bekannt zu machen.[3])

In den Fällen des Abs. 2 entscheidet über die weitere Beschwerde das Reichsgericht.

1. In Preußen das Kammergericht (§. 199, Art. 7, 8 P.F.G.G.).

2. Dem Zwecke, die Oberlandesgerichte in der hiernach erforderlichen Weise über die Rechtsprechung derselben auf dem Laufenden zu erhalten, dient die im Reichs-Justizamte bewirkte Zusammenstellung von Entscheidungen in Angelegenheiten der freiwilligen Gerichtsbarkeit und des Grundbuchrechts.

3. Im Falle der Vorlegung gemäß Abs. 2 bleiben nach Art. IV des Gesetzes, betreffend Aenderungen des Gerichtsverfassungsgesetzes und der Strafprozeßordnung, vom 17. Mai 1898 (R.G.Bl. 1898 S. 252) in Ansehung der Gerichtskosten die Vorschriften maßgebend, welche Anwendung finden, wenn eine solche Beschwerde bei dem Landesgericht erledigt wird; die erhobenen Kosten fließen jedoch in die Reichskasse.

§. 29.

Die weitere Beschwerde kann bei dem Gericht erster Instanz,[1]) bei dem Landgericht[1]) oder bei dem Oberlandesgericht eingelegt werden. Erfolgt die Einlegung durch Einreichung einer Beschwerdeschrift, so muß diese von einem Rechtsanwalt unterzeichnet sein.[2]) Der Zuziehung eines Rechtsanwalts bedarf es nicht, wenn die Beschwerde von einer Behörde[3]) oder von einem Notar eingelegt wird, der in der Angelegenheit für den Beschwerdeführer einen Antrag bei dem Gericht erster Instanz gestellt hat.

Soweit eine Verfügung der sofortigen Beschwerde unterliegt, findet auch gegen die Entscheidung des

Beschwerdegerichts die sofortige weitere Beschwerde statt.

Das Gericht erster Instanz und das Landgericht sind nicht befugt, der weiteren Beschwerde abzuhelfen.[4])

Im Uebrigen finden die Vorschriften über die Beschwerde entsprechende Anwendung.[5])

1. Diese sind nicht befugt, über die Statthaftigkeit der weiteren Beschwerde zu entscheiden und ihre Weiterbeförderung wegen vermeintlicher Unstatthaftigkeit abzulehnen (Jahrbuch Bd. 2 S. 7).

2. Es genügt nicht, wenn nur die Unterschrift des Beschwerdeführers durch einen Rechtsanwalt beglaubigt ist (Jahrbuch Bd. 2 S. 6). Vgl. im übrigen über die Unterzeichnung Schultzenstein in der Zeitschrift Bd. 27 S. 515--520.

3. Ein Pfarrer, der in dieser Eigenschaft über Anordnungen des Vormundschaftsgerichts in Betreff eines seiner Parochie angehörigen Mündels weitere Beschwerde führt, kann dieselbe schriftlich ohne Zuziehung eines Rechtsanwalts einlegen (Jahrbuch Bd. 1 S. 8).

4. Daß die weitere Beschwerde eine sofortige sei, ist nicht gefordert. Bis zu dem Zeitpunkte, wo die weitere Beschwerde eingelegt ist, besteht aber die Abänderungsbefugniß innerhalb der Grenzen des §. 18 Abs. 1 (vgl. Anm. 2 zu §. 18).

5. Einer Bezeichnung der verletzten Rechtsnorm (§. 554 Abs. 2 Nr. 1 C.P.O.) bedarf es bei dem Mangel einer entsprechenden Vorschrift nicht.

Zuständig zur Aufnahme weiterer Beschwerden in Angelegenheiten der freiwilligen Gerichtsbarkeit sind lediglich die Gerichtsschreiber der drei mit der Angelegenheit befaßten Gerichte, nämlich des Amtsgerichts, des übergeordneten Landgerichts und des Kammergerichts. Gerichtsschreiber anderer Gerichte können die weitere Beschwerde nicht rechtswirksam zu Protokoll nehmen (Jahrbuch Bd. 20 S. A 3).

Die frühere Streitfrage, ob die weitere Beschwerde auch zu Protokoll des Amtsrichters erklärt werden kann (Jahrbuch Bd. 4 S. 12, Bd. 8 S. 8 und Jastrow S. 468), ist wegen der entsprechenden Anwendung auch des §. 21 Abs. 2 jetzt verneinend zu beantworten (ebenso Jahrbuch Bd. 20 S. A 145).

§. 30.

Die Entscheidungen über Beschwerden erfolgen bei den Landgerichten durch eine Civilkammer, bei den Oberlandesgerichten und bei dem Reichsgerichte durch einen Civilsenat. Ist bei einem Landgericht eine Kammer für Handelssachen gebildet, so tritt für Handelssachen diese Kammer an die Stelle der Civilkammer.

Die Vorschriften des §. 137 des Gerichtsverfassungsgesetzes[1]) finden entsprechende Anwendung.

1. Betrifft die Einholung von Plenarentscheidungen beim Reichsgericht.

§. 31.

Zeugnisse über die Rechtskraft einer Verfügung sind von dem Gerichtsschreiber erster Instanz zu ertheilen.[1])

1. Vgl. Anm. 2 zu §. 9 F.G.M.G. (unten unter V).

§. 32.

Ist eine Verfügung, durch die Jemand die Fähigkeit oder die Befugniß zur Vornahme eines Rechtsgeschäfts oder zur Entgegennahme einer Willens-

erklärung erlangt,[1]) ungerechtfertigt, so hat, sofern nicht die Verfügung wegen Mangels der sachlichen Zuständigkeit des Gerichts unwirksam ist, die Aufhebung der Verfügung auf die Wirksamkeit der inzwischen von ihm oder ihm gegenüber vorgenommenen Rechtsgeschäfte keinen Einfluß.

1. Z. B. die Genehmigung der Ermächtigung für einen Minderjährigen zum selbständigen Betrieb eines Erwerbsgeschäfts (§. 112 B.G.B.), die Ersetzung der Ermächtigung für einen Minderjährigen, in Dienst oder in Arbeit zu treten (§. 113), die Bestellung als Vormund; vgl. auch §. 7.

§. 33.

Soll in den gesetzlich zugelassenen Fällen Jemand durch Ordnungsstrafen zur Befolgung einer gerichtlichen Anordnung angehalten werden, so muß der Festsetzung der Strafe eine Androhung vorausgehen. Die einzelne Strafe darf den Betrag von dreihundert Mark nicht übersteigen.[1])

1. Vgl. §§. 1788, 1887, 1875 B.G.B., sowie Art. 16 P.F.G.G. in Anm. 9 zu §. 1837 B.G.B.

§. 34.

Die Einsicht der Gerichtsakten kann Jedem insoweit gestattet werden, als er ein berechtigtes Interesse glaubhaft macht. Das Gleiche gilt von der Ertheilung einer Abschrift; die Abschrift ist auf Verlangen zu beglaubigen.[1])

1. Ob gegen die Versagung der Akteneinsicht und der Abschriftertheilung Beschwerde zulässig ist, ist streitig (vgl. Schultzenstein in der Zeitschrift Bd. 25 S. 246 ff.,

Bd. 28 S. 228 ff.; nach Jahrbuch Bd. 20 S. A 1 ist Beschwerde und weitere Beschwerde zulässig; die Versagung kann aber trotz Glaubhaftmachung eines berechtigten Interesses wegen Chikane oder sonstiger unlauterer Absichten geschehen).

Elfter Abschnitt.

Schlußbestimmungen.

§. 185.

Dieses Gesetz tritt gleichzeitig mit dem Bürgerlichen Gesetzbuch in Kraft.

Die Artikel 2 bis 5, 32 des Einführungsgesetzes zum Bürgerlichen Gesetzbuche [1]) finden entsprechende Anwendung.

1. Art. 2 betrifft den Begriff Gesetz, Art. 5 den Begriff Bundesstaat und Art. 32 das Verhältniß zu dem bisherigen Reichsrechte.

§. 189.

Soweit im Einführungsgesetze zum Bürgerlichen Gesetzbuche zu Gunsten der Landesgesetze Vorbehalte gemacht sind, gelten sie auch für die Vorschriften der Landesgesetze über diejenigen Angelegenheiten der freiwilligen Gerichtsbarkeit, welche Gegenstand dieses Gesetzes sind: den Landesgesetzen stehen nach Maßgabe der Artikel 57, 58 des Einführungsgesetzes zum Bürgerlichen Gesetzbuche die Hausverfassungen gleich.[1])

1. Vgl. Anm. 2 zu §. 35 und den Art. 137 P.F.G.G. daselbst.

§. 199.

Durch die Gesetzgebung eines Bundesstaats, in dem mehrere Oberlandesgerichte errichtet sind, kann die Entscheidung über das Rechtsmittel der weiteren Beschwerde einem der mehreren Oberlandesgerichte oder an Stelle eines solchen Oberlandesgerichts dem obersten Landesgerichte zugewiesen werden.[1])

Das Gericht, dem nach Abs. 1 die Entscheidung zugewiesen wird, tritt zugleich für die Beschwerde gegen eine Verfügung des Landgerichts an die Stelle des nach §. 64 und §. 143 Abs. 2 zuständigen Oberlandesgerichts. Auch gilt es im Sinne der §§. 5, 46 als gemeinschaftliches oberes Gericht für alle Gerichte des Bundesstaats.[2])

1. Preußen hat von dem Vorbehalte Gebrauch gemacht, und zwar in Art. 7 und 8 P.F.G.G., welche lauten:

Art. 7. Für die Entscheidung über das Rechtsmittel der weiteren Beschwerde ist das Kammergericht zuständig. Hängt die Entscheidung nach der Auffassung des Kammergerichts von der Auslegung eines in seinem Bezirke nicht geltenden Gesetzes ab, so kann es die weitere Beschwerde demjenigen Oberlandesgerichte zur Entscheidung überweisen, zu dessen Bezirke das Landgericht gehört, welches die angefochtene Entscheidung erlassen hat. Der Ueberweisungsbeschluß ist dem Beschwerdeführer bekannt zu machen.

Art. 8. Die Vorschriften des Artikel 7 gelten, unbeschadet der Zuständigkeit des Reichsgerichts, auch für Grundbuchsachen sowie für diejenigen Angelegenheiten der freiwilligen Gerichtsbarkeit, welche durch Reichsgesetz den Gerichten übertragen sind.

2. Vgl. Anm. 8 zu §. 64, Anm. 1 zu §. 5, Anm 6 zu §. 46.

§. 200.

(Abs. 1.) Durch Landesgesetz können Vorschriften zur Ergänzung und Ausführung dieses Gesetzes, mit Einschluß der erforderlichen Uebergangsvorschriften, auch insoweit erlassen werden, als dieses Gesetz Vorbehalte für die Landesgesetzgebung nicht enthält.

V.

Gesetz über die Fürsorgeerziehung Minderjähriger.

Vom 2. Juli 1900 (G.S. 1900 S. 264).

Wir Wilhelm, von Gottes Gnaden König von Preußen 2c. verordnen mit Zustimmung beider Häuser des Landtags für den Umfang der Monarchie, was folgt:[1]

1. Erlassen auf Grund der Ermächtigung in Art. 135 und 8 E.G. und vom 1. April 1901 ab an die Stelle des Gesetzes, betr. die Unterbringung verwahrloster Kinder, vom 13. März 1878 (G.S. 1878 S. 132) getreten.

Außer der bereits oben S. 75 angezogenen Schrift von Schmitz sind inzwischen noch Bearbeitungen des Gesetzes von von Massow und Nölle erschienen und ferner solche von Aschrott und Wittig angekündigt.

§. 1.

Ein Minderjähriger,[1]) welcher das achtzehnte Lebensjahr noch nicht vollendet hat,[2]) kann[3]) der Fürsorgeerziehung überwiesen werden:

1. wenn die Voraussetzungen des §. 1666[4]) oder des §. 1838[5]) des Bürgerlichen Gesetzbuchs vorliegen und die Fürsorgeerziehung erforderlich ist, um die Verwahrlosung des Minderjährigen zu verhüten;[6])

2. wenn der Minderjährige eine strafbare Handlung[7]) begangen hat, wegen der er in Anbetracht seines jugendlichen Alters strafrechtlich nicht verfolgt werden kann,[8]) und die Fürsorgeerziehung mit Rücksicht auf die Beschaffenheit der Handlung, die Persönlichkeit der Eltern oder sonstigen Erzieher und die übrigen Lebensverhältnisse zur Verhütung weiterer sittlicher Verwahrlosung[9]) des Minderjährigen erforderlich ist;[10])[11])

3. wenn die Fürsorgeerziehung außer diesen Fällen wegen Unzulänglichkeit der erziehlichen Einwirkung der Eltern oder sonstigen Erzieher oder der Schule zur Verhütung des völligen sittlichen Verderbens[12]) des Minderjährigen nothwendig ist.[13])

Begr. S. 8—16; Herr. Komm.Ber. S. 2 und 5; Abg. Komm.Ber. S. 2—7; Herr. Sten. Ber. S. 87; Abg.Sten. Ber. S. 4562—4596.

1. Gleichgültig, ob bevormundet oder unter elterlicher Gewalt stehend, ob Preuße oder Nichtpreuße. Auf Nichtpreußen einschließlich von Nichtdeutschen findet das Gesetz Anwendung, da es sich um Ausübung vormundschaftsähnlicher Befugnisse handelt, diese aber bei nichtpreußischen Deutschen in gleicher Weise erfolgt und auch Ausländern gegenüber erfolgen kann (Art. 28 E. G.; vgl. auch Abg. Komm.Ber. S 28 f.). Wenn demnächst der Minderjährige, dessen Fürsorgeerziehung beschlossen worden ist, aus Preußen abgeliefert wird, so erledigt sich die weitere Fürsorgeerziehung von selbst.

2. Eine untere Altersgrenze, wie früher in Preußen, ist nicht gezogen. Das 18. Lebensjahr wird vollendet

mit Ablauf des dem entsprechenden Geburtstage vorausgehenden Tages (§. 187 Abs. 2 B.G.B.). Bis zu diesem Zeitpunkte muß der die Fürsorgeerziehung aussprechende Beschluß des Vormundschaftsgerichts oder des Landgerichts in der Beschwerdeinstanz — die weitere Beschwerdeinstanz bleibt wegen der beschränkten Natur des Rechtsmittels außer Betracht — ergangen sein; daß er auch die Rechtskraft bis dahin beschritten hat, ist nicht nothwendig.

3. Nicht muß, es sind alle begleitenden Umstände in den Bereich der Erwägung zu ziehen. Sind aber danach die Voraussetzungen des §. 1 als vorhanden anzusehen, so darf die Ueberweisung nicht unterbleiben, sobald gelindere Maßregeln nicht möglich oder aussichtslos sind (Anm. 6).

4. Vgl. Anm. 2 zu §. 1904 B.G.B. Wegen Vermögensgefährdung (§. 1667 B.G.B.) kann die Fürsorgeerziehung niemals beschlossen werden.

5. Vgl. Anm. 3 u. 5 zu §. 1838 B.G.B.

6. Die Voraussetzungen der §§. 1666 und 1838 B.G.B. berechtigen zur Anordnung der Fürsorgeerziehung also nur, wenn letztere erforderlich ist, um die Verwahrlosung des Minderjährigen zu verhüten. Die Fürsorgeerziehung greift so tief in das Verhältniß des Minderjährigen zu seinen Eltern und seiner Familie ein, daß sie in vielen Fällen eine vollständige Loslösung des Minderjährigen von der Familie zur Folge hat. Sie soll daher nur im äußersten Nothfalle, wenn alle anderen dem Vormundschaftsrichter zu Gebote stehenden Maßregeln versagen, zur Anwendung kommen (Begr.). Sie wird mithin meist nicht einzutreten haben beim Vorhandensein der Mittel zu sonstiger geeigneter Unterbringung, ist aber auch hier nicht ausgeschlossen. Es beschränkt sich die Fürsorgeerziehung nicht auf Kinder der ärmeren Klassen, sondern es können ihr auch reiche Kinder überwiesen werden (Abg. Komm.Ber.). Als Verwahrlosung kommt nicht, wie unter Nr. 2, nur sittliche, sondern jede sonstige

geistige und auch die körperliche in Betracht. Völlige Verwahrlosung (s. Nr. 3) ist nicht verlangt.

7. Nicht bloß ein Verbrechen oder Vergehen und gleichviel, ob das Strafgesetzbuch oder ein anderes Gesetz die Strafe androht. In den Fällen der §§. 51—54 des deutschen Strafgesetzbuchs ist eine strafbare Handlung nicht vorhanden und daher auch die Zwangserziehung nach der Nr. 2 nicht zulässig. Dagegen wird diese durch den Mangel des Strafantrags bei den Antragsdelikten und durch den Ablauf der Verjährungsfrist nicht ausgeschlossen. Auch bei im Auslande begangenen strafbaren Handlungen ist sie zulässig, weil sie nicht Strafe, sondern sittenpolizeiliche Maßregel ist (s. Einleitung oben S. 67) und deshalb der Grundsatz, daß wegen der im Auslande begangenen strafbaren Handlungen in der Regel keine Verfolgung stattfindet, außer Anwendung bleibt.

8. In Betracht kommt lediglich §. 55 des Strafgesetzbuchs, welcher in der Fassung des Art. 34 II E.G. lautet:

Wer bei Begehung der Handlung das zwölfte Lebensjahr nicht vollendet hat, kann wegen derselben nicht strafrechtlich verfolgt werden. Gegen denselben können jedoch nach Maßgabe der landesgesetzlichen Vorschriften die zur Besserung und Beaufsichtigung geeigneten Maßregeln getroffen werden. Die Unterbringung in eine Familie, Erziehungsanstalt oder Besserungsanstalt kann nur erfolgen, nachdem durch Beschluß des Vormundschaftsgerichtes die Begehung der Handlung festgestellt und die Unterbringung für zulässig erklärt ist.

Nicht hierher gehört die Vorschrift des §. 56 daselbst, nach welcher der Strafrichter in einem wegen Mangels der zur Erkenntniß der Strafbarkeit der begangenen Handlung erforderlichen Einsicht freisprechenden Urtheile bestimmen kann, daß der über 12 Jahre alte Angeschuldigte in eine Erziehungs- oder Besserungsanstalt gebracht werden solle. Eine solche Bestimmung begründet keine Fürsorgeerziehung im Sinne des Gesetzes vom 2. Juli 1900.

9. Nicht völliger (s. Anm. 6 a. E.); andrerseits muß aber, damit von weiterer sittlicher Verwahrlosung die Rede sein kann, eine sittliche Verwahrlosung bereits begonnen haben (Jahrbuch Bd. 18 S. 56).

10. Durch die Cirkular-Verfügung des Justizministers vom 17. April 1885 (Müller S. 1421 und M.Bl. f. d. i. V. 1885 S. 187) sind die Vormundschaftsgerichte darauf hingewiesen worden, daß bei Prüfung der Frage, ob wegen Bettelns bestrafte Kinder als verwahrloste Kinder auf Grund des Gesetzes vom 13. März 1878 zur Zwangserziehung unterzubringen seien, besonders zu erwägen sei, inwiefern eine sittliche Verwahrlosung solcher Kinder im Sinne jenes Gesetzes anzunehmen und ob nicht etwa die Veranlassung zum Betteln darin zu suchen sei, daß den Kindern und ihren Eltern die zum Lebensunterhalt unentbehrliche Armenunterstützung vorenthalten wird, und es ist, wenn sich ergeben sollte, daß die Gemeindebehörde in der letzteren Beziehung ihrer gesetzlichen Verpflichtung nicht nachgekommen ist, empfohlen, daß die Vormundschaftsgerichte den vorgesetzten Verwaltungsbehörden davon geeignete Mittheilung machen. Auch im Eingange der Ausführungsbestimmungen vom 18. Dezember 1900 (Anm. 1 zu §. 22) ist darauf hingewiesen, daß die verpflichteten Armenbehörden von Aufsichtswegen anzuhalten sind, ihre Schuldigkeit zu thun, wenn die Verwahrlosung des Kindes ihren Grund in wirthschaftlicher Noth der Eltern oder Erzieher oder in mangelhafter Fürsorge für ein verwaistes Kind hat.

11. Für die Frage, ob eine Gefahr weiterer sittlicher Verwahrlosung vorliegt, ist die Zeit der Beschlußfassung maßgebend. Es muß deshalb, wenn zwischen der Begehung der strafbaren Handlung und der Beschlußfassung ein

längerer Zeitraum verflossen ist, klargestellt werden, daß die Gefahr noch besteht (Jahrbuch Bd. 7 S. 28 u. 24).

12. Hier ist also mehr verlangt, als in Nr. 1 und 2 (Anm. 6 u. 9).

13. Ein Verschulden der Eltern oder Erzieher ist nicht gefordert; die Voraussetzungen der §§. 1666, 1838 B.G.B. brauchen nicht vorzuliegen.

§. 2.

Die Fürsorgeerziehung erfolgt unter öffentlicher Aufsicht[1]) und auf öffentliche Kosten[2]) in einer geeigneten Familie[3]) oder in einer Erziehungs- oder Besserungsanstalt.[4]) [5])

Begr. S. 16—20; Herr. Komm.Ber. S. 5—7; Abg. Komm.Ber. S. 7—8; Herr. Sten.Ber. S. 87.

1. Vgl. §§. 9 bis 12.
2. Vgl. §. 15.
3. Vgl. §. 11.
4. Vgl. §. 14.
5. Wegen der Unfallversicherung der Zöglinge s. Schmidt und Mugdan in der Arbeiter-Versorgung Bd. 17 S. 150 u. S. 809.

§. 3.

Die Unterbringung zur Fürsorgeerziehung erfolgt, nachdem das Vormundschaftsgericht[1]) durch Beschluß das Vorhandensein der Voraussetzungen des §. 1 unter Bezeichnung der für erwiesen erachteten Thatsachen festgestellt und die Unterbringung angeordnet hat.[2]) [3])

Begr. S. 12; Herr. Komm.Ber. S. 7; Abg. Komm.Ber. S. 8.

1. Die sachliche und örtliche Zuständigkeit bestimmt

sich nach den §§. 35, 36 F.G.G.; soweit hiernach das bereits mit einer Vormundschaft über den Minderjährigen befaßte Vormundschaftsgericht zuständig ist, tritt an seine Stelle der für diese Vormundschaft vorhandene Familienrath (§. 1872 B.G.B.). Der Thatort einer etwa von dem Minderjährigen begangenen strafbaren Handlung ist unwesentlich (vgl. §. 7). Die §§. 43 und 46 F.G.G. bleiben außer Betracht, weil sie in dem P.F.G.G. nicht unter diejenigen allgemeinen reichsrechtlichen Vorschriften aufgenommen sind, welche auf die durch Landesgesetz den ordentlichen Gerichten übertragenen Angelegenheiten der freiwilligen Gerichtsbarkeit Anwendung finden. Dagegen greifen die Bestimmungen des §. 20 des Ausführungsgesetzes vom 24. April 1878 zum deutschen Gerichtsverfassungsgesetze (G.S. 1878 S. 230), welche früher für Zwangserziehungssachen galten (Jahrbuch Bd. 9 S. 59), jetzt in der Fassung des Art. 130 III P.F.G.G. Platz:

In den durch Landesgesetz den ordentlichen Gerichten übertragenen Angelegenheiten erfolgt die Bestimmung des örtlich zuständigen Gerichts, soweit nicht die Vorschriften der deutschen Prozeßordnungen Anwendung finden, durch das gemeinschaftliche obere Gericht, wenn Streit oder Ungewißheit darüber besteht, welches von mehreren Gerichten örtlich zuständig ist oder wenn ein gemeinschaftlicher Gerichtsstand zu bestellen ist. In Ermangelung eines gemeinschaftlichen oberen Gerichts erfolgt die Bestimmung durch den Justizminister.

Ist das zuständige Gericht in einem einzelnen Falle an der Ausübung des Richteramts rechtlich oder thatsächlich verhindert, so erfolgt die Bestimmung des örtlich zuständigen Gerichts durch das zunächst höhere Gericht, in Ermangelung eines solchen durch den Justizminister.

Eine Anfechtung der Entscheidung findet nicht statt.

Im Sinne der Vorschriften der Abs. 1, 2 gilt als das dem Landgericht im Instanzenzuge vorgeordnete Gericht das Oberlandesgericht, zu dessen Bezirke das Landgericht gehört.

Die Bestimmung des Justizministers ist dabei durch Vermittlung des Oberlandesgerichts-Präsidenten des anrufenden Gerichts einzuholen.

2. Neben sicherer Feststellung des Alters des Minderjährigen sind die für erwiesen erachteten Thatsachen unter Angabe der Beweismittel in den Gründen des Beschlusses anzugeben. Der Tenor desselben ist allgemein dahin zu fassen, daß die Unterbringung des näher zu bezeichnenden Minderjährigen zur Fürsorgeerziehung angeordnet wird, ohne weitere Bezeichnung der Art der Unterbringung, da die Entscheidung hierüber der Verwaltungsbehörde zusteht (§. 9).

Durch die Cirkular-Verfügung des Justizministers vom 24. September 1885 (Müller S. 1419) sind die Vormundschaftsgerichte angewiesen worden, daß sie bei Aufnahme der Vorverhandlungen zur Feststellung der vorhandenen Verwahrlosung, so weit solches geschehen kann, alle Momente in den Kreis ihrer Untersuchung ziehen, welche den unterbringenden Behörden einen Anhalt zur Beurtheilung des Charakters und der bisherigen Führung der betreffenden Kinder gewähren.

3. Die Zwangserziehungssachen sollten als schleunige bezw. als Feriensachen behandelt werden (Allg. Verfügung des Justizministers vom 27. April 1881 im J.M.Bl. 1881 S. 81, sowie Cirkular-Verfügung desselben vom 24. September 1885 bei Müller S. 1419 und Zirkular des Ministers des Innern vom 24. September 1885 im M.Bl. f. d. i. V. 1885 S. 209). Das Gleiche gilt für die Fürsorgeerziehungssachen; §. 10 F.G.G. ist in §. 1 P.F.G.G. nicht mitenthalten, und es kommt für

sie die Bestimmung im §. 91 Abs. 1 Satz 1 des Ausführungsgesetzes vom 24. April 1878 zum deutschen Gerichtsverfassungsgesetze (G.S. 1878 S. 230) zur Anwendung, wonach auf die Angelegenheiten der nichtstreitigen Gerichtsbarkeit die Gerichtsferien ohne Einfluß sind.

Wegen der büreaumäßigen Behandlung der Fürsorgeerziehungssachen s. die Geschäftsordnung für die Gerichtsschreibereien der Amtsgerichte vom 26. November 1899 und die allgemeine Verfügung vom 24. Oktober 1900, unten unter VIII.

§. 4.

Das Vormundschaftsgericht beschließt von Amtswegen[1]) oder auf Antrag.[2]) Zur Stellung des Antrags sind berechtigt und verpflichtet:[3])

der Landrath, in den Hohenzollernschen Landen der Oberamtmann, in Städten mit mehr als 10000 Einwohnern sowie in den nach §. 28 der Kreisordnung für die Provinz Hannover vom 6. Mai 1884 (Gesetz-Samml. S. 181) denselben gleichgestellten Städten[4]) auch der Gemeindevorstand,

in Stadtkreisen der Gemeindevorstand und der Vorsteher der Königlichen Polizeibehörde.[5])

Vor der Beschlußfassung soll das Vormundschaftsgericht, soweit dies ohne erhebliche Schwierigkeit geschehen kann, die Eltern,[6]) den gesetzlichen Vertreter des Minderjährigen und in allen Fällen den Gemeindevorstand,[5]) den zuständigen Geistlichen[5]) und den Leiter oder Lehrer der Schule, welche der Minderjährige besucht,[7]) hören.[8]) Auch hat, wenn die Beschlußfassung nicht auf Antrag erfolgt, das Vormundschaftsgericht zuvor dem Landrath (Oberamtmanne, Gemeindevorstande,[9]) Vorsteher der Königlichen Polizeibehörde) unter Mittheilung der Akten Gelegenheit zu einer Aeußerung zu geben.[10]) [11])

Der Beschluß ist dem gesetzlichen Vertreter des Minderjährigen,[12]) diesem selbst, wenn er das vierzehnte Lebensjahr vollendet hat,[13]) dem Landrath (Oberamtmanne, Gemeindevorstande, Vorsteher der Königlichen Polizeibehörde) und dem verpflichteten Kommunalverbande (§. 14) zuzustellen.[14])

Gegen den Beschluß steht den im Abs. 3 Genannten [15]) die sofortige Beschwerde zu,[16]) dem gesetzlichen Vertreter des Minderjährigen oder diesem selbst jedoch nur dann, wenn der Beschluß auf Unterbringung zur Fürsorgeerziehung lautet. Die Beschwerde hat aufschiebende Wirkung.[17])

Begr. S. 20—21; Herr. Komm.Ber. S. 7—10; Abg. Komm.Ber. S. 8—12; Herr. Sten.Ber. S. 37—40; Abg. Sten.Ber. S. 4596—4605.

1. Sobald zu seiner Kenntniß gelangt, daß die Voraussetzungen vorliegen. Die Anzeige jedes Dritten, selbst eines Unberufenen, ist zu berücksichtigen und einer Prüfung zu unterwerfen. Erweist sie sich aber als unbegründet, so bedarf es nicht der Einleitung eines förmlichen Verfahrens; es kann vielmehr ohne weiteres von dem in den Abs. 2 u. 3 vorgeschriebenen Verfahren Abstand genommen und der Anzeigende entsprechend beschieden werden. Wegen der Beschwerde hierüber vgl. Anm. 15.

Die Beamten der Staatsanwaltschaft haben von den zu ihrer Kenntniß gelangenden Fällen, in welchen Minderjährige, die das 18. Lebensjahr noch nicht vollendet haben, der Verwahrlosung verfallen oder von der nahen Gefahr einer solchen bedroht erscheinen oder einer vor dem vollendeten 12. Lebensjahre begangenen strafbaren Handlung verdächtig sind, dem zuständigen Landrath (Oberamtmann, Gemeindevorstand, Vorsteher der Kgl. Polizeibehörde), bei Gefahr im Verzug auch dem Vormundschaftsgerichte, Mittheilung zu machen. Die gleiche Anzeigepflicht haben die Vorsteher der Gefängnisse, in denen jugendliche Verurtheilte ihre Strafe verbüßen. Diese haben die Mittheilung so zu beschleunigen, daß die Unterbringung zur Fürsorgeerziehung oder die vorläufige Unterbringung (§. 5 des Gesetzes) möglichst im Anschluß an die Strafverbüßung erfolgen kann. Ist der Gefängnißvorsteher zugleich Vormundschaftsrichter und leitet er als solcher die Fürsorgeerziehung von Amtswegen ein, so bedarf es der sonst vorgeschriebenen Anzeige nicht. Auch sollen von den zur Stellung des Antrags verpflichteten Behörden (§. 4) die nachgeordneten Polizei- und Gemeindeorgane, die Waisenräthe und Armenpfleger angewiesen werden, jenen Behörden alle die Fälle zur Kenntniß zu bringen, in denen Kinder von Eltern und Erziehern mißhandelt, vernachlässigt oder körperlich oder geistig verwahrlost werden, wenn Minderjährige eine strafbare Handlung begangen haben oder sich einem ungeordneten, lüderlichen Lebenswandel ergeben, dem zu wehren die Kirche, die Schule und das Elternhaus machtlos sind. Ganz besonders sind Geistliche, Aerzte und Lehrer berufen, da, wo ihnen auf Grund des Fürsorgeerziehungsgesetzes die Anordnung der Fürsorgeerziehung nothwendig erscheint, die geeigneten Anträge zu stellen (Allg. Verfügung des Justizministers vom 6. Februar 1901, J.M.Bl. 1901 S. 81, und Nr. II der Ausführungsbestimmungen vom 18. Dezember 1900, Anm. 1 zu § 22).

Vgl. auch die Allg. Verfügung des Ministers des Innern, betr. die Bewahrung minderjähriger weiblicher

Personen vor unsittlichem Lebenswandel, vom 11. Februar 1899 (M.Bl. f. d. i. V. 1899 S. 46), wonach die Polizeiverwaltungen in allen Fällen, in denen Minderjährige der gewerbsmäßigen Unzucht verdächtig sind und eine an die Eltern oder Vormünder zu richtende Aufforderung, dem unsittlichen Treiben Einhalt zu thun, ohne Erfolg bleibt, dem Vormundschaftsgerichte Mittheilung zu machen, beim Vorliegen einer strafbaren Handlung auch die Zwangserziehung — jetzt die Fürsorgeerziehung — zu betreiben haben.

2. Liegt ein solcher Antrag, d. h. der Antrag eines zur Antragstellung Berechtigten, vor, so muß das in den Abs. 2 u. 3 geordnete Verfahren eingeleitet werden, mag das Vormundschaftsgericht den Antrag für sachlich begründet halten oder nicht.

3. Das Recht und die Pflicht der im Folgenden genannten Behörden zur Antragstellung sind ausschließliche. Vgl. jedoch Anm. 1 Abs. 2.

4. D. i. den Städten, auf welche die Hannoversche revidirte Städteordnung vom 24. Juni 1858 (Hann. G.S. S. 141) Anwendung findet, mit gewissen Ausnahmen.

5. Derjenigen Gemeinde, in welcher das Kind thatsächlich seinen letzten gewöhnlichen Aufenthalt hatte, nicht der Gemeinde des rechtlichen Wohnsitzes oder des Unterstützungswohnsitzes.

6. Zu den Eltern sind auch die uneheliche Mutter und die Adoptiveltern, nicht aber der uneheliche Vater, weitere Vorfahren und Stief- oder Pflegeeltern zu rechnen. Die Eltern sind selbst dann zu hören, wenn ihnen die Sorge für die Person des Kindes entzogen ist.

7. Nicht besucht hat. Hat die Schule einen Leiter, so ist stets dieser und nicht der Lehrer zu hören.

8. Mündlich oder schriftlich. Andererseits genügt es nicht, den bezeichneten Personen und Behörden bloß Gelegenheit zur Aeußerung zu geben (anders im folgenden Satze); sie müssen wirklich gehört werden und haben die

Pflicht, sich irgendwie zu äußern (vgl. Anm. 6 zu §. 1847 B.G.B.). Zu dem Zwecke kann das Vormundschaftsgericht sie, abgesehen von dem Gemeindevorstande, bei dem dies als Behörde nicht möglich ist, laden und zur Erfüllung ihrer Pflicht nach Art. 16, 17 P.F.G.G. zwingen (a. M. Abg. Komm.Ber. S. 14; Abg. Sten.Ber. S. 4608).

Die Anhörung des Minderjährigen selbst ist nicht vorgeschrieben, in der Regel aber zweckmäßig. Auch der Waisenrath braucht nicht nothwendig gehört zu werden.

9. In Landkreisen, sofern es sich um Städte mit mehr als 10000 Einwohnern und um die diesen gleichgestellten hannoverschen Städte handelt, neben dem Landrath, in Stadtkreisen neben dem Vorsteher der Kgl. Polizeibehörde (vgl. Abs. 1).

10. Ist das Verfahren von Amtswegen eingeleitet worden, so braucht die Gelegenheit zur Aeußerung selbst soweit nicht gegeben zu werden, als die betreffende Stelle keine Kenntniß davon hat, daß das Verfahren schwebt.

11. Natürlich kann das Vormundschaftsgericht nach freiem Ermessen vor der Beschlußfassung noch weitere Ermittlungen anstellen, insbesondere Zeugen eidlich oder uneidlich vernehmen, und muß dies thun, wenn es zur Klarstellung der Sache erforderlich ist (vgl. Anm. 8 Abs. 2, §. 7, Art. 1 P.F.G.G., §. 15 Abs. 1 F.G.G.). Eidesnorm und Verfahren bei der Eidesabnahme bestimmen sich im Falle eidlicher Vernehmung nach den §§. 478 bis 484 C.P.O. Die Abhaltung einer Schlußverhandlung ist nicht vorgeschrieben; es kann sogar ganz von mündlicher Verhandlung Abstand genommen werden, wenngleich sich dies im allgemeinen nicht empfehlen dürfte (Herr. Komm.Ber. S. 10). Der Zuziehung eines Gerichtsschreibers bei etwa stattfindender mündlicher Verhandlung bedarf es nicht (vgl. jedoch Art. 2 P.F.G.G. in Anm. 1 zu §. 7 F.G.G.). Im übrigen richtet sich das Verfahren nach dem Ermessen des Vormundschaftsgerichts, welches eine möglichst gründliche und

möglichst schleunige Aufklärung aller für die Beschlußfassung erheblichen Thatumstände herbeizuführen hat.

12. Inhaber der elterlichen Gewalt, Vormund oder Pfleger.

13. Vgl. §. 59 F.G.G.

14. Nach §. 16 F.G.G., vgl. Art. 1 P.F.G.G. und § 7 dieses Gesetzes. Eine Aenderung des einmal erlassenen Beschlusses ist nicht mehr zulässig, nachdem dieser bekannt gemacht worden ist (vgl. Anm. 10 zu §. 18).

15. Nur diesen Personen; Vereine, Behörden, die durch Anzeige die Einleitung des Verfahrens von Amtswegen anregen wollten, können bei Nichtberücksichtigung der Anzeige die Beschwerde nicht einlegen.

16. Ueber die sofortige Beschwerde vgl. Art. 6 und 7 P.F.G.G., §§. 20 bis 27, 29 F.G.G. Die zweiwöchige Beschwerdefrist läuft für jeden Beschwerdeberechtigten besonders von der Zustellung an ihn ab (§. 22 Abs. 1 F.G.G., Art. 6 P.F.G.G.).

17. Die Vollstreckung darf daher erst beginnen, wenn die Nothfrist für alle im Abs. 3 bezeichneten Personen und Behörden abgelaufen ist (vgl. aber §. 5).

§. 5.

Bei Gefahr im Verzuge[1]) kann das Vormundschaftsgericht eine vorläufige Unterbringung des Minderjährigen anordnen.[2]) Die Polizeibehörde des Aufenthaltsorts hat in diesem Falle für die Unterbringung des Minderjährigen in einer Anstalt[3]) oder in einer geeigneten Familie zu sorgen.

Die durch die vorläufige Unterbringung erwachsenden Kosten fallen, sofern die Ueberweisung zur Fürsorgeerziehung demnächst endgültig angeordnet wird, dem verpflichteten Kommunalverbande (§. 14), anderenfalls demjenigen zur Last, welcher die Kosten der örtlichen Polizeiverwaltung zu tragen hat.[4]) Die Polizeibehörde hat in allen Fällen die durch die vorläufige Unterbringung entstehenden Kosten vorzuschießen.

Streitigkeiten über die Angemessenheit der dem Erstattungspflichtigen in Rechnung gestellten Vorschüsse der Polizeibehörde entscheidet der Bezirksausschuß im Beschlußverfahren.[5]) Der Beschluß des Bezirksausschusses ist endgültig.

Begr. S. 20—21; Herr. Komm.Ber. S. 10—11; Abg. Komm.Ber. S. 12—18.

1. D. h., wenn es unbedingt nothwendig ist, den Minderjährigen sofort aus seiner Umgebung zu entfernen, um eine weitere Verwahrlosung während der Zeit bis zum Abschlusse des Verfahrens zu verhüten (Begr.).

2. Bei einer solchen Anordnung wird mit Rücksicht auf ihre einschneidende Wirkung Vorsicht obwalten müssen. Von der im §. 5 dem Richter ertheilten Ermächtigung kann erst Gebrauch gemacht werden, wenn ein hoher Grad von Wahrscheinlichkeit dafür spricht, daß die endgültige Anordnung der Fürsorgeerziehung erfolgen wird. Andrerseits wird die vorläufige Unterbringung doch nicht selten anzuordnen sein (a. M. Abg. Komm.Ber. S. 18), da Abs. 2 bis 4 des §. 4 oft eine sehr rasche Erledigung des Beschlußverfahrens unmöglich machen. Einer Zustellung der Anordnung an den Minderjährigen oder dessen Vertreter bedarf es nicht. Bei ihren Anträgen haben die zuständigen Behörden anzugeben, ob sie eine Gefahr im Verzuge für vorliegend erachten (Ausführungsbestimmungen vom 18. Dezember 1900, Anm. 1 zu §. 22, Nr. III).

3. Die Beschränkung des §. 10 gilt auch hier.

4. D. h. den Amtsbezirken (§. 70 Abs. 4 der Kreis

ordnung vom 18. Dezember 1872, G.S. 1881 S. 179) und den Stadtgemeinden (§. 8 des Gesetzes über die Polizeiverwaltung vom 11. März 1850, G.S. 1850 S. 265), dem Staate auch nicht in den Gemeinden, in welchen die örtliche Polizeiverwaltung von einer königlichen Behörde geführt wird, da es sich um sächliche Kosten handelt (§§. 1, 2 des Gesetzes, betr. die Kosten Königlicher Polizeiverwaltungen in Stadtgemeinden, vom 20. April 1892, G.S. 1892 S. 87).

5. Vgl. die §§. 115 ff. des Gesetzes über die allgemeine Landesverwaltung vom 30. Juli 1883 (G.S. 1883 S. 195). Insoweit ist also der Rechtsweg ausgeschlossen. Dagegen bleibt der Rechtsweg zulässig bei Streitigkeiten über die Frage, ob überhaupt eine Erstattungspflicht vorhanden ist.

§. 6.

Hat die im §. 4 angeordnete Anhörung der Eltern oder des gesetzlichen Vertreters nicht stattfinden können,[1] so sind dieselben berechtigt, die Wiederaufnahme des Verfahrens zu verlangen.[2])

Begr. S. 20--21; Herr. Komm.Ber. S. 11; Abg. Komm.Ber. S. 13.

1. D. h., ist sie unausführbar gewesen, nicht, ist sie nur thatsächlich unterblieben. Im letzteren Falle bedarf es keiner Wiederaufnahme, vielmehr bietet das ordentliche Rechtsmittel der Beschwerde ausreichenden Schutz.

2. Vorausgesetzt, daß die Unterbringung beschlossen war (vgl. §. 4 Abs. 4). Der in dem wieder aufgenommenen Verfahren, für welches die Vorschriften der §§. 3 bis 8 entsprechend gelten, zu erlassende Beschluß wird dahin zu fassen sein, daß die Unterbringung zur Fürsorgeerziehung angeordnet oder nicht für erforderlich erachtet wird und demgemäß der frühere Beschluß aufrecht zu

erhalten oder aufzuheben ist. Auch der im Wiederaufnahmeverfahren erlassene Beschluß ist mit der sofortigen Beschwerde gemäß §. 4 Abs. 4 angreifbar.

§. 7.

Soweit nicht in diesem Gesetz ein Anderes bestimmt ist,[1]) finden auf das gerichtliche Verfahren die allgemeinen Vorschriften über die durch Landesgesetz den ordentlichen Gerichten übertragenen Angelegenheiten der freiwilligen Gerichtsbarkeit Anwendung.[2])

Begr. S. 20–21; Herr. Komm.Ber. S. 11; Abg. Komm.Ber. S. 13—14.

1. Vgl. §. 4 Abs. 3 u. 4, §. 13 Abs. 3.

2. Also das P.F.G.G. und die in diesem für anwendbar erklärten Vorschriften des F.G.G.

§. 8.

Die gerichtlichen Verhandlungen sind gebühren- und stempelfrei; die baaren Auslagen fallen der Staatskasse zur Last.[1]) Ist nach dem Ermessen des Vormundschaftsgerichts die Vernehmung der nach §. 4 Abs. 2 zu hörenden Personen erforderlich gewesen, so haben sie Anspruch auf Erstattung der nothwendigen baaren Auslagen aus der Staatskasse;[2]) dies gilt jedoch nicht für die Eltern des Minderjährigen.[3])

Verträge über die Unterbringung von Zöglingen sind stempelfrei.[4])

Begr. S. 21, Herr. Komm.Ber. S. 11; Abg. Komm.Ber. S. 14—15; Abg. Sten.Ber. S. 4605 bis 4609.

1. Diese Kostenfreiheit erstreckt sich auch auf die Zurückweisung unbegründeter Beschwerden (Jahrbuch Bd. 8 S. 10 u. 128).

2. Nicht jedoch auf Entschädigung für Versäumniß (vgl. §. 1847 Abs. 2 B.G.B.). Anders, wenn sie als Zeugen vernommen sind: in diesem Falle haben sie Anspruch auf Zeugengebühren (Art. 1 P.F.G.G., §. 15 F.G.G., §. 401 C.P.O.).

3. Sind sie aber als Zeugen vernommen worden, so können auch sie Zeugengebühren fordern (vgl. Anm. 2).

4. Auch wenn sie mit Pflege-, Lehr- oder Dienstverträgen verbunden sind.

§. 9.

Die Ausführung der Fürsorgeerziehung liegt dem verpflichteten Kommunalverband ob (§. 14)[1]); er entscheidet darüber, in welcher Weise der Zögling untergebracht werden soll.[2]) Im Falle der Anstaltserziehung ist der Zögling, soweit möglich, in einer Anstalt seines Bekenntnisses unterzubringen. Im Falle der Familienerziehung muß der Zögling mindestens bis zum Aufhören der Schulpflicht in einer Familie seines Bekenntnisses untergebracht werden.

Der Kommunalverband hat dem Vormundschaftsgerichte von der Unterbringung und von der Entlassung des Zöglinges Mittheilung zu machen.[3])

Die Ueberführung des Zöglinges liegt der Polizeibehörde des Aufenthaltsorts ob.[4])

Begr. S. 21; Herr. Komm.Ber. S. 11—12; Abg. Komm.Ber. S. 15—20; Herr. Sten.Ber.

S. 40; Abg. Sten.Ber. S. 4609—4619, 4741 bis 4745.

1. Es werden insoweit das Erziehungsrecht und die sonstige Sorge für die Person des Zöglings, welche dem Vater, der Mutter oder dem Vormunde zustehen (§§. 1631, 1634, 1686, 1798 B.G.B.) eingeschränkt; jedoch ist die Bestellung eines Pflegers nicht erforderlich (streitig). Vgl. auch die §§. 11 und 12.

2. Das Vormundschaftsgericht hat also dem verpflichteten Kommunalverband Ausfertigung seines mit dem Zeugniß über die Rechtskraft (§. 7 dieses Gesetzes und §. 31 F.G.G.) versehenen Beschlusses zur weiteren Veranlassung zu übersenden. Für das frühere Zwangserziehungsverfahren war vom Justizminister vorgeschrieben worden, daß bei Uebersendung des Beschlusses die Verhandlungen, auf Grund deren die Beschlußfassung erfolgt ist, sowie die Vormundschaftsakten zur Einsicht mitzusenden sind (Müller S. 1419, 1421, 1423, M.Bl. f. d. i. V. 1879 S. 6, 1885 S. 147); dies dürfte sich auch fernerhin empfehlen.

Nach den Ausführungsbestimmungen vom 18. Dezember 1900 (Anm. 1 zu §. 22) Nr. V ist der Familienerziehung der Vorzug zu geben, so lange die Zwecke der Fürsorgeerziehung durch Unterbringung in einer Familie nur irgend erreicht werden können, und sind von der Unterbringung in einer Familie vorher der Gemeindevorstand, der zuständige Geistliche, bei schulpflichtigen Kindern auch die Schulbehörde zu benachrichtigen.

3. Nicht hingegen dem Gemeindewaisenrathe. Sofern es sich um bevormundete Kinder handelt, ist dem Gemeindewaisenrath auf dem durch §. 1851 B.G.B. bezeichneten Wege die erforderliche Nachricht zu geben.

4. Auf Ersuchen des verpflichteten Kommunalverbandes oder des Vormundschaftsgerichts.

§. 10.

Die Zöglinge dürfen nicht in Arbeitshäusern[1]) und nicht in Landarmenhäusern, in Anstalten, welche für Kranke, Gebrechliche, Idiote, Taubstumme oder Blinde bestimmt sind, nur so lange untergebracht werden, als es ihr körperlicher oder geistiger Zustand erfordert.

In Ausführung einer eingeleiteten Fürsorgeerziehung kann die Erziehung in der eigenen Familie des Zöglinges unter Aufsicht des Kommunalverbandes[2]) widerruflich angeordnet werden.

Begr. S. 21—22; Herr. Komm.Ber. S. 12 bis 13; Abg. Komm.Ber. S. 20—22; Herr. Sten.Ber. S. 20, 40—49, 209—214; Abg. Sten.Ber. S. 4745—4750.

1. D. h. Anstalten zur Unterbringung der im §. 362 des Strafgesetzbuchs bezeichneten Personen (Bettler, Landstreicher, Prostituirte u. dergl. m.). Ob es zulässig ist, einzelne Räume innerhalb von Arbeits- und Landarmenhäusern für die Zöglinge zu benutzen, wenn eine vollständige Trennung von den Bettlern u. s. w. durchgeführt wird, also bloß die Oberleitung gemeinsam ist, erscheint zweifelhaft, dürfte aber zu bejahen sein (vgl. Herr. Sten.Ber. S. 210—214, Abg. Sten.Ber. S. 4745 bis 4750; die Ausführungsbestimmungen vom 18. Dezember 1900, Anm. 1 zu §. 22, Nr. Vb gestatten in gewissem Umfange eine Verbindung von Erziehungsanstalten mit Landarmen- und Arbeitshäusern). Wegen der Uebergangszeit vgl. §. 23.

2. Vgl. §. 11.

§. 11.

Für jeden in einer Familie untergebrachten Zögling ist zur Ueberwachung seiner Erziehung und

Pflege von dem Kommunalverband ein Fürsorger zu bestellen. Hierzu können auch Frauen bestellt werden.[1])

Begr. S. 22; Herr. Komm.Ber. S. 14; Abg. Komm.Ber. S. 22; Herr. Sten.Ber. S. 49—50; Abg. Sten.Ber. S. 4619—4620.

1. Der Erfolg der Familienerziehung — die Wahl einer geeigneten Familie vorausgesetzt — wird wesentlich bedingt durch eine zweckmäßige und sorgfältige Aufsicht über das Verhalten der Zöglinge und ihre Behandlung. Es ist daher überall, wo die Zwangserziehung eingehend geordnet ist, üblich, für jeden in einer Familie untergebrachten Zögling einen Fürsorger, Vertrauensperson zu bestellen, die mit ihm in persönlicher Berührung steht und der die Erziehung leitenden Behörde über das Verhalten des Zöglings und der Familie Nachricht giebt. Eine gesetzliche Bestimmung darüber findet sich in fast allen neu erlassenen Zwangserziehungsgesetzen. Daß für diese Aufgabe Frauen in allen Fällen, wo es sich um weibliche oder im Kindesalter stehende Zöglinge handelt, ganz besonders geeignet sind, und daß es die Zwecke der Zwangserziehung wesentlich fördern würde, wenn sich geeignete Frauen für diesen Dienst in ausreichender Zahl finden ließen, bedarf keiner Begründung (Begr.).

Als Fürsorger kann auch der Vormund eines bevormundeten Zöglings bestellt werden; dies dürfte sich oft empfehlen, um Kollisionen zu vermeiden (vgl. auch §. 12). Es kommen ferner in Betracht Waisenräthe und Waisenpflegerinnen, die Mitglieder von Fürsorgevereinen (z. B. Vereinen zur Fürsorge für schulentlassene Waisen, vgl. Anm. 18 zu §. 57 F.G.G.), Lehrer, Geistliche u. s. w., endlich zum Zwecke der Kindesfürsorge bestellte, besoldete Beamte der Kommunalverwaltungen. Vgl. die Ausführungsbestimmungen vom 18. Dezember 1900 (Anm. 1 zu §. 22) Nr. VII. Der bestellte Fürsorger ist kein Pfleger (oben

S. 298) und steht deshalb als solcher auch nicht unter der Aufsicht des Waisenraths. Eine unmittelbare Zwangsgewalt hat er weder dem Zöglinge noch seinen Erziehern gegenüber. Er kann nur durch den Einfluß seiner Persönlichkeit wirken und von seinen Wahrnehmungen dem verpflichteten Kommunalverband Anzeige machen. Letzterem liegt es dann ob, falls die Familienerziehung ihren Zweck nicht erfüllt, die erforderlichen Maßnahmen zu ergreifen. Sein Amt ist ein Ehrenamt; nothwendige baare Auslagen werden ihm erstattet (Nr. VIII der Ausführungsbestimmungen).

§. 12.

Auf Antrag des verpflichteten Kommunalverbandes kann, unbeschadet der Vorschriften des Artikel 78 §. 1 des Ausführungsgesetzes zum Bürgerlichen Gesetzbuche,[1]) der Vorstand einer unter staatlicher Aufsicht stehenden Erziehungsanstalt[2]) vor den nach §. 1776 des Bürgerlichen Gesetzbuchs als Vormünder berufenen Personen zum Vormunde der auf Grund der §§. 3 ff. in der Anstalt untergebrachten Zöglinge bestellt werden.[3])

Das Gleiche gilt für Zöglinge, die unter der Aufsicht des Vorstandes der Anstalt in einer von ihm ausgewählten Familie erzogen werden; liegt die Beaufsichtigung der Zöglinge einem von dem verpflichteten Kommunalverbande bestellten Beamten ob, so kann dieser auf Antrag des Kommunalverbandes statt des Vorstandes der Anstalt zum Vormunde bestellt werden.[4])

Neben dem nach den Vorschriften der Abs. 1, 2 bestellten Vormund ist ein Gegenvormund nicht zu

bestellen. Dem Vormunde stehen die nach §. 1852 des Bürgerlichen Gesetzbuchs zulässigen Befreiungen zu.[5])

Begr. S. 22; Herr. Komm.Ber. S. 14; Abg. Komm.Ber. S. 28; Herr. Sten.Ber. S. 50.

1. In Anm. 6 zu Art. 136 E.G.

2. Im Art. 78 A.G. ist nur von Anstalten die Rede, welche unter der Verwaltung des Staates oder einer Gemeindebehörde stehen; hier handelt es sich um Erziehungsanstalten, die im Eigenthum oder unter der Verwaltung von Körperschaften, Stiftungen, Privaten stehen, aber staatlicher Aufsicht unterliegen. Nach den §§. 4 und 9 Allg. Landrecht Th. II Tit. 12, der Kabinetsorder vom 10. Juni 1884 (G.S. 1834 S. 185) und dem Gesetze vom 11. März 1872, betreffend die Beaufsichtigung des Unterrichts- und Erziehungswesens (G.S. 1872 S. 183) unterliegen alle Erziehungsanstalten staatlicher Aufsicht.

3. Der Vorstand — als solcher, s. Anm. e zu Art. 78 A.G. in Anm. 6 zu Art. 136 E.G. — ist nicht gesetzlicher Vormund (vgl. Anm. 1 zu §. 1774 B.G.B.), sondern muß gleich jedem andern Vormunde vom Vormundschaftsgerichte durch Handschlag an Eidesstatt bestellt werden und eine Bestallung erhalten (§§. 1789, 1791 B.G.B.). Ob er zu bestellen ist, unterliegt dem freien Ermessen des Vormundschaftsgerichts, immer jedoch vorausgesetzt, daß ein dahin gehender Antrag des verpflichteten Kommunalverbandes vorliegt. Ohne einen solchen Antrag ist die Bestellung unzulässig, aber nicht nichtig.

4. Vgl. Art. 78 §. 4 A.G. und die vorige Anm.

5. Zwingende Vorschrift, so daß, wenn der Richter Bedenken hat, den Vorstand oder Beamten zum befreiten Vormunde zu bestellen, er von der Bestellung überhaupt Abstand nehmen muß.

§. 13.

Die Fürsorgeerziehung endigt mit der Minderjährigkeit.[1])

Die frühere Aufhebung der Fürsorgeerziehung erfolgt durch Beschluß des Kommunalverbandes[2]) von Amtswegen oder auf Antrag der Eltern[3]) oder des gesetzlichen Vertreters des Minderjährigen, wenn der Zweck der Fürsorgeerziehung erreicht oder die Erreichung des Zweckes anderweit sichergestellt ist.[4])[5]) Die Aufhebung kann unter Vorbehalt des Widerrufs beschlossen werden.[6])

Gegen den ablehnenden Beschluß des Kommunalverbandes[7]) kann der Antragsteller binnen einer Frist von zwei Wochen vom Tage der Zustellung ab[8]) die Entscheidung des Vormundschaftsgerichts anrufen. Gegen den Beschluß des Vormundschaftsgerichts[9]) findet die Beschwerde statt.[10]) Die Beschwerde des Kommunalverbandes hat aufschiebende Wirkung.[11])

Ein abgewiesener Antrag darf vor dem Ablaufe von sechs Monaten nicht erneuert werden.[12])

Begr. S. 22; Herr. Komm.Ber. S. 14; Abg. Komm.Ber. S. 23 bis 25; Herr. Sten.Ber. S. 50.

1. D. h. mit der Vollendung des 21. Lebensjahres oder der Volljährigkeitserklärung (§§. 2 und 3 B.G.B.); ferner noch mit der Aufhebung des die Fürsorgeerziehung anordnenden Beschlusses im Wiederaufnahmeverfahren (§. 6).

2. Vgl. §. 14. Vor der Beschlußfassung ist der Für-

sorger (§. 11) oder Vorsteher der Anstalt, in welcher der Zögling untergebracht ist, zu hören (Ausführungsbestimmungen vom 18. Dezember 1900, Anm. 1 zu §. 22, Nr. IX).

3. Vgl. Anm. 6 zu §. 4.

4. Nicht aus sonstigen Gründen. Insbesondere ist die Auswanderung der Eltern und die Erklärung, das Kind mit nach Amerika nehmen zu wollen, kein Grund, die Fürsorgeerziehung aufzuheben (Jahrbuch Bd. 10 S. 307); vgl. jedoch Anm. 1 zum §. 1. Ebenso bietet eine angebliche Bildungsunfähigkeit des Kindes keinen Entlassungsgrund (O.V.G. Bd. 15 S. 1). Die Fürsorgeerziehung wird auch dadurch nicht unterbrochen, daß der Zögling Idiot oder Epileptiker wird. Er unterliegt dann den für andere Idioten erlassenen Anordnungen, fällt aber trotz seiner Unterbringung in einer entsprechenden Anstalt nicht aus der Fürsorgeerziehung heraus (Abg. Komm.Ber. S. 25).

5. Die Unterbrechung der Fürsorgeerziehung behufs Vollstreckung einer Strafe ist möglichst zu vermeiden. Durch die Allgem. Verfügung des Justizministers vom 6. Februar 1901 (J.M.Bl. 1901 S. 32) Nr. II ist in dieser Beziehung bestimmt worden: Die Strafvollstreckungsbehörden haben in den geeigneten Fällen zu erwägen, ob eine Aussetzung der Strafvollstreckung auf Grund des Allerhöchsten Erlasses vom 28. Oktober 1895 (J.M.Bl. 1895 S. 848) in Erwartung des günstigen Erfolges einer einzuleitenden Fürsorgeerziehung in Aussicht genommen werden kann. Zutreffenden Falles sind die Akten alsbald dem zuständigen Vormundschaftsgerichte (§. 4 des Gesetzes vom 2. Juli 1900) unter Hinweis auf die Thatsachen, welche eine Verwahrlosung oder die Gefahr einer Verwahrlosung erkennen lassen, zur Entschließung über die Einleitung der Fürsorgeerziehung, geeigneten Falles auch über eine vorläufige Unterbringung des Minderjährigen (§. 5 des Gesetzes) vorzulegen. Steht die

Fürsorgeerziehung in Aussicht, so ist bei Befürwortung des Strafaufschubs auf diese Thatsache Bezug zu nehmen.

6. Dies soll die Regel sein und nur unter der Bedingung geschehen, daß sich der Minderjährige freiwillig einer — regelmäßig durch den Fürsorger — auszuübenden Aufsicht unterstellt (Nr. IX der Ausführungsbestimmungen). Der Widerruf hat von dem verpflichteten Kommunalverband auszugehen.

7. Der Beschluß ist nach den für sonstige Zustellungen des Kommunalverbandes geltenden Vorschriften zuzustellen.

8. Die Frist ist gewahrt, wenn innerhalb derselben der Antrag entweder bei dem verpflichteten Kommunalverband oder bei dem Vormundschaftsgericht eingeht.

9. Dieser Beschluß ist den Betheiligten gemäß §. 16 F.G.G. bekannt zu machen (Art. 1 P.F.G.G.).

10. Nach §§. 20 ff. F.G.G. und Art. 4—7 P.F.G.G., wonach auch die weitere Beschwerde an das Kammergericht zulässig ist. Zur Abänderung der einmal erlassenen und bekannt gemachten Entscheidung ist das Vormundschaftsgericht nicht befugt (vgl. Anm. 14 zu §. 4, sowie §. 7 dieses Gesetzes und §. 18 Abs. 2 F.G.G.).

11. Nicht aber die der Eltern und Vertreter des Zöglings.

12. Die sechs Monate sind von der letzten Entscheidung ab zu rechnen: wenn also das Vormundschaftsgericht angerufen worden ist, von der Bekanntmachung seines Beschlusses an den Antragsteller, wenn Beschwerde eingelegt ist, von der des Beschwerdebescheides. Hat der Antragsteller sich bei dem ablehnenden Beschlusse des Kommunalverbandes beruhigt, so rechnen die sechs Monate von der Rechtskraft dieses Beschlusses ab.

§. 14.

Die Provinzialverbände, in der Provinz Hessen-Nassau die Bezirksverbände der Regierungsbezirke

Wiesbaden und Cassel, der Lauenburgische Landes-kommunalverband, der Landeskommunalverband der Hohenzollernschen Lande, sowie der Stadtkreis Berlin sind verpflichtet,[1]) die Unterbringung der durch Beschluß des Vormundschaftsgerichts zur Fürsorgeerziehung überwiesenen Minderjährigen in einer den Vorschriften dieses Gesetzes entsprechenden Weise zu bewirken.[2]) Sie haben für die Errichtung von Erziehungs- und Besserungsanstalten zu sorgen,[3]) soweit es an Gelegenheit fehlt, die Zöglinge in geeigneten Familien sowie in öffentlichen, kirchlichen oder privaten Anstalten unterzubringen,[4]) auch soweit nöthig für ein angemessenes Unterkommen bei der Beendigung der Fürsorgeerziehung zu sorgen.

Zur Unterbringung verpflichtet ist derjenige Kommunalverband, in dessen Gebiete der Ort liegt, als dessen Vormundschaftsgericht das Gericht Beschluß gefaßt hat.

Begr. S. 16; Herr. Komm.Ber. S. 14; Abg. Komm.Ber. S. 25.

1. Darüber, ob eine Fürsorgeerziehung stattfinden soll, hat allein das Vormundschaftsgericht zu beschließen. Einem rechtskräftigen Beschlusse desselben gegenüber darf der Kommunalverband, welcher die Unterbringung herbeizuführen hat, nicht die Erfüllung der bezüglichen Leistungen auf Grund des Einwandes ablehnen, daß der Beschluß sachlich nicht begründet sei (O.V.G. Bd. 7 S. 289).

2. In erster Linie ist die Familienpflege in Aussicht zu nehmen (vgl. Anm. 2 Abs. 2 zum §. 9); diese ist deshalb im §. 2 zuerst genannt.

3. Vgl. die Uebergangsbestimmung in §. 23 Abs. 3.

4. Wegen des Zeitpunktes für die Entlassung zur Zwangserziehung verurtheilter Kinder aus ihrer seitherigen Schule s. Centralblatt für die gesammte Unterrichtsverwaltung 1889 S. 745. Vgl. §. 19.

§. 15.

Die Kosten, welche durch die Ueberführung des Zöglinges in eine Familie oder Anstalt, durch die dabei nöthige reglementsmäßige erste Ausstattung, durch die Beerdigung des während der Fürsorgeerziehung verstorbenen und durch die Rückreise des aus der Fürsorgeerziehung entlassenen Zöglinges entstehen, fallen dem Ortsarmenverband, in welchem er seinen Unterstützungswohnsitz[1]) hat,[2]) zur Last. Ist ein solcher Ortsarmenverband nicht vorhanden, so fallen diese Kosten dem verpflichteten Kommunalverbande (§. 14 Abs. 2) zur Last. Die übrigen Kosten des Unterhalts und der Erziehung[3]) sowie der Fürsorge für entlassene Zöglinge tragen in allen Fällen die Kommunalverbände.

Die Kommunalverbände erhalten zu den nach Abs. 1 von ihnen zu tragenden Kosten aus der Staatskasse einen Zuschuß in Höhe von zwei Dritteln dieser Kosten. Der Betrag des Zuschusses wird jährlich auf Liquidation der im Vorjahr aufgewendeten Kosten oder im Einverständnisse mit den einzelnen Kommunalverbänden periodisch als Bauschsumme von dem Minister des Innern festgesetzt.[4])

Begr. S. 16, 18, 22; Herr. Komm.Ber. S. 14 bis 18; Abg. Komm.Ber. S. 25—30; Herr. Sten.

Ber. S. 50—62; Abg. Sten.Ber. S. 4620—4629, 4750—4754.

1. Vgl. die §§. 9 ff. des Reichsgesetzes vom 6. Juni 1870 über den Unterstützungswohnsitz (B.G.Bl. 1870 S. 360).

2. Die Kosten der Einlieferung, der ersten Ausstattung und der Rückreise sind Armenpflegekosten, und zwar gleichviel, ob der Zwangszögling ortsarm oder landarm ist, und liegen als solche dem fürsorgepflichtigen Orts- oder Landarmenverbande ob, ohne daß der Staat dazu einen Beitrag zahlte (Entscheidungen des Bundesamtes für das Heimathwesen Heft 16 S. 93, ebenso Verfügungen des Ministers des Innern vom 21. August 1891 und 18. Januar 1895 im M.Bl. f. d. i. V. 1891 S. 168 und 1895 S. 20). Nach Entscheidungen des Bundesamtes für das Heimathwesen Heft 18 S. 126 und Heft 25 S. 79, sowie Pr.V.Bl. Bd. 14 S. 348 und Verfügung des Ministers des Innern vom 5. April 1888 (M.Bl. f. d. i. V. 1888 S. 106 und 1898 S. 4) sind jedoch die durch die Unterbringung verwahrloster Kinder erwachsenden Kosten auch nicht theilweise für Kosten der öffentlichen Armenpflege anzusehen, insbesondere ist der auf §. 12 des Gesetzes, betr. die Unterbringung verwahrloster Kinder, vom 13. März 1878, welchem jetzt der §. 15 entspricht, beruhende Anspruch wegen der ersten Ausstattung von verwahrlosten Kindern, die in Zwangserziehung untergebracht werden, kein armenrechtlicher im Sinne der Gesetze über den Unterstützungswohnsitz, und nach Heft 18 S. 126 ff. und Heft 19 S. 148 der angeführten Entscheidungen sowie Pr.V.Bl. Bd. 12 S. 606 sind die Spruchbehörden in Armenstreitsachen nicht zuständig in Rechtsstreitigkeiten zwischen preußischen Armenverbänden, betreffend die Kosten der Einlieferung und Ausstattung der unterzubringenden verwahrlosten Kinder. Vgl. §. 5 und Anm. 5 dazu.

3. Als Kosten der Erziehung im Sinne früher des §. 12, jetzt des §. 15 (s. Anm. 2) Abs. 2 sind antheilsweise auf Staatsfonds zu übernehmen auch diejenigen Reisekosten und Tagegelder, welche an Personen gezahlt werden, die zur regelmäßigen Beaufsichtigung der in Zwangserziehung untergebrachten verwahrlosten Kinder bestellt sind (Verfügung des Ministers des Innern vom 17. November 1881 im M.Bl. f. d. i. V. 1881 S. 244). Ebenso die Stempelkosten für Lehr- und Pflegeverträge bei Gelegenheit der Unterbringung (Verfügung des Ministers des Innern vom 18 Mai 1886 im M.Bl. f. d. i. V. 1886 S. 161); vgl. jedoch Anm. 4 zum §. 8.

4. Wegen Zahlung und Verrechnung dieses Zuschusses s. die Nr. X der Ausführungsbestimmungen vom 18. Dezember 1900 (Anm. 1 zu §. 22).

§. 16.

Die Kommunalverbände sind berechtigt, die Erstattung der während der Fürsorgeerziehung entstandenen Kosten des Unterhalts eines Zöglinges von diesem selbst[1]) oder von dem auf Grund des bürgerlichen Rechtes zu seinem Unterhalte Verpflichteten zu fordern.[2]) Dieselbe Berechtigung steht den Ortsarmenverbänden hinsichtlich der ihnen nach §. 15 Abs. 1 zur Last fallenden Kosten zu.

Für die Erstattungsforderung der Kommunalverbände sind Tarife zu Grunde zu legen, welche von dem Minister des Innern nach Anhörung der Kommunalverbände festgesetzt werden. Die Kosten der allgemeinen Verwaltung der Fürsorgeerziehung, des Baues und der Unterhaltung der von den Kommunalverbänden errichteten Anstalten bleiben hierbei außer Ansatz.

Wird gegen den Erstattungsanspruch Widerspruch erhoben, so beschließt darüber auf Antrag des Kommunalverbandes oder Ortsarmenverbandes der Bezirksausschuß.[3])

Der Beschluß ist vorbehaltlich des ordentlichen Rechtswegs endgültig.[8])

Zwei Drittel der durch die Kommunalverbände von den Erstattungspflichtigen eingezogenen Beträge sind auf den Beitrag des Staates (§. 15 Abs. 2) anzurechnen.

Herr. Komm.Ber. S. 18, 19; Abg. Komm.Ber. S. 30, 81; Herr. Sten.Ber. S. 62.

1. Zur Deckung der durch die Fürsorgeerziehung verursachten Kosten soll das Vermögen der Kinder nur in Anspruch genommen werden, wenn und soweit es den Betrag von 800 Mark übersteigt (Nr. X der Ausführungsbestimmungen vom 18. Dezember 1900, Anm. 1 zu §. 22).

2. Abgesehen von besonderen Verträgen, letztwilligen Bestimmungen u. s. w. sind nur Verwandte in gerader Linie und Ehegatten unterhaltspflichtig (§§. 1601, 1608 B.G.B.).

8. Der ordentliche Rechtsweg ist also unzulässig, so lange nicht der Bezirksausschuß angerufen worden ist und beschlossen hat. Da aber eine Frist zur Beschreitung des Rechtswegs nicht gesetzt ist, so kann auch noch nach Vollstreckung des Beschlusses des Bezirksausschusses (§. 60 des Gesetzes über die allgemeine Landesverwaltung vom 30. Juli 1883, G.S. 1883 S. 195) geklagt werden, und zwar nunmehr auf Zurückzahlung der zu Unrecht beigetriebenen Kosten.

§. 17.

Die Kommunalverbände haben für die Ausführung der Fürsorgeerziehung und für die Verwaltung der von ihnen errichteten Erziehungs- und Besserungsanstalten Reglements zu erlassen.[1])

Die Reglements bedürfen der Genehmigung der Minister des Innern und der geistlichen, Unterrichts- und Medizinal-Angelegenheiten in Betreff derjenigen Bestimmungen, welche sich auf die Aufnahme, die Behandlung, den Unterricht und die Entlassung der Zöglinge beziehen.[2])

Hinsichtlich der Privatanstalten behält es bei den bestehenden Vorschriften sein Bewenden.

Begr. S. 22; Herr. Komm.Ber. S. 19; Abg. Komm.Ber. S. 31; Herr. Sten.Ber. S. 62.

1. Wegen der Beanstandung solcher Reglements vgl. O.V.G. Bd. 24 S. 18.

2. Die genehmigten Reglements sind durch die Regierungs-Amtsblätter bekannt zu machen.

§. 18.

Die gesetzlichen Bestimmungen über die religiöse Erziehung der Kinder finden auch auf die Fürsorgeerziehung Anwendung.[1])

Begr. S. 22; Herr. Komm.Ber. S. 19; Abg. Komm.Ber. S. 31.

1. Vgl. Anm. 1 zu Art. 134 E.G.

§. 19.

Wenn schulpflichtige Zöglinge der öffentlichen Volksschule[1]) ohne sittliche Gefährdung der übrigen die Schule besuchenden Kinder nicht zugewiesen werden können, so hat der Kommunalverband dafür zu sorgen, daß diesen Zöglingen während des schul-

pflichtigen Alters der erforderliche Schulunterricht anderweitig zu Theil wird. Im Streitfalle entscheidet der Oberpräsident.[2])

Begr. S. 22; Herr. Komm.Ber. S. 19—21; Abg. Komm.Ber. S. 81; Herr. Sten.Ber. S. 62; Abg. Sten.Ber. S. 4629—4631.

1. Bezüglich des von Zöglingen, welche die öffentliche Volksschule besuchen, zu zahlenden Schulgeldes führte der Berichterstatter der Herrenhaus-Kommission das Folgende aus: „Für solche Kinder, welche innerhalb des Bezirks der von ihnen besuchten Schule einheimisch sind, könne nach §. 4 des Gesetzes vom 14. Juni 1888 ein Schulgeld nicht erhoben werden. Demnach sei auch für einheimische Zwangszöglinge ein Schulgeld nicht zu erheben. Zu den einheimischen Kindern gehörten aber auch alle diejenigen, welche sich innerhalb des Schulbezirks unentgeltlich in Kost und Pflege befinden, einschließlich derjenigen, die in einem Waisenhause, einer Erziehungs- oder Besserungsanstalt unentgeltlich in Pflege oder Erziehung genommen sind (Entsch. des Oberverwaltungsgerichts Bd. 26 S. 178). Daraus folge also, daß für Zwangszöglinge, die in einer Provinzialanstalt nach Lage der Dinge unentgeltlich Aufnahme gefunden haben, ein Schulgeld nicht erhoben werden dürfe, dagegen für Zwangszöglinge, welche durch die Provinz in einer Privatanstalt naturgemäß gegen Entgelt untergebracht sind, die Schulunterhaltungspflichtigen ein Schulgeld zu fordern berechtigt seien. Diesem Rechte der Schulunterhaltungspflichtigen gegenüber fehle es aber an einem zur Zahlung des Schulgeldes Verpflichteten, sofern der Zwangszögling bezw. dessen Eltern, wie das in der Regel der Fall sei, vermögenslos sind, da diejenige Anstalt, welche auf Grund eines Statuts oder Gesetzes den Unterhalt und die Erziehung eines Zwangszöglings übernommen hat, ohne eine ausdrückliche statutarische oder gesetzliche Vorschrift

zur Zahlung des Schulgeldes für diese Zwangszöglinge nicht herangezogen werden könne (Entsch. des Oberverwaltungsgerichts Bd. 19 S. 197). Es bestehe also nach Lage des geltenden Rechts eine Verpflichtung der Kommunalverbände zur Zahlung des Schulgeldes für Zwangszöglinge überhaupt nicht." (Komm.Ber. S. 20 f.)

2. Vgl. Anm. 4 zu § 14. Dagegen nur Beschwerde an den Minister des Innern.

§. 20.

Die zuständigen staatlichen Aufsichtsbehörden der Kommunalverbände¹) und in höherer Instanz der Minister des Innern haben die Oberaufsicht über die zur Unterbringung von Zöglingen getroffenen Veranstaltungen²) zu führen; sie sind befugt zu diesem Zwecke Revisionen vorzunehmen.³)

Begr. S. 28; Herr. Komm.Ber. S. 21; Abg. Komm.Ber. S. 81.

1. D. h. die Oberpräsidenten (Erlaß vom 12. Mai 1897, G.S. 1897 S. 227), in Lauenburg der Regierungspräsident und in den Hohenzollernschen Landen der Minister des Innern. Nach Nr. XI der Ausführungsbestimmungen vom 18. Dezember 1900 (Anm. 1 zu §. 22) ist alljährlich über die Ausführung der Fürsorgeerziehung von den Kommunalverwaltungen dem Oberpräsidenten ein Bericht nebst den erforderlichen Nachweisungen einzureichen und dem Minister des Innern vorzulegen.

2. Auch soweit Privatanstalten in Frage kommen.

3. Durch diesen Paragraphen wird eine Abänderung des bestehenden Zustandes in Bezug auf Ausübung der Aufsicht über die Provinzialanstalten und die Schulaufsicht über die Provinzial-Fürsorgeerziehungsanstalten nicht herbeigeführt. Die Aufsicht verbleibt vielmehr nach

Maßgabe der Kabinetsorder vom 12. Mai 1897 bei dem Oberpräsidenten (Herr. Komm.Ber. S. 21).

§. 21.

Wer,[1]) abgesehen von den Fällen der §§. 120, 235 des Strafgesetzbuchs,[2]) einen Minderjährigen, bezüglich dessen das gerichtliche Verfahren auf Unterbringung zur Fürsorgeerziehung eingeleitet[3]) oder die Unterbringung zur Fürsorgeerziehung angeordnet ist,[4]) dem Verfahren oder der angeordneten Fürsorgeerziehung entzieht,[5]) oder ihn verleitet,[6]) sich dem Verfahren oder der Fürsorgeerziehung zu entziehen, oder wer[1]) ihm hierzu vorsätzlich[7]) behülflich[8]) ist, wird mit Gefängniß bis zu zwei Jahren und mit Geldstrafe bis zu Eintausend Mark oder mit einer dieser Strafen bestraft.[9])

Der Versuch ist strafbar.[10])

Begr. S. 28; Herr. Komm.Ber. S. 21; Abg. Komm.Ber. S. 81; Abg. Sten.Ber. S. 4681 bis 4683, 4753—4755.

1. Die Strafdrohung richtet sich nicht bloß gegen die Eltern und Vormünder des Minderjährigen, sondern auch gegen andere Personen.

2. Der §. 120 behandelt die Gefangenenbefreiung, der §. 235 den Kindesraub. Sofern der Thatbestand dieser Vergehen außer dem Thatbestande des §. 21 erfüllt ist, werden die allgemeinen Grundsätze über das Zusammentreffen strafbarer Handlungen (§§. 73 bis 79 Str.G.B.) Anwendung zu finden haben.

3. Als eingeleitet ist das gerichtliche Verfahren mit der ersten gerichtlichen Verfügung anzusehen, die auf den Antrag eines Antragsberechtigten oder auf Anzeige

anderer Personen erfolgt, im letzteren Falle natürlich nicht, wenn die Verfügung den Anzeigenden abschlägig bescheidet. Wird das Verfahren auf Grund eigener Kenntniß des Vormundschaftsrichters, ohne Anstoß von außen, eingeleitet, so ist im Einzelfalle nach dem Inhalte der richterlichen Verfügungen zu beurtheilen, in welchem Augenblicke die Einleitung stattgefunden hat. Ein strafbarer Vorsatz des Thäters liegt nur vor, wenn er von der Einleitung des Verfahrens Kenntniß hat. Wegen des dolus eventualis vgl. insbesondere Straf.R.G. Bd. 21 S. 420, Bd. 25 S. 5, Bd. 26 S. 242, Bd. 28 S. 189, Bd. 30 S. 385, wonach eine aus §. 21 strafbare Handlung z. B. auch dann vorhanden sein würde, wenn der Thäter den Minderjährigen in der Vermuthung, eine richterliche Vorladung ergehe in einem Verfahren auf Anordnung der Fürsorgeerziehung, fortschafft, vorausgesetzt, daß diese Vermuthung thatsächlich zutrifft.

4. Durch Beschluß gemäß §. 8.

5. Ueber den Begriff des Entziehens vgl. insbesondere Straf.R.G. Bd. 18 S. 278 und Bd. 24 S. 138. Es fällt darunter jede Thätigkeit, welche geeignet ist, den Minderjährigen aus dem Machtbereiche des Vormundschaftsgerichts, des verpflichteten Kommunalverbandes oder der Anstalt oder Familie, welcher er überwiesen ist, zu entfernen. Die Selbstentziehung des Minderjährigen als solche ist nicht strafbar.

6. Unter Verleitung ist lediglich die Anstiftung zu verstehen. Es wird die Anstiftung zu einer Handlung, welche selbst nicht mit Strafe bedroht ist, zu einem selbständigen Delikt erhoben. Welcher Mittel sich der Thäter zur Verleitung bedient, ob Ueberredung, List, Gewalt u. dergl. m., ist gleichgültig. Der Begriff der Verleitung fordert aber einen Erfolg, so daß Strafbarkeit nach Abs. 1 nur eintritt, wenn der Minderjährige sich wirklich dem Verfahren oder der Fürsorgeerziehung entzogen hat, nicht,

wenn es bei einem erfolglosen Versuche geblieben oder nicht einmal zu einem solchen gekommen ist. Vgl. jedoch Abs. 2.

7. Fahrlässiges Handeln ist also auch hier nicht strafbar.

8. Die Beihülfe, gleichgültig welche Mittel angewendet werden, ist somit ein selbständiges Delikt.

9. Die Delikte des §. 21 sind Vergehen im Sinne des §. 1 St.G.B. Die Strafen sind so hoch bemessen, als es der Landesgesetzgebung erlaubt ist (vgl. §. 5 E.G. zum St.G.B.). Mindeststrafen sind 1 Tag Gefängniß bezw. 3 Mark Geldstrafe (§§. 16, 27 St.G.B.).

10. Sowohl der Versuch der Entziehung, als der Verleitung, als der Beihülfe. Ueber den Begriff des Versuchs s. §. 43 St.G.B.

§. 22.

Der Minister des Innern ist mit der Ausführung dieses Gesetzes beauftragt.[1])

Herr. Komm.Ber. S. 21; Abg. Komm.Ber. S. 31.

1. Derselbe hat unter dem 18. Dezember 1900 die im Vorstehenden mehrfach angezogenen Ausführungsbestimmungen erlassen, welche den betheiligten Behörden mitgetheilt worden sind. Ferner ist eine Allg. Verfügung des Justizministers, betr. Ausführung des Gesetzes über die Fürsorgeerziehung Minderjähriger vom 20. Juli 1900, vom 6. Februar 1901 (J.M.Bl. 1901 S. 31) ergangen.

§. 23.

Dieses Gesetz tritt mit dem 1. April 1901 in Kraft.

Mit dem gleichen Zeitpunkte wird das Gesetz vom 13. März 1878, betreffend die Unterbringung verwahrloster Kinder, aufgehoben.[1])

Kommunalverbände, welche zur Zeit des Inkrafttretens dieses Gesetzes über geeignete Anstalten nicht in ausreichendem Maße verfügen, sollen bis zum 1. April 1903 bei der Unterbringung der Zöglinge den im §. 10 Abs. 1 dieses Gesetzes ausgesprochenen Beschränkungen nicht unterliegen.[2]

Urkundlich unter Unserer Höchsteigenhändigen Unterschrift und beigedrucktem Königlichen Insiegel,

Gegeben Wilhelmshaven, den 2. Juli 1900.

(L. S.) **Wilhelm.**

Fürst zu Hohenlohe. v. Miquel. v. Thielen.
Frhr. v. Hammerstein. Schönstedt. Brefeld.
v. Goßler. Gr. v. Posadowsky. Gr. v. Bülow.
Studt. Frhr. v. Rheinbaben.

Herr. Komm.Ber. S. 21—22; Abg. Komm.Ber. S. 31; Herr. Sten.Ber. S. 62.

1. Auf die Kinder, für welche nach dem Gesetze vom 13. März 1878 bereits die Unterbringung für erforderlich erklärt oder erfolgt ist, findet vom 1. April 1901 ab das Fürsorgeerziehungsgesetz unbedingte Anwendung (Herr. Komm.Ber. S. 22); dies gilt auch von dessen §. 18. Ein bereits begonnenes, aber noch nicht zum Abschlusse gelangtes Verfahren ist nach den Vorschriften des neuen Gesetzes fortzuführen.

2. Bis zum 1. April 1903 müssen sämmtliche Kommunalverbände der ihnen im §. 14 Abs. 1 auferlegten Pflicht genügt haben.

VI.

Auszug

aus dem

Preußischen Gerichtskostengesetze.

Vom 25. Juni 1895 (G.S. 1895 S. 203).
In der Fassung der Bekanntmachung vom 6. Oktober 1899
(G.S. 1899 S. 326).

Erster Theil.

Angelegenheiten der freiwilligen Gerichtsbarkeit.

Erster Abschnitt.

Allgemeine Bestimmungen.

§. 10.

Hinsichtlich der unter Vormundschaft[1]) stehenden minderjährigen, geisteskranken oder geistesschwachen Personen[2]) wird Folgendes bestimmt:

1. Während der Dauer der Vormundschaft können ohne Rücksicht auf die Höhe des Vermögens des Mündels aus demselben erhoben werden:

a) alle vor Einleitung der Vormundschaft entstandenen Kosten,[3]) insofern sie nicht für Handlungen des Vormundschaftsgerichts zu entrichten sind, welche in Rücksicht auf die einzuleitende Vormundschaft vorzunehmen waren;[4])

b) alle baaren Auslagen, Schreibgebühren, Postgebühren und Rechnungsgebühren in Vormundschaftssachen jedoch nur dann, wenn der Mündel[5]) zur Zeit ihrer Entstehung das ihm nach Nr. 4 freizulassende Vermögen besitzt.[6])

2. Mit der Einziehung anderer Kosten[7]) sollen die Mündel während der Dauer der Vormundschaft verschont bleiben, wenn und soweit die Kosten nicht aus den nach Bestreitung des Unterhalts und der Erziehung etwa übrig bleibenden Ueberschüssen der Einkünfte ihres Vermögens gedeckt werden können. Sobald sich bei einer Rechnungslegung ein solcher Ueberschuß[8]) ergiebt, kann derselbe zur Deckung der bis dahin entstandenen Kosten und zwar zunächst zur Deckung der noch nicht berichtigten baaren Auslagen verwendet werden.

3. Wenn in Folge gesetzlicher Vorschriften, einer letztwilligen Verfügung oder eines sonstigen Rechtsgeschäfts der Mutter oder einem Dritten der Nießbrauch oder die von der Aufsicht des Gerichts befreite Verwaltung des Vermögens

zusteht, so hat das Vormundschaftsgericht nach Anhörung des Vormundes nach billigem Ermessen zu bestimmen, ob und in welcher Höhe ein Theil des Ertrags des Vermögens als Ueberschuß im Sinne der Vorschriften der Nr. 2 anzusehen ist.

4. Die gestundeten Kosten sind nach beendigter Vormundschaft zu erheben; dem früheren Mündel[9]) muß jedoch außer dem Bettzeuge, den Kleidungsstücken und Geräthschaften, welche ihm zu seinem persönlichen Gebrauch etwa verabfolgt oder angeschafft sind, ein reines Vermögen von 500 Mark belassen werden.[10]) Mit der gleichen Maßgabe sind die gestundeten Kosten von weiblichen Mündeln zu erheben, sobald sie sich verheirathen.

Die vorstehenden Bestimmungen finden entsprechende Anwendung auf minderjährige, geisteskranke, geistesschwache oder gebrechliche Personen, für die eine Pflegschaft oder Beistandschaft im Sinne des §. 92 eingeleitet ist. Wird die Angabe des Vermögens von dem Inhaber der elterlichen Gewalt verweigert, so hat das Vormundschaftsgericht nach freiem Ermessen nach Anhörung des Gewalthabers sowohl den Betrag des Vermögens als auch die Höhe des Ueberschusses der Einkünfte (Nr. 2) festzusetzen. Diese Festsetzung ist maßgebend für die Erhebung der in der Vormundschaftssache selbst entstandenen Kosten; andere Kosten sind ohne Rücksicht auf die Vorschrift der Nr. 2 sofort zu erheben.

1. Hierher gehört auch die vorläufige Vormundschaft (§. 1906 B.G.B.); bezüglich der Pflegschaft vgl. Abs. 2.

2. Auf volljährige Personen, welche wegen Verschwendung oder Trunksucht entmündigt sind, beziehen sich die im §. 10 ausgesprochenen Vergünstigungen nicht.

3. Z. B. als Erbschaftsschulden überkommene Kostenrückstände und die Kosten eines Entmündigungsverfahrens.

4. Z. B. vorläufige Sicherungsmaßregeln nach §. 1846 B.G.B.

5. Bei mehreren Mündeln also ein Jeder derselben.

6. Bei dieser Berechnung sind auch die unbedingt zu entrichtenden baaren Auslagen vorweg von dem Vermögen des Mündels in Abzug zu bringen.

7. Einschließlich der als Gerichtskosten einzuziehenden Stempelbeträge (§. 30).

8. D. i. ein wirklicher Ueberschuß, nicht auch unverausgabte Revenüen, die zur Deckung schon entstandener, aber noch nicht befriedigter Bedürfnisse des Mündels bestimmt sind. Beschwerden über die Bestimmung der zur Kostendeckung zu verwendenden Ueberschüsse werden nach den §§. 25 ff. erledigt.

9. Bei mehreren Mündeln einem Jeden derselben.

10. Bei Vermögen unter 500 Mark sind also Kosten überhaupt nicht zu berechnen (Begr.).

§. 13.

Der Anspruch auf Zahlung von Gerichtskosten verjährt in vier Jahren.

Auf die Verjährung finden die Vorschriften des Bürgerlichen Gesetzbuchs mit folgenden Maßgaben Anwendung:

Die Verjährung beginnt mit dem Schlusse des

Jahres, in welchem die Kostenforderung fällig wird, bezüglich der Kosten,[1]) welche von den im §. 10 bezeichneten Personen zu entrichten sind, mit dem Schlusse des Jahres, in welchem die über sie geführte Vormundschaft, Pflegschaft oder Beistandschaft beendigt wird.

(Abs. 3).

1. Auch für nicht in der Vormundschaftssache selbst entstandene Kosten, da die Vorschrift sich allgemein auf alle von den Mündeln zu zahlenden Kosten bezieht, ferner, wie früher für die Revenüenkosten (Bl. f. R. Bd. 5 S. 59, Bd. 6 S. 59), jetzt für die Gebühr des §. 92 Nr. 2 des Gesetzes.

Zweiter Abschnitt.

Gerichtliche Urkunden.

§. 33.

(Abs. 1).

Die volle Gebühr beträgt bei Gegenständen im Werthe

1)	bis 20 Mark einschließlich					0,40 Mark,
2)	von mehr als	20	bis	60	einschl.	0,70
3)	„ „ „	60	„	120	„	1,20
4)	„ „ „	120	„	200	„	1,80
5)	„ „ „	200	„	300	„	2,40
6)	„ „ „	300	„	450	„	3
7)	„ „ „	450	„	650	„	3,60
8)	„ „ „	650	„	900	„	4,20
9)	„ „ „	900	„	1 200	„	5
10)	„ „ „	1 200	„	1 600	„	6

11)	von	mehr	als	1 600	bis	2 100	einschl.	7
12)	„	„	„	2 100	„	2 700	„	8
13)	„	„	„	2 700	„	3 400	„	9
14)	„	„	„	3 400	„	4 300	„	10
15)	„	„	„	4 300	„	5 400	„	11
16)	„	„	„	5 400	„	6 700	„	12
17)	„	„	„	6 700	„	8 200	„	13
18)	„	„	„	8 200	„	10 000	„	14
19)	„	„	„	10 000	„	12 000	„	15
20)	„	„	„	12 000	„	14 000	„	16
21)	„	„	„	14 000	„	16 000	„	17
22)	„	„	„	16 000	„	18 000	„	18
23)	„	„	„	18 000	„	20 000	„	19
24)	„	„	„	20 000	„	22 000	„	20
25)	„	„	„	22 000	„	24 000	„	21
26)	„	„	„	24 000	„	26 000	„	22
27)	„	„	„	26 000	„	28 000	„	23
28)	„	„	„	28 000	„	30 000	„	24
29)	„	„	„	30 000	„	35 000	„	26
30)	„	„	„	35 000	„	40 000	„	28
31)	„	„	„	40 000	„	50 000	„	30
32)	„	„	„	50 000	„	60 000	„	32
33)	„	„	„	60 000	„	70 000	„	34
34)	„	„	„	70 000	„	80 000	„	36
35)	„	„	„	80 000	„	90 000	„	38
36)	„	„	„	90 000	„	100 000	„	40

Die ferneren Werthklassen steigen um je 10 000 Mark und die Gebühren um je 1 Mark.

Sechster Abschnitt.

Thätigkeit des Vormundschaftsgerichts.[1])[2])

§. 91.

Bei den zur Wahrnehmung einzelner Geschäfte[3]) eingeleiteten Pflegschaften oder Beistandschaften sowie im Falle einer sonstigen Fürsorge für ein unter elterlicher Gewalt stehendes Kind, insbesondere im Falle der Genehmigung eines Rechtsgeschäfts oder im Falle einer Verfügung nach den §§. 112, 1631, 1635, 1636, 1645, 1665, 1677, 2282 des Bürgerlichen Gesetzbuchs, ist nach dem Werthe des Gegenstandes die im §. 33 bestimmte Gebühr zu erheben.

Diese Gebühr kommt jedoch nur insoweit zum Ansatz, als nicht rücksichtlich der Personen, in deren Interesse ein Pfleger oder Beistand bestellt oder eine sonstige Fürsorgethätigkeit ausgeübt wird, eine Vormundschaft, Pflegschaft oder Beistandschaft eingeleitet oder einzuleiten ist, auf welche die Bestimmungen des §. 92 Anwendung finden.

1. In allen Fällen, in denen ein Familienrath eintritt, wird ebenso liquidirt, als wenn die Vormundschaft lediglich vom Gerichte bearbeitet wird.

2. Die Kosten einer Pflegschaft sowie einer vorläufigen Vormundschaft hat diejenige Person, über welche die Pflegschaft oder vorläufige Vormundschaft angeordnet worden, selbst dann zu tragen, wenn die Pflegschaft wieder aufgehoben ist, weil es der Anordnung einer solchen nicht bedurfte (Jahrbuch Bd. 13 S. 205). Wenn auf die Beschwerde gegen die Anordnung einer Pflegschaft durch das Amtsgericht das Landgericht, unter einstweiliger Sistirung der Vollziehung derselben, behufs endgültiger

Entscheidung eine Beweisaufnahme verordnet und der von der Pflegschaft betroffene Beschwerdeführer demnächst vor Erlaß dieser Entscheidung stirbt, so können dem Nachlasse desselben Kosten für die Anordnung der Pflegschaft und das Beschwerdeverfahren nicht auferlegt werden; ein in einem solchen Falle von dem verstorbenen Beschwerdeführer zur Deckung der Auslagen für die Beweisaufnahme hinterlegter Kostenvorschuß ist zwar für die gesammten Kosten der letzteren, nicht aber auch für andere Auslagen zu verwenden (Archiv Bd. 84 Abth. 2 S. 112).

3. Den Gegensatz bildet Alles, was mehr ist als ein einzelnes Geschäft, also namentlich ein Kreis von Angelegenheiten (§. 1910 Abs. 2 B.G.B.), noch mehr die allgemeine Sorge für die Person oder das Vermögen. Vgl. Anm. 1 zum §. 92.

§. 92.

1. Bei anderen Pflegschaften[1]) oder Beistandschaften und bei Vormundschaften[2]) ist von dem Vermögen des Mündels, Pflegebefohlenen[3]) oder unter elterlicher Gewalt stehenden Kindes, auf welches sich die Vormundschaft, Pflegschaft oder Beistandschaft erstreckt,[4]) von je 400 Mark eine Mark zu erheben.[5])

2. Außerdem[6]) sind, soweit über die Verwaltung des Vermögens dem Vormundschaftsgerichte Rechnung[7]) gelegt werden muß, jährlich[8]) von je 400 Mark des Vermögens[9]) 10 Pfennig zu erheben. Dabei wird das angefangene Kalenderjahr sowohl am Anfang als auch am Ende der Verwaltung voll gerechnet.[10])

3. Bei der Berechnung des Betrags des Vermögens werden die Schulden in Abzug gebracht.[11])

4. Die Vorschriften der Nr. 1 bis 3 finden auch auf die vorläufige Vormundschaft Anwendung.[12]) Endigt die vorläufige Vormundschaft, weil auf Grund der erfolgten Entmündigung ein Vormund bestellt wird, so gelten die vorläufige und die endgültige Vormundschaft als ein Verfahren.[13])

1. Vgl. Anm. 2 u. 3 zum §. 91 und die Ausdrücke: Einzelpflegschaften und dauernde Pflegschaften im §. 57 Nr. 4 der Geschäftsordnung vom 26. November 1899 (unten unter Nr. VIII). Zu den anderen Pflegschaften gehören auch die nach §. 1909 Abs. 1 Satz 2, §. 1910 Abs. 1, §. 1911, §. 1912, §. 1913 Satz 2 und §. 1914 B.G.B.

2. Ohne Rücksicht darauf, ob Vermögensverwaltung stattgefunden hat oder nicht, also namentlich auch, wenn in Folge fortgesetzter Gütergemeinschaft beim Tode des Vaters die Rechte an dem gesammten Vermögen unverändert auf die überlebende Mutter übergegangen sind oder durch Testament der überlebenden Mutter die freie Verfügung und Verwaltung über das Vermögen der Mündel zugewiesen ist (Bl. f. R. Bd. 8 S. 54); ein bei der dritten Berathung des Gesetzes im Abgeordnetenhause gestellter Antrag, zu §. 92 Nr. 1 als Abs. 2 hinzuzusetzen: Findet eine vormundschaftliche Vermögensverwaltung nicht statt, so wird diese Gebühr nicht erhoben, ist abgelehnt worden, Verhandlungen des Abgeordnetenhauses, 18. Legisl.Per. II. Session 1895 S. 1831, 1832).

3. Bei mehreren Mündeln oder Pflegebefohlenen von dem Vermögen eines jeden einzelnen besonders (Begr.).

4. D. i. dem Vermögen, welchem der Pfleger oder

Vormund verpflichtet ist, seine vormundschaftliche Sorge — nicht Verwaltung, vgl. Anm. 2, also namentlich auch bloß Beaufsichtigung — zuzuwenden; ob dieser Pflicht genügt ist, ist ohne Belang (Jahrbuch Bd. 10 S. 187).

5. Bei Beendigung der Pflegschaft oder Vormundschaft (§. 11, wonach, soweit nicht in dem Gesetze besondere Bestimmungen über die Fälligkeit getroffen sind, die Gebühren bei Beendigung des Geschäfts, baare Auslagen bei ihrer Entstehung fällig werden; Begr., ferner Jahrbuch Bd. 16 S. 218).

Die nach Abs. 1 erhobene Gerichtsgebühr ist für die Einkommensteuer vom Einkommen abzugsfähig (O.V.G. in Staatssteuersachen Bd. 8 S. 140).

6. Da bei Vermögen minderjähriger, geisteskranker oder geistesschwacher Personen unter 500 Mark nach §. 10 Nr. 4 Gebühren überhaupt nicht zu berechnen sind, so kommt in einem solchen Falle nicht bloß die allgemeine Gebühr der Nr. 1, sondern auch die besondere Gebühr der Nr. 2 für die Abnahme der Rechnung des Vormunds oder Pflegers nicht zum Ansatze (Begr.).

7. D. i. die während der Verwaltung zu legende Rechnung, nicht die Schlußrechnung.

Für die Frage, ob die Gebühr zu erheben ist, ist der Umstand, daß thatsächlich eine Rechnungslegung nicht stattgefunden hat, nicht entscheidend, vielmehr kommt es nur darauf an, ob das Mündelvermögen ein solches ist, über dessen Verwaltung nach den gesetzlichen Vorschriften (§§. 1840, 1841, 1897, 1915 B.G.B.) vom Vormund oder Pfleger jährlich Rechnungslegung gefordert werden konnte (Jahrbuch Bd. 4 S. 220 und Bd. 13 S. 21f). An diesem Erfordernisse fehlt es, wenn eine Befreiung von der Rechnungslegung vorliegt, so daß in einem solchen Falle die Gebühr nicht zu liquidiren ist. Dagegen kommt diese zum Ansatze, wenn die von der Rechnungslegung freien oder befreiten Personen zur Rechnungslegung verbunden sind, weil sie die Verwaltung des

Mündelvermögens in Gemeinschaft mit einem zur Rechnungslegung verpflichteten Vormunde geführt haben (Jahrbuch Bd. 9 S. 89 u. 136); vgl. Anm. 2 zu §. 1854 B.G.B.

8. D. i. für jedes Kalenderjahr nach Ablauf desselben bezw. für das letzte Jahr bei Beendigung der Vormundschaft, Pflegschaft oder Beistandschaft. Also Ausnahme von der Regel des §. 11, s. Anm. 5. Die Erhebung erfolgt auch dann jährlich, wenn die Rechnungslegung nicht jährlich, sondern in längeren Zeitabschnitten stattfindet. Die Nachforderung von Gebührenfehlbeträgen wird dem Mündel gegenüber erst ausgeschlossen, wenn demselben bis zum Ablaufe des auf die Beendigung der Vormundschaft folgenden Kalenderjahrs Kenntniß von dem berichtigten Ansatze nicht gegeben ist (Jahrbuch Bd. 19 S. 124).

9. D. i. des Kapitalvermögens, nicht der jährlichen Einnahmen.

10. Nach §. 14 Nr. 7 der Kassenordnung vom 31. März 1900 (J.M.Bl. 1900 S. 103) kann in den Fällen des §. 92 Nr. 2 . . ., falls eine periodische Rechnungslegung erfolgt oder die Legung der Schlußrechnung nahe bevorsteht, die Kostenberechnung bis zur Abnahme der Rechnung, jedoch nicht länger als auf zwei Jahre, ausgesetzt werden.

11. Bei dieser Berechnung ist der Werth von Belastungen des Mündelvermögens, welche nicht, wie Schulden, das Kapitalvermögen absorbiren, insbesondere der eines auf dem Mündelvermögen ruhenden Nießbrauchs, nicht in Abzug zu bringen (Jahrbuch Bd. 3 S. 203 und Bd. 16 S. 208).

Wegen Hinzurechnung des Werthes von Jahresrenten s. Jahrbuch Bd. 16 S. 218.

12. Auch in den Fällen des §. 1908 Abs. 1 B.G.B. und der Anm. 6 Satz 2 zum §. 1908 sind die Kosten von dem Mündel zu tragen.

18. D. h., die Gebühr der Nr. 1 wird nur einmal bei Beendigung der endgültigen Vormundschaft erhoben und beide Vormundschaften bilden im Sinne der Nr. 2 eine fortlaufende Verwaltung.

§. 93.

Bei keinem Mündel, Pflegebefohlenen oder unter elterlicher Gewalt stehenden Kinde darf der Gesammtbetrag der nach dem §. 91 und dem §. 92 Nr. 1 zu erhebenden Gebühren denjenigen Betrag übersteigen, der nach §. 92 Nr. 1 im Falle der Vormundschaft zu erheben ist.[1]

1. Die Vorschrift faßt zugleich den Fall ins Auge, daß bei einem Mündel mehrfach die Nothwendigkeit der Einleitung einer Pflegschaft oder der Bestellung eines Gegenvormunds eintritt (Begr.).

§. 95.[1]

Für Verhandlungen und Verfügungen, welche von den Vormundschaftsgerichten als solchen[2] **oder behufs Sicherung, Verwaltung oder Beaufsichtigung des Vermögens des Mündels, Pflegebefohlenen oder unter elterlicher Gewalt stehenden Kindes von den Nachlaßgerichten vorgenommen oder erlassen werden, ingleichen für die Auseinandersetzungen über den Nachlaß des Vaters oder der Mutter**[3] **oder desjenigen, durch dessen Tod die Vormundschaft, Pflegschaft oder Beistandschaft nöthig geworden ist, einschließlich des Erbbescheinigungsverfahrens, dürfen bei Vormundschaften, Pflegschaften und Beistandschaften neben den in den §§. 91, 92 bestimmten**

Gebühren nur die im §. 94 bestimmten Gebühren, baare Auslagen und die Kosten eines etwa gerichtlich aufgenommenen Vermögensverzeichnisses angesetzt werden.

Sind bei einzelnen Geschäften, für welche dem Mündel, Pflegebefohlenen oder unter elterlicher Gewalt stehenden Kinde besondere Kosten nicht angesetzt werden dürfen, andere Personen betheiligt, so müssen diese die für solche Geschäfte in anderen Fällen bestimmten Kosten nach dem Verhältniß ihres Antheils entrichten.

Die Vorschrift des §. 11 des Gesetzes, betreffend die Unterbringung verwahrloster Kinder, vom 13. März 1878 (Gesetz-Samml. S. 132) bleibt unberührt.[4])

1. Da §. 95 eine Erhebung von Stempeln nicht anordnet, sind nach dem allgemeinen Grundsatze des §. 29 des Gesetzes neben den Gebühren der §§. 91, 92 für die durch diese Gebühren gedeckten Geschäfte keine Stempel zu erheben. Insbesondere ist die Genehmigung eines Rechtsgeschäfts durch das Vormundschaftsgericht stempelfrei. Die Stempelfreiheit erstreckt sich auch auf diejenigen Geschäfte, welche an sich unter die Vorschriften des zweiten Abschnitts des Gesetzes fallen und daher gemäß §. 56 des Gesetzes stempelpflichtig sind. Die Stempelfreiheit gilt in diesen Fällen aber nur zu Gunsten der Mündel, nicht für andere Betheiligte, für welche gemäß Abs. 2 des §. 95 Gebühren nach den Vorschriften des zweiten Abschnitts anzusetzen sind; diese haben neben ihrem Antheil an den Gebühren auch einen entsprechenden Antheil an dem Stempel zu entrichten (Begr.).

2. Also nicht, wenn der Vormundschaftsrichter in

anderer Eigenschaft, z. B. bei Aufnahme einer Handlung der freiwilligen Gerichtsbarkeit, thätig gewesen ist.

Die frühere Streitfrage, ob für das im Anschluß an ein eingeleitetes Pflegschaftsverfahren ertheilte Auseinandersetzungszeugniß zum Zwecke der Wiederverheirathung (§§. 1669, 1845 B.G.B.) Gebühren neben den Kosten für die Pflegschaft zum Ansatze kommen, ist dadurch erledigt, daß jetzt im §. 95 ausdrücklich bestimmt ist, die Gebühren des § 94, also auch die nach Nr. 6 daselbst für die Thätigkeit des Vormundschaftsgerichts im Falle der Verheirathung des Vaters oder der Mutter, seien neben einer Gebühr aus den §§. 91, 92 zu erheben. Ein Stempel ist für das Zeugniß nach §. 29 nicht zu erheben.

3. Nicht bloß der unehelichen, sondern auch der ehelichen. Es ist also in dem häufigen Falle, daß der Vater, welcher zur zweiten Ehe schreiten will, die Auseinandersetzung über den Nachlaß seiner verstorbenen Ehefrau beantragt, von den minderjährigen Kindern nur die Gebühr des §. 91 für die Bestellung eines Pflegers behufs Vertretung bei der Auseinandersetzung zu erheben (Begr.).

4. Betrifft die Gebühren- und Stempelfreiheit der gerichtlichen Verhandlungen in Zwangserziehungssachen. Ebenso jetzt §. 8 F.E.M.G.

Zehnter Abschnitt.

Auslagen.

§. 117.[1]

(Abs. 1.)

In Vormundschaftssachen werden Rechnungsgebühren für die Prüfung[2]) eingereichter Rechnungen oder Vermögensübersichten nur erhoben,

wenn der in der Rechnung nachgewiesene Betrag[3]) der Einnahme die Summe von 300 Mark übersteigt oder wenn die Vermögensübersicht einen Vermögensbestand nach Abzug der Schulden von mehr als 15000 Mark ergiebt.[4])

(Abs. 3.)

1. Zur Ausführung des §. 117 ist die Allg. Verfügung des Justizministers, betr. die Anfertigung der Rechnungsarbeiten bei den Justizbehörden und die Rechnungsgebühren, vom 16. September 1895 (J.M.Bl. 1895 S. 278) ergangen.

2. Nicht auch für die selbständige Aufstellung einer Rechnung, mit der der Rechnungsbeamte beauftragt wird; bei einer solchen tritt die Beschränkung des Abs. 2 nicht ein.

3. Hierzu gehört nicht der in der Einnahme vorgetragene Bestand aus der vorigen Rechnung oder der aus dem Verkauf oder der Auslosung eines Werthpapiers erzielte Erlös oder die bei Rückzahlung einer Hypothek vereinnahmte Summe, überhaupt nicht der aus Anlaß von Veränderungen des bereits vorhandenen Vermögens rechnungsmäßig in Einnahme nachgewiesene Betrag, sondern nur die wirkliche Einnahme, durch welche bisher nicht zum Vermögen gehörige Beträge demselben zugeflossen sind (Allgemeine Verfügung des Justizministers vom 22. Dezember 1899, betr. den Ansatz von Rechnungsgebühren, J.M.Bl. 1899 S. 865, Nr. 4).

4. Vgl. Anm. 2 Abs. 2 zum §. 1848 B.G.B.

Zweiter Theil.

Angelegenheiten der streitigen Gerichtsbarkeit.

Erster Abschnitt.

Allgemeine Bestimmungen.

§. 119.

(Abs. 1 u. 2.)

Während der Dauer einer Vormundschaft können ohne Rücksicht auf die Höhe des Vermögens eines Mündels aus demselben außer den im §. 10 Nr. 1 bezeichneten Kosten auch die Kosten eines Konkurs- oder Zwangsversteigerungsverfahrens sowie eines Aufgebots der Nachlaßgläubiger erhoben werden, sobald sich eine Unzulänglichkeit der Konkurs- oder Nachlaßmasse oder des Erlöses der Zwangsversteigerung zur Befriedigung der Gläubiger und Berichtigung der Kosten ergiebt.[1])

1. Diese Vorschrift beruht auf der Erwägung, daß in den bezeichneten Fällen die Gewährung einer Gebührenfreiheit nicht den Mündeln, sondern ihren Gläubigern zu Gute kommen würde (Begr.)

Dritter Theil.

Schlußbestimmungen.

§. 137.

Alle in diesem Gesetze nicht aufrecht erhaltenen landesgesetzlichen Vorschriften über Ansatz und Erhebung von Kosten in den vor die ordentlichen Gerichte gehörigen Angelegenheiten der freiwilligen Gerichtsbarkeit werden aufgehoben.

Unberührt bleiben die nach dem 25. Juni 1895 erlassenen Vorschriften über das Kostenwesen.

§. 143.

Dieses Gesetz tritt mit dem Bürgerlichen Gesetzbuch in Kraft und findet Anwendung auf alle zu diesem Zeitpunkte noch nicht fällig gewordenen Gerichtskosten. Sind in einer noch nicht beendigten Rechtsangelegenheit Kosten und Stempel bereits in Ansatz gekommen, so wird der Betrag derselben auf die nach diesem Gesetze zu erhebenden Kosten und Stempel in Anrechnung gebracht, insoweit es sich nicht um Geschäfte handelt, für welche nach den Vorschriften dieses Gesetzes besondere Kosten oder Stempel zu berechnen sind. Eine Anrechnung der in Vormundschafts- und Fideikommiß- und Stiftungssachen jährlich für Rechnungslegung oder Verwaltung von Grundstücken zu erhebenden Gebühren findet nicht statt.

Soweit nach Uebergangsvorschriften noch Geschäfte vorkommen, für welche in diesem Gesetze keine Bestimmungen getroffen sind, bleiben die bisherigen Vorschriften maßgebend. — — — — —

(Abs. 3.)

§. 146.

Der Justizminister ist mit der Ausführung dieses Gesetzes beauftragt.

Außer den vorstehenden, die Kosten in Vormundschaftssachen betreffenden besonderen Vorschriften finden bei den Vormundschafts- und Pflegschaftssachen die Vorschriften des Gesetzes, welche in dessen erstem Abschnitte: Allgemeine Bestimmungen für Angelegenheiten der freiwilligen Gerichtsbarkeit, und in den Abschnitten 9: Gemeinschaftliche Bestimmungen für die Abschnitte 2 bis 8 (vereitelte Anträge und Termine, Beschwerden) und 10: Auslagen, enthalten sind, ebenfalls Anwendung.

Es ist also auch in Vormundschaftssachen die Befugniß der Gerichte zur Niederschlagung von Kosten wegen unrichtiger Behandlung der Sache ohne Schuld der Betheiligten auf baare Auslagen nicht auszudehnen (Jahrbuch Bd. 18 S. 206), vgl. §. 7 Abs. 2 und §. 9, jedoch kann nach dem Abs. 2 des §. 9 das Vormundschaftsgericht neben der Niederschlagung der Gerichtsgebühren anordnen, daß Schreib- und Postgebühren nicht erfordert werden.

Wegen des Armenrechts im Verfahren vor dem Vormundschaftsgericht oder in dem Beschwerdeverfahren in Vormundschaftssachen s. § 14 F.G.G.

Ein gesetzlicher Grund solidarischer Haftung der Mündel für die gerichtlichen Kosten der Vormundschaft ist nicht vorhanden (Civ.R.G. Bd. 32 S. 322; vgl. §. 2).

Für die zur Mittheilung des Beschlusses des Beschwerdegerichts an das Instanzgericht bestimmte Abschrift ist die gesetzliche Schreibgebühr vom Beschwerdeführer zu erheben (Jahrbuch Bd. 18 S. 129).

Wenn ein Pfarrer einen Antrag auf Bestellung eines anderen Vormunds oder ein Mitglied eines Familienraths einen den Mündel angehenden Antrag stellt, so liegt nicht ein eigentlicher Antrag im Sinne des §. 1 des Gesetzes vor, sondern es wird nur eine von Amtswegen im Interesse des Mündels zu übende Thätigkeit des Gerichts angeregt, und der Antragsteller hat daher persönlich keine Kosten zu zahlen (Bericht der Kommission des Abgeordnetenhauses zu §. 1).

Die Ansicht, daß für die Zurückweisung einer im Interesse des Mündels erhobenen Beschwerde besondere Kosten nicht zum Ansatze kommen (Jahrbuch Bd. 9 S. 89), ist auch gegenüber der Bestimmung im §. 109 Nr. 8 festzuhalten. Jedoch kann die Gebührenfreiheit nur dann in Anspruch genommen werden, wenn die Beschwerde wirklich im Interesse des Mündels erhoben ist (Jahrbuch Bd. 18 S. 129). Es gehört hierher namentlich der Fall des §. 57 Nr. 9 F.G.G., wennschon dabei zugleich ein dem Beschwerdeführer vom Gesetz eingeräumtes eigenes Recht ausgeübt wird. Vgl. auch Anm. 2 zum §. 91.

Früher nach der Allg. Verfügung vom 22. September 1879 (J.M.Bl. 1879 S. 368) Nr. 8b zu §. 1 des Regulativs vom 28. November 1869, jetzt nach der Allg. Verfügung vom 4. März 1894 (J.M.Bl. 1894 S. 58) Nr. VIc zu §. 1 der Bestimmungen vom 7. Februar 1894 — diese Bestimmungen schreiben ebenso, wie es das durch sie ersetzte Regulativ vom 28. November 1869 that, vor, daß frankirt abzusenden sind alle Postsendungen in einer Vormundschaftssache, für welche einer Partei das Armenrecht bewilligt ist, vgl. hierzu oben den 3. Absatz dieser Bemerkungen — sind von den Justizbehörden zu frankiren alle Sendungen in Vormundschaftssachen über Minderjährige, Geisteskranke, Blinde, Taube, Stumme, wenn der Mündel zur Zeit der Absendung nicht mehr als das ihm nach §. 7 Nr. 5 des Gesetzes vom 10. Mai 1851 zu belassende Vermögen hat (§. 21 Abs. 2 des Gesetzes vom 10. März 1879, G.S. 1879 S. 145), ferner in allen Vormundschaftssachen die Sendungen an den Vormund, Gegenvormund und Pfleger, wenn der Empfänger Mündelvermögen, aus welchem das Porto gedeckt werden könnte, nicht in Händen hat. Ersteres gilt nunmehr dahin, daß das nach §. 10 Nr. 4 des Gesetzes vom 25. Juni 1895 zu belassende Vermögen maßgebend ist.

VII.

Tabellen

zu dem Preußischen Gerichtskostengesetze.

Vom 25. Juni 1895.

In der Fassung der Bekanntmachung vom 6. Oktober 1899.

I.

Gebühren nach §. 33 und §. 91.

Werthklasse	Bei einem Werth des Gegenstandes von mehr als M.	bis einschließlich M.	volle Gebühr M.	Werthklasse	Bei einem Werth des Gegenstandes von mehr als M.	bis einschließlich M.	volle Gebühr M.
1	—	20	0,40	18	8 200	10 000	14
2	20	60	0,70	19	10 000	12 000	15
3	60	120	1,20	20	12 000	14 000	16
4	120	200	1,60				
5	200	300	2,40	21	14 000	16 000	17
				22	16 000	18 000	18
6	300	450	3	23	18 000	20 000	19
7	450	650	3,60	24	20 000	22 000	20
8	650	900	4,20	25	22 000	24 000	21
9	900	1 200	5				
10	1 200	1 600	6	26	24 000	26 000	22
				27	26 000	28 000	23
11	1 600	2 100	7	28	28 000	30 000	24
12	2 100	2 700	8	29	30 000	35 000	26
13	2 700	3 400	9	30	35 000	40 000	28
14	3 400	4 300	10				
15	4 300	5 400	11	31	40 000	50 000	30
				32	50 000	60 000	32
16	5 400	6 700	12	33	60 000	70 000	34
17	6 700	8 200	13	34	70 000	80 000	36

Werthklasse	Bei einem Werth des Gegenstandes von mehr als M.	bis einschließlich M.	volle Gebühr M.	Werthklasse	Bei einem Werth des Gegenstandes von mehr als M.	bis einschließlich M.	volle Gebühr M.
35	80 000	90 000	38	56	290 000	300 000	60
					und so fort von je 10 000 M. 1 M. mehr, also z. B. von		
36	90 000	100 000	40				
37	100 000	110 000	41				
38	110 000	120 000	42	66	390 000	400 000	70
39	120 000	130 000	43	70	430 000	440 000	74
40	130 000	140 000	44	76	490 000	500 000	80
				80	530 000	540 000	84
41	140 000	150 000	45				
42	150 000	160 000	46	86	590 000	600 000	90
43	160 000	170 000	47	90	630 000	640 000	94
44	170 000	180 000	48	96	690 000	700 000	100
45	180 000	190 000	49	100	730 000	740 000	104
				106	790 000	800 000	110
46	190 000	200 000	50				
47	200 000	210 000	51	110	830 000	840 000	114
48	210 000	220 000	52	116	890 000	900 000	120
49	220 000	230 000	53	120	930 000	940 000	124
50	230 000	240 000	54	125	980 000	990 000	129
				126	990 000	1 000 000	130
51	240 000	250 000	55				
52	250 000	260 000	56	176	1 490 000	1 500 000	180
53	260 000	270 000	57	226	1 990 000	2 000 000	230
54	270 000	280 000	58				
55	280 000	290 000	59				

II.

Gebühren nach §. 92.

Bei einem Vermögen von mehr als	Bei einem Vermögen bis einschließlich	Einmalige Gebühr Nr. 1	Jährliche Gebühr Nr. 2	Bei einem Vermögen von mehr als	Bei einem Vermögen bis einschließlich	Einmalige Gebühr Nr. 1	Jährliche Gebühr Nr. 2
M.	*M.*	*M.*	*M.*	*M.*	*M.*	*M.*	*M.*
—	400	1	0,10	8 000	8 400	21	2,10
400	800	2	0,20	8 400	8 800	22	2,20
800	1 200	3	0,30	8 800	9 200	23	2,30
1 200	1 600	4	0,40	9 200	9 600	24	2,40
1 600	2 000	5	0,50	9 600	10 000	25	2,50
2 000	2 400	6	0,60	10 000	10 400	26	2,60
2 400	2 800	7	0,70	10 400	10 800	27	2,70
2 800	3 200	8	0,80	10 800	11 200	28	2,80
3 200	3 600	9	0,90	11 200	11 600	29	2,90
3 600	4 000	10	1	11 600	12 000	30	3
4 000	4 400	11	1,10	12 000	12 400	31	3,10
4 400	4 800	12	1,20	12 400	12 800	32	3,20
4 800	5 200	13	1,30	12 800	13 200	33	3,30
5 200	5 600	14	1,40	13 200	13 600	34	3,40
5 600	6 000	15	1,50	13 600	14 000	35	3,50
6 000	6 400	16	1,60	14 000	14 400	36	3,60
6 400	6 800	17	1,70	14 400	14 800	37	3,70
6 800	7 200	18	1,80	14 800	15 200	38	3,80
7 200	7 600	19	1,90	15 200	15 600	39	3,90
7 600	8 000	20	2	15 600	16 000	40	4

Bei einem Vermögen von mehr als M.	Bei einem Vermögen bis einschließlich M.	Einmalige Gebühr Nr. 1 M.	Jährliche Gebühr Nr. 2 M.	Bei einem Vermögen von mehr als M.	Bei einem Vermögen bis einschließlich M.	Einmalige Gebühr Nr. 1 M.	Jährliche Gebühr Nr. 2 M.
16 000	16 400	41	4,10	399 600	400 000	1 000	100
16 400	16 800	42	4,20	499 600	500 000	1 250	125
16 800	17 200	43	4,30	599 600	600 000	1 500	150
17 200	17 600	44	4,40	699 600	700 000	1 750	175
17 600	18 000	45	4,50	799 600	800 000	2 000	200
18 000	18 400	46	4,60	899 600	900 000	2 250	225
18 400	18 800	47	4,70	999 600	1 000 000	2 500	250
18 800	19 200	48	4,80	1 099 600	1 100 000	2 750	275
19 200	19 600	49	4,90	1 199 600	1 200 000	3 000	300
19 600	20 000	50	5	1 299 600	1 300 000	3 250	325
und so fort von je 400 M. 1 M. bez. 0,10 M. mehr, also z. B. von				1 399 600	1 400 000	3 500	350
				1 499 600	1 500 000	3 750	375
39 600	40 000	100	10	1 599 600	1 600 000	4 000	400
59 600	60 000	150	15	1 699 600	1 700 000	4 250	425
				1 799 600	1 800 000	4 500	450
79 600	80 000	200	20	1 899 600	1 900 000	4 750	475
99 600	100 000	250	25				
199 600	200 000	500	50	1 999 600	2 000 000	5 000	500
299 600	300 000	750	75				

VIII.

Auszug

aus der

preußischen Geschäftsordnung für die Gerichtsschreibereien der Amtsgerichte.

Vom 26. November 1899.

(J.M.Bl. 1899 S. 395.)

Neunter Abschnitt.

Familienrechtliche Angelegenheiten.

Register der Vormundschaften, Pflegschaften und Beistandschaften.

§. 57.

1. Das Register der Vormundschaften, Pflegschaften und Beistandschaften wird nach dem Formular Nr. 24 geführt. Es kann nach Gemeindebezirken[1]) oder nach alphabetischen Abtheilungen getrennt gehalten werden; für jede Abtheilung besteht eine besondere Nummernfolge.

2. Die Abtheilung des Registers muß aus dem Aktenzeichen erkennbar sein, z. B. Tempelhof XI 36 oder A XII 27.

3. Unter XI sind alle Vormundschaften über Minderjährige wie über Volljährige, einschließlich der vorläufigen Vormundschaften (B.G.B. §. 1906), einzutragen. Bei minderjährigen ehelichen Mündeln ist in Spalte 2 stets der Name des Vaters einzutragen. Die vorläufige Vormundschaft ist als solche in Spalte 9 kenntlich zu machen; wird demnächst auf Grund der Entmündigung ein Vormund bestellt, so ist der die Vormundschaft als vorläufige kennzeichnende Vermerk roth zu unterstreichen, das Aktenzeichen bleibt unverändert.

4. In Spalte XII sind die Pflegschaften ohne Unterscheidung zwischen Einzelpflegschaften und dauernden Pflegschaften[3]) einzutragen, jedoch mit Ausnahme solcher Pflegschaften, die in bereits vorhandenen Vormundschafts-, Pflegschafts- oder Beistandschaftsakten angeordnet werden. Nachlaßpflegschaften sind in das Register XII nicht einzutragen (§. 56 Abs. 3).

5. In Spalte XIII sind die Beistandschaften einzutragen, gleichviel, ob der Beistand für alle Angelegenheiten oder für einzelne oder für gewisse Gattungen von Angelegenheiten bestellt ist.

6. Wenn dem Pfleger oder Beistand eine Verwaltung von Vermögen nicht übertragen ist, werden die Spalten 6a bis 6d durch einen wagerechten Strich ausgefüllt.

7. Geht eine anhängige Pflegschaft oder Beistandschaft in eine Vormundschaft über oder um-

gekehrt, so ist die Sache als beendet zu behandeln und von neuem einzutragen. Die Akten sind unter dem neuen Aktenzeichen fortzuführen, bei der früheren Eintragung ist das neue Aktenzeichen zu vermerken.

8. Die Akten über Pflegschaften oder Beistandschaften, die eine nur vorübergehende Thätigkeit des Pflegers oder Beistandes in Anspruch genommen haben, sind nach der Erledigung ihres Zweckes wegzulegen. Wird für die gleiche Person eine neue Vormundschaft, Pflegschaft oder Beistandschaft eingeleitet oder eine Angelegenheit anhängig, die in das Register XIV einzutragen ist (§. 58 Abs. 2), so sind die Akten zu der neuen Sache abzugeben. Die Abgabe ist in Spalte 9 ersichtlich zu machen.

9. Bei der Beendigung der Vormundschaft, Pflegschaft oder Beistandschaft ist der Name des Mündels u. s. w. roth zu unterstreichen.

10. Für die Vormundschaften, Pflegschaften und Beistandschaften sind Akten anzulegen. Diesen ist außer dem Nummernverzeichniß eine Nachweisung (Formular Nr. 25) vorzuheften; die Spalten 5 bis 14 der Nachweisung hat der Richter auszufüllen.[3])

11. Bei Pflegschaften und Beistandschaften, die eine nur vorübergehende Thätigkeit des Pflegers oder Beistandes in Anspruch nehmen, ist die Nachweisung nicht erforderlich.

12. Wird das Register nach Gemeindebezirken getrennt gehalten, so ist für sämmtliche Gemeinde-

bezirke gemeinschaftlich ein alphabetisches Namenverzeichniß zu führen.

13. Behufs Ueberwachung der Rechnungslegung, der Vermögensübersichten und der Volljährigkeitstermine hat der Gerichtsschreiber jährlich bei der Anlegung des Geschäftskalenders geeignete Fristen nach den Angaben des Registers einzutragen. Ein besonderer Kalender für die Rechnungslegungen ist nicht zu führen.

14. Zu den Vormundschaftsakten eingereichte Depotscheine und ähnliche Urkunden hat der Gerichtsschreiber unter entsprechender Anwendung des §. 49 besonders zu verwahren. Werthpapiere und Sparkassenbücher, deren Rückgabe nicht sofort erfolgen kann, sind zur vorläufigen Verwahrung zu geben.

1. Es empfiehlt sich in der Regel, für jeden Gemeindebezirk ein besonderes Register anzulegen. Die Eintragungen in jedes Register können nur nach chronologischer Ordnung erfolgen.

2. Vgl. Anm. 1 zum §. 92 des Gerichtskostengesetzes.

3. Die Spalten 1—4 sind vom Gerichtsschreiber auszufüllen.

Hinsichtlich der Bestimmung in der Anm. 2 auf dem Formular Nr. 25 empfiehlt es sich, daß auf dem Aktendeckel nur dasjenige angegeben wird, was zur Bezeichnung der Sache nothwendig ist, also bloß Name, Stand und Wohnort des Vaters oder der unehelichen Mutter.

Familienrechts-Register.

§. 58.

1. Ueber die sonstigen zur Zuständigkeit des Gerichts, insbesondere des Vormundschaftsrichters,

gehörigen familienrechtlichen Angelegenheiten, einschließlich der Standesamtssachen und der Zwangserziehungssachen, ist ein Register (Familienrechtsregister) nach dem Formular Nr. 26[1]) zu führen. Mit den zu einer Rechtsangelegenheit gehörigen Schriften werden Blattsammlungen, für Zwangserziehungen jedoch Akten angelegt.

2. bis 9. — — — — — —

10.[2]) Die Spalte XVII ist zur Eintragung des Verfahrens, betreffend die Fürsorgeerziehung Minderjähriger, nach dem Gesetze vom 2. Juli 1900 (Gesetz-Samml. S. 264) bestimmt. Die Beschlüsse des Vormundschaftsgerichts (§§. 3, 4 des Gesetzes) werden durch Einstellung eines senkrechten Striches in die Spalten 5 oder 6, die Anordnungen über vorläufige Unterbringung Minderjähriger (§. 5 a. a. O.) in gleicher Weise in der Spalte 7 festgestellt. Am Schlusse jeder Seite werden die Striche der betreffenden Spalte aufgerechnet. Entscheidungen, welche auf Anrufen des Vormundschaftsgerichts gegen einen die Aufhebung der Fürsorgeerziehung vor dem Ende der Minderjährigkeit ablehnenden Beschluß des Kommunalverbandes (§. 13 Abs. 3 a. a. O.) ergehen, werden nicht besonders eingetragen, sondern zu den angelegten Akten genommen.

11. Zu dem Familienrechtsregister, mit Ausnahme der Standesamtssachen, ist ein alphabetisches Namenverzeichniß zu führen.

1. Durch die Allgemeine Verfügung vom 24. Oktober

1900, enthaltend Aenderungen und Ergänzungen der Geschäftsordnungen für die Gerichtsschreibereien der Gerichte, (J.M.Bl. 1900 S. 617) vom 1. April 1901 ab geändert.

2. Vom 1. April 1901 ab gültige Aenderung durch die Allg. Verfügung vom 24. Oktober 1900 (Anm. 1).

Neben den Vorschriften der §§. 57, 58 finden die Allgemeinen Bestimmungen der §§. 1—22 der Geschäftsordnung auch auf die Vormundschaftssachen Anwendung. Es sind daher z. B. die Zuschriften an öffentliche Behörden in der Regel nicht vom Gerichtsschreiber, sondern vom Richter zu vollziehen (§. 13 Nr. 4 daselbst, sowie Allg. Verfügung vom 31. Oktober 1881, J.M.Bl. 1881 S. 257); von dieser Regel wird besonders den Gemeindewaisenräthen gegenüber abgegangen werden können. Auf die in der Beschwerdeinstanz und weiteren Beschwerdeinstanz entstehenden Verhandlungen und eingehenden Schriftstücke finden §. 7 Nr. 16 u. 17 der Geschäftsordnung für die Gerichtsschreibereien der Landgerichte und §. 7 Nr. 13, 14 u. 16 der Geschäftsordnung für die Gerichtsschreibereien der Oberlandesgerichte vom 27. bezw. 29. November 1899 (J.M.Bl. 1899 S. 473 u. S. 563) Anwendung.

Ferner kommt z. B. die Allg. Verfügung vom 10. Dezember 1899 über die von Amtswegen zu bewirkenden Zustellungen und Bekanntmachungen gerichtlicher Verfügungen (J.M.Bl. 1899 S. 728) für die Vormundschaftssachen ebenfalls in Betracht.

Zu den Vormundschaftsakten können auch die Urkunden und Schriften in Angelegenheiten der freiwilligen Gerichtsbarkeit mit Ausschluß der vor dem Grundbuchamte beurkundeten Auflassungserklärungen, bei denen ein

Mündel betheiligt ist, soweit sie keine weitere Verwendung finden, genommen werden (§. 44 der Geschäftsordnung für die Gerichtsschreibereien der Amtsgerichte). Die Verhandlungen, welche Auseinandersetzungen eines Ehegatten mit seinen oder seines Ehegatten Kindern betreffen, sind zu den etwa vorhandenen Vormundschafts- oder Pflegschaftsakten abzugeben (§. 56 Nr. 17 daselbst).

Wegen dessen, was über die Vormundschafts- und Pflegschaftssachen und über die Fürsorgeerziehungssachen, sowie über die Beschwerden und weiteren Beschwerden in solchen in die Geschäftsübersichten aufzunehmen ist, vgl. die durch die Allgemeine Verfügung vom 19. Oktober 1900 über die Aufstellung der Geschäftsübersichten (J.M.Bl. 1900 S. 611) vorgeschriebenen Formulare für die Hauptübersichten der Geschäfte bei den Amtsgerichten, bei den Landgerichten und bei den Oberlandesgerichten.

Nach Beendigung der Vormundschaft oder Pflegschaft ist vom Vormundschaftsrichter die Weglegung der Akten und dabei die Dauer ihrer Aufbewahrung zu verfügen (§. 7 Nr. 14 der Geschäftsordnung für die Gerichtsschreibereien der Amtsgerichte). Letztere beträgt vom Tage der erreichten Volljährigkeit oder erfolgten Volljährigkeitserklärung des letzten Mündels oder der sonstigen Beendigung der Vormundschaft oder Pflegschaft über denselben 10 Jahre, und, wenn eine Vermögensverwaltung nicht stattgefunden hat, 5 Jahre. Ausgeschlossen bleiben jedoch von der Vernichtung und sind vor der Vernichtung aus den Akten herauszunehmen verschiedene Schriftstücke, insbesondere alle über Anerkennungen der Vaterschaft, Annahmen an Kindesstatt, Volljährigkeitserklärungen, Erbscheine, Auseinandersetzungsverträge unter Miterben oder Theilnehmern an einer Gütergemeinschaft, Erbverzichte, Ehelichkeitserklärungen oder sonstige Handlungen der freiwilligen Gerichtsbarkeit, welche unter I in das Beurkundungsregister eingetragen sind, sowie alle Vermögensverzeichnisse (Allg. Verfügung vom 6. September 1900 über die Vernichtung der Akten, Register und Urkunden bei den Justizbehörden, J.M.Bl. 1900 S. 569, §§. 9, 11, 12, 13).

Ueber die Mittheilung von Vormundschaftsakten an andere Behörden bestimmt die Verfügung vom 5. März 1842 (J.M.Bl. 1842 S. 102), daß die Vormundschaftsbehörde zwar die nachgesuchte Mittheilung der Akten nicht willkürlich verweigern, wohl aber genauere Auskunft darüber verlangen darf, zu welchem Zwecke und wegen welcher Punkte die ersuchende Behörde der Verhandlungen des Vormundschaftsgerichts bedarf.

Nach §§. 35, 37 des Einkommensteuergesetzes vom 24. Juni 1891 (G.S. 1891 S. 175) und Art. 47 der Ausführungsanweisung vom 5. August 1891 zu diesem Gesetze steht den Vorsitzenden der Einkommensteuer-Veranlagungskommissionen die Einsicht der Vormundschaftsakten zu und sind die Amtsgerichte verpflichtet, denselben oder dem von ihnen beauftragten Beamten oder Kommissionsmitgliede die Einsicht in die Akten zu gestatten, auf Ersuchen auch kostenfreie Abschriften aus den Akten zu ertheilen. Nach §. 25 Abs. 5 des Ergänzungssteuergesetzes vom 14. Juli 1893 (G.S. 1893 S. 134) haben sämmtliche Staatsbehörden die Einsicht aller die Vermögensverhältnisse der Steuerpflichtigen betreffenden Bücher, Akten, Urkunden u. s. w. zu gestatten und auf Ersuchen Abschriften aus denselben zu ertheilen, sofern nicht besondere gesetzliche Bestimmungen oder dienstliche Rücksichten entgegenstehen, also auch die Amtsgerichte in entsprechender Weise die Einsicht in die Vormundschaftsakten zu gestatten und Abschriften aus diesen zu ertheilen. Nach der Allg. Verfügung des Justizministers vom 15. November 1894, betr. die von den Amtsgerichten den Steuerbehörden behufs Veranlagung der Einkommen- und der Ergänzungssteuer zu machenden Mittheilungen, (J.M.Bl. 1894 S. 314) §. 9 sind in die den Steuerbehörden mitzutheilenden fortlaufenden Verzeichnisse der von den Amtsgerichten aufgenommenen Verhandlungen, in denen Rechtsgeschäfte der nichtstreitigen Gerichtsbarkeit beurkundet sind, diese Verhandlungen auch dann einzustellen, wenn sie aus Anlaß der Bearbeitung einer Vormundschaftssache aufgenommen sind. Vgl. auch die Allg. Verfügung des Justizministers, betr. die von den Amtsgerichten über Verhandlungen der nichtstreitigen Gerichtsbarkeit an die Steuerbehörden zu machenden Mittheilungen, vom 15. Dezember 1896 (J.M.Bl. 1896 S. 364).

Im übrigen s. wegen der Einsicht der Gerichtsakten den §. 34 F.G.G.

Die Gerichtsferien haben auf die Vormundschaftssachen an sich keinen Einfluß, die Bearbeitung der letzteren kann aber während der Ferien unterbleiben, soweit das Bedürfniß einer Beschleunigung nicht vorhanden ist (§. 10 F.G.G).

Hinsichtlich der in den Vormundschaftssachen zur Verwendung kommenden Formulare s. Weizsäcker und Lorenz, Formularbuch für die freiwillige Gerichtsbarkeit zum Gebrauche der Preußischen Gerichte.

Register der Vormundschaften, Pflegschaftm

Angefangen im Jahre	Name, Beruf und Wohnort des Vaters oder der Mutter des minderjährigen Mündels oder des unter elterlicher Gewalt stehenden Kindes.	Der Mündel, Pflegebefohlenen oder unter elterlicher Gewalt stehenden Kinder		Name, Beruf und Wohnort		Durch die Abtheilung laufende Nummer der		
		Namen	Geburtstage.	des Vormundes, Pflegers oder Beistandes.	des Gegenvormundes.	XI Vormundschaften.	XII Pflegschaften.	XIII Beistandschaften.
1.	2.	3. a.	3. b.	4. a.	4. b.	5. a	5. b.	5. c.
1900	Eckardt, Wilhelm, Holzhändler hier	Arthur	5/10 90	Kaufmann Franz Engelhardt zu Mals				32

*) Anmerkungen:

1. Sind mehrere Vormünder, Pfleger oder Beistände bestellt, so sind ihre Namen sämmtlich in Spalte 4a einzutragen; sind sie nicht zu ungetrennter Verwaltung bestellt, so ist dies in Spalte 4b zu vermerken.
2. Die Ausfüllung der Spalte 6 erfolgt durch Eintragung des Zeichens XI, XII oder XIII in die betreffende Unterspalte. In Spalte 9 ist ersichtlich zu machen, in welchem Monate die Rechnung zu legen ist, bei zwei- oder dreijähriger Rechnungsperiode ist auch das Jahr anzugeben, von dem ab die Periode zu berechnen ist; eine dreijährige Periode ist durch den Zusatz „(3)", eine noch längere Frist (B.G.B. §. 1854 Abs. 2) durch „(4)" oder „(5)" ersichtlich zu machen. Ist die Unterspalte „befreit" zu benutzen, so ist daneben nicht zu unterscheiden, ob eine Vermögensverwaltung besteht oder nicht besteht. Ist dem Beistande die Vermögensverwaltung

Formular Nr. 24. (§. 57.)

und Beistandschaftrn.*) XI, XII, XIII

Rechnungslegung. Einreichung des Vermögensverzeichnisses.				Grund der Vormundschaft über Volljährige oder der Pflegschaft.	Die Akten sind		Bemerkungen.
Befreit.	Nicht befreit.				weggelegt im Jahre	aufzubewahren bis	
	Ohne Verwaltung.	Jährlich.	Alle 2 bis 3 Jahre.				
6. a.	b.	c.	d.	7.	8. a.	b.	9.
			XIII				8 01(8)

nicht übertragen oder ist die Pflegschaft nur zur Wahrnehmung einzelner Geschäfte eingeleitet, so daß eine Rechnungslegung nicht in Frage kommen kann, so sind die Spalten 6 a bis 6 d wagerecht zu durchstreichen.

3. Die Spalte 9 ist insbesondere zu Angaben über die Bildung eines Familienraths zu benutzen.
4. Eintretende Veränderungen sind nachzutragen. Tritt eine Aenderung in der Rechnungslegung ein, so ist die dadurch erledigte Notiz roth zu unterstreichen. Ebenso sind die Namen der Mündel, deren Vormundschaft, sowie die Namen der Vormiinder, Gegenvormünder und Pfleger, deren Amt beendet ist, in Spalte 3 a und 4 roth zu unterstreichen. Im gleicher Weise ist bei der Beendigung der Sache zu verfahren.
5. Nachlaßpflegschaften sind ausschließlich in das Register VII einzutragen.

Formular Nr. 25. (§. 57.)

Nachweisung zu Vormundschafts-, Pflegschafts- und Beistandschaftsakten*).

Aktenzeichen 6 M. XII. 58.

1.	Vor- und Familienname, Beruf und Wohnort oder Aufenthaltsort des Vaters oder der Mutter der minderjährigen Mündel u. s. w., sowie der Todestag des Vaters.	*Landschaftsmaler Ernst Müller hier, gest. am 23. 4. 1900.*
2.	Vor- und Familienname und Geburtstag der Mündel u. s. w., bei volljährigen Mündeln u. s. w. auch deren Stand und Wohnort oder Aufenthaltsort.	*Ernst Albert Müller, geb. am 14. 12. 1886.*
3.	Name, Beruf und Wohnort des Vormundes, Pflegers oder Beistandes und des Gegenvormundes.	*Pfleger: Kaufmann Friedrich Grossmann hier.*
4.	Ist der Waisenrath benachrichtigt?	*ja, Bl. 10.*
5.	Ist das Vermögensverzeichniß eingereicht?	*ja, Bl. 4.*
6.	Ist dem Beistande die Vermögensverwaltung ganz oder theilweise übertragen?	*ja.*
7.	Gehören zum Vermögen der Mündel Inhaber- oder sonstige Werthpapiere?	*nein, Bl. 5.*
	Sind sie hinterlegt oder auf den Namen umgeschrieben?	*nein.*

8.	Hat der Vormund, Beistand oder Pfleger Sicherheit bestellt?	*nein.*
9.	Hat der Vormund oder Pfleger Rechnung zu legen und in welchen Zeitabschnitten? Beginn des Rechnungsjahrs.	*Vom August* **1901** *ab alle 3 Jahre, Bl. 9.*
10.	Für welche Zeit und wann ist Rechnung gelegt oder eine Uebersicht des Vermögensbestandes eingereicht?	*1900--01. Bl. 21.*
11.	Wann ist die letzte Rechnung geprüft?	*3. 9. 1901, Bl. 21.*
12.	Rücksichtlich welcher Mündel u. s. w. ist die Schlußrechnung gelegt?	
13.	Für welche Mündel u. s. w. ist die Entlastung ertheilt?	
14.	Bemerkungen.	

*) Anmerkungen:

1. Zu dem Formular ist ein halber Bogen zu verwenden, auf dessen beiden Seiten den einzelnen Spalten ein entsprechender Raum zuzutheilen ist.
2. Diejenigen Spalten, deren Inhalt auf dem Aktendeckel angegeben wird, brauchen nicht aufgenommen zu werden.
3. In der Spalte 14 ist insbesondere anzugeben, ob ein Familienrath bestellt ist und aus welchen Mitgliedern er besteht.
4. Bei den Eintragungen ist die Stelle der Akten oder der Zeitpunkt des Vorganges zu bezeichnen.

Familienrechtsregister.

Name, Beruf und Wohnort der Betheiligten.	Jährlich fortlaufende Nummer der XIV: Angelegenheiten außerhalb einer Pflegschaft oder Beistandschaft, die unter §. 91 Abs. 1 Pr. G. F. G. fallen.	XV: sonstigen familienrechtlichen Angelegenheiten.	XVI: Standesamtssachen.	XVII: Fürsorgeerziehungen.	Zu XIV und XV: Gegenstand des Antrags.	Zu XVI: Bezeichnung des Standesamts.
1.	2. a.	b.	c.	d.	3.	4.
Brückner, August, Arbeiter, und Frau, hier		80			Erziehungsstreit	

[1]) Fassung vom 1. April 1901 ab; vgl. Anm. 1 zum §. 58.

Formular Nr. 26. (§. 58.)[1]

XIV. XV. XVI. XVII

Zu XVII: Die Fürsorgeerziehung ist angeordnet, weil			Die Fürsorgeerziehung ist	Die vorläufige Unterbringung ist angeordnet.	Die Akten sind		Die Akten sind abgegeben zu	Bemerkungen.
die Voraussetzungen des §. 1666 oder des §. 1838 B. G. B. vorliegen	der Minderjährige eine strafbare Handlung begangen hat.	sie zur Verhütung des völligen sittlichen Verderbens nothwendig ist.	abgelehnt.		weggelegt im Jahre	aufzubewahren bis		
5. a.	5. b.	5. c.	6.	7.	8. a	8. b	9	10.

IX.

Nachweisung

derjenigen Stellen, an welchen die für das Vormundschaftsrecht erheblichen Artikel des Preußischen Ausführungsgesetzes zum Bürgerlichen Gesetzbuche vom 20. September 1899 abgedruckt sind.

Es ist zu finden:

Art. 18		in	Anm	1	zu	§. 1815	B.G.B.	S.159 ff.
Art. 72		„	„	4	„	§. 1784	„	S. 97 f.
Art. 73		„	„	15	„	§. 1807	„	S. 143 f.
Art. 74		„	„	2	„	Art. 212	E.G.	S. 340 f.
Art. 75	§. 1	„	„	14	„	§. 1807	B.G.B.	S. 143.
Art. 75	§. 2	„	„	4	„	§. 1809	„	S. 147.
Art. 76		„	„	4	„	§. 1808	„	S. 145 f.
Art. 77		„	„	1	„	§. 1849	„	S. 223 f.
Art. 78		„	„	6	„	Art. 136	E.G.	S. 333 f.
Art. 85		„	„	5	„	§. 1814	B.G.B.	S. 155.

X.

Nachweisung

derjenigen Stellen, an welchen die für das Vormundschaftsrecht erheblichen Artikel des Preußischen Gesetzes über die freiwillige Gerichtsbarkeit vom 21. September 1899 abgedruckt sind.

Es ist zu finden:

Art.	2		in Anm.	1	zu	§. 7 F.G.G.	S. 388.
Art.	7		„	1		§. 199 F.G.G.	S. 400.
Art.	8			1	„	§. 199 F.G.G.	S. 400 f.
Art.	10		„	3		§. 1875 B.G.B.	S. 251.
Art.	11	Abs. 2	„	3	„	§. 1875	S. 251.
Art.	14			3		§. 1875	S. 251.
Art.	15			9	„	§. 1837	S. 204.
Art.	16			9		§. 1837	S. 204.
Art.	17			9	„	§. 1837 „	S. 204 f.
Art.	18			1		§. 16 F.G.G.	S. 386.
Art.	124	Abs. 3	„	1		§. 1849 B.G.B.	S. 224.
Art.	130	III		1	„	§. 8 F.E.M.G.	S. 408.
Art.	137		„	2	„	§. 35 F.G.G.	S. 344.

XI.

Sachregister.

Von den Zahlen ohne Paragraphen-Zeichen verweisen die größeren auf die Seiten, die kleineren auf die Anmerkungen.

A.

Abgabe der Vormundschaft oder Pflegschaft 352 §. 46, 356 §. 47.

Ablehnung des Vormundschaftsrichters 382 §. 6; der Vormundschaft 54, 101 §. 1786; grundlose 103 §. 1787; der Anordnung einer Vormundschaft oder Pflegschaft 366 §. 57; der Einsetzung eines Familienraths 367 §. 57.

Abnahme der Schlußrechnung 271 §. 1892.

Abschriften 386 §. 16, 398 §. 34.

Abstimmung 388 §. 8.

Abtretung 150 §. 1812 5.

Abweichung von Anordnungen des Erblassers oder Zuwenders 138 §. 1803, 311 §. 1917.

Abwesende 300 §. 1911, 315 §. 1921, 349 §. 39.

Abwesenheit des Vormunds 294 §. 1909 3.

Abwesenheitspfleger 300 §. 1911.

Adel s. Reichsadel und landsässiger Adel.

Adoption s. Annahme an Kindesstatt.

Adoptiveltern, Berufungsrecht derselben 85 §. 1776 5; Recht zu Befreiungen 282 §. 1852 1.

Aenderung einer Verfügung 365 §. 55, 379 §. 62, 387 §. 18.

Aerzte 412 §. 4 1.

Agnat 322 Art. 57 [1].
Akte der freiwilligen Gerichtsbarkeit 468.
Akten 465 §. 57 Nr. 10; s. auch Vormundschaftsakten.
Aktien 142 §. 1807 [11].
Alimentation des Embryo 303 §. 1912 [3].
Altentheilsverträge 177 §. 1822 [11].
Altersgrenze 403 §. 1 [2].
Amtsgericht 27, 66, 343 §. 35.
Amtsrichter 344 §. 35 [3].
Analphabeten 92 §. 1780 [3].
Androhung von Ordnungsstrafen 105 §. 1788 [4], 204 §. 1837 [9], 398 §. 33.
Anerkenntniß des Vormunds 179 §. 1822 [19].
— der Richtigkeit der Schlußrechnung 271 §. 1892.
— der Vaterschaft 259 §. 1883.
Anfechtung einer Ehe 117 §. 1793 [6].
Anhörung 62f., 89 §. 1779, 182 §. 1826, 183 §. 1827, 195 §. 1836, 218 §. 1847, 241 §. 1862, 364 §. 54, 410 § 4.
Anlegung von Geld 46, 137—148, §§. 1806 bis 1811, 231 §. 1852, 340 Art. 212.
Annahme an Kindesstatt 258 §. 1882 [2], 278 §. 1899.
— einer geschuldeten Leistung 150 §. 1812 [5], 150 §. 1813.
Anordnung der Vormundschaft 81 §. 1774, Mittheilung davon an den Gemeindewaisenrath 230 §. 1851; der Fürsorgeerziehung 407 §. 3.
Anordnungen des Erblassers und Zuwenders 51, 133 §. 1803; der Eltern 32, 231 §. 1852, 235 §. 1855, §. 1856, 236 §. 1857, 237 §. 1858, 244 §. 1866, 245 §. 1868, 255 §. 1880.
— einstweilige 391 §. 24.
Anstaltserziehung 419 §. 9.
Anstiftung s. Verleitung.
Anträge, deren Aufnahme 384 §. 11; in Fürsorgeerziehungssachen 410 §. 4.
Antragsdelikt s. Strafantrag.
Antragsteller, beschwerdeberechtigt 368f. §. 57.
Anzeigen zum Zweck der Fürsorgeerziehung 411 §. 4 [1].
Anzeigepflicht behufs Anordnung der Vormundschaft 41, 81 §. 1774 [1], 287 §. 1906 [2], 358—361 §§. 48—50; des Gegenvormunds 61, 125 §. 1799, 274 §. 1894; beim Tode

Citirmethode: 150 §. 1812⁵ = Seite 150 §. 1812 Anm. 5.

des Vormunds oder Gegenvormunds 274 §. 1894; von der Nothwendigkeit einer Pflegschaft 293 §. 1909; von einer Gefährdung des Mündelvermögens 42, 229 §. 1850; von Mängeln in der Erziehung des Mündels 229 §. 1850; von der Veränderung des Aufenthalts des Mündels 42, 230 §. 1851.
Arbeitshäuser 421 §. 10.
Arbeitsverhältniß 174 §. 1822, 183 §. 1827.
Armenanstalten 421 §. 10.
Armenrecht 32, 385 §. 14, 457.
Armenverwaltung 334 Art. 136 6, 373 §. 57 18.
Aufbewahrung der Akten 469.
Aufenthalt, bestimmend für die Zuständigkeit des Gerichts 345 §. 36; für die des Waisenraths 43, 90 §. 1779 1; Bestimmung 115 §. 1793 3, 184 §. 1827 6; Anzeige 42, 230 §. 1851.
Aufhebung d. Familienraths 255 §. 1879, §. 1880, 256 §. 1881; Beschwerde 367 §. 57, 376 §. 60.
— der Vormundschaft 259 §. 1883, 261 §. 1884, 289 §. 1908; Beschwerde dagegen 366 §. 57.
— der ehemännlichen Verwaltung und Nutznießung 300 §. 1910 13, 302 §. 1911 12.
— der Pflegschaft 313 §. 1919, 314 §. 1920, 315 §. 1921; Beschwerde 367 §. 57.
— der Fürsorgeerziehung 425 §. 13.
Auflassung 176 §. 1822 6.
Auflösung s. Aufhebung.
Aufnahme in eine Verpflegungsanstalt 333 Art. 136 6.
— von Geld 174 §. 1822.
Aufschiebende Wirkung der Beschwerde 391 §. 24, 411 §. 4.
Aufsicht des Vormundschaftsrichters 48 f., 64, 198 §. 1837.
— über denselben 33.
— des Gegenvormunds 48 f., 190 §. 1833.
— des Gemeindewaisenraths 41, 48 f., 64, 229 §. 1850.
— der Aufsichtsbehörden und des Ministers des Innern 435 §. 20.
Aufwendungen zur Führung der Vormundschaft 192 §. 1835.
Auseinandersetzung des Mündels mit Miterben 175 §. 1822 6; des Vor-

munds und des Mündels 33, 216 §. 1845 1.
Ausfertigung 386 §. 16 1.
Ausführung der Fürsorgeerziehung 419 §. 9.
Auskunftspflicht des Vormunds 126 §. 1799, 206 §. 1839; seitens des Gegenvormunds 63, 206 §. 1839, 270 §. 1891; seitens des Gerichts 32, 109 §. 1791 3; seitens des Waisenraths 42, 229 §. 1850.
Auslagen 44, 64, 176 §. 1840 4, 219 §. 1847, 253 §. 1877; 418 §. 8; s. auch Kosten.
Ausland 319 Art. 23, 345 §. 35 3, 356 §. 47.
Ausländer 78 §. 1773 1, 100 §. 1785 1, 263 §. 1865 1, 300 §. 1915 3, 319 Art. 23, 347 §. 36 8, 348 §. 37, 403 §. 1 1.
Auslieferung des Mündels 115 §. 1793 3.
Ausschlagung einer Erbschaft oder eines Vermächtnisses 173 §. 1822.
Ausschließung eines Vormunds 94 §. 1782, 278 §. 1898; der Bestellung eines Gegenvormunds 231 §. 1852; von der Beschlußfassung 249 §. 1874; eines Richters 382 §. 6, 383 §. 7.
Aussetzung der Vollziehung von Verfügungen 391 §. 24.
Ausstattung 281 §. 1902.
Auswahl des Vormunds 89 §. 1779.
— der Familienrathsmitglieder 241 §. 1862, 243 §. 1864.
Außerkurssetzung der Werthpapiere 157 §. 1814 9.

B.

Bank 145 §. 1808.
Beamte 96 §. 1784, 267 §. 1888, 331 Art. 136, 381 §. 3, 423 §. 12.
Beaufsichtigung s. Aufsicht.
Bedingungen bei der Bestellung zum Vormund 107 §. 1790, zum Familienrathsmitglied 247 §. 1871.
— bei der Genehmigung des Gerichts 168 §. 1821 2.
Beendigung des Amts eines Familienrathsmitgliedes 254 §. 1878.
— des Amts des Vormunds 54 f., 262 §. 1885, 259 §. 1893.
— des Amts des Gegenvormunds 65.
— der Vormundschaft 54 f.,

257 §. 1882, 259 §. 1883, 261 §. 1884, 272 §. 1893, 289 §. 1908.
— der Pflegschaft 312 ff., §§. 1918—1921.
— der Fürsorgeerziehung 425 §. 13.
Befangenheit 382 §. 6.
Befreiungen 49 ff., 163 §. 1817, 231—237 §§. 1852—1857, 270 §. 1890[6], 282 §. 1903, 284 §. 1904.
— des Pflegers 311 §. 1917.
— des gesetzlichen Vormunds 332 Art. 136.
— der Anstaltsvorstände und Beamten 423 §. 12.
Beihülfe 436 §. 21.
Beistände 284 §. 1904, 385 §. 13.
Bekanntmachung, öffentliche 276 §. 1896[3], 298 §. 1910[2], 302 §. 1911[11].
— gerichtlicher Verfügungen 386 §. 16; s. auch Verkündung.
Belastung unbeweglicher Sachen 166 §. 1821.
Belege 209 §. 1841, 270 §. 1890[5].
Benennung von Vormündern 83 ff. §. 1776, 86 f. § 1777, 278 §. 1898.
— von Familienrathsmitgliedern 240 §. 1861;
— von Pflegern 310 §. 1917.
Berathung 383 §. 8.
Bereithaltung 139 §. 1806[4].
Berlin 428 §. 14.
Beruf des Mündels 114 §. 1793[3], 199 §. 1837.
Berufung zur Vormundschaft 52 f.; 83 ff. § 1776, 278 §. 1899, 289 §. 1907.
— zur Gegenvormundschaft 110 §. 1792.
— zum Familienrath 240 §. 1861, 242 §. 1868.
— zur Pflegschaft 310 §. 1916, §. 1917.
Bescheinigung 108 §. 1791[3].
Beschluß in Fürsorgeerziehungssachen 407 §. 3, 409 §. 4, 425 §. 13.
Beschlußfähigkeit des Familienraths 243 §. 1864, 249 §. 1874.
Beschlußfassung im Familienrath 249 §. 1874.
Beschränkungen des Vormunds 45 ff., 117 §. 1793[6], 119 §. 1794, 120 §. 1795; Befreiung von denselben 231 §. 1852.
Beschwerde 34, 66, 388 §. 19, 391 §. 23, 397 §. 30; in Fürsorgeerziehungssachen 69, 425 §. 13; Berechtigung 66; 366 §. 57; 369 §. 57[2], 374 §. 59,

411 §. 4, 425 §. 13; Form 390 §. 21; Frist 368 §. 57[1], 376 §. 60, 379 §. 64, 390 §. 22, 411 §. 4, 425 §. 13; Kosten 382, 383; Suspensiveffekt 391 §. 24, 411 §. 4, 425 §. 13; s. auch sofortige Beschwerde und weitere Beschwerde.
— über Waisenräthe 225 §. 1849[1].
Beschwerdegericht 379 §. 62, 391 ff §§. 24 bis 27.
Besondere f. einzelne Rechtsverhältnisse des Mündels geltende Bestimmungen 112 §. 1793[1].
Besserungsanstalten 115 §. 1793[3], 205 §. 1838, 330 Art. 135, 331 Art. 136, 407 §. 2, 428 §. 14.
Bestallung, rechtlicher Charakter 108 §. 1791[2]; des Vormunds 107 §. 1791, 256 §. 1881; des Pflegers 107 §. 1791[1]; des Gegenvormunds 65, 256 §. 1881; der Mitglieder des Familienraths 247 §. 1870[3].
— Rückgabe derselben 55, 256 §. 1881, 273 §. 1898.
Bestellung des Vormunds 52, 69, 106 §. 1789; des Gegenvormunds 64, 110 §. 1792; des Pflegers 58; der Familienrathsmitglieder 246 §. 1870, 247 §. 1871; auf Zeit 107 §. 1790[2].
— durch ein unzuständiges Gericht 348 §. 36[15].
— sachlich ungerechtfertigte 78 §. 1773[2].
Betheiligte 304 §. 1913, 350 §. 41.
Bettelnde Kinder 406 §. 1[10].
Bevollmächtigte 385 §. 13.
— eines Abwesenden 300 §. 1911.
— des Vormunds 113 §. 1793[2].
— des Gegenvormunds 127 §. 1799[1].
Bewegliche Sachen 150 §. 1812[2].
Beweiserhebung 384 §. 12.
Bezirksausschuß 416 §. 5, 432 §. 16.
Bezirksverband 427 §. 14.
Bilanz 209 §. 1841.
Blankoindossament 153 §. 1814.
Blattsammlungen s. Vormundschaftsakten.
Blinde 297 §. 1910.
Briefe des Mündels 115 §. 1793[3].
Buchforderungen 47, 159 §. 1815, 162 §. 1816, 166 §. 1820, 324 Art. 97.

Buchschulden s. Reichsschuldbuch und Staatsschuldbuch.
Bücher, kaufmännische 209 §. 1841.
Bundesakte 323 Art. 58[1].
Bundesrath 139 §. 1807.
Bürgschaft 174 §. 1822.

C.

Centralgenossenschaftskasse 145 §. 1808[4].
Centrallandschaft 341 Art. 212[2d].
Civilbeamte 97 §. 1784[2].
Civilkammer 397 §. 30.
Civilsenat 397 §. 30.
Culpa s. Haftung.
Cura 23.
Cura ventris s. Leibesfrucht.

D.

Decharge s. Entlastung.
Depot bei der Reichsbank 156 §. 1814[6].
Descendenz s. Nachkommenschaft.
Deutscher im Auslande 319 Art. 23[3], 356 §. 47.
Dienste des Vormunds und Gegenvormunds 44, 64, 192 §. 1835; des Mündels 186 §. 1805[1].
Dienstverhältniß des Mündels 174 §. 1822, 183 §. 1827.
Dolmetscher 384 §. 9.
Dolus s. Haftung.
Dritter Kontrahent, Beschwerderecht 370 §. 57[2].

E.

Ehe des zum Vormund bestellten Elterntheils 216 §. 1845.
Ehefrau 95 §. 1783, 116 §. 1793[5], 279 §. 1900, 280 §. 1901.
Ehegatte 279 §. 1900; Beschwerderecht 366 ff. §. 57.
Ehehinderniß 217 §. 1845[2].
Ehemann 88 §. 1778.
Ehescheidungsklage des Vormunds im Namen des Mündels 117 §. 1793[6].
Eheschließung des Mündels, Einwilligung dazu 128 §. 1800[3], 218 §. 1847; zwischen Vormund und Mündel 116 §. 1793[3].
Ehrenamt 44, 64.
Ehrenrechte 93 §. 1781.
Eid 385 §. 15.
Einberufung des Familienraths 248 §. 1873.
Eingebrachtes Gut 279 §. 1900[3].
Einladung der Familienrathsmitglieder 248 §. 1873.
Einschreiten des Vormunds-

schaftsgerichts 198 §. 1837, sofortiges des Familienraths 252 §. 1876; Beschwerde wegen Ablehnung desselben 367 §. 57.
Einseitige Rechtsgeschäfte 188 §. 1831.
Einsicht 127 §. 1799, 390 §. 34, 470.
Einzelrichter 344 §. 35[3].
Einziehung 150 §. 1812[5].
Elterliche Gewalt 79 f., §. 1773[4 u. 5], 85 §. 1776[5], 86 §. 1777, 128 §. 1800[2].
Eltern, deren Anhörung 410 §. 4; Antrag auf Aufhebung der Fürsorgeerziehung 425 §. 13.
Embryo s. Leibesfrucht.
Entlassung des Mündels aus dem Staatsverbande 183 §. 1827, 219 §. 1847; aus der Fürsorgeerziehung 425 §. 13.
— des Vormunds 51, 55, 107 §. 1790, 263 §. 1886, 265 §. 1887, 267 §. 1888, 268 §. 1889; Beschwerde 367 §. 57.
— des Gegenvormunds 275 §. 1895.
— der Mitglieder des Familienraths 247 §. 1871, 254 §. 1878.
— Beschwerde 376 §. 60, 379 §. 64.
Entlastung 271 §. 1892.
Entmündigung 262 §. 1885, 275 §. 1896[3], 286 §. 1906, 289 §. 1908, 278 Art. 23, 360 §. 50[1], 371 §. 57[8].
Entsagung 179 §. 1822[19].
Entziehung der Vertretung 122 §. 1796.
— aus dem gerichtlichen Verfahren oder der Fürsorgeerziehung 436 §. 21.
Erbauseinandersetzung 175 §. 1822[6], 296 §. 1910[3].
Erbbaurechte 172 §. 1821[5].
Erben des Vormunds 274 §. 1894.
Erbentsagungsverträge 173 §. 1822.
Erbschaft 173 §. 1822.
Erbschaftssteuer 47.
Erbschein 117 §. 1793[6].
Erbtheil 173 §. 1822.
Erbtheilungsvertrag 173 §. 1822.
Erbvertrag 173 §. 1822.
Ereigniß 107 §. 1790, 247 §. 1871.
Erfüllung eines Vertrags 181 §. 1824.
Erhebung von Geld 146 §. 1809.
Erklärungen, deren Aufnahme 384 §. 11.

Citirmethode: 150 §. 1812⁵ = Seite 150 § 1812 Anm. 5.

Erlaß 150 §. 1812[5], 179 §. 1822[19].
Erlaubniß zur Uebernahme oder Fortführung einer Vormundschaft 96 §. 1784, 266 §. 1887, 267 §. 1888.
Ermächtigung 181 §. 1825, 310 §. 53.
Ermittelungen 384 §. 12.
Erneuerungsscheine 153 §. 1814.
Ersatz von Aufwendungen 192 §. 1835, von Auslagen 219 §. 1847.
Ersatzmitglieder 242 §. 1863, 243 §. 1864, 246 §. 1870[2].
Erstattung von Kosten 431 §. 16.
Erwerb einer Hypothek oder Grundschuld 139 §. 1807.
— von Grundstücken und Rechten daran 167 §. 1821, 188 §. 1827.
— eines Erwerbsgeschäfts 173 §. 1822, 183 §. 1827.
Erwerbsgeschäft 173 §. 1822, 180 §. 1823, 181 §. 1825, 183 §. 1827, 209 §. 1841.
Erziehung 114 §. 1793[3], 199 §. 1837[2], 205 §. 1838.
Erziehungsanstalten s. Besserungsanstalten.
Erziehungsgelder 128 §. 1800[3], 295 §. 1909[3].
Erziehungsrecht der Eltern 128 §. 1800.
Erziehungsstreit 295 §. 1909[3].
Exterritoriale 381 §. 3.

F.

Familie 38 ff., 205 §. 1838, 330 Art. 135, 407 §. 2, 421 §. 10, 428 §. 14.
Familienerziehung 419 §. 9.
Familienrath 36 ff., 237 §. 1858 bis 242 §. 1863, 247 §. 1872, 286 § 1905; Beschwerde gegen Einsetzung und Aufhebung 367 §. 57, 376 §. 60.
— Beschwerde gegen dessen Beschlüsse 388 §. 19[2].
— Aufhebung 255 §. 1879, §. 1880.
— Rechte des Vorsitzenden 247 §. 1872, 248 §. 1873.
Familienrechtsregister 466 §. 58.
Familienstand 346 §. 86.
Feiertag 387 §. 17.
Feriensachen 409 §. 3[3].
Feuerversicherungsanstalt 144 §. 1807[15].
Fideikommißanwärter 304 §. 1918[1].

Findelkinder 81 §. 1773[7], 346 §. 36.
Forderungen des Mündels 148 §. 1812, 167 §. 1821.
Form von Anträgen und Erklärungen 384 §. 11.
— der Verhandlungen vor dem Vormundschaftsrichter 36.
Formulare 471, 472 ff.
Fortführung einer übernommenen Vormundschaft 99 §. 1784[8]; der Sorge für Person und Vermögen nach beendeter Vormundschaft 273 § 1893.
Frauen 95 §. 1783, 181 §. 1786, 265 §. 1887, 422 §. 11; s. auch weibliche Personen.
Freigebigkeiten s. Schenkungen.
Freiwillige Stellung unter Vormundschaft 78 §. 1773[1].
Freiwilliger Erziehungsbeirath 373 §. 57[18].
Frist 306 §. 17; bei der Jahresrechnung 207 §. 1840; bei der Schlußrechnung 269 §. 1890[2]; bei der sofortigen Beschwerde 376 §. 60; deren Eintragung im Geschäftskalender 466 §. 57 Nr. 13.
Fürsorge 308 §. 1912, 319 Art. 23.
Fürsorgeerziehung 67, 402 ff.
Fürsorger 422 §. 11.

G.

Gebrauch von Mündelsachen 136 §. 1805[2].
Gebrechen 101 §. 1786, 297 §. 1910, 349 §. 38.
Gebühren 444 §. 83; s. auch Kosten.
Geeigneterklärung 140 §. 1807, 145 §. 1808, 340 Art. 212.
Gefahr im Verzuge 362 §. 53, 415 §. 5.
Gefährdung des Mündelinteresses 51, 87 §. 1778, 133 §. 1803, 206 §. 1888[4], 229 §. 1850, 236 §. 1857, 263 §. 1886, 282 §. 1803, 284 §. 1804, 286 §. 1906, 311 §. 1917.
Gefängnißstrafe 436 §. 21.
Gefängnißvorsteher 412 §. 4[1].
Gegenvormund 59 ff.; Bestellung 110 §. 1792; Rechtsstellung 61, 126 §. 1799, 275 §. 1895, 284 §. 1904; Haftung 190 §. 1833; Anhörung 182 §. 1826, 195 §. 1836; Genehmigungsrecht 146

§. 1809, 147 §. 1810, 148 §. 1812, 151 §. 1813, 189 §. 1832; Auskunftspflicht 206 §. 1839; beim Inventar 129 §. 1802; bei der Rechnungslegung 211 §. 1842; bei der Schlußrechnung 270 §. 1891; bei der Vermögensübersicht 234 §. 1854; Sicherheitsstellung 64; neben dem Pfleger 47, 308 §. 1915; im Familienrath 239 §. 1859, 244 §. 1866[3]; Beschwerderecht 367 §. 57.

Gegenvormundschaft 59 ff.

Geisteskranke, Bevormundung 81 §. 1778[6]; Geschäftsfähigkeit 277 §. 1897[1].

Geisteskrankheit 262 §. 1885[2], 298 §. 1910[3]; Verständigung 300 §. 1910[12].

Geistesschwäche 262 §. 1885[2], 277 §. 1897[1].

Geistliche als Waisenräthe 225 §. 1849[1]; Beschwerderecht 373 §. 57[18], 396 §. 29[3]; bei der Fürsorgeerziehung 410 §. 4, 420 §. 9[4]; s. auch Religionsdiener.

Gelder des Mündels 46, 137 §. 1806, 139 §. 1807, 192 §. 1834, 340 Art. 212.

Geldstrafe 436 §. 21.

Gemeindearmenverwaltung s. Armenverwaltung.

Gemeindevorstand 410 §. 4, 420 §. 9[2].

Gemeindewaisenrath 40 ff. 222 §. 1849, 229 §. 1850, 241 §. 1862, 358 §. 48[5], 359 §. 49; Beschwerderecht 373 §. 57[18]; in Fürsorgeerziehungssachen 420 §. 9[3], 423 §. 11[1].

Gemeinheitstheilungssachen 178 §. 1822[19].

Gemeinschaftliche Führung der Vormundschaft 123 §. 1797.

Gemeinschuldner 93 §. 1781, 295 §. 1909[3].

Gemischte Ehen 325 Art. 134[1].

Gendarmen 97 §. 1784[1].

Genehmigung zur Bestellung als Vormund 54, 97 ff. §. 1784[4—7]; s. auch Erlaubniß.

— des Gegenvormunds 46, 62, 146 §. 1809, 147 §. 1810, 148 §. 1812, 151 §. 1813, 189 §. 1832; Befreiung von derselben 232 §. 1852, 233 §. 1853.

— des Mündels 186 §. 1829.
Genehmigung des Vormundschaftsgerichts 30, 46, 146 §. 1809, 147 §. 1810, 148 §. 1811, 148 §. 1812, 153 §. 1814, 158 §. 1815, 162 §. 1816, 165 §. 1819, 166 §. 1820, 166 §. 1821, 173 §. 1822, 180 §. 1823, 181 §. 1824, §. 1825, 182 §. 1826, 183 §. 1827, 184 §. 1828, 186 §. 1829, 187 §. 1830, 188 §. 1831, 281 §. 1902, 308 §. 1915[2]; Aenderung derselben 365 §. 55; Anfechtung derselben 168 §. 1821[2]; Befreiung von derselben 231 §. 1852; Beschwerde darüber 375 §. 59[5].
Generale 99 §. 1784[5].
Gerichtsferien 384 §. 10, 409 §. 3[3].
Gerichtsschreiber 36, 388 §. 7[1], 390 §. 21.
Gerichtssiegel 344 §. 35[3].
Gerichtssprache 383 §. 8.
Gerichtsstand s. Zuständigkeit.
Gesammtgut 280 §. 1900[3].
Gesammtschuldner 63, 190 §. 1833, 222 §. 1848[5].
Geschäftsfähigkeit s. Blinde, Gebrechliche, Geisteskranke, Verschwender, Minderjährige.
— entmündigter Volljähriger 277 §. 1897[1].
— unter vorläufige Vormundschaft Gestellter 287 §. 1906[5].
— unter Pflegschaft Gestellter 298 §. 1910[3].
Geschäftskalender 466 §. 57.
Geschäftsübersichten 469.
Geschäftsvertheilung unter mehreren Amtsrichtern 344 §. 35[3]; Vormündern 123 §. 1797; Waisenräthen 223 §. 1849[1].
Geschenke s. Schenkungen.
Geschwister 82 f. §. 1775[3], 345 §. 36.
Gesellschaftsrechte 149 §. 1812[2].
Gesellschaftsvertrag 173 §. 1822.
Gesetzesmaterialien des materiellen Vormundschaftsrechts 69 ff.; der Gesetze über die Angelegenheiten der freiwilligen Gerichtsbarkeit 73 f.; des Gesetzes über die Fürsorgeerziehung u. s. w. 74 f.; des Kostengesetzes 75 f.

Citirmethode: 150 §. 1812⁵ = Seite 150 §. 1812 Anm. 5.

Gesetzliche Vormundschaft 52, 81 §. 1774[1], 277 §. 1897[1], 331 Art. 136.
Gewalt 204 §. 1837[9].
Gewerbliche Betriebe 178 §. 1822.
Gewinnantheilscheine 153 §. 1814, 164 §. 1818.
Glaubhaftmachung 385 §. 15.
Grad der Verwandtschaft oder Schwägerschaft 91 §. 1779[4].
Großvater 83ff. §. 1776[6–9], 278 §. 1899.
Gründe 392 §. 25.
Grundbuchblatt 172 §. 1821[5].
Granddienstbarkeit 172 §. 1821[6].
Grundgerechtigkeit 172 §. 1821[5].
Grundschulden 140 §. 1807, 167 §. 1821.
Grundstücke s. Erwerb und Veräußerung, Verfügung.
Gütergemeinschaft, Aufhebung der fortgesetzten 175 §. 1822[2].
Güterpflege 291 f., 309 §. 1915[2], 350 §. 39[4].

H.

Haftung der Erben 190 §. 1833[3], 222 §. 1848[5], 269 §. 1890[1]; des Gegenvormunds 63, 190 §. 1833; der Mitglieder des Familienraths 247 §. 1872; des Pflegers 58, 308 §. 1915; des Vormunds 52, 190 §. 1833; der Mitvormünder 57, 190 §. 1833; des Vormundschaftsrichters 33, 221 §. 1848; des Staates 221 §. 1848[1].
Halbgeschwister 91 §. 1779[4].
Handelsvollmacht 178 §. 1822[18].
Handschlag an Eidesstatt 106 § 1789, 246 §. 1870.
Hannoversches Königshaus 321 Art. 57, 344 §. 35[2].
Hausverfassungen 321, Art. 57, 322 Art. 58, 399 §. 189.
Heimathsstaat 78 §. 1778[1], 319 Art 23.
Heirath des Mündels 258 §. 1882[2].
Herausgabe des Mündelvermögens 268 §. 1890.
Hinkende Geschäfte 60, 186 §. 1829.
Hinterlegung 47, 153 §. 1814, 163 §. 1818, 233 §. 1853.
Hinterlegungsstelle 145 §. 1808, 153 §. 1814, 336 Art. 144.

Höchstpersönliche Rechte 44, 116 §. 1793 6.
Hochverrath 291.
Hohenzollernsches Fürstenhaus 321 Art. 57.
Hohes Alter 101 §. 1786, 263 §. 1886.
Honorar 195 §. 1836, 309 §. 1915 3; s. Vergütung.
Hülfe eines Beamten u. s. w. bei Aufstellung des Vermögensverzeichnisses 130 §. 1802.
Hypotheken 139 §. 1807, 167 §. 1821.
Hypothekenaktienbanken, Pfandbriefe derselben 341 Art. 212 2.

J.

Jahresrechnung s. Rechnungslegung.
Illegitimitätsklage 117 §. 1798 6.
Indossable Papiere 174 §. 1822.
Immobilien s. Belastung, Erwerb und Veräußerung.
Inhaberpapiere 47, 153 §. 1814, 158 §. 1815 178 §. 1822 16, 233 §. 1853.
Inland 319 Art. 28.
Instruktion vom 30. Mai 1820 323 Art. 58 2.
Intercessionen s. Verbindlichkeiten.
Interesse, rechtliches 366 f. §. 57; berechtigtes 368 §. 57.
Internationales Privatrecht 357 §. 47 1.
Inventar s. Vermögensverzeichniß.
Irrthum 78 §. 1773 2, 92 §. 1780 2.
Justizminister 408 §. 3 1.

K.

Kalkulator 212 §. 1848 2.
Kammergericht 66, 382 §. 5 1, 354 §. 46 6, 380 §. 64 3, 395 §. 28 1, 400 §. 199.
Kassation der Akten 469.
Kaution s. Sicherheitsstellung.
Kinder als Ablehnungsgrund 101 §. 1786.
Klostergelübde 92 §. 1780 3.
Königliche Familie 78 §. 1773 1, 321 Art. 57.
Kollision von Interessen zwischen Vormund und Mündel 116 §. 1793 5, 294 §. 1909 3; mehrerer Mündel 294 §. 1909 3.
Kommunalbeamte 97 §. 1784 4.

Kommunale Körperschaft 139 §. 1807.
Kommunalverband 419 §. 9, 421 §. 10, 425 §. 13, 428 §. 14, 429 §. 15, 431 §. 16, 432 §. 17, 433 §. 19.
König 322 Art. 57 [1].
Konkurs 93 §. 1781, 295 §. 1909 [3].
Konkursverwalter 269 §. 1890 [1].
Konkursvorrecht 92 §. 1780 [2], 192 §. 1833 [7].
Konsuln 319 Art. 23 [1], 345 §. 35 [3].
Kontokurrentverkehr 178 §. 1822 [15].
Kontrollfristen 202. §. 1837 [2].
Kostbarkeiten des Mündels 47, 163 §. 1818.
Kosten in Vormundschaftssachen und Pflegschaftssachen 440 ff.; insbesondere bei Pflegschaften und Beistandschaften zur Wahrnehmung einzelner Geschäfte 446 §. 91, bei andern Pflegschaften, Beistandschaften, Vormundschaften 447 §. 92, bei andern vormundschaftsrichterlichen Geschäften 451 §. 95, eines Konkurs- oder Zwangsversteigerungsverfahrens, des Aufgebots der Nachlaßgläubiger 455 §. 119, bei Rechnungslegung 447 §. 92; baare Auslagen 441 §. 10; Rechnungsgebühren 213 §. 1843 [2], 453 §. 117; Verjährung 443 §. 13; Tabellen 444.
— bei Unterbringungen 415 §. 6, 418 § 8, 429 §. 15.
— der Sicherheitsstellung 214 §. 1844; s. a. Stempel.
— der Umschreibung u. s. w. von Inhaberpapieren 160 §. 1815 [1].
— bei Verhängung von Ordnungsstrafen und bei polizeilichem Zwang 204 §. 1837 [9], 251 §. 1875 [3].
— deren Niederschlagung 457.
Krankenanstalten 421 §. 10.
Krankheit 101 §. 1786.
Kredit 174 §. 1822.
Kreditanstalten 139 §. 1807.
Kreisobligationen 340 Art. 212 [2].
Kündigung 150 §. 1812 [5], 171 §. 1821 [4].
Künftige Rechte 308 §. 1912.
Kupons s. Gewinnantheilscheine.
Kurhessisches Fürstenhaus 321 Art. 57, 344 §. 35 [2].

L.

Landesgesetzliche Vorschriften, aufrecht erhaltene 27, 96 §. 1784, 140 §. 1807, 318 Art. 3, 4, 321 Art. 57, 322 Art. 58, 323 Art. 97, 324 Art. 99, 324 Art. 134, 330 Art. 135, 331 Art. 136, 336 Art. 144, 337 Art. 147, 340 Art. 212; 399 §. 189, 401 §. 200; deren Aenderung 342 Art. 218, 405 §. 1[8], 455 §. 137.
Landesherren 321 Art. 57.
Landesherrliche Familien 321 Art. 57.
Landesjustizverwaltung 346 §. 36, 386 §. 16.
Landeskommunalverband 428 §. 14.
Landesverrath 291.
Landgericht 358 §. 47[6], 388 §. 19.
Landgut 173 §. 1822[9].
Landrath als vorgesetzte Behörde des Gemeindewaisenraths 225 §. 1849[1]; als Antragsteller in Fürsorgeerziehungssachen 410 §. 4.
Landsässiger Adel 323 Art. 58.
Landschaft 144 §. 1807[15].
Legitimation des Mündels 259 §. 1883.
Legitimität, Anfechtung derselben 117 §. 1793[6].
Lehnanwärter 304 §. 1918[1].
Lehnsverband 113 §. 1793[1].
Lehrer 98 §. 1784[4], 410 §. 4.
Lehrverträge 174 §. 1822, 183 §. 1827.
Leibesfrucht 303 §. 1912, 350 §. 40.
Leibrentenverträge 177 §. 1822[11].
Leitung der Geschäfte des Familienraths 247 §. 1872.
Letztwillige Anordnung eines Familienraths 37, 237 §. 1858.
Letztwillige Befreiungen s. Befreiungen.
Letztwillige Berufung 42, 86 f. §. 1777, 240 §. 1861, 242 §. 1863, 244 §. 1866, 245 §§. 1867, 1868.
Letztwillige Verfügungen der Eltern 86 §. 1777; der Erblasser 133 §. 1808.
Liberalitäten s. Schenkungen.
Litteratur d. materiellen Vormundschaftsrechts 71 ff.; der Gesetze über die Angelegenheiten der freiwilligen Gerichtsbarkeit

74; des Gesetzes über die Fürsorgeerziehung 75; des Kostengesetzes 76.
Lokalschulinspektor 373 § 57 [18].
Löschung der bestellten Sicherungshypothek 215 §. 1844 [10], 365 §. 54 [6].

M.

Magistrat als vorgesetzte Behörde des Gemeindewaisenraths 226 §. 1849 [1].
Marine 97 §. 1784 [1].
Materialien s. Gesetzesmaterialien.
Mehrere Mündel eines Vormunds 82 §. 1775, 122 § 1795 [7].
— Vormünder s. Mitvormünder.
— zuständige Gerichte 381 §. 4.
Meinungsverschiedenheit 81, 123 §. 1797, 125 §. 1798, 370 §. 57 [2].
Miethverträge 178 §. 1822, 281 §. 1902.
Militärpersonen 96 §. 1784 [1].
Minderjährige, Begriff 77 §. 1773 [1]; Wiedereinsetzung in den vorigen Stand 119 §. 1793 [7]; Beschwerderecht 374 §. 59.
— Ehefrauen 116 §. 1793 [5].
Minister des Innern 429 §. 15, 431 §. 16, 433 §. 17, 435 §. 20, 438 §. 22.
— der geistlichen rc. Angelegenheiten 433 §. 17.
Ministerium des Kgl. Hauses 822 Art. 57 [1].
Mißbrauch der elterlichen Sorge 206 §. 1838 [4].
Mitglieder des Familienraths 240 §. 1860, §. 1861, 241 §. 1862, 246 §. 1869, §. 1870, 247 §§. 1871, 1872, 248 §. 1873, 250 §. 1875, 253 §. 1877, 254 §. 1878; Beschwerderecht 378 §. 57 [18], 376 §. 60, 379 §. 64.
Mittheilung der Genehmigung eines Rechtsgeschäfts 186 §. 1829, 187 §. 1830.
— an den Gemeindewaisenrath 230 §. 1851.
— von vorläufigen Maßregeln an das zuständige Gericht 351 §. 44.
Mitvormünder 56, 82 f. §. 1775, 88 §. 1778, 123 §. 1797, 125 §. 1798, 149 §. 1812; Haftung 190 §. 1833; Rechnungslegung 208 §. 1840 [1], 234

§. 1854 2, 3; Schlußrechnung 269 §. 1890 1; Beschwerderecht 374 §. 58.
Mönche 92 §. 1780 3.
Mündel, dessen Beschwerderecht 66, 374 §. 59.
Mündelgeld s. Gelder.
Mutter als Vormünderin 49, 88 §. 1778, 216 §. 1845, 279 §. 1900, 284 §. 1904; Recht zur Benennung eines Vormunds 83 §. 1776, 86 §. 1777, 278 §. 1898; Recht zu Befreiungen 235 §. 1855; Befreiungen 284 §. 1904; Berufung 270 §. 1899; Wiederverheirathung 216 §. 1845; Rechte bezüglich des Familienraths 237 §. 1858, 239 §. 1859, 240 §. 1861, 242 §. 1868, 255 §. 1880; Rechte bezüglich der Leibesfrucht 303 §. 1912.

N.

Nacherbe 304 §. 1913, 314 §. 1919 3; Beschwerderecht 372 §. 57 14.
Nachgeborenes Kind 86 §. 1777, 236 §. 1856 1.
Nachlaßgericht 218 §. 1846 5, 387 Art. 147.
Nachlaßpflegschaft 304 §. 1913 1.
Nachlaßregulirung s. Erbauseinandersetzung.
Nachweisung zu den Vormundschaftsakten 465 §. 57 Nr. 10 u. 11; des Vermögensbestandes 211 §. 1842; der Art. des A.G. 478; der Art. des P. F.G.G. 479.
Namenverzeichniß 465 §. 57 Nr. 12, 467 §. 58 Nr. 11.
Nassauisches Fürstenhaus 321 Art. 57, 344 §. 35 1.
Nebenbetrieb 177 §. 1822 9.
Nichtige Ehe 278 §. 1899, 280 §. 1900 4 u. 5.
Nießbrauch an einer Erbschaft 175 §. 1821 1.
Notar 98 §. 1784 4, 395 §. 29.

O.

Oberamtmann 410 §. 4.
Oberaufsicht 485 §. 20.
Oberes Gericht 353 §. 46, 356 §. 47, 381 §. 5.
Oberlandesgericht 379 §. 64, 393 §. 27 2, 394 §. 28, 400 §. 199; als Vormundschaftsgericht 323 Art. 58 2, 344 §. 35 1.
Oberpräsident 484 §. 19, 485 §. 20 1.

Offenbarungseid 35, 205 §. 1837 [9], 212 §. 1843 [1], 269 §. 1890 [4].
Orderpapiere 47, 153 §. 1814, 178 §. 1822 [16], 233 §. 1853.
Ordnungsstrafen 198 §. 1837, 215 §. 1844 [4], 398 §. 33.
— gegen Mitglieder des Familienraths 250 §. 1875.
— gegen zur Vormundschaft Ausgewählte 104 §. 1788.
Ortsarmenverband 429 §. 15.
Ortsgericht 224 §. 1849 [1].
Ortspolizeibehörde 416 §. 5, 419 §. 9; s. auch Polizei.

P.

Pachtverträge 173 §. 1822, 281 §. 1902.
Paßwort bei der Reichsbank 157 §. 1814 [6].
Persönliche Leistungen des Mündels 174 §. 1822.
Pfandbestellung 178 §. 1822 [17].
Pfandbriefe 139 §. 1807, 341 Art. 212 [2].
Pfandrecht, gesetzliches Mündels 48; des Vormunds 215 § 1844 [7]; an Schiffen 364 §. 54.
Pfarrer s. Geistliche.
Pfleger, Rechtsstellung 57 ff.; Vorschlagsrecht 228 §. 1849 [4], 359 §. 49; Honorar 309 §. 1915 [3]; Ordnungsstrafen gegen denselben 202 §. 1837 [3]; Beschwerderecht 366 §. 57, 374 §. 58.
Pflegevater 232 §. 1852 [1].
Pflegschaft, Begriff 24; Beginn 59; Endigung 59, 312 §. 1918, 305 §. 1921; Aufhebung 313 §. 1919, 314 §. 1920, 315 §. 1921; Fälle 291 ff.; Inhalt 57; Zuständigkeit 348 bis 351 §§. 37 bis 42; Anwendung der vormundschaftsrechtlichen Bestimmungen 308 §. 1915, 310 §. 1916; Beschwerde 367 §. 57.
Pflicht zur Vormundschaft 100 §. 1785; zur Familienrathsmitgliedschaft 246 §. 1869.
Pflichttheil 173 §. 1822.
Pflichtverletzung 52, 190 §. 1833, 198 §. 1837, 221 §. 1848, 263 §. 1886, 367 §. 57.
Pflichtwidrigkeit s. Pflichtverletzung.
Plenarentscheidungen des Reichsgerichts 397 §. 30 [1].
Polizei 115 §. 1793 [3], 129 §. 1800 [3], 204 §. 1837 [9],

Citirmethode: 150 §. 1812[5] = Seite 150 §. 1812 Anm. 5.

819 Art. 23[1], 410 §. 4, 415 §. 5, 419 §. 9.
Postsendungen 226 §. 1849[1].
Postumus s. nachgeborenes Kind.
Prävention 381 §. 4.
Presbyterium 330 Art. 134[1].
Prinzen 322 Art. 57[1].
Prioritätsaktien 142 §. 1807[11].
Prioritätsobligationen 142 §. 1807[12].
Privatanstalten 428 §. 14, 433 §. 17.
Privatfürstenrecht 322 Art. 57[1].
Privatrechtliche Vorschriften der Landesgesetze 320 Art. 55.
Prokura 174 §. 1822.
Protokolle 36.
Provinzialverband 427 §. 14.
Prozeßführung 169 §. 1821[3].
Prozeßgericht 118 §. 1793[6], 197 §. 1836[7], 292.
Prozeßvergleiche 178 §. 1822[19].
Prozeßvollmacht 114 §. 1793[2].

Q.

Quittung 272 §. 1892[11].

R.

Reallasten 172 §. 1821[6].
Realpflegschaft 26, 292.
Rechnung 209 §. 1841.
Rechnungsgebühren 213 §. 1843[2].
Rechnungsjahr 207 §. 1840.
Rechnungslegung während der Vormundschaft 48, 207 §. 1840; Prüfung 211 §. 1842, 212 §. 1843; mehrerer Vormünder 208 §. 1840[1]; über das Vermögen mehrerer Mündel 208 §. 1840[4]; Befreiung davon 233 §. 1854.
— Abschrift der Rechnung 214 §. 1843[3]; s. auch Schlußrechnung.
Recht auf eine Leistung 148 §. 1812.
Rechtsanwalt 194 §. 1835[8], 385 §. 14, 395 §. 29.
Rechtsfähigkeit 303 §. 1912[3].
Rechtsgeschäfte des Vormunds für den Mündel, deren Genehmigung 184 §. 1828; eines unter vorläufige Vormundschaft Gestellten 378 §. 61.
Rechtshülfe 380 §. 2.
Rechtskraft 362 §. 58, 376 §. 60, 392 §. 26; Zeugniß 397 §. 31.

Rechtsweg 212 §. 1848, 432 §. 16.
Regent 322 Art. 57 [1].
Regierungspräsident 435 §. 20 [1].
Register der Vormundschaften, Pflegschaften und Beistandschaften 463 §. 57; der sonstigen Geschäfte des Vormundschaftsrichters 466 §. 58.
Reglements 433 §. 17.
Regreß 222 §. 1848 [5].
Reichsadel 328 Art. 58.
Reichsbank 145 §. 1808, 153 §. 1814.
Reichsbeamte 97 §. 1784 [2].
Reichsgericht 394 §. 28.
Reichsgesetz 318 Art. 8.
Reichskanzler 346 §. 36.
Reichsschuldbuch 139 §. 1807 233 §. 1853.
Reichsunmittelbare 78 §. 1773 [1], 322, Art. 58.
Religiöse Erziehung 114 §. 1793 [3], 129 §. 1801, 324 Art. 134, 433 §. 18.
Religion des Mündels bei der Auswahl des Vormunds 89 ff. §. 1779, 228 §. 1849 [6].
Religionsdiener 96 §. 1784, 267 §. 1888.
Rentenbriefe 341 Art. 212 [1].
Rentenscheine 153 §. 1814, 164 §. 1818.
Rentenschulden 140 §. 1807, 167 §. 1821.
Restitution s. Wiedereinsetzung.
Revisionen 435 §. 20.
Rezesse in Gemeinheitstheilungssachen 178 §. 1822 [19].
Richter 382 §. 6, 383 §. 7.
Ruhestand 292.

S.

Sachverständige 385 §. 15.
Sammlung 406 §. 1914, 351 §. 42.
Schadensersatz 52, 103 §. 1787, 118 §. 1793 [7], 190 §. 1833, 221 §. 1848.
Scheidung s. Ehescheidung.
Scheidungsklage s. Ehescheidungsklage.
Schenkungen 46, 135 §. 1804.
Schiedsmannsvergleiche 178 §. 1822 [19].
Schiedsvertrag 174 §. 1822.
Schiffsregister 364 §. 54.
Schlußrechnung 48, 56, 268 §. 1890, 270 §. 1891, 271 §. 1892; Befreiung von derselben 270 §. 1890 [6]; Verzicht darauf 270 §. 1890 [6].
Schreibgebühren eines zum

Vormund bestellten Rechtsanwalts 194 §. 1835[8].
Schuldeputation 330 Art. 134[1].
Schuldübernahme 178 §. 1822[17].
Schuldverschreibungen 174 §. 1822, 341 Art. 212[1].
Schule 200 §. 1837[2], 325 Art. 134[1], 373 §. 57[18], 433 §. 19.
Schulvorstand 330 Art. 134[1], 410 §. 4, 420 §. 9[2].
Schutzgebiete 319 Art. 28[3].
Seeleute 112 §. 1793[1].
Selbständigkeit des Vormunds 43 ff.; des Gegenvormunds 63; des Pflegers 57.
Sicherheit, Aufgabe oder Minderung einer solchen 150 §. 1812[5], 174 §. 1822; einer Hypothek u. s. w. 143 §. 1807[15].
Sicherheitsstellung 48, 64, 214 §. 1844, 363 §. 54; Ablehnungs- und Entlassungsrecht deswegen 48, 101 §. 1786.
Sicherstellung durch die Erben des Vormunds 274 §. 1894[3].
— eines Nachlasses 218 §. 1846[5].
Sicherungshypothek 215 §. 1844[4], 364 §. 54.
Siegel 344 §. 35[3].
Siegelung 218 §. 1846[5].
Sittliches Verderben 330 Art. 135, 403 §. 1.
Sitzungspolizei 383 §. 8.
Sofortige Beschwerde 66, 376 §. 60, 387 §. 18, 390 §. 22, 411 §. 4; s. auch Weitere Beschwerde.
Solidarische Haftung s. Gesammtschulden.
Sonntag 387 §. 17.
Sorge für Person und Vermögen des Mündels 45 ff., 111 §. 1793, 119 §. 1794, 273 §. 1893[1]; für die Person 45 f., 127 §. 1800, 280 §. 1901, 368 §. 57.
Sorgfalt 44.
Sparkassen 139 §. 1807, 146 §. 1809[2 u. 4], 324 Art. 99.
Sperrvermerk 146 §. 1809[2 u. 4].
Staatsangehörigkeit 112 §. 1793[1]; s. auch Ausländer.
Staatsanwalt, Anzeigepflicht 411 §. 4[1].
Staatsbank 145 §. 1808.
Staatspapiere, Anlegung in denselben 139 §. 1807.
Staatsschuldbuch 139 §. 1807, 283 §. 1853, 323 Art 97.
Staatsverband 183 §. 1827, 219 §. 1847.

Staatsverträge 321 Art. 56.
Stabsoffiziere 99 §. 1784 5.
Stadtobligationen 341 Art. 212 1.
Stammaktien 142 §. 1807 11.
Standesbeamte 358 §. 48.
Standesherren s. Reichsunmittelbare.
Stellvertretung im Familienrath 248 §. 1872 5.
— des Familienraths durch den Vormundschaftsrichter 252 §. 1876.
— des Vormunds 113 §. 1793 2.
— des Gegenvormunds 127 §. 1799 1.
Stempel 99 §. 1784 5, 169 §. 1821 2, 452 f. §. 95 1 u. 2.
Stempelfreiheit 99 § 1784 5, 216 §. 1844 12, 418 §. 8.
Stiefmutter 91 §. 1779 4.
Stiefvater 91 §. 1779 4, 282 §. 1852 1.
Strafantrag 257 §. 1882 1, 260 §. 1883 1.
Strafbare Handlungen 52, 68, 403 §. 1.
Streitige Ansprüche 212 §. 1843.
Stumme 297 §. 1910.
Stundung von Kosten 440 §. 10.
Suspension des Vormunds 264 §. 1886 2.

T.

Tabellen zum Gerichtskostengesetz 459 ff.
Talons s. Erneuerungsscheine.
Tarife für Kostenerstattung 431 §. 16.
Taube 297 §. 1910.
Taufe 329 Art 184 1.
Taxe 143 §. 1807 15.
Testament s. letztwillige Verfügungen.
Testamentsvollstrecker 297 §. 1809 5.
Tod des Mündels 261 §. 1884, 273 §. 1893 1.
— des Vormunds oder Gegenvormunds 262 §. 1885 1, 274 §. 1894, 275 §. 1895.
Todeserklärung 219 §. 1847, 254 §. 1878 1, 261 §. 1884, 262 §. 1885, 315 §. 1921, 337 Art. 160.
Trunksucht 262 §. 1885 2, 276 §. 1896 3.

U.

Uebergangsvorschriften 337 Art. 160, 338 Art. 210, 340 Art. 212, 342 Art. 218, 489 §. 23.
Ueberführung des Zöglings 419 §. 9.

Uebergehung 87 f. §. 1778, 876 §. 60.
Uebersicht des Vermögens 48, 233 §. 1854.
Umschreibung von Inhaberpapieren 158 §. 1815.
Unbewegliche Sachen s. Belastung, Erwerb und Veräußerung.
Uneheliche Kinder 88 §. 1778, 91 §. 1779[4], 259 §. 1883[1], 332 Art. 136.
Uneheliche Mutter 88 §. 1778, 279 §. 1900, 284 §. 1904[1].
Unentgeltlichkeit 195 §. 1836.
Unfähigkeit zur Vormundschaft 54, 91 §. 1780; zur Familienrathsmitgliedschaft 243 §. 1865.
Unfallversicherung 407 §. 2[5].
Universitätsdozenten 98 §. 1784[4].
Untauglichkeit zur Vormundschaft 54, 93 §. 1781, 94 §. 1782, 263 §. 1886; zum Familienrathsmitgliede 244 §. 1866, 245 §. 1867.
Unterbrechung der Zwangserziehung 426 §. 18[5].
Unterbringung des Mündels 28.
— zur Fürsorgeerziehung 68, 428 §. 14.
Unterlassungen des Gerichts 369 §. 57[2].
Untersagung der Bildung eines Familienraths 239 §. 1859.
— der Fortführung einer Vormundschaft 267 §. 1888.
Unterschrift unter dem Beschluß des Familienraths 250 §. 1874[3].
Unterstützungswohnsitz 429 §. 15.
Unzucht 129 §. 1800[3].
Unzuständigkeit, Folgen 383 §. 7.

V.

Vater, als Vormund 49, 216 §. 1845; Befreiungen 282 §. 1903; Recht zur Benennung eines Vormunds 83 §. 1776, 86 §. 1777, 278 § 1898; Recht zu Befreiungen 231 §. 1852, 233 §. 1853, §. 1854; Anordnungen über die Vormundschaft 231—237 §§. 1852—1854, 1856, 1857; Rechte bezüglich des Familienraths 237 §. 1858, 239 §. 1859, 240 §. 1861, 242 §. 1863,

255 §. 1880; Berufung 278 §. 1899; Rechte bezüglich der Leibesfrucht 303 §. 1912.
Verantwortlichkeit s. Haftung.
Veräußerung eines Erwerbsgeschäfts 173 §. 1822; s. auch Verfügung.
Verbindlichkeiten, Uebernahme fremder 174 §. 1822.
Verbrauchbare Sachen 153 §. 1814.
Verbriefte Forderungen 139 §. 1807.
Verfahren in Vormundschaftssachen 65 f.; in Fürsorgeerziehungssachen 418 §. 7.
Verfügung über Forderungen und andere Rechte 148 §. 1812, 158 §. 1815, 162 §. 1816, 165 §. 1819, 166 §. 1820, 166 §. 1821, 181 §. 1824.
— über Kostbarkeiten, Hypotheken, Grundschulden, Rentenschulden 165 §. 1819, 166 §. 1821, 181 §. 1824.
— über Grundstücke und Rechte an denselben 166 §. 1821, 181 §. 1824, 183 §. 1827.
— über Vermögen, Erbschaft, Pflichttheil 173 §. 1822, 181 §. 1824.
Vergleiche 174 §. 1822.
Vergütung 44, 64, 195 §. 1836; Beschwerde deswegen 368 §. 57.
Verheirathete Frauen 95 §. 1783, 128 §. 1800², 265 §. 1887.
Verheirathung des Mündels s. Eheschließung.
Verhinderung des Vormundschaftsgerichts 381 §. 5.
— des Vormunds 217. §. 1846.
— des Vormunds oder Gewalthabers 293 §. 1909.
Verjährung 191 §. 1833³, 222 §. 1848⁵, 443 §. 13.
Verlängerung der Vormundschaft 78 §. 1778¹, 257 §. 1882¹.
Verleitung 436 §. 21.
Verlust der Reichsangehörigkeit 184 §. 1827⁶.
— des Ablehnungsrechts 102 §. 1786.
Vermächtniß 173 §. 1822.
Vermiethung 173 §. 1822, 281 §. 1902.
Vermögen des Mündels 136 §. 1805, 154 §. 1814³, 173 §. 1822; dessen Herausgabe 268 §. 1890.

Vermögensübersicht 283 §. 1854.
Vermögensverwaltung als Anlaß zur Bestellung eines Gegenvormunds 110 §. 1792.
Vermögensverzeichniß 47, 61 f., 129 §. 1802, 216 §. 1845[1].
Verpachtung 173 §. 1822, 281 §. 1902.
Verpfändung 150 §. 1812[5].
Verpflegungsanstalten 331 Art. 136.
Verpflichtung 106 §. 1789, 246 §. 1870.; zu einer Verfügung über Stammforderungen 166 §. 1820; über Grundstücke, Rechte daran und dergl. 167 §. 1821.
Versammlungen der Gemeindewaisenräthe 227 §. 1849[1].
Versäumniß des Vormunds u. s. w. 193 §. 1835[2], 196 §. 1836[1].
Verschollenheit 261 §. 1884.
Verschulden 190 §. 1833.
Verschwägerte 88 f.; 89 §. 1779, 218 §. 1847, 238 §. 1859, 241 §. 1862; Beschwerderecht 366 ff. §. 57.
Verschwender 275 §. 1896[3]; Geschäftsfähigkeit 277 §. 1897[1].
Verschwendung 262 §. 1885[2].
Versicherung an Eidesstatt 385 §. 15.
Versicherungsverträge 177 §. 1822[11].
Verständigung 298 §. 1910, 367 §. 57.
Versteigerung 170 §. 1821[3].
Versuch 436 §. 21.
Vertrag über Stellung unter Vormundschaft 276 §. 1896[3].
Vertreter, deren Anhörung in Fürsorgeerziehungssachen 410 §. 4; Antrag auf Aufhebung der Fürsorgeerziehung 425 §. 18.
Vertretung des Mündels 111 §. 1793, 120 §. 1795; s. auch Stellvertretung.
Verurtheilung in die Kosten 250 §. 1875.
Verwahrlosung 68, 205 §. 1838[1], 402 §. 1.
Verwahrung von Urkunden u. s. w. 466 §. 57 Nr. 14.
Verwaltung, Vorschriften darüber 133 §. 1803.
Verwaltungsbehörde 330 Art. 135.
Verwaltungszwangsverfahren 105 §. 1788[3].
Verwandte 88 f., 89 §. 1779, 218 §. 1847, 238 §. 1859,

241 §. 1862; Beschwerderecht 366 ff. §. 57.
Verwendung in dem eigenen Nutzen 46, 136 §. 1805, 192 §. 1834.
Verzeichniß s. Vermögensverzeichniß.
Verzicht auf Ablehnung 103 §. 1786[11].
— auf die elterliche Gewalt 79 §. 1773[4].
— auf Schlußrechnung 270 §. 1890[6].
Verzichtleistungen seitens des Vormunds 173 §. 1822.
Verzinsung 192 §. 1834.
Verzögerung bei der Anlegung 138 §. 1806[1].
— bei Uebernahme der Vormundschaft 87 §. 1778.
Volksschule 433 §. 19.
Volljähriger 275 §. 1896, 285 §. 1906, 297 §. 1910.
Volljährigkeitserklärung 218 §. 1847, 258 §. 1882[2].
Vollmacht s. Bevollmächtigte.
Vollstreckbarkeit vormundschaftsgerichtlicher Beschlüsse 34.
Vollziehung gerichtlicher Verfügungen 468.
Voraussetzungen für die Anordnung der Vormundschaft 77 §. 1773; der Fürsorgeerziehung 402 §. 1; deren Feststellung 407 §. 3.
Vorbehalt 107 §. 1790, 247 §. 1871.
Vorerbe 406 §. 1913[4].
Vorgeordnetes Gericht 356 §. 47, 381 §. 5.
Vorkaufsrecht 172 §. 1821[6].
Vorläufige Maßregeln 68, 217 §. 1846, 319 Art. 23, 351 §. 44.
— Vormundschaft 25, 286 §. 1906, 289 §. 1907, 289 §. 1908, 361 §. 52, 366 §. 57, 376 §. 60.
— Uebernahme der Vormundschaft 103 §. 1787.
— Unterbringung 415 §. 5.
Vormund, Rechtsstellung 43 ff., 283 §. 1900[3].
Vormundschaft, Begriff 23; Beginn 54, 81 §. 1774; Unentgeltlichkeit 195 §. 1836; Endigung 54 f., 257 §. 1882, 259 §. 1883, 273 §. 1893, 289 §. 1908; Fälle 25.
Vormundschaftsakten 465 §. 58; Einsicht in sie 398 §. 34, 470.
Vormundschaftsgericht 27, 337 Art. 147; Aufgaben

desselben 27 ff., 67; dessen Fürsorge- und Aufsichtspflicht 198—222 §§. 1837 bis 1848; in Fürsorgeerziehungssachen 407 bis 419 §§. 3—8, 425 §. 13; Verhinderung 381 §. 5; Vertreter des Mündels 216 §. 1844 11; 217 §. 1846 2; Bewilligung einer Vergütung 195 §. 1836; Zuständigkeit 342—352 §§. 35—44, 407 §. 3 1.

Vormundschaftsrichter, Ablehnung 382 §. 6; Ausschließung 382 §. 6; Haftung 33, 221 §. 1848; Vorsitzender des Familienraths 240 § 1680, 252 §. 1876, 253 §. 1877, 255 §. 1878 3; Beschwerderecht 373 §. 57 18.

Vorschlagsrecht des Gemeindewaisenraths 41, 90 §. 1779 1, 222 §. 1849, 360 §. 49.

Vorschuß 192 §. 1835.

Vorsitzender des Familienraths 240 §. 1860, 243 §. 1864, 249 §. 1874, 250 §. 1875, 252 §. 1876.

Vorstand einer Erziehungs- oder Verpflegungsanstalt 331 Art. 136, 423 §. 12.

W.

Waisenpflegerin 223 §. 1849 1.

Waisenrath s. Gemeindewaisenrath.

Wartegeldempfänger 97 §. 1784 2.

Wechselmäßige Verbindlichkeiten 174 §. 1822.

Weglegung der Akten 465 §. 57 Nr. 8.

Weibliche Personen, Fähigkeit 54 f.; Ablehnungsrecht 102 §. 1786 4; im Familienrath 37; s. auch Frauen.

Weigerung 376 §. 60.

Weitere Beschwerde 34, 66, 251 §. 1875 3, 379 §. 63, §. 64, 392 §. 26, §. 27, 394 §. 28, 395 §. 29; sofortige 390 §. 22, 392 §. 26, 395 §. 29.

Werthpapiere, mündelsichere 139 §. 1807; Veräußerung 148 §. 1812; Hinterlegung 47, 163 §. 1818; Umschreibung auf den Namen des Mündels 158 §. 1815; Anlegung darin 139 §. 1807, 340 Art. 212.

Wichtige Angelegenheit 218 §. 1847.

— Gründe 268 §. 1889.

Widerruf 425 §. 18.
Widerspruch 432 §. 16.
Wiederaufnahme des Verfahrens 417 §. 6.
Wiedereinsetzung in den vorigen Stand 119 §. 1793 7, 890 §. 22.
Wiederkehrende Leistungen 178 §. 1822, 281 §. 1902.
Wiederverheirathung des Vaters 288 §. 1903 6; s. ferner Eheschließung und Mutter.
Wirksamkeit von Verträgen 186 §. 1829; der Verfügung über vorläufige Vormundschaft 361 §. 52; von anderen vormundschaftsgerichtlichen Verfügungen 362 §. 53, 386 §. 16, 392 §. 26, 397 §. 32; der von einem unter vorläufige Vormundschaft Gestellten vorgenommenen Rechtsgeschäfte 378 §. 61.
Wirkungskreis 123 §. 1797.
Wohnsitz 115 §. 1793 3, 345 §. 36, 407 §. 3.

Z.

Zahlung an den Vormund 151 §. 1813.
Zeugen 385 §. 15, 414 §. 4 11.
Zeugnißfähigkeit des Vormunds und Gegenvormunds 118 §. 1793 6.
Zinsen 192 §. 1834 4.
Zinsscheine 153 §. 1814, 164 §. 1818.
Zuchtrecht 115 §. 1793 3.
Zuschuß 429 §. 15.
Zuständigkeit des Vormundschaftsgerichts 66, 343 bis 352 §§. 35—44, 381 §§. 3—5; in Fürsorgeerziehungssachen 407 §. 3 1.
— des Gemeindewaisenraths 90 §. 1779 1.
Zustellung 124 §. 1797 1, 386 §. 16, 411 §. 4.
Zustimmung zur Abgabe der Vormundschaft 352 §. 46, 356 §. 47.
— zur Uebergehung 87 §. 1778.
— zur Uebernahme oder Fortführung der Vormundschaft 266 §. 1887.
— zu Rechtsgeschäften 185 §. 1828 1, 362 §. 53.
Zuwender 133 §. 1803, 310 §. 1917.
Zwangserziehung 67, 206 §. 1838 5, 330 Art. 135, 438 §. 23; vgl. auch Fürsorgeerziehung.
Zwangsmittel des Vormundschaftsgerichts 30, 34.

Zwangspensionirung 292.
Zwangsvergleiche im Konkurse 178 §. 1822 [19], 818 §. 1919 [2].
Zwangsversteigerung 170 §. 1821 [3].
Zwangsvollstreckung 251 §. 1875 [3].
Zweckmäßigkeit 199 §. 1887 [2].
Zweckvermögen 806 §. 1914 851 §. 42.
Zweckwidrigkeit 265 §. 1886 [3].
Zwischenverfügungen 369 §. 57 [2].

Druck von A. W. Hayn's Erben, Berlin und Potsdam.

Verzeichniß

der

Guttentag'schen Sammlung

Deutscher Reichsgesetze

und

Preußischer Gesetze.

Text-Ausgaben mit Anmerkungen
und Sachregister.

Taschenformat.

Berlin.
J. Guttentag, Verlagsbuchhandlung,
G. m. b. H.

Guttentag'sche Sammlung

Deutscher Reichsgesetze.

Text-Ausgaben mit Anmerkungen. Taschenformat.

---

1. **Verfassung** des Deutschen Reichs. Gegeben Berlin, den 16. April 1871. Von Dr. **L. von Rönne.** Achte neubearbeitete Auflage von **Paul von Rönne,** Landrath. 1 M. 60 Pf.

2. **Strafgesetzbuch** für das Deutsche Reich. Nebst den gebräuchlichsten Reichs-Strafgesetzen: Presse, Personenstand, Nahrungsmittel, Entziehung elektrischer Arbeit, Kranken-, Unfall-, Invalidenversicherung, Gewerbeordnung, unlauterer Wettbewerb, Depot- und Börsengesetz u. s. w. Von Dr. **H. Rüdorff.** Zwanzigste Auflage von Dr. **H. Appelius,** Kammergerichtsrath. Gebunden in ganz Leinen 1 M. 20 Pf.

3. **Militärstrafgerichtsordnung** nebst Einführungsgesetz und Gesetz, betr. die Dienstvergehen der richterlichen Militärjustizbeamten und die unfreiwillige Versetzung derselben in eine andere Stelle oder in den Ruhestand. Von Dr. **P. Herz,** Geh. Admiralitätsrath. Zweite Auflage. Geb. in ganz Leinen 3 M.

Militär-Strafgesetzbuch nebst Abdruck der entsprechenden Bestimmungen des Reichs-Strafgesetzbuchs. Text-Ausgabe mit Sachregister. Geb. in ganz Leinen 1 M.

4. **Handelsgesetzbuch vom 10. Mai 1897 unter Ausschluß des Seerechts.** Mit den ergänzenden Vorschriften des Bürgerlichen Gesetzbuchs und Erläuterungen herausgegeben von **F. Litthauer,** Justizrath. Zwölfte Auflage. Geb. in ganz Leinen 2 M. 80 Pf.

5. Allgemeine Deutsche **Wechselordnung.** Siebente Auflage von Dr. **E. Ball,** Rechtsanwalt, und das Reichsgesetz über die **Wechselstempelsteuer.** Sechste Auflage von Reg.-Assessor **P. Loeck.** 1897. 2 M.
Neue Auflage in Vorbereitung.

6. **Gewerbeordnung** für das Deutsche Reich in der Fassung der Bekanntmachung vom 26. Juli 1900 nebst Ausführungsbestimmungen. Von **T. Ph. Berger,** fortgeführt von Dr. **Wilhelmi,** Geh. Ober-Regierungsrath. Sechszehnte vermehrte Auflage. Im Druck.

7. Die deutsche **Post- und Telegraphen-Gesetzgebung.** Nebst dem Weltpostvertrag und dem internationalen Telegraphenvertrag. Von Dr. **P. D. Fischer,** Unterstaatssekretär im Reichs-Postamt. Vierte Auflage. 1895. 2 M. 60 Pf.

8. **Die Reichsgesetze** über den **Unterstützungswohnsitz** in der Fassung der Novelle vom 12. März 1894 **die Freizügigkeit, den Erwerb** und **Verlust der**

Bundes- und Staatsangehörigkeit, nebst allen landesgesetzlichen Bestimmungen. Von Geheimrath Dr. **J. Krech**, Mitglied des Bundesamtes für das Heimathwesen. Vierte Auflage. 2 M. 25 Pf.

9a. Sammlung **kleinerer privatrechtlicher Reichsgesetze.** Von **F. Vierhaus**, Geh. Ober-Justizrath. Zweite Auflage in Vorbereitung.

9b. Sammlung **kleinerer strafrechtlicher Reichsgesetze.** Von **M. Werner**, Geh. Ober-Regierungsrath. Zweite Auflage in Vorbereitung.

10. Das **Reichsbeamtengesetz** vom 31. März 1873 und seine Ergänzungen. Erläutert von **J. Pieper**, Geh. Ober-Regierungsrath. Zweite Auflage. Geb. in ganz Leinen. Im Druck.

11. **Civilprozeßordnung mit Gerichtsverfassungsgesetz**, Einführungsgesetzen, Nebengesetzen und Ergänzungen. In der Fassung des Gesetzes vom 17. Mai 1898. Unter besonderer Berücksichtigung der Entscheidungen des Reichsgerichts herausgegeben mit Anmerkungen von **R. Sydow**, Direktor im Reichs-Postamt und **L. Busch**, Kammergerichtsrath. Neunte Auflage. 8°. Geb. in ganz Leinen ca. 5 M.

Dieser Band ist in größerem Format erschienen!

12. **Strafprozeßordnung und Gerichtsverfassungsgesetz** in der vom 1. Januar 1900 ab geltenden Fassung, **nebst dem Gesetz, betreffend die Entschädigung der im Wiederaufnahmeverfahren freigesprochenen Personen.** Von **A. Hellweg,** Reichsgerichtsrath. Elfte Auflage. Geb. in ganz Leinen 2 M.

13. **Konkursordnung und Anfechtungsgesetz** mit Einführungs- und Nebengesetzen. In der Fassung der Gesetze vom 17. Mai 1898. Unter besonderer Berücksichtigung der Entscheidungen des Reichsgerichts herausgegeben mit Anmerkungen von **R. Sydow,** Direktor im Reichs-Postamt und **L. Busch,** Kammergerichtsrath. Achte Auflage. Geb. in ganz Leinen 1 M. 80 Pf.

14. **Gerichtsverfassungsgesetz** mit Einführungsgesetz, Nebengesetzen und Ergänzungen. In der Fassung des Gesetzes vom 17. Mai 1898. Unter Berücksichtigung der Entscheidungen des Reichsgerichts herausgegeben von **R. Sydow,** Direktor im Reichs-Postamt und **L. Busch,** Kammergerichtsrath. Achte Auflage. 1 M. 20 Pf.

15. **Das deutsche Gerichtskostengesetz nebst den Gebührenordnungen für Gerichtsvollzieher, Zeugen und Sachverständige.** In der Fassung vom 20. Mai 1898. Unter besonderer Berücksichtigung der Entscheidungen

des Reichsgerichtes herausgegeben mit Anmerkungen und Kostentabellen von **R. Sydow,** Direktor im Reichspostamt und **L. Busch,** Kammergerichtsrath. Sechste vermehrte Auflage. Geb. in ganz Leinen 1 M. 50 Pf.

16. **Rechtsanwaltsordnung.** Von **R. Sydow,** Direktor im Reichspostamt. Vierte Auflage von Dr. **E. Mosler,** Gerichtsassessor. Geb. in ganz Leinen 1 M. 20 Pf.

17. Die **Deutsche Gebührenordnung für Rechtsanwälte und das Preußische Gebührengesetz** vom 27. September/6. Oktober 1899. Von **R. Sydow,** Direktor im Reichspostamt und **L. Busch,** Kammergerichtsrath. Sechste Auflage. Geb. in ganz Leinen 1 M. 50 Pf.

18. **Reichsstempelgesetz (Börsensteuergesetz)** v. 14. Juni 1900, **mit** den Ausführungsbestimmungen, einem Auszug aus den Gesetzes-Materialien und den Entscheidungen der Verwaltungsbehörden und des Reichsgerichts. Achte Auflage von **P. Loeck,** Regierungsrath. Geb. in ganz Leinen 3 M. 30 Pf.

19. Die **Seegesetzgebung** des Deutschen Reiches. Nebst den Entscheidungen des Reichsoberhandelsgerichts, des Reichsgerichts und der Seeämter. Von Dr. **W. E. Knitschky,** Landgerichtsrath. Zweite Auflage. 3 M. 80 Pf.

20. **Krankenversicherungsgesetz** vom 15. Juni 1883 in der Fassung der Novelle vom 10. April 1892. Von Dr. **E. von Woedtke**, Direktor im Reichsamt des Innern. Achte Auflage. Geb. in ganz Leinen. 2 M. 25 Pf.

21. Die **Konsulargesetzgebung** des Deutschen Reiches. Von Professor Dr. **Ph. Zorn.** Zweite Auflage im Druck.

22a. **Patentgesetz. Gesetz, betreffend den Schutz von Gebrauchsmustern. Gesetz, betreffend das Urheberrecht an Mustern und Modellen.** Nebst Ausführungsbestimmungen unter eingehender Berücksichtigung der Rechtsprechung des Reichsgerichts und der Praxis des Patentamts. Erläutert von Dr. **R. Stephan,** Geheimer Regierungsrath, Mitglied des Kaiserlichen Patentamts. Fünfte vermehrte Auflage. Geb. in ganz Leinen 2 M.

22b. **Gesetz zum Schutz der Waarenbezeichnungen.** Nebst Ausführungsbestimmungen. Von Dr. **R. Stephan,** Geheimer Regierungsrath, Mitglied des Kaiserlichen Patentamts. Vierte vermehrte Auflage. 1 M.

23. **Gewerbe-Unfallversicherungsgesetz** und Gesetz, betr. die Abänderung der Unfallversicherungsgesetze vom 30. Juni 1900 in der Fassung der Bekanntmachung vom 5. Juli 1900 nebst Ausführungsverordnungen. Von Dr. **E. v. Woedtke,** Direktor im Reichsamt des Innern. Siebente umgearbeitete Auflage. Geb. in ganz Leinen 2 M. 50 Pf.

24. **Aktiengesellschaft und Kommanditgesellschaften auf Aktien.** (Handelsgesetzbuch, II. Buch, Abschnitt 3 und 4.) Mit erläuternden Anmerkungen von **H. Keyssner,** Kammergerichtsrath und Dr. **H. Veit Simon,** Rechtsanwalt. Fünfte Auflage. Bearbeitet von Dr. **Hugo Keyssner** u. **L. Keyssner.** Geb. in ganz Leinen 2 M. 25 Pf.

25. Reichsgesetz wegen **Erhebung der Brausteuer** vom 31. Mai 1872 mit Ausführungsvorschriften. Von **E. Bertho,** Regierungsrath. 1885. 1 M. 60 Pf.

26. Die Reichsgesetzgebung über **Münz- und Notenbankwesen,** Papiergeld, Prämienpapiere und Reichsschulden. Von Dr. jur. **R. Koch,** Präsident des Reichsbankdirektoriums. Vierte Auflage. Geb. in ganz Leinen 3 M.

27. Die Gesetzgebung, betr. das **Gesundheitswesen** im Deutschen Reich für Behörden, Aerzte 2c. Von Dr. jur. **C. Goesch** und Dr. med. **J. Karsten.** 1888. 1 M. 60 Pf.

28. **Bau-Unfallversicherungsgesetz.** Vom 30. Juni 1900 in der Fassung der Bekanntmachung vom 5. Juli 1900. Von **R. Chrzescinski,** Kaiserl. Regierungsrath a. D., ehemaligem ständigen Mitglied des Reichs-Versicherungsamts. Dritte Auflage. Geb. in ganz Leinen 2 M.

29. **Reichsgesetz**, betr. die **Erwerbs- und Wirthschaftsgenossenschaften.** In der vom 1. Januar 1900 ab geltenden Fassung. Von **L. Parisius** und Dr. **H. Crüger.** Achte Auflage. Geb. in ganz Leinen. 1 M. 50 Pf.

30. **Invalidenversicherungsgesetz** vom 13. Juli 1899, in der Fassung der Bekanntmachung vom 19. Juli 1899. Von Dr. **E. v. Woedtke,** Director im Reichsamt des Innern. Achte erweiterte Auflage. Geb. in ganz Leinen 2 M. 50 Pf.

31. Reichsgesetz, betr. die **Gewerbegerichte.** Von **L. Mugdan.** Vierte Auflage. Bearbeitet von **Cuno,** Stadtrath und stellvertretender Vorsitzender des Gewerbegerichts zu Königsberg i. Pr. 1 M. 80 Pf.

32. Reichsgesetz, betr. die **Gesellschaften mit beschränkter Haftung.** In der vom 1. Januar 1900 ab geltenden Fassung. Von **L. Parisius** und Dr. **H. Crüger.** Fünfte Auflage. 1 M.

33. Das **Vereins- und Versammlungsrecht** in Deutschland. Von Dr. **F. Ball,** Rechtsanwalt. 2 M. 25 Pf.

34. Reichsgesetz, betreffend die **Abzahlungsgeschäfte.** Vom 16. Mai 1894. Von **J. Hoffmann,** Oberverwaltungsgerichtsrath. Zweite vermehrte und verbesserte Auflage besorgt von Dr. **E. Wilke,** Landgerichtsrath. Geb. in Leinen ca. 1 M. 25 Pf.

35. Die **Reichs-Eisenbahngesetzgebung.** Von **W. Coermann,** Kaiserl. Amtsrichter. 1895. 2 M. 25 Pf.

36. Gesetze, betr. die **privatrechtlichen Verhältnisse der Binnenschiffahrt und der Flößerei.** Nach den Materialien erläutert von **H. Makower.** Unter Berücksichtigung der am 1. Januar 1900 in Kraft tretenden Reichsgesetze bearbeitet von **E. Löwe,** Landgerichtsrath. Zweite veränderte Auflage. 2 M.

37. Gesetz zur **Bekämpfung des unlauteren Wettbewerbes.** Vom 27. Mai 1896. Von Dr. **R. Stephan,** Regierungsrath. Zweite Auflage. 80 Pf.

38/39. **Bürgerliches Gesetzbuch nebst Einführungsgesetz.** In Verbindung mit Professor Dr. **André,** Geh. Justizrath **Greiff,** Amtsrichter **Ritgen,** Regierungsrath Dr. **Unzner,** s. Z. Schriftführer bei der Kommission für die zweite Lesung des Entwurfs eines Bürgerlichen Gesetzbuchs, herausgegeben von Reichsgerichtsrath Dr. **A. Achilles †,** s. Z. Kommissar des Reichs-Justizamts bei derselben Kommission. Dritte vermehrte und verbesserte Auflage. 8°. Geb. in ganz Leinen 6 M.

Dieser Band ist in größerem Format erschienen!

40. Gesetz, betr. die **Pflichten der Kaufleute bei Aufbewahrung fremder Werthpapiere (Depotgesetz).**

Vom 5. Juli 1896. Mit Erläuterungen, Einleitung und Sachregister. Von **F. Lusensky**, Geh. Regierungsrath. 90 Pf.

41. **Börsengesetz.** Vom 22. Juni 1896. Nebst den dazu erlassenen Ausführungsbestimmungen. Unter Mitwirkung des Geh. Ober-Regierungsrathes **A. Wermuth** bearbeitet von **H. Brendel**, Gerichts-Assessor, Hülfsarbeiter im Reichsamt des Innern. 1 M. 50 Pf.

42. **Grundbuchordnung** für das Deutsche Reich nebst den preußischen Ausführungsbestimmungen. Mit Einleitung von Professor Dr. **O. Fischer.** Zweite Auflage. Geb. in ganz Leinen 1 M. 80 Pf.

43. Die Gesetzgebung, betr. die **Zwangsvollstreckung in das unbewegliche Vermögen** im Reiche und in Preußen. Text-Ausgabe mit Einleitung, Anmerkungen, Kosten- und Gebührentabellen und Sachregister. Von Dr. **J. Krech**, Kaiserl. Geh. Regierungsrath und Professor Dr. **O. Fischer.** Dritte Auflage. Geb. in ganz Leinen 2 M.

44. Das Reichsgesetz über das **Auswanderungswesen** vom 9. Juni 1897 nebst Ausführungsverordnungen und Anlagen. Nach den Materialien und unter Benutzung amtlicher Quellen erläutert von Professor Dr. **Felix Stoerk.** 2 M. 25 Pf.

45. **Das Entmündigungsrecht** unter Berücksichtigung der für Preußen geltenden Vorschriften nebst der preußischen Justiz-Ministerial-Verfügung vom 28. November 1899. Text der civil- und prozeßrechtlichen Bestimmungen mit Erläuterungen von Landgerichtsrath Dr. **P. Koll** in Cöln. Geb. in ganz Leinen 1 M. 50 Pf.

46. Die Gesetze des Reiches und Preußens über die **freiwillige Gerichtsbarkeit.** Mit Einleitung von **Herm. Jastrow,** Amtsgerichtsrath. Zweite, erweiterte Auflage. Geb. in ganz Leinen 2 M. 80 Pf.

47. **Das deutsche Vormundschaftsrecht** und **das preuß.** Gesetz über die Fürsorgeerziehung Minderjähriger vom 2. Juli 1900 **nebst den dazu gehörigen preußischen Nebengesetzen und allgemeinen Verfügungen.** Mit Einleitung und Erläuterungen von **Max Schultzenstein,** Oberverwaltungsgerichtsrath und Amtsgerichtsrath Dr. **Paul Köhne.** Zweite Auflage. Geb. in ganz Leinen. ca. 3 M. 50 Pf.

48. Gesetze und Verordnungen, betreffend den **Drogen-, Gift- und Farbenhandel** außerhalb der Apotheken, unter besonderer Berücksichtigung des Königreichs Preußen. Von Dr. **Broh,** Rechtsanwalt. 1 M. 25 Pf.

49. Die **Kolonialgesetzgebung.** Von Prof. Dr. **Philipp Zorn.** Geb. in ganz Leinen. Im Druck.

50. **Der Viehkauf** (Viehgewährschaft) **nach** dem **Bürgerlichen** Gesetzbuche. Mit Erläuterungen von Dr. **Hans Stölzle,** Rechtsanwalt in Kempten. Nebst Verordnung, betr. die Hauptmängel und Gewährsfristen beim Viehhandel. Erläutert von **Heinrich Weiskopf,** Königl. Kreisthierarzt in Augsburg. Zweite Auflage. Geb. in ganz Leinen 2 M.

51. **Hypothekenbankgesetz** vom 13. Juli 1899. Von Dr. **H. Göppert,** Gerichts-Assessor. Geb. in ganz Leinen 1 M. 80 Pf.

52. Gesetz, betreffend die gemeinsamen **Rechte der Besitzer von Schuldverschreibungen.** Vom 4. Dezember 1899. Von Dr. **Heinrich Göppert,** Gerichts-Assessor. Geb. in ganz Leinen 2 M.

53. **Reichspreßgesetz** vom 7. Mai 1874 nebst den einschlägigen Bestimmungen des Strafgesetzbuchs, der Gewerbeordnung ꝛc. Kommentar von **A. Born,** Polizeiassessor. Geb. in ganz Leinen 1 M. 50 Pf.

54. Die Reichsgesetzgebung über den Verkehr mit **Nahrungsmitteln, Genußmitteln** und **Gebrauchsgegenständen.** Von Dr. **Georg Lebbin,** Nahrungsmittelchemiker. Geb. in ganz Leinen 2 M. 25 Pf.

55. Das Recht der **Beschlagnahme von Lohn- und Gehaltsforderungen.** Auf Grundlage der Reichsgesetze vom 21. Juni 1869 u. 29. März 1897 und der Civilprozeßordnung. Von Rechtsanwalt **Georg Meyer.** Geb. in ganz Leinen 1 M. 50 Pf.

56. Gesetz, betr. die **Bekämpfung gemeingefährlicher Krankheiten.** Vom 30. Juni 1900. Nebst Ausführungsbestimmungen. Von Dr. **Bruno Burkhardt,** Regierungsrath, Mitglied des Kais. Gesundheitsamts. Geb. in ganz Leinen 1 M. 40 Pf.

57. **See-Unfallversicherungsgesetz** vom 30. Juni 1900 in der Bekanntmachung des Reichskanzlers vom 5. Juli 1900. Von **Dr. Max Mittelstein,** Oberlandesgerichtsrath in Hamburg. Geb. in ganz Leinen. 2 M.

58. **Das Recht der unehelichen Kinder.** Text-Ausgabe aller einschlägigen Bestimmungen des Bürgerlichen Gesetzbuches von **Hermann Jastrow,** Amtsgerichtsrath zu Berlin. Geb. in ganz Leinen 1 M. 80 Pf.

Guttentag'sche Sammlung
Preußischer Gesetze.

Text-Ausgaben mit Anmerkungen. Taschenformat.

1. Die **Verfassungs-Urkunde** für den Preußischen Staat. Mit Einleitung, vollständigem Kommentar und Anlagen von Prof. Dr. **Adolf Arndt.** Vierte, gänzlich umgearbeitete und verbesserte Auflage. Geb. in ganz Leinen 2 M. 50 Pf.

2. Preußische **Beamten-Gesetzgebung.** Enthaltend die wichtigsten Beamtengesetze in Preußen. Von **C. Pfafferoth.** Dritte Auflage. 1 M. 50 Pf.

3. Die Preuß. Gesetzgebung, betr. die **Zwangsvollstreckung in das unbewegliche Vermögen.** Von Dr. **J. Krech,** Kais. Geh. Regierungs-Rath und Prof. Dr. **O. Fischer.** Dritte Auflage. Vergriffen.
Siehe: Reichsgesetze Nr. 43.

4. **Gebührenordnung** für **Notare** vom 25. Juni 1895 in der Fassung der Bekanntmachung vom 6. Oktober 1899 nebst den einschlägigen Vorschriften des Preußischen Gerichtskostengesetzes. **Von R. Sydow,** Direktor im Reichspostamt. Zweite Auflage bearbeitet von Dr. **E. Mosler,** Gerichtsassessor. Geb. in ganz Leinen. 1 M. 50 Pf.

5. **Gesetz vom 24. April 1854 (betr. die außereheliche Schwängerung)** und die daneben geltenden Bestimmungen des Allgemeinen Landrechts nebst nebst dazu ergangenen Präjudikaten. Von Dr. **Schulze.** 75 Pf. Seit dem 1. Januar 1900 gültiges Recht siehe Reichsgesetze: Nr. 58.

6. Die Preuß. **Ausführungsgesetze und Verordnungen zu den Reichs-Justizgesetzen.** Von **R. Sydow.** Dritte vermehrte Auflage. 2 M. 40 Pf.

7. **Allg. Gerichtsordnung** vom 6. Juli 1793 und Preuß. **Konkursordnung** vom 8. Mai 1885. **Von F. Vierhaus,** Geh. Ober-Justizrath. **Vergriffen.**

8. **Vormundschaftsordnung** vom 5. Juli 1875, nebst allen Nebengesetzen und den dazu erlassenen Allgemeinen Verfügungen. Von Oberverwaltungsgerichtsrath **Schultzenstein.** Dritte Auflage. 1 M. 50 Pf. Seit dem 1. Januar 1900 gültiges Recht siehe: Reichsgesetze Nr. 47.

9. Die Preußische **Grundbuchgesetzgebung.** Mit Einleitung, Formularen, Kosten- und Stempeltabellen. Von Prof. Dr. **Fischer.** Dritte Auflage. Vergriffen. Siehe: Reichsgesetze Nr. 42.

10. **Einkommensteuergesetz.** Vom 24. Juni 1891. Von Geheimrath **Meitzen.** Vierte vermehrte Auflage von **A. Fernow,** Ober-Regierungsrath. 1 M. 50 Pf.

11. **Gewerbesteuergesetz.** Vom 24. Juni 1891. Von **A. Fernow,** Ober-Regierungsrath. Dritte vermehrte Auflage. 1 M. 25 Pf.

12. **Allgemeines Berggesetz** für die preußischen Staaten. Vom 24. Juni 1865, und die auf dasselbe bezüglichen Gesetze und Verordnungen. Von **E. Engels,** Ober-Bergrath. Dritte Auflage. In Vorbereitung.

13. **Ergänzungssteuergesetz** (Vermögenssteuergesetz). Vom 14. Juli 1893. Von **A. Fernow,** Ober-Regierungsrath. Zweite vermehrte Auflage. 1 M.

14. **Kommunalabgabengesetz.** Vom 14. Juli 1893 und Gesetz wegen Aufhebung direkter Staatssteuern. Vom 14. Juli 1893. Von **F. Adickes,** Oberbürgermeister. Zweite Auflage. 1 M. 25 Pf.

15. **Die Kreisordnungen** für den Preußischen Staat. Von **O. Kolisch,** Landgerichtsrath. 1894. 4 M.

16. **Concessionirung gewerblicher Anlagen.** Preuß. Ausführungs-Anweisung zu §§. 16 u. ff. der Reichs-Gewerbe-Ordnung. Von Dr. **von Rüdiger,** Geh. Regierungs- u. Gewerberath. Zweite Auflage. Geb. in ganz Leinen 2 M.

17. Preußisches **Gerichtskostengesetz.** Vom 25. Juni 1895. In der Fassung der Bekanntmachung vom 6. Oktober 1899. Mit Kostentabellen. Von Dr. **P. Siméon,** Landrichter. Dritte Auflage. Geb. in ganz Leinen 1 M. 80 Pf.

18. Preußisches **Stempelsteuergesetz** nebst Tarif vom 31. Juli 1895. Mit den gesammten Ausführungsbestimmungen und vollständigen Tabellen. Von **P. Loeck,** Regierungsrath. Fünfte Auflage. Geb. in ganz Leinen ca. 5 M.

19. **Das Jagdscheingesetz** vom 31. Juli 1895. Mit ausführlichen Erläuterungen nebst der Ausführungsverfügung vom 2. August 1898 und den Gesetzgebungsmaterialien. Von **F. Kunze,** Wirklichem Geh. Ober-Regierungsrath. Zweite Auflage. Geb. in ganz Leinen 2 M.

20. Gesetz, betr. die **Erbschaftssteuer.** Vom 19./24. Mai 1891 unter Berücksichtigung der Novelle vom 31. Juli 1895. Mit ausführlichen Erläuterungen von **P. Loeck,** Regierungsassessor. 1 M. 80 Pf.

21. Gesetz über die **Handelskammern.** Vom 19. August 1897. Mit Erläuterungen, geschichtlicher Einleitung sowie einer Uebersicht des Bestandes der kaufmännischen Vertretungen. Von **F. Lusensky,** Geh. Regierungsrath und vortragender Rath im Ministerium für Handel und Gewerbe 3 M.

22. Gesetz, betr. **Anstellung und Versorgung der Kommunalbeamten.** Vom 30. Juli 1899. Mit einem Anhang, enthaltend die preußische Ausführungsanweisung. Von Dr. **W. Ledermann,** Magistratsassessor zu Berlin. 1 M. 25 Pf.

23. **Ausführungsgesetz zum Bürgerlichen Gesetzbuche** vom 20. September 1899. Von Landrichter Dr. **P. Siméon.** Geb. in ganz Leinen 1 M. 60 Pf.

24. Die **Hinterlegungsordnung** vom 14. März 1879 in der Fassung des Preußischen Ausführungsgesetzes zum Bürgerlichen Gesetzbuche vom 20. September 1899 nebst Ausführungsbestimmungen. Unter Benutzung der amtlichen Erlasse und Entscheidungen des Finanzministers. Von Regierungsassessor Dr. **Georg Bartels.** Geb. in ganz Leinen 1 M. 50 Pf.

25. **Preußische Kommunalbeamtengesetzgebung**, enthaltend die wichtigsten Bestimmungen über die Rechtsverhältnisse der Beamten der preußischen Landgemeinden, Landbürgermeistereien, Aemter, Amtsbezirke, Städte, Kreise, Bezirksverbände, Provinzen sowie der Gemeindeforstbeamten mit Ausschluß der Kommunalbeamten der Hohenzollernschen Lande. Text-Ausgabe mit kurzen Anmerkungen, einem chronologischen Verzeichniß der abgedruckten Gesetze, Verordnungen und sonstigen Bestimmungen. Von Magistratsassessor Dr. jur. **Kremski.** Im Druck.

26. Die **Preußischen Gesetze** über das **Diensteinkommen der Lehrer und Lehrerinnen, ihren Ruhegehalt und die Fürsorge für ihre Hinterbliebenen** nebst den zugehörigen Ausführungsbestimmungen, sonstigen Ministerialerlassen und den wichtigsten einschlägigen Gesetzen sowie einer Tabelle zur Berechnung der Ruhegehalts-, Wittwen- und Waisenbezüge. Text-Ausgabe mit Einleitung, Anmerkungen und Sachregister von Dr. **Ed. Cremer,** Beigeordneter. Geb. in ganz Leinen 2 M. 40 Pf.

27. Gesetz, betreffend die **Waarenhaussteuer.** Vom 18. Juli 1900. Von Geh. Ober-Finanzrath Dr. **G. Strutz.** Geb. in ganz Leinen 1 M. 20 Pf.

28. Gesetz über die **Fürsorgeerziehung Minderjähriger.** Vom 2. Juli 1900. Nebst Ausführungsanweisung. Von Landgerichtsrath Dr. **Aschrott.** Geb. in ganz Leinen. In Vorbereitung.

Guttentag'sche Sammlung von Text-Ausgaben mit Sachregister ohne Anmerkungen.

Gewerbeordnung für das Deutsche Reich. In der Fassung der Bekanntmachung vom 26. Juli 1900. (Reichs-Gesetzblatt Nr. 47, ausgegeben am 15. Oktober 1900.) Zweite Auflage. 1 M. 20 Pf.

Militär-Strafgesetzbuch für das Deutsche Reich vom 20. Juni 1872. Nebst Abdruck der entsprechenden Bestimmungen des Reichs-Strafgesetzbuchs. 1 M.

Militärstrafgerichtsordnung für das Deutsche Reich, nebst **Einführungsgesetz** und Gesetz, betr. die Dienstvergehen der richterlichen Militärjustizbeamten und die unfreiwillige Versetzung derselben in eine andere Stelle oder in den Ruhestand. Vom 1. Dezember 1898. **Militär-Strafgesetzbuch** nebst Abdruck der entsprechenden Bestimmungen des Reichs-Strafgesetzbuchs. Zweite Auflage 1 M. 50 Pf.

Die Preußischen Ausführungsgesetze zum Bürgerlichen Gesetzbuche, zum Gesetz, betr. Aenderung der Civilprozeßordnung vom 17. Mai 1898, zum Gesetz über die Zwangsversteigerung und die Zwangsverwaltung, zur Grundbuchordnung und zum Handelsgesetzbuch. Preuß. Gesetz über die freiwillige Gerichtsbarkeit und Gesetz, enthaltend die landesgesetzlichen Vorschriften über die Gebühren der Rechtsanwälte und der Gerichtsvollzieher. Fünfte Auflage. 1 M. 80 Pf.

Reichsstempelgesetz (Börsensteuergesetz) in der Fassung der Bekanntmachung vom 14. Juni 1900. Mit Ausführungsbestimmungen, einem Anhang, enthaltend Tabellen zur Berechnung der Reichsstempelabgaben und Sachregister. 1 M. 50 Pf.

Preußische

Bürgerliche Gesetzsammlung.

Sammlung der noch geltenden Landesgesetze privatrechtlichen Inhalts.

Herausgegeben von

D. Fischer, Gerichtsassessor und **Dr. F. Schröder,** Gerichtsassessor.

Erster Band:

Das Allgemeine Landrecht

mit den Einführungs-Patenten.

8°. Geb. in ganz Leinen. Preis 6 M.

Das Buch will ein Handbuch für den preußischen Praktiker sein, und eine Ergänzung zu den gebräuchlichen Handausgaben des B.G.B. bilden. Es bringt das Allgemeine Landrecht in seiner jetzt geltenden Gestalt vollständig, ferner in chronologischer Reihenfolge sämmtliche noch geltenden Landesgesetze privatrechtlichen Inhalts für das Gebiet des Allgemeinen Landrechts und für die übrigen Landestheile seit ihrer Zugehörigkeit zu Preußen. Um den Ueberblick über eine Materie zu erleichtern, wird dem Buch eine Nachweisung der durch die einzelnen Vorbehalte des E.G. zum B.G.B. erhaltenen Gesetze beigegeben und in Anmerkungen bei jedem einzelnen Gesetz auf die übrigen Gesetze derselben Materie verwiesen. Bei jeder gesetzlichen Bestimmung wird angegeben, weshalb sie als aufrecht erhalten zu gelten hat.

Der zweite Band (Schluß des Werkes) wird im Frühjahr zur Ausgabe gelangen.

Adickes, F., Oberbürgermeister in Frankfurt a. M. Das Kommunalabgabengesetz vom 14. Juli 1893. Für den praktischen Gebrauch mit einer geschichtlichen Einleitung und Erläuterungen versehen, sowie mit einem die Ausführungsanweisung berücksichtigenden Nachtrag. 8°. Kartonnirt 6 M.

Arndt, Dr. Adolf, Oberbergrath und Prof. Verfassung des Deutschen Reichs. Mit Einleitung und Kommentar. 8°. Kartonnirt 3 M.

Friedrichs, K., Oberverwaltungsgerichtsrath. Das Gesetz betreffend die Anlegung und Veränderung von Straßen und Plätzen in Städten und ländlichen Ortschaften vom 2. Juli 1875. Nach dem Tode des Verfassers in vierter Auflage bearbeitet von Dr. jur. **Hugo v. Strauß und Torney**, Oberverwaltungsgerichtsrath. 8°. Geb. 4 M. 50 Pf.

Hauß, C., Geh. Ober-Reg.-Rath. Das Gesetz zur Bekämpfung des unlauteren Wettbewerbes. Vom 27. Mai 1896. Für die gerichtliche und gewerbliche Praxis erläutert. 8°. Geb. in Leinen 3 M.

Holtgreven, Dr. A., Geh. Ober-Justizrath und vortragender Rath im Justizministerium. Das Wildschadengesetz vom 11. Juli 1891. Kommentar. Dritte Auflage. 8°. Kartonnirt 3 M.

Jerusalem, Herm., Landgerichtsrath, Mitglied des Hauses der Abgeordneten. Das Gesetz über Kleinbahnen und Privatanschlußbahnen vom 28. Juli 1892 nebst der Ausführungsanweisung zu diesem Gesetze vom 22. August 1892. gr. 8°. 2 M.

Kamptz, W. v., Verwaltungsgerichtsdirektor. Das Gesetz, betreffend die Vertheilung der öffentlichen Lasten bei Grundstückstheilungen und die Gründung neuer Ansiedelungen in den Provinzen Preußen, Brandenburg, Pommern, Posen, Schlesien, Sachsen und Westfalen vom 25. August 1876. 8°. Kartonnirt 2 M. 50 Pf.

Koch, Georg, Hauptmann a. D. Gesetz, betreffend die Prüfung der Läufe und Verschlüsse der Handfeuerwaffen vom 19. Mai 1891 nebst den Ausführungsbestimmungen des Bundesrathes vom 22. Juni 1892. 8°. Kartonnirt 1 M. 50 Pf.

Königе, H., Landgerichtsrath, Vorsitzender der Kammer I für Handelssachen am Landgericht Mannheim. Handelsgesetzbuch vom 10. Mai 1897 nebst Abdruck des Gesetzes über die Angelegenheiten der freiwilligen Gerichtsbarkeit und Gerichtsverfassungsgesetz (Titel 7, Kammern für Handelssachen). Verglichen mit dem Allgemeinen Deutschen Handelsgesetzbuch, dem Bürgerlichen Gesetzbuch und der Rechtsprechung des Reichsgerichts und Reichs-Oberhandelsgerichts. Zu praktischem Gebrauch dargestellt. 8°. Geb. in ganz Leinen 4 M. 50 Pf.

Laß, Dr. L., Kaiserl. Regierungsrath, Strafrecht der Berufsgenossenschaften nach den Unfallversicherungsgesetzen vom 30. Juni 1900. Unter Benutzung amtlichen Materials zum praktischen Gebrauche dargestellt. Geb. in Leinen 3 M.

Laurisch, G., Königl. Gewerbeinspektor, Gewerberecht und Arbeiterschutz. Führer für Arbeitgeber und Arbeiter durch die Gewerbe- und Arbeiterschutz-Gesetze. Kartonnirt 1 M. 80 Pf.

Nußbaum, Dr. A., Die freiwillige Gerichtsbarkeit im Reiche und in Preußen. Ein Leitfaden. 8°. Geb. in ganz Leinen 4 M.

Dieses Buch enthält eine gedrängte systematische Darstellung der freiwilligen Gerichtsbarkeit einschließlich des Notariats nebst einer Zahl erläuternder Formulare für öffentliche Register, Protokolle u. dergl. Reichsrecht und Landesrecht, von letzterem vorzugsweise das preußische, sind gleichmäßig berücksichtigt worden. Eine solche systematische Darstellung fehlte bisher, ist aber bei der hier besonders weit gehenden Zersplitterung des Rechtsstoffes eine Notwendigkeit sowohl für den Lernenden, für dessen Bedürfnisse auch durch Darlegung der allgemeinen Gesichtspunkte und der historischen Entwickelung Sorge getragen ist, als auch für den Praktiker, namentlich den angehenden, da dieser in der ersten Beschäftigungszeit vorwiegend mit Angelegenheiten der freiwilligen Gerichtsbarkeit befaßt ist.

Ottermann, Carl, Stadtrath in Dortmund. Das Fluchtliniengesetz vom 2. Juli 1875. Erläuternde Abhandlung. 8°. 1 M. 25 Pf.

Stephan, Dr. R., Geh. Regierungsrath u. Mitglied des Kais. Patentamts. Gesetz, betreffend die Patentanwälte. Vom 21. Mai 1900. Nebst Ausführungsverordnungen. 8°. Geb. in ganz Leinen 1 M. 50 Pf.

Telegraphenwege-Gesetz vom 18. Dezember 1899 nebst den vom Reichskanzler erlassenen Ausführungsbestimmungen vom 26. Januar 1900 und den Erläuterungen und Ausführungsanweisungen des Reichs-Postamts. Amtliche Ausgabe. 8°. Geb. in ganz Leinen 1 M.

Wittenberg, Dr. M., Dozent an der Humboldt-Akademie. Wegweiser durch das Aktienrecht, nach dem Wortlaut der seit dem 1. Januar 1900 gültigen Reichsgesetze. Taschenformat. Geb. in ganz Leinen 1 M.

Schlagwort-Register.

R. = Nummer der Sammlung Deutscher **Reichs**gesetze.
P. = Nummer der Sammlung **Preußischer** Gesetze.
S. = Seite.

Abänderung der Gewerbeordnung S. 20, R. 6.
Abzahlungsgeschäfte R. 34.
Aktienrecht R. 24, S. 26.
Altersversicherungsgesetz R. 30.
Anfechtungsgesetz R. 13.
Ansiedelungsgesetz S. 25.
Anstellung der Kommunalbeamten P. 22.
Arbeiterschutzgesetz R. 6, S. 25.
Arbeiterversicherungsgesetze R. 20, 23, 28, 30, 57.
Ausführungsgesetze z. BGB. P. 23, S. 13, 14, 22.
Ausführungsgesetze zu den Reichsjustizgesetzen P. 6, S. 21, 22.
Auswanderungsgesetz R. 44.

Bankgesetz R. 26.
Baufluchtengesetz S. 24, 26.
Bauunfallversicherungsgesetz R. 28.
Beamtengesetze R. 10, P. 2.
Bekämpfung gemeingefährlicher Krankheiten R. 56.
Berggesetz P. 12.
Berufsgenossenschaften, Strafrecht der S. 25
Beschlagnahme von Lohn- und Gehaltsforderungen R. 55.
Binnenschiffahrtsgesetz R. 36.
Börsengesetz R. 41.
Börsensteuergesetz R. 18, S. 21.
Brausteuererhebung R. 25.
Bundes- und Staatsangehörigkeit R. 8.
Bürgerliche Gesetzsammlung für Preußen S. 23.
Bürgerliches Gesetzbuch R. 38/39, S. 20, 22.

Civilprozeßordnung R. 11, S. 20.

Depotgesetz R. 40.
Diensteinkommen der Lehrer und Lehrerinnen P. 26.
Drogenhandel außerhalb der Apotheken R. 48.

Einkommensteuergesetz P. 10.
Eisenbahn-Gesetzgebung R. 35.
Elektrizitäts-Diebstahl R. 2.

Entmündigungsgesetz R. 45.
Entschädigung der im Wiederaufnahmeverfahren freigesprochenen Personen R. 12.
Entziehung elektrischer Arbeit R. 2.
Erbschaftssteuergesetz P. 20.
Ergänzungssteuergesetz P. 13.
Erwerbs- und Wirthschaftsgenossenschaften R. 29.

Farbenhandel außerhalb der Apotheken R. 48.
Farbengesetz R. 64.
Feingehalt der Gold- und Silberwaaren R. 9a.
Fleischbeschaugesetz R. 54.
Flößereigesetz R. 36.
Fluchtliniengesetz S. 24, 26.
Freiwillige Gerichtsbarkeit R. 46, S. 26.
Freizügigkeit R. 8.
Fürsorgeerziehung Minderjähriger R. 47, P. 28.

Gebrauchsgegenstände, Gesetz über den Verkehr damit R. 54.
Gebrauchsmusterschutzgesetz R. 22a.
Gebührengesetz, Preußisches, für Rechtsanwälte und Gerichtsvollzieher R. 17, S. 21.
Gebührenordnung für Gerichtsvollzieher R. 15.
Gebührenordnung für Notare P. 4.
Gebührenordnung für Rechtsanwälte R. 17.
Gebührenordnung für Zeugen und Sachverständige R. 15.
Gehaltsforderungen, Beschlagnahme von R. 55.
Genehmigung gewerblicher Anlagen P. 16.
Genossenschaftsgesetz R. 29.
Genußmittel, Verkehr damit R. 54.
Gerichtsbarkeit, freiwillige R. 46, S. 26.
Gerichtskostengesetz, Deutsches R. 15.
Gerichtskostengesetz, Preußisches P. 17.
Gerichtsordnung, Preußische P. 7.
Gerichtsverfassungsgesetz R. 14, 12, S. 20.
Gerichtsvollzieher-Gebührenordnung R. 15.
Gesellschaften mit beschränkter Haftung R. 32.
Gesetzbuch, Bürgerliches R. 38/39, S. 20, 22.
Gesetz-Sammlung, Preußische S. 23.
Gesundheitswesen R. 27.
Gewerbegerichte R. 31.
Gewerbeordnung R. 6, S. 21.
Gewerberecht S. 25.
Gewerbe-Unfallversicherungsgesetz R. 23.

Gewerbesteuergesetz, Preußisches P. 11.
Gifthandel außerhalb der Apotheken R. 48.
Grundbuchordnung R. 42.
Grundbuchgesetzgebung, Preußische P. 9.

Haftung, Gesellschaften mit beschränkter R. 32.
Handelsgesetzbuch R. 4, S. 20, 25.
Handelskammergesetz P. 21.
Handfeuerwaffen, Gesetz betr. Prüfung von S. 25.
Handwerkergesetz S. 20, R. 6.
Hinterlegungsordnung P. 24.
Hypothekenbankgesetz R. 51.

Jagdscheingesetz P. 19.
Invalidenversicherungsgesetz R. 30.

Kiautschou-Gebiet, militär. Strafrechtspflege im R. 3.
Kinder, Recht der unehelichen R. 58.
Kinder, Unterbringung verwahrloster R. 47.
Kleinbahnengesetz S. 24.
Kolonialgesetzgesetzgebung R. 49.
Kommunalabgabengesetz P. 14, S. 24.
Kommunalbeamtengesetz P. 22.
Kommunalbeamtenrecht P. 25.
Konkursordnung R. 13, S. 20.
Konkursordnung, Preußische P. 7.
Konsulargesetzgebung R. 21.
Krankenversicherungsgesetz R. 20.
Kreisordnungen P. 15.

Ladenschluß-Novelle S. 21.
Landesgesetze, privatrechtliche S. 23.
Landrecht, Preußisches S. 23.
Laufprüfungsgesetz S. 25.
Lehrergehalts- u. -Pensionsgesetze P. 26.
Lohnforderungen, Beschlagnahme von R. 55.

Maaß- u. Gewichtsordnung R. 9a.
Mantelgesetz R. 23.
Margarinegesetz R. 54.
Militärstrafgerichtsordnung R. 3 S. 21.
Militärstrafgesetzbuch S. 2, 21.
Minderjährige, Fürsorgeerziehung für R. 47, P. 28.
Münzwesen R. 26.
Musterschutzgesetz R. 22a.

Nahrungsmittelgesetze R. 54.
Nebengesetze zum BGB. R. 4, 11, 12, 13, 14, 29, 32, 36, 42, 43, 46, S. 20, 21.
Notare, Gebührenordnung für preußische P. 4.
Notenbankwesen R. 26.

Patentanwaltsgesetz S. 26.
Patentgesetz R. 22 a.
Personenstandsgesetz R. 9 a, 9 b.
Pflichten der Kaufleute bei Aufbewahrung fremder Werthpapiere R. 40.
Postgesetze R. 7.
Preßgesetz R. 53.
Preußische Verfassung P. 1.
Privatanschlußbahnen-Gesetz S. 24.
Privatrechtliche preußische Landesgesetze S. 23.
Privatrechtliche Reichsgesetze R. 9 a.

Rayongesetz R. 9 a.
Reblausgesetz R. 9 a.
Rechte der Besitzer v. Schuldverschreibungen R. 52.
Rechtsanwalts-Gebührenordnung R. 17.
Rechtsanwaltsordnung R. 16.
Reichsbeamtengesetz R. 10.
Reichseisenbahngesetzgebung R. 35.
Reichsgewerbeordnung R. 6, S. 21.
Reichsgrundbuchordnung R. 42.
Reichs-Justizgesetze S. 20, R. 11, 12, 13.
Reichs-Justizgesetze, Ausführungsges. dazu S. 21, 22.
Reichsmilitärgesetz R. 9 a.
Reichspreßgesetz R. 53.
Reichsseuchengesetz R. 56.
Reichsstempelgesetz R. 18, S. 21.
Reichsverfassung R. 1, S. 24.

Saccharingesetz R. 54.
Schlachtviehgesetz R. 54.
Schuldverschreibungsgesetz R. 52.
Schutztruppen, militär. Strafverfahren R. 3.
Schwängerung, außereheliche R. 58, P. 5.
Seegesetzgebung R. 19.
Seehandel (Handelsgesetzbuch Buch IV) S. 21.
See-Unfallversicherungsgesetz R. 57, S. 25.
Seuchengesetz R. 56.
Sozialpolitische Gesetze R. 20, 23, 28, 30, 57.
Sprengstoffgesetz R. 2, 9 b.
Staatsangehörigkeit, Erwerb und Verlust R. 8.
Staatssteuern, Gesetz betr. Aufhebung direkter P. 14.
Stempelsteuergesetz f. Preußen P. 18.
Stempelsteuergesetz für das Reich R. 18. S. 21.
Steuergesetze R. 5, 18, 25, P. 10, 11, 13, 14, 18, 20, 27, S. 21, 24.
Strafgesetzbuch R. 2.

Strafprozeßordnung R. 12, S. 20.
Strafrecht der Berufsgenossenschaften S. 25.
Strafrechtliche Reichsgesetze R. 9 b.
Straßen- und Baufluchtengesetz S. 24, 26.
Süßstoffe, künstliche R. 54.

Telegraphengesetze R. 7.
Telegraphenwegegesetz S. 26.

Uneheliche Kinder R. 58.
Unfallversicherungsgesetz R. 23, 28, S. 25.
Unlauterer Wettbewerb R. 37, S. 24.
Unterbringung verwahrloster Kinder R. 47, P. 28.
Unterstützungswohnsitz R. 8.
Urheberrechtsgesetz R. 9 a, 9 b, 22 a.

Vereins- und Versammlungsrecht in Deutschland R. 33.
Verfälschung von Nahrungsmitteln R. 54.
Verfassung des Deutschen Reichs R. 1, S. 24.
Verfassung des Preußischen Staats P. 1.
Vermögenssteuergesetz P. 13.
Verrath militärischer Geheimnisse R. 2.
Versorgung der Kommunalbeamten P. 22.
Vertheilung öffentl. Lasten S. 25.
Verwendung gesundheitsschädlicher Farben R. 54.
Viehkauf (Viehgewährschaft) und Viehhandel R. 50.
Viehseuchengesetz R. 9 a.
Vormundschaftsordnung, preußische P. 8.
Vormundschaftsrecht, Deutsches R. 47.

Waarenbezeichnungen R. 22 b.
Waarenhaussteuergesetz P. 27.
Wechselordnung R. 5.
Wechselstempelsteuergesetz R. 5.
Weingesetz R. 54.
Werthpapiere, Depotgesetz R. 40.
Wettbewerbes, Bekämpfung des unlauteren R. 37, S. 24.
Wildschadengesetz S. 24.
Wuchergesetz R. 2.

Zwangserziehung R. 47.
Zwangsversteigerung an Immobilien R. 43.
Zwangsvollstreckungsgesetz R. 43.

FSC
www.fsc.org
MIX
Papier | Fördert
gute Waldnutzung
FSC® C083411

Kolibri 360 GmbH
Ferdinand-Jühlke-Straße 7
99095 Erfurt, Deutschland
produktsicherheit@kolibri360.de